U0522954

本书出版得到兴义民族师范学院博士基金课题资助
（20XYBS04）

兰秋阳 著

金陵书局
与晚清学术（1864—1911）

中国社会科学出版社

图书在版编目(CIP)数据

金陵书局与晚清学术：1864—1911 / 兰秋阳著. —北京：中国社会科学出版社，2022.1
ISBN 978 – 7 – 5203 – 9578 – 6

Ⅰ.①金… Ⅱ.①兰… Ⅲ.①图书馆史—研究—南京—清后期 ②学术思想—思想史—概论—中国—清后期 Ⅳ.①G259.275.31 ②B249.05

中国版本图书馆 CIP 数据核字（2022）第 007195 号

出 版 人	赵剑英
责任编辑	郭　鹏
责任校对	刘　俊
责任印制	李寡寡

出　　版	中国社会种学出版社
社　　址	北京鼓楼西大街甲 158 号
邮　　编	100720
网　　址	http://www.csspw.cn
发 行 部	010 – 84083685
门 市 部	010 – 84029450
经　　销	新华书店及其他书店
印　　刷	北京明恒达印务有限公司
装　　订	廊坊市广阳区广增装订厂
版　　次	2022 年 1 月第 1 版
印　　次	2022 年 1 月第 1 次印刷
开　　本	710×1000　1/16
印　　张	21.5
插　　页	2
字　　数	310 千字
定　　价	118.00 元

凡购买中国社会科学出版社图书，如有质量问题请与本社营销中心联系调换
电话：010 – 84083683
版权所有　侵权必究

序

中国近代的危机是人们耳熟能详的论题，这显然不只是割地赔款、丧权辱国，还有更深重的文化危机。故章太炎等思想家一再阐发顾炎武的"亡国""亡天下"之辨，指出"亡天下"的文化危机比改朝换代更为惨烈。事实上，这场持续的危机并非全因外力所致。咸丰初年，披着西方宗教外衣而实为国内社会矛盾激化的太平天国起义全面引爆了危机。曾国藩的《讨粤匪檄》痛心疾首地指陈战争造成的社会破坏，毁灭了诗书典则及整个文教。

因此，所谓"同治中兴"，不仅是恢复社会秩序和清廷统治，而且包括大规模的文化重建。晚清地方督抚及清廷是如何进行文化重建的？清末梁启超指出："学术思想之在一国，犹人之有精神也；而政事、法律、风俗及历史上种种之现象，则其形质也。故欲觇其国文野强弱之程度如何，必于学术思想焉求之。"① 晚清士人的学术思想仍多植根于经学。此时，汉学由江南扩展到长江中游、岭南和西南地区，理学也呈复兴之势。这在很大程度上得益于战后各省官书局的兴起。同光时期，刊刻传统典籍一直是清廷和地方督抚复兴儒学、重振文教的重要举措，其重要性较之恢复数量庞大的族学和各类书院毫不逊色。与此同时，晚清官书局的刻书门类并不囿于儒经，而随时推移转重史、子之书，这也有裨于史学发展和诸子学兴起，推动了传统学术的多元化趋向。这些均为内忧外患中的学术文化延

---

① 梁启超：《论中国学术思想变迁之大势》，《饮冰室合集·文集之七》，中华书局1989年版，第1页。

续了一线生机，也彰显了传统学术的思想蕴含与活力。

正如曾国藩统帅湘军克复金陵、延续了清朝命运一样，由他初创的金陵书局成为晚清地方书局的领头羊，乃至重建传统学术文化的象征。但长期以来，同光年间的刻书活动并没有受到研究者关注。1930年，曾任江楚编译局编纂、江苏省立国学图书馆馆长的柳诒徵发表了《国学书局本末》一文，对金陵书局的历史沿革、兴衰进行了初步考察。迨至1968年，美国学者谢正光发表了《同治年间的金陵书局——论曾国藩幕府中的儒学之士》一文，探讨了金陵书局的人员关系及构成特点，涉及近代官书局的缘起。20世纪80年代末尤其是进入21世纪以后，出版史逐渐受到重视，金陵书局的研究随之跟进，有的论著对其历史沿革、刻书数量及局本等问题有所论及。总体而言，自1930年迄今近一个世纪，学界关于金陵书局的研究虽有一些成果，但多聚焦于同治年间书局的兴起，对其后的变化、发展鲜有论及；再则，既往研究多囿于出版史范畴，而缺乏学术文化史视角的分析。有的论著虽然意识到晚清官书局与学术文化衍变的关联，却又语焉不详或流于表象。

鉴于此，兰君秋阳在跟我读博期间，我们拟定对"金陵书局与晚清学术"进行专题研究，力图深入而系统地梳理金陵书局的兴衰、演变，辨正以讹传讹的史实。个人认为，刻书、售书虽是学者、人文的专职，却与士人的治学、交游密切相关，通过个案剖析，亦可从中窥见士人生活的变迁，展现晚清广阔而丰富的社会、历史画面，可谓拓展、深化晚清学术社会史、思想文化史之基础。

作者在四年读博期间，克服重重困难，辛勤耕耘，"竭泽而渔"地搜集史料，撰成了二十多万字的书稿。该书对金陵书局半个世纪的兴衰历史进行了详尽研究，呈现了一部起自咸丰十一年谋刻《船山遗书》，终于宣统三年的完整书局史。其中对金陵书局的历史分期、刻校人员、刻书标准等进行了较深入的梳理、讨论，又详考书籍数量，述其梗概，辨其史实，并揭示了晚清地方书局兴起的复杂缘由及相关学者的论学活动。而值得注意的是，作者打通了出版史与学术史研究，试图通过研究金陵书局来探讨晚清的图书出版、发行和阅读传播，剖析士人的知识构成及思想状况，揭示此时的儒学变化与新学发轫，较好地回答了书籍出版与学术文化衍变的关系问题。

应该说，该书是近年相关研究领域的可喜收获，今得以修订、出版，也是嘉惠学林的有益之举。我作为论文指导教师，颇知作者诚心向学，苦心研究，今应邀略赘数言，亦望其学术精进，再创佳绩。

罗检秋　于 2021 年 6 月 21 日

目 录

第一章 安庆曾氏书局创建始末及性质 ……………………… （1）

 第一节 谋划重刻《船山遗书》 ……………………… （2）
  一 欧阳兆熊欲重刻 ……………………… （2）
  二 赵烈文代为请求 ……………………… （6）
  三 曾国藩拒绝倡首 ……………………… （9）
  四 曾国荃慨允出资 ……………………… （11）

 第二节 设局安庆 ……………………… （13）
  一 筹备工作 ……………………… （13）
  二 设局时间考辨 ……………………… （19）

 第三节 移局金陵"铜作坊" ……………………… （22）
  一 曾国藩欲刻经史典籍 ……………………… （23）
  二 "铜作坊"书局撤局 ……………………… （24）
  三 《船山遗书》的后续刊印工作 ……………………… （25）

 第四节 从安庆曾氏书局看晚清幕府刻书的特征 ………… （28）

第二章 金陵书局的黄金十年 ……………………… （34）

 第一节 李鸿章刻《四书十三经》 ……………………… （34）
  一 组建"堂子巷"新局 ……………………… （35）
  二 从幕府刻书向地方书局的转变 ……………………… （36）

 第二节 曾国藩续刻《四史》 ……………………… （39）
  一 移局冶山"飞霞阁" ……………………… （40）
  二 经费与人员管理 ……………………… （41）

三　续刻《四史》、重定书局章程 …………………………（42）

第三节　参与五局合刻《二十四史》………………………………（44）
　　一　曾、马信函商议 ………………………………………（44）
　　二　洪汝奎接任书局提调 …………………………………（46）
　　三　筹集经费 ………………………………………………（47）
　　四　局本《二十四史》付梓问世 …………………………（48）

第四节　淮南书局重刻《十三经注疏》…………………………（50）
　　一　提议之始 ………………………………………………（51）
　　二　筹备重刻 ………………………………………………（53）
　　三　先刻毛诗 ………………………………………………（56）
　　四　校雠方半 ………………………………………………（58）
　　五　广东覆刻 ………………………………………………（61）
　　六　未竟之因 ………………………………………………（63）

第五节　晚清地方书局兴起缘由探析 ……………………………（66）
　　一　咸同兵燹与文化典籍损毁 ……………………………（67）
　　二　以学校、书籍与考试为中心重建文化秩序 …………（70）
　　三　督抚权力扩张与晚清官刻重心的转移 ………………（75）

第三章　江南书局的衰落与裁撤 ………………………………（81）

第一节　调整与变动 ………………………………………………（81）
　　一　刊刻"经史善本及海内稀有之书" …………………（82）
　　二　更名"江南书局" ……………………………………（83）
　　三　经费危机 ………………………………………………（84）
　　四　人事动荡 ………………………………………………（86）

第二节　"江上雠书日闭关" ……………………………………（88）
　　一　裁撤局所谕令 …………………………………………（88）
　　二　曾国荃署理两江总督 …………………………………（90）

第三节　裁并改隶 …………………………………………………（95）
　　一　改归江宁府管辖 ………………………………………（95）
　　二　并入江楚编译局 ………………………………………（99）

目 录

　　三　以局隶馆 …………………………………………………（101）

第四章　金陵书局的刻书及其学术影响 ………………………（107）
　第一节　金陵书局刻书书目考 …………………………………（107）
　　一　局本调研 …………………………………………………（109）
　　二　局本补遗 …………………………………………………（117）
　　三　金陵书局刊刻书籍详目 …………………………………（129）
　第二节　书籍的编校、刻印与发行 ……………………………（136）
　　一　编选 ………………………………………………………（136）
　　二　校勘 ………………………………………………………（141）
　　三　刻印 ………………………………………………………（147）
　　四　发行 ………………………………………………………（164）
　第三节　金陵局本与晚清学术 …………………………………（180）
　　一　理学书籍 …………………………………………………（180）
　　二　汉学书籍 …………………………………………………（190）
　　三　地志与当代史著述 ………………………………………（196）
　　四　科技与军事著述 …………………………………………（205）
　　五　非主流学派著述 …………………………………………（208）

第五章　金陵书局学者著述与学术交游 ………………………（215）
　第一节　书局人员考辨 …………………………………………（215）
　　一　现有研究辨正 ……………………………………………（216）
　　二　书局人员补遗 ……………………………………………（248）
　　三　金陵书局人员汇总表 ……………………………………（256）
　第二节　书局学者的学术风貌 …………………………………（261）
　　一　机构规模 …………………………………………………（261）
　　二　学术成就 …………………………………………………（263）
　　三　学者交游 …………………………………………………（265）
　　四　去向归宿 …………………………………………………（270）
　第三节　书局学者的撰著与论学活动及其学术史影响 ………（272）

一　宋学与汉学 …………………………………………（272）
　　二　刘恭冕《论语正义》与戴望《论语注》……………（281）
　　三　今、古文经学与戴望、孙诒让的诸子学路向 ………（293）

结　语 ……………………………………………………（309）

参考文献 …………………………………………………（321）

后　记 ……………………………………………………（335）

第一章　安庆曾氏书局创建始末及性质

金陵书局的兴衰历时半个世纪，其发展分期如何划分，划分依据是什么，具体起止时间如何界定？现有研究对此含糊其辞，也没有明确的分期标准。笔者认为，以刻书重心转变为分期标准，金陵书局的历史可分为"安庆曾氏书局""金陵书局""江南书局"三个阶段，具体来说，"安庆曾氏书局"时期，从同治三年四月（1864年5月）安庆设局至同治四年八月（1865年9月）铁作坊旧局撤局，以编刻《船山遗书》为重心；"金陵书局"时期，从同治四年五月底（1865年6月）组建堂子巷新局至同治十三年（1874年），以编刻《四书十三经》《十四史》为重心；"江南书局"时期，始自光绪元年（1875年），刻书重心转为"经史善本及海内稀有之书"，光绪十八年以后已基本停止刻书，光绪二十四年至宣统三年改隶裁并。①

同治三年四月（1864年5月），当两江总督曾国藩（1811—1872年）与胞弟浙江巡抚曾国荃（1824—1890年）于安庆设立书局、重刻《船山遗书》之时，可能连他们自己也无法预知，这一敬乡贤、崇理学的私人行为，揭开了晚清地方书局兴起的序幕。

严格来说，这个设于安庆任家坡曾国藩两江总督署军械库内的"书局"，仍是典型的幕府刻书组织，尚不能称为"地方书局"。但

---

① 需要说明的是，"金陵书局"有狭义与广义之分。狭义的"金陵书局"，所指即同治四年五月至同治十三年，广义的"金陵书局"，包括"安庆曾氏书局""金陵书局"和"江南书局"三个阶段。本书对"金陵书局"一词的使用，涵盖了狭义与广义两个层面，需结合具体语境理解。

是一年之后，在它的基础上直接组建了晚清第一个地方书局"金陵书局"，此后地方书局在南北诸省次第设立，同治十年曾国藩回忆这段历史时仍不无自豪地宣称："迩来各省书板自经兵燹，残毁者十之八九。国藩往在安庆，因南中被兵尤甚，各处藏书荡焉无存，始谋创立书局，筹款刊刻经史，招延宿学数人专司校雠。嗣后江苏、浙江、湖北、安徽各省以次设立书局，所有昔称善本而近遭残毁者，陆续翻刻颇多。"① 因此，就历史影响力来看，安庆曾氏书局不仅是金陵书局的起源，也成为晚清地方书局之滥觞。

第一节　谋划重刻《船山遗书》

诚如论者所言，重刻《船山遗书》的最初谋划，始自曾国藩两位幕僚欧阳兆熊与赵烈文，欧阳兆熊热衷表彰乡贤，赵烈文仰慕船山学说，二人遂积极鼓动曾氏付之剞劂。② 此说固然不错，但整个谋刊过程及推进详情仍存诸多疑点：欧阳兆熊本是曾国藩的资深幕僚，他为何不亲自向曾国藩请求重刻，却非要拉拢入幕不久的赵烈文进言曾氏？赵烈文本非湘籍人士，他对船山学说的仰慕之情是如何增进的，为何愿意参与谋划？在二人的谋划行动中，谁是"主角"，谁又是"配角"，又是何时向曾国藩进言的？再者，后来曾国藩既已答应二人所请，为何又不愿出面倡首，最终拖至一年后方由曾国荃允复出资重刻呢？就刻书一事，曾国藩与曾国荃是否有过沟通，如何沟通的？关于这些问题，现有研究尚未做出令人信服的解释，借助于赵烈文、曾国藩、曾国荃、欧阳兆熊等人书信、日记、文集、年谱等史料，笔者试对上述存疑之处作进一步探研。

一　欧阳兆熊欲重刻

王夫之（1619—1692年），湖南衡阳人，号船山。明末清初思

---

① 曾国藩：《致端麟（同治十年七月二十五日）》，湖湘文库编辑出版委员会编：《曾国藩全集·书信》第31册，岳麓书社2011年版，第569页。
② 参见李志茗《从倡节义到兴文教——曾国藩幕府刻书考论》，《社会科学》2010年第10期。

想家，入清后隐居避世，虽著述宏富，却流传甚少，其名寂寂，其学不显。船山撰述百余种、四百余卷，其整理出版乃具有历史连续性之事业。最早为康熙年间，王夫之子王敔（1656—1730年）在衡阳湘西草堂刻十余种，世称"湘西草堂本"。乾隆时，开《四库全书》馆，因缘得上史馆，立传儒林，著述六种、存目二种入编《四库全书》。嘉庆中，又有"衡阳汇江书室刊本"收十余种，而其书仍湮灭不传，至阮元编《皇清经解》仍未采入。道光之季，船山撰述刻印渐多，有"守遗经书屋本""昭代丛书（壬、癸集）本""听雨轩本""衡阳学署本"等，所刻种数大多有限。其中声誉较著者，为王夫之七世孙王世全刻"湘潭王氏守遗经书屋本"，收经部著述十八种、一百五十一卷，卷首并附船山著述总目五十二种，考其规模，实为系统编印船山著述之嚆矢。①

"守遗经书屋本"作序者善化唐鉴（1778—1861年），道咸年间著名理学家，参与编审者新化邓显鹤（1777—1851年）、邹汉勋（1805—1854年）、道州何绍基（1799—1873年）、湘阴左宗棠（1812—1885年）、长沙袁芳瑛（1814—1859年）等，②均颇有声名，故此本在湘籍士人中影响尤大。然咸丰四年（1854年），此本毁于战乱，藏版焚毁无余，参与此本编校的欧阳兆熊遂谋求重刻，因之方有同治初年安庆曾氏书局之设与"湘乡曾氏金陵节署本"的问世。

欧阳兆熊（1808—1876年），字晓岑，湖南湘潭人，道光十七年举人。《光绪湖南通志·欧阳兆熊》载："曾国藩会试下第，时道病，势危甚，兆熊知医，为留逆旅月余诊治之，初不相识，后遂为布衣交。"③黎庶昌编《曾文正公年谱》记：道光十五年，曾国藩"会试不售"，十六年，"会试再报罢"，十八年，"公中式第三十八

---

① 关于船山著作的刊印历史，参见船山全书编辑委员会校编《船山全书》第1册《序例》，岳麓书社2011年版，第25—26页。
② 船山全书编辑委员会校编：《船山全书》第16册《杂录之部》，第415页。
③ 李瀚章等修，曾国荃等纂：《光绪湖南通志》卷一七九《国朝人物志五湘潭》，光绪十一年刻本，第26页。

名进士"①。可知欧阳兆熊与曾国藩结交于道光十五年至十七年之间，此后曾国藩入翰林，升侍讲学士、礼部侍郎，欧阳兆熊则返湘参与编校"守遗经书屋本"。

在欧阳兆熊与曾国藩早期交往中，王夫之其人其书是重要主题与情感纽带。对于"守遗经书屋本"的编刻，曾国藩甚为关注，曾就校勘审订之法与邹汉勋商榷，建议遵从原本，勿随意改动，"节相言前刊《王船山书》，中间从《说文》之字皆邹叔绩所改，其文亦多改窜，非原本，曾致书诤之，不听"②。曾国藩还赠书刘传莹（1818—1848年）等僚友，宣扬船山学说，"王而农先生著书共三百余卷，近年刻经说百八十余卷，余尚未刻。兹将《诗经稗疏》奉上，《方舆纂》首函亦奉上"③。

欧阳兆熊与曾国藩就船山学说也屡有研讨切磋，道光二十七年欧阳兆熊寄书曾国藩云："船山遗老续刻有《读通鉴论》，融贯列代事迹，发为传论，深资治理，不似胡致堂之专以坐谈取快，而为文浩博无涘，自成一子，不知其为《庄》《骚》、为《史》《汉》也。所著又有《夕堂八代文评》，其别裁略近《昭明》，去其淫靡，亦不主宋人起衰之说。至呵曾子固为乡约老叟，聒语不休，苏老泉为讼魁，茅鹿门只可三家村教童子应邑试。论议虽僻，要自有意，惜卷帙稍繁，未付剞劂。"④ 曾国藩随即请欧阳兆熊之子欧阳勋（1827—1856年）代购一部，致书云："王船山《通鉴论》已刷出未？告为代觅一部，行纳价付意城处也。"⑤

欧阳兆熊对王夫之极为仰慕，推王氏为明末三儒之冠："船山先生，为宋以后儒者之冠，同时如顾亭林、黄梨洲均弗能及。"⑥ 咸丰

---

① 黎庶昌编：《曾文正公年谱》卷一，沈云龙主编：《近代中国史料丛刊》第22册，台湾文海出版社，第9—10页。
② 张文虎著，陈大康整理：《张文虎日记（同治六年三月十二日）》，上海书店2001年版，第84页。
③ 曾国藩：《复刘传莹（道光二十六年）》，《曾国藩全集·书信》第22册，第30页。
④ 欧阳兆熊：《六月与曾涤生讲学》，《寥天一斋文稿》，《清代诗文集汇编》第629册，上海古籍出版社2010年版，第72页。
⑤ 曾国藩：《答欧阳勋（道光二十七年）》，《曾国藩全集·书信》第22册，第40页。
⑥ 欧阳兆熊：《水窗春呓》卷上《王船山先生轶事》，中华书局1984年版，第7页。

元年，欧阳兆熊致信曾国藩，请曾氏奏请王夫之从祀孔庙，这是目前所知关于王夫之从祀孔庙的较早提议。曾国藩顾虑贸然陈请恐难成，复信云："王船山先生崇祀之说，忝厕礼官，岂伊不思？惟近例由地方大吏奏请，礼臣特核准焉，不于部中发端也。而其事又未可遽尔，盖前岁入谢上蔡，今年崇李忠定，若复继之，则恐以数而见轻。且国史儒林之传昆山顾氏居首，王先生尚作第二人，它日有请顾氏从祀者，则王先生随之矣。大儒有灵，此等迟速盖有数存，未可率尔也。"①曾国藩所虑非虚，光绪年间明末三儒从祀孔庙数次被正式提请朝廷，每一次均引发了激烈争论，亦被接连驳回，至光绪三十四年才得允准。②而曾国藩终其一生，都未有提议三儒从祀之请。

咸丰年间，曾国藩督师开府，湘军集团势力崛起。此时，"守遗经书屋本"也已毁于战乱，欧阳兆熊自然就将重刻希望寄予曾国藩。其时欧阳兆熊已入曾国藩幕，任职湘军钱粮军需处，"乃命司后路军需"③，但并不随营委差，"及国藩督师，招之入营，不赴，偶客军中，去留听自便"④。欧阳兆熊与曾国藩的宾主关系可能有微妙之处，费行简《近代名人小传·欧阳兆熊》记：欧阳兆熊性情豪迈，"好方人，时以书道诸将吏优劣，国藩厌之，礼意渐疏，乃舍去……又有《札记》记咸同间事，于国藩不能无微词，盖旷达勤谨，道不同也"⑤。费行简（1871—1954年），师从曾国藩心腹幕僚王闿运（1833—1916年），费氏所记恐非空穴来风，当有一定可信度。也就是说，欧阳兆熊虽有意请曾国藩重刻《船山遗书》，但他本人不便"直接说"，而要找一个人"帮他说"，此人需怀仰慕船山之心，更

---

① 曾国藩：《答欧阳兆熊（咸丰元年）》，《曾国藩全集·书信》第22册，第69页。
② 关于明末三儒从祀孔庙，参见段志强《顾炎武、黄宗羲、王夫之从祀孔庙始末新考》（《史学月刊》2011年第3期）、段志强《孔庙与宪政：政治视野中的顾炎武、黄宗羲、王夫之从祀孔庙事件》（《近代史研究》2011年第4期）。
③ 费行简：《近代名人小传·文苑》，周骏富主编：《清代传记丛刊》第202册，台北明文书局1985年版，第706—707页。
④ 李瀚章等修，曾国荃等纂：《光绪湖南通志·国朝人物志五湘潭》卷一七九，第26页。
⑤ 费行简：《近代名人小传·文苑》，第706—707页。

需常在曾国藩身边委差、备受信任。如此，欧阳兆熊便有意联络赵烈文。

二 赵烈文代为请求

赵烈文（1832—1894年），字惠甫，号能静居士，江苏阳湖人。赵烈文出生于清代汉学中心常州，浸染江南朴学之风。在他的生活年代，汉学已如桑榆暮景，但对士人的影响仍根深蒂固。赵烈文对汉学不无微词："国朝朴学之士穷流造极，掇拾唾沈，安用为学？"他认识到汉、宋学各有短长，反对一味扬宋薄汉，"况宋儒讲性理而空谈实多，汉学重训诂而发明不少者乎……至自宋儒之践履为实，汉学之记诵为虚，然则朱、陆异同，陆子尊法性，朱子道问学，亦当左朱而右陆邪？若以祸乱之来，责汉学之害风气，尤为语病。宋以前之天下，不必长衰，宋以后之天下，不必尽治，足征兴废之故，不系是矣"。赵烈文与同郡汉学名家宋翔凤（1779—1860年）来往亦多，曾乞宋氏为父作行状，当宋氏于咸丰十年卒后，特为文悼念："闻宋于庭先生逝世……先生为人，喜奖后进，烈辈往谒，辄剧谈留食，亹亹不倦。先生卒，吾吴朴学遂几无人矣。"①

赵烈文入曾国藩幕后，对船山学说认知益增，渐生仰慕。咸丰五年十二月（1856年1月），赵烈文于江西南昌入曾幕，② 同在曾幕的江浙士人还有赵烈文姐夫周腾虎（1816—1862年）、族兄赵振祚（？—1860年）、友人刘翰清（1824—1882年）、金安清（1817—1880年）、龚橙（1817—1870年）等，赵振祚是常州经学大师刘逢禄（1776—1829年）外甥，刘翰清是刘逢禄孙子，龚橙的父亲龚自珍（1792—1841年）又是刘逢禄弟子，龚橙与刘翰清交好，诸人因地缘、姻亲结成交游圈，这成为赵烈文认知船山学说的最初来源。咸丰八年十二月初九日，赵烈文在周腾虎处初次接触到船山著作：

---

① 赵烈文著，廖承良整理：《能静居日记（一）》，岳麓书社2013年版，第49、528、113—114页。

② 陈乃乾编：《阳湖赵惠甫先生年谱》，沈云龙主编：《近代中国史料丛刊续编》第985册，台湾文海出版社，第9页。

"在㧑甫处读明王夫之而农《读通鉴论》，为书三十卷，沉雄博大，识超千古。王明季遗民，入清隐居而终。"当时《船山遗书》存本已十分珍稀，赵振祚、龚橙均向周腾虎借阅，"《王夫之全书》在家伯厚兄处，㧑甫自索不获，何论其他"。咸丰九年八月至十一月，赵烈文又读王夫之《读通鉴论》，"此书议论精深，博大其中，切理厌心者不可胜录"，读之二过未终，复为金安清借去。咸丰十一年三月二十六日赵烈文追忆早年求学情景，云："癸丑年遭乱，吾时年二十二岁，遂辍举业，稍探古学，常请益于族兄伯厚先生（赵振祚）及诸友人周君㧑甫（周腾虎）、刘君开孙（刘翰清）、龚君孝拱（龚橙），至今稍有知识，二三子与有力焉！"①

咸丰十一年七月二十日，赵烈文由上海抵曾国藩驻东流县行营，八月二十三日随营返安庆。在东流、安庆两月期间，曾国藩屡留赵烈文随营委差，"帅又问吾能留营否，因告以有湘、楚之行。帅意留吾，吾辞以楚行归再至，约缮书就成行"，"帅遣送程仪，且嘱晓老致意，欲吾返此专办夷务"，"帅复申夷意之说。且云此事甚简，可以游行自适，意殊足感，遂允楚、湘游返赴约"②。在曾国藩幕府中，机要文秘与曾国藩最为接近，他们不仅在军政办事机构中居于首要地位，而且是整个幕府乃至曾系湘军的神经中枢，在幕僚中地位最尊，待遇最丰，升迁也最迅，与曾国藩关系密切而其后地位显赫之人如左宗棠、李鸿章、钱应溥、刘蓉、郭嵩焘等，都曾担任此职。③ 此时，虽然赵烈文尚未正式就职机要文秘，但曾氏屡次相邀，很重视他，意味着赵烈文在曾幕的拔擢潜力，不久之后欧阳兆熊即联络赵烈文商议重刻之事，显然就是着意于此。

在东流、安庆两月期间，赵烈文与欧阳兆熊接触颇多，"（欧阳兆熊）髭眉皓白，清标介然，客此皆无苟求，行止以礼，此诚今世不多见者"，两人相谈甚欢，"晓老谭议甚美，失之殊寂寂"。冬，

---

① 赵烈文：《能静居日记（一）》，第42、49、79、300页。
② 赵烈文：《能静居日记（一）》，第344、351、366、370、371页。
③ 参见朱东安《曾国藩幕府研究》第二章"军政办事机构"第一节"秘书处"，四川人民出版社1994年版，第37—41页。

赵烈文游历湖南，十月十七日至湘潭，与欧阳兆熊坐谈终日，"相见殊欢，各告述别后事"。二十三日（1861年11月25日），二人拜访王世全，赵烈文记：

> 出城访王君半溪，而农先生族孙也。而农先生，明之遗臣，革鼎之初，语多愤激，属子孙藏其书，言二百年后乃可出，故文字之祸不及焉。半溪既刊其书，而燹于甲寅之乱，今复有重锓之志，此鸷学者所乐闻也。

月底至长沙，晤吴敏树（1805—1873年）、曹耀湘（生卒年不详）、郭昆焘（1823—1882年）、王闿运（1833—1916年）、罗汝怀（1804—1880年）、何绍基（1799—1873年）等湖湘名士。在湘近三月，赵烈文又陆续读王夫之《书经稗疏》《思问录内外篇》《宋论》《尚书引义》等卷，愈发感叹"其说皆精卓，不为古所迷"，对船山学说及湖湘理学的理解日益深化。①

耐人寻味的是，在与赵烈文拜访王世全数日之后，欧阳兆熊就给曾国藩写了一封信，并特意附寄王夫之《通鉴论》，"昨承有经略四省之命，……《通鉴论》一部奉呈"②。曾国藩向欧阳兆熊觅求此书，本是道光二十七年的故事，欧阳兆熊此时寄书，用意不言而喻。

赵烈文结束湘地之游后，同治元年正月十七日自长沙返抵安庆，正式担任曾国藩机要文秘，随即向曾国藩请求重刻《船山遗书》。赵烈文向曾氏进言的具体时间以及如何说动曾氏，已无法得知，但相关重要史料有两则：

其一，同治元年六、七月间，欧阳兆熊与曾国藩的往来信札中，有"前惠甫书来，云节相慨允倡刻船山遗书"③ 及"夕堂老人遗书，

---

① 赵烈文：《能静居日记（一）》，第351、367、417—425页。
② 欧阳兆熊：《致曾国藩信二通（咸丰十一年十二月十九日）》，《船山全书》第16册《杂录之部·书信》，第579页。
③ 欧阳兆熊：《致曾国藩信二通（同治元年六月十九日）》，《船山全书》第16册《杂录之部·书信》，第579页。

惠甫曾商及重刻"①之语。

其二，同治元年四月十一日，《曾国藩日记》记："涉阅广东新刻丛书两种，一曰《海山仙馆丛书》，凡五十六种，潘仕成辑刻；一曰《粤雅堂丛书》，凡一百廿一种，伍崇曜辑刻。二者皆冯竹渔新赠也。又涉阅《正谊堂丛书》，凡五十六种，张清恪公辑刻，吴竹庄所赠也。"②

据上述两则史料可推知：赵烈文向曾氏进言的时间，大约在同治元年正月至五月期间，曾国藩翻阅几部新刻丛书，很可能就是为重刻《船山遗书》做参考。

三 曾国藩拒绝倡首

曾国藩允复重刻之后，便让欧阳兆熊和赵烈文的同乡刘达善商议，刘达善（？—1875年），字子迎，时任湘乡知县。但欧阳兆熊似乎并不满意这一安排，觉得刘氏非湘籍人士，地位又不高，不足以主持其事，六月十九日致信曾国藩云："前惠甫书来，云节相慨允倡刻船山遗书，沅帅亦有此意，嘱兆熊与刘子迎商之。子迎将往澧州，不名一钱，而乡人之意，以为湖南之书须湖南人捐刊为是，其言亦颇近理。敝同年赵玉班已允出赀，因数及彭雪琴、李希庵、左季高、刘荫渠、刘霞仙、唐义渠及带勇诸君之识字者，均可助成此事。其书欲求精美，非四千金不能。若能酾赀开雕于安省，则易成矣。"③ 欧阳兆熊明确告诉曾国藩，他已联络了一班湘籍要人，现只待曾氏出面振臂一呼，则事成矣。

但是，欧阳兆熊的请求遭到了曾国藩拒绝。七月二十四日（1862年8月19日），曾国藩明确回复欧阳兆熊：

> 夕堂老人遗书，惠甫曾商及重刻，属鄙人为之倡。弟以达

---

① 曾国藩：《复欧阳兆熊（同治元年七月二十四日）》，《曾国藩全集·书信》第25册，第441页。
② 曾国藩：《曾国藩全集·日记》第17册，第279页。
③ 欧阳兆熊：《致曾国藩信二通》，《船山全书》第16册《杂录之部·书信》，第579—580页。

官刻书，强作解事，譬如贫儿暴富，初学着靴，举止终觉生涩。然亦不可以已，若云慨然倡首，则诬也。①

那么，曾国藩既已允复重刻，为何又不愿出面倡议，这一允、一拒，有何原因呢？

其实，曾国藩允复重刻是有诚意的，他只是不愿把动静闹得太大，像欧阳兆熊那般弄得人尽皆知，便是违背了曾国藩心意。这与曾国藩低调、谨慎的性格有关。原来半年之前，曾国藩刚被清廷授命节制四省军务，位高权重，令他日日如履薄冰，这一时期他在日记中屡屡写道："饬余兼办浙江军务，江苏、安徽、江西、浙江四省巡抚，皆归节制。权太重，位太高，虚望太隆，悚惶之至。……余近浪得虚名，亦不知其所以然，便获美誉。古之得虚名，而值时艰者，往往不克保其终，思此不胜大惧"，"日内思家运太隆，虚名太大，物极必衰，理有固然，为之悚皇无已"②。同一时期，他在多封家书中也一再告诫诸弟要小心谨慎："至阿兄忝窃高位，又窃虚名，时时颠坠之虞。吾通阅古今人物，似此名位权势，能保全善终者极少。深恐吾全盛之时，不克庇荫弟等，吾颠坠之际，或致连累弟等，惟于无事时，常以危词苦语，互相劝诫，庶几免于大戾。"③

另一个重要原因，在于当时军情严峻，曾国藩暂无精力考虑刻书之事。同治元年夏秋，清军与太平军作战进入了最紧张的关键时期，金陵、皖南各防处处告警，金陵久攻不下，军中大疫遍行，曾国藩在给诸多同僚的信札中屡屡诉苦："去岁春夏以前，事机较顺，秋后变患迭生。金陵一军及皖南各防，处处告警，危险万状"，"自辛酉秋至壬戌夏，军事颇顺，论者以为廓清有期。逮六月间，秦中回变，多军西行。七月以后，大疫遍作，士卒十丧四五。自是贼氛

---

① 曾国藩：《复欧阳兆熊》，《曾国藩全集·书信》第25册，第441页。
② 曾国藩：《曾国藩全集·日记（咸丰十一年十一月十四日、咸丰十一年十二月初六日）》第17册，第226—227、234页。
③ 曾国藩：《致沅弟（同治元年六月二十日）》，《曾国藩全集·家书》第21册，第33页。

弥炽，无日不在惊涛骇浪之中"①。

同治元年七月，曾国藩受制于当时处境拒绝倡首后，重刻《船山遗书》之议遂暂罢。是年冬十一月十八日，曾国藩幼弟曾国葆（1828—1862年）战死金陵，刻书之事更是无法再提。又过了半年，随着军情改善，刻书之事方有了转机。

四　曾国荃慨允出资

至同治二年五月，曾国藩"包围天京"的战略推进颇顺，湘军已克复金陵外围大多地区，金陵几近一座孤城，"此间军事，颇有顺机。巢、和、含山均已克复，下游自攻克福、太、昆、新以后，水陆三路规取苏州，伪忠王回顾不暇。现檄鲍、彭诸军进剿，二浦、九洑或易得手。舍沅弟昨将雨花台石垒及金陵南门外各贼垒一律踹平。南岸徽境肃清，我军并萃饶、景一带，必能驱贼东还，江右当可安谧，附以告慰"②。

正是在这样的情况下，赵烈文应曾国荃之招至金陵随营差委，刻书之事遂被重提。在赵烈文动身之前，曾国藩特意给曾国荃写了一封信，嘱善待："赵惠甫今日来辞行，订八月回皖一次，或久局，或暂局，弟与之相处一月便可定夺。其人识高学博，文笔俊雅，志趣不在富贵温饱，是其所长；藐视一切，语少诚实，是其所短。弟坦白待之，而不忘一敬字，则可久矣。"③

赵烈文赴金陵前后，欧阳兆熊与他应该有过再次谋划，但其详情也无法得知。我们能知道的是，这一次赵烈文终于不负所托，很快就说动了曾国荃，六月初七日（1863年7月22日）赵烈文在日记中写道：

　　中丞来谭良久，允出资全刻王船山遗书。写欧阳晓岑信，

---

① 曾国藩：《复文格（同治二年正月初九日）》《加金藻片（同治二年三月十三日）》，《曾国藩全集·书信》第26册，第359—360、488—489页。
② 曾国藩：《复董似縠（同治二年五月初七日）》，《曾国藩全集·书信》第26册，第611页。
③ 曾国藩：《致沅弟（同治二年五月初七日）》，《曾国藩全集·书信》第21册，第161页。

告知中丞刻书之说。缘此事须费四千金,晓岑属余怂恿中丞为之倡,乃中丞不独能独力举办,并许多出千金,为加工精刻之费,其好学乐善者如此。①

曾国荃慨允出资重刻《船山遗书》的原因,除了此一时期军情改善,再就是曾国荃喜功贪名且爱好文事的性格。曾国荃此时年方四十,年轻气盛,与其兄相比,这个弟弟为人行事要高调很多,曾国藩也常谆谆告诫:"余以名位太隆,常恐祖宗留诒之福自我一人享尽,故将劳、谦、廉三字时时自惕,亦愿两贤弟之用以自惕,且即以自概耳。"② 会剿金陵前夕,曾国荃为独占克复美名,竟不欲让江苏巡抚李鸿章(1823—1901年)来支援,为此曾国藩特意写信劝导:"何必全克而后为美名哉?人又何必占天下之第一美名哉?"③另一方面,曾国荃出身行伍,腹中文墨不多,但一生对刻书、修志等文事活动尤其喜好。同治年间,曾国荃出资刊刻王夫之《船山遗书》、李善兰《则古昔斋算学》,在湖北巡抚任上积极筹办崇文书局;光绪年间,在山西巡抚任上创办浚文书局,在两江总督任上经理江南书局,并任《光绪湖南通志》总纂、《光绪山西通志》总裁,复捐资助王先谦刻《皇清经解续编》。

自咸丰十一年(1861年)秋冬欧阳兆熊与赵烈文有"重锓之志",至同治二年六月(1863年7月)曾国荃允复出资,历一年半载谋划,重刻《船山遗书》方才基本落实。回顾金陵本《船山遗书》谋刊过程,总结两点如下:

其一,重刻《船山遗书》是多方合力促成。主观条件方面,欧阳兆熊、赵烈文积极谋划,曾国藩、曾国荃重视支持,特别是欧阳兆熊,他不仅是重刻的"主谋",此后也主持校勘、刊印诸事,对《船山遗书》在同治初年的问世居功甚伟;客观条件方面,同治初年湘淮军平定江南各地,战事初定,为刻书提供了安稳环境。重刻

---

① 赵烈文:《能静居日记(二)》,第662页。
② 曾国藩:《致沅弟季弟(同治元年五月十五日)》,《曾国藩全集·家书》第21册,第25页。
③ 曾国藩:《致沅弟(同治三年五月十六日)》,《曾国藩全集·书信》第21册,第288页。

《船山遗书》是晚清理学复兴进程中的重大事件，它依托于理学复兴的学术潮流，并推动了理学的进一步发展。

其二，整个过程唯一疑点在于：就刻书一事，曾国荃与曾国藩是否有过沟通？单从逻辑上推测，两人不仅应该商议过，而且曾国荃答应出资很可能也是乃兄授意。但这一推测无任何直接史料支撑，考二人此一时期的日记、信札等史料，竟未有一语提及此事，这的确令人感到迷惑不解。虽然朱孔彰《题江南曾文正公祠百咏》、徐珂《清稗类钞·莫子偲好古椠》等文均记载二曾就重刻之事有过商议，① 但这些史料只是间接证据，不是直接证据。这一疑点，唯有待于今后挖掘新史料予以解答。

第二节　设局安庆

同治元年夏五、六月间曾国藩允复重刻之后，各项筹备工作陆续开展，至同治三年春，刊刻《船山遗书》的底校本、编校人员、经费、写刻工匠与板片均已筹备齐全，乃于四月初三订立刻书章程，正式设局。书局设立于安庆任家坡曾国藩两江总督署军械库内，没有正式局名，我们暂且称之"安庆曾氏书局"。

一　筹备工作

（一）访寻遗书

刘毓崧《王氏船山丛书校勘记自序》记："衡阳王氏船山丛书，其目录可考者七十五种，稿本访得者六十一种"，《刻王氏船山丛书凡例》复记："邓氏显鹤《船山著述目录》注明有目未见书者若干种，今访得付刻者四种，待刻者二种，待访者八种；目录未载，今

---

① 朱孔彰《题江南曾文正公祠百咏》记："公捐廉奉三万金，设书局，重刊经史，先在安庆，商之九弟沅圃方伯，刻《王船山遗书》。"（《曾国藩全集·诗文》第14册，第529页）徐珂《清稗类钞·莫子偲好古椠》记："咸丰辛酉八月，文正既克复安庆，部署粗定，乃从子偲之言，命其采访遗书，商之其弟忠襄，刻《王船山遗书》。"（《清稗类钞·鉴赏类二》第9册，中华书局1984年版，第4281页）

访得待刻者四种；目录已载未刊，今访得付刻者二十三种，待刻者一种，待访者六种；目录已载已刊，今补刻者十八种，待刻者一种；目录已载另刊，今补刻者八种。合共丛书全目七十五种。"①

所访得遗书主要有三类：其一，底稿本，自王夫之裔孙处访得。欧阳兆熊《王船山先生轶事》记："友人赵惠甫刺史言于沅圃宫保，遂付八千金嘱予重刊，自百五十卷增益至三百卷。时在皖致书半溪，令从衡阳先生裔孙处搜求底稿。"②

其二，抄本、改本及旧刊本。刘毓崧《刻王氏船山丛书凡例》记："其抄本传写脱误，邓刻补正，至当不易者从之。此外托诸家藏改本及旧刊本者，均不可凭。"③

其三，阁本，曾国藩托友人自京城文渊阁抄录。同治四年四月曾国藩致函内阁学士刘崐（1808—1888年），云："王船山先生《书经稗疏》《春秋家说》序写出时即祈寄下。又，《国史》儒林、文苑、循吏三传亦求饬抄一分。需费若干，并恳示及汇寄。"八月又复："接奉七月初二惠书并《书经稗疏》《春秋家说序》各抄本。《国史》三传并蒙手自校阅，感何可言？"④

（二）延聘人员

据同治元年六月十九日欧阳兆熊致曾国藩信札，欧阳兆熊最初向曾国藩推荐的编校人员是湘人李如昆（生卒年不详，字竹溍），信札云："昨晤竹溍同年，耳语竟日，云节相有书相招，即当来营，校雠之事，便可相属。"⑤ 不过，李如昆后来并未参与校书之役。

曾国藩首先邀迎的是江浙宿儒钱泰吉与陈奂。钱泰吉（1791—1863年），字辅宜，号警石，浙江嘉兴人，精校雠之学。其子钱应

---

① 刘毓崧：《通义堂文集》卷八《王氏船山丛书校勘记自序》《刻王氏船山丛书凡例》，《续修四库全书》第1546册，上海古籍出版社，第463—467页。
② 欧阳兆熊：《水窗春呓》卷上《王船山先生轶事》，第7—8页。
③ 刘毓崧：《通义堂文集》卷八《刻王氏船山丛书凡例》，第465—467页。
④ 曾国藩：《复刘崐（同治四年四月初三日）》《加刘崐片（同治四年八月初八日）》，《曾国藩全集·书信》第28册，第389、655—656页。
⑤ 欧阳兆熊：《致曾国藩信二通》，《船山全书》第16册《杂录之部·书信》，第579—580页。

溥（1824—1902 年），字子密，任曾国藩机要幕僚。同治元年九月，钱泰吉随子抵安庆，"奉湘乡相国师之命襄理戎幕"。次年，"手校三史"，自谓"乐此不疲"，冬病卒。① 陈奂（1786—1863 年），字硕甫，号师竹，江苏长州人，师从江沅、段玉裁，精小学、经学，尤为《毛诗》专家，为李善兰（1811—1882 年）之师。李氏在同治元年四月刚入曾幕，② 曾国藩通过李善兰延请陈奂，同治二年五月初三，陈奂托李善兰带给曾氏手书一封，"言将来皖"③，惜未及抵皖即病卒。曾国藩延聘钱、陈二人之时，已允复赵烈文重刻之事，故此二人当为校《船山遗书》所聘，可惜二人均于同治二年冬病卒，未能参与书局后来之事。

同治二年，张文虎与刘毓崧抵皖入曾幕。张文虎（1808—1885 年），字啸山，江苏南汇人，精校勘之学。刘毓崧（1818—1867 年），字伯山，江苏仪征人，刘文淇子，精校勘，通经史，尤长于《左传》。张、刘分别于同治二年五月、十一月抵皖入曾幕，④ 成为校勘《船山遗书》的中坚力量。刘毓崧于《船山遗书》"用功最深"⑤，又编《王船山先生年谱》二卷，张文虎任职书局近十年，校勘书籍二十余种，是书局元老级人物。

同治三年初，赵烈文的两个亲戚周世澄（生卒年不详）与汤裕（1837—1884 年）也抵皖入曾幕，据赵氏日记载："接孟甥二月十一、廿一、廿二日信，已同衣谷挪入行，充《船山遗书》编校。"⑥

新入幕的张文虎、刘毓崧、周世澄、汤裕四人，加上之前入幕

---

① 钱应溥编：《警石府君年谱一卷》，北京图书馆编：《北京图书馆藏珍本年谱丛刊》第 145 册，北京图书馆出版社 1999 年版，第 229—237 页。

② 李善兰入曾幕时间，是在同治元年四月，《曾国藩日记》同治元年四月廿日记："拜周缦云、李壬叔、邓弥之，已正归。"（《曾国藩全集·日记》第 17 册，第 283 页）

③ 曾国藩：《曾国藩全集·日记》第 17 册，第 425 页。

④ 《曾国藩日记》同治二年五月廿一日记："又李壬叔带来二人，一张斯桂，浙江萧山人，工于制造洋器之法；一张文虎，江苏南汇人，精于算法，兼通经学、小学，为阮文达所器赏。"同治二年十一月十一日记："午正请刘伯山毓崧、魏涞西万杰等中饭。"（《曾国藩全集·日记》第 17 册，第 431、484 页）

⑤ 张文虎：《上曾沅浦宫保》，《覆瓿集续刻·舒艺室尺牍偶存》，《清代诗文集汇编》第 630 册，第 593 页。

⑥ 赵烈文：《能静居日记（二）》，第 751 页。

的欧阳兆熊、赵烈文、吴熙载（1799—1870年）、方骏谟（1816—1879年）、刘瀚清（1824—1882年）、汪宗沂（1837—1906年）、杨岘（1819—1896年）、杨沂孙（1812—1881年）、汤亦中（1810—1871年）、曹耀湘（生卒年不详）、孙福保（生卒年不详）、王荣兰（生卒年不详）十二人，便构成了《船山遗书》的编校人员。①

（三）筹募经费

刘毓崧《王船山丛书校勘记自序》记："湘乡爵相及介弟爵帅捐俸授梓"②，另据《张文虎日记》记，张文虎等编校人员的薪金，由曾国藩、曾国荃各自分别发放，③可知《船山遗书》刻资及设立书局费用，是由二曾共同出资。至于二曾各自出资的具体数字，主要史料有五则，但记载不一：

其一，同治元年六月十九日，欧阳兆熊致曾国藩信札中云："其书欲求精美，非四千金不能。"④

其二，赵烈文《能静居日记》同治二年六月初七日记："缘此事须费四千金，晓岑属余怂恿中丞为之倡，乃中丞不独能独力举办，并许多出千金，为加工精刻之费，其好学乐善者如此。"⑤

其三，欧阳兆熊《王船山先生轶事》记："友人赵惠甫刺史言于沅圃宫保，遂付八千金嘱予重刊，自百五十卷增益至三百卷。"⑥

其四，曾国藩幕僚朱孔彰（1842—1919年）《题江南曾文正公祠百咏》记："公捐廉奉三万金，设书局，重刊经史，先在安庆，商

---

① 金陵本《船山遗书》参与编校者十六人，为刘毓崧、吴熙载、张文虎、赵烈文、周世澄、方骏谟、刘瀚清、汤裕、汪宗沂、杨岘、杨沂孙、汤亦中、孙福保、曹耀湘、王荣兰、欧阳兆熊。（王夫之：《船山遗书》第1册卷首《校刊姓氏》，同治四年湘乡曾氏刻本）
② 刘毓崧：《通义堂文集》卷八《王氏船山丛书校勘记自序》，第463—465页。
③ 据《张文虎日记》记：自同治三年十月至同治四年七月，张文虎收曾国藩发薪水四次，每三月发放一次，每次四十两，共计一百六十两；收曾国荃发放五次，时间无定期，薪金不等，共计一百二十两。则张文虎每月平均收曾国藩十六两，收曾国荃十二两，月薪二十八两，年薪三百三十六两。（《张文虎日记》，第6—60页）
④ 欧阳兆熊：《致曾国藩信二通》，《船山全书》第16册《杂录之部·书信》，第579—580页。
⑤ 赵烈文：《能静居日记（二）》，第662页。
⑥ 欧阳兆熊：《水窗春呓》卷上《王船山先生轶事》，第8页。

之九弟沅圃方伯，刻《王船山遗书》。"①

其五，曾国藩幕僚王闿运（1833—1916年）《邗江王氏族谱序》记："会兵兴，湘潭刻板散失，而国荃克江南，文正总督两江。国荃出二万金，开局江陵，尽搜船山遗书。"②

有论者认为，第一、二条史料所言为预算，第五条王说不可信，第三、四条史料可信，《船山遗书》的刊刻费用为曾国荃"八千金"，设局费用为曾国藩"廉奉三万金"③。笔者认为，第三条史料曾国荃"八千金"可信，而第四、五条史料可信度都不高，因朱孔彰、王闿运皆非当事人，且所记出入太大。

基于晚清雕版的刻资主要取决于字数多寡这一客观前提，我们可以通过字数大致估算出《船山遗书》的刻资及设立书局费用。"金陵本"《船山遗书》五十八种二百八十八卷，约530万字，④ 取同一时期的两种参照物，计算方法如下：

其一，以同治六年金陵书局刊李善兰《则古昔斋算学十三种》为参照。据李善兰《则古昔斋算学自序》称："岁甲子来金陵，晤曾沅浦中丞，许代付手民。阅二年，邮致三百金，于是取箧中诸书尽刻之，凡十三种……共二十四卷。"⑤《则古昔斋算学》十三种二十四卷，共约15万字，⑥ 刻资三百金，以此参照，则《船山遗书》刻资约为一万六百金。

---

① 朱孔彰：《题江南曾文正公祠百咏》，《曾国藩全集·诗文》第14册，第529页。
② 王闿运：《湘绮楼诗文集·文》第3册卷九《邗江王氏族谱序》，岳麓书社1996年版，第395页。
③ 李志茗：《从倡节义到兴文教——曾国藩幕府刻书考论》，《社会科学》2010年第10期。
④ "金陵本"《船山遗书》五十八种二百八十八卷，据欧阳兆熊《重刊船山遗书凡例》记："计经类二十部，史类四部，子类十部，集类二十四部，都二百八十八卷，惟《四书训义》为先生口授讲章，姑从缓刻。"（王夫之：《船山遗书》第1册卷首）"金陵本"《船山遗书》的字数，可通过2016年中国书店版《船山遗书》大致估算。中国书店版《船山遗书》是以"金陵本"为底本，在种类、篇章、内容上也完全忠实于底本，惟于第15册末附加了《王船山丛书校勘记》、传记十种及刘毓崧编《王船山年谱》、王之春编《船山公年谱》年谱二种。中国书店版《船山遗书》15册共计578万字，则"金陵本"《船山遗书》字数约为530万字。
⑤ 李善兰：《则古昔斋算学自序》，《则古昔斋算学》，《续修四库全书》第1047册，第469页。
⑥ 《则古昔斋算学》的字数，参考孙雁冰《李善兰科技译著述议》，《安庆师范学院学报》2016年第4期。

其二，以同治四年六月李鸿章"堂子巷新局"的财务预算为参照。据《张文虎日记》"同治四年六月廿四日"记："此费出自盐务余款，每年约可六千金，每月五百金。若用写手六人，发刀十五人，挑清四十人，一日出字六千，一月出字十八万，计刻资二百八十八金，校勘薪水支销外，赢余以为纸料、印工之资，其书发坊货卖，所入亦添作经费，永为常例。"①"堂子巷新局"每出18万字，刻资二百八十八金，书局其他费用（即除刻资以外的校勘薪水、材料费、印工费等）二百一十二金，以此参照，则《船山遗书》刻资约为八千五百金，书局其他费用约六千三百金，共约一万五千金。

基于上述史料及估算，可以得出的初步判断是：同治元年六月，当欧阳兆熊和赵烈文请求曾国藩重刻时，他们预计刻资为"四千金"；同治二年六月，曾国荃表示愿意出"五千金"，但后来实际给了欧阳兆熊"八千金"；但这八千金仅是《船山遗书》刻资，可能还略有不足，至于校勘薪水、材料费、印工费等其他费用则由二曾后续共同添补，所添补者大约在八千金至一万金左右。

《船山遗书》刻资与设立书局经费是一笔巨款，在当时购买一艘小型外轮亦不过如此，"小者万二千金购定，中者五万五千金"②。到了同治六年十月，时《船山遗书》已刻毕，曾国荃已调任湖北巡抚，开始着手筹建崇文书局，他在给郭嵩焘胞兄郭崑焘的信中还提到："鄂省书局，即牙厘局杨笠生名丽珍、胡月樵两观察经理，当不似刻《船山集》之浪费多金也。"③

（四）鸠工庀材

同治二年秋冬至次年春，曾国藩开始招聘写刻工匠、购买板片。

曾国藩阅咸丰六年刊本郝懿行《尔雅义疏》，校雠及写刻俱佳，欲请主其校勘者高均儒代为招聘写刻工匠。高均儒（1812—1869年），字伯平，浙江嘉兴人，生员，以校刻书籍闻名青淮，与盱眙吴

---

① 张文虎：《张文虎日记》，第53页。
② 曾国藩：《复周腾虎（同治元年正月二十七日）》，《曾国藩全集·书信》第25册，第51页。
③ 曾国荃：《复郭意诚（同治六年十月十四日）》，曾国荃撰，梁小进主编：《曾国荃全集·书札》第3册，岳麓书社2006年版，第440页。

棠（1813—1876 年）、淮安吴昆田（1807—1882 年）、丁晏（1794—1875 年）、独山莫友芝（1811—1871 年）等名士交往甚密。为此，曾国藩令钱应溥以同乡身份致信高均儒，又亲自致信江宁布政使兼漕运总督吴棠，请其敦促此事，并垫付梓人款项："兹有恳者，敝省先哲王船山先生夫之，国史儒林传中次居第二，著书甚富，约有三百万余言。道光年间曾刊十余种，未睹其全。现在同乡创议刊布全书，舍弟等捐集刻资，已有成说。惟敝乡写刻苦无佳手，拟在皖省设局，招致好手开雕。昨检阅郝兰皋先生《尔雅义疏》丙辰年刊本，极为精审，知系嘉兴高君伯平一手校雠，似闻写刻各匠均系昔年金陵专门之业，近岁寓居淮城。拟请其挑选十余人，前来安庆开工。已由敝幕钱子密函致高君，详达一切。惟梓人动身须先给盘川等项，奉求阁下一为垫发，即由敝处过便寄还。"①

曾国藩这封信，可说是恰逢其时，原来此刻高均儒正在吴棠幕中校书。吴棠，字仲宣，安徽盱眙人，道光十五年举人，咸丰十年指挥乡勇在淮安成功抗击捻军，授徐海道员，旋擢江宁布政使、漕运总督。清淮退捻甫定，"民获小休，则创建文庙大成殿，并建崇实书院、义学四所，经师课诵，人文大起"②，复编刻《小学集注》《近思录集注》以为士子读本，聘高均儒主校勘。

同治二年冬，高均儒收到钱应溥信函后，很快便回复"写手、刻手须在泰州、东台等处添觅多人"，将尽快赶赴招聘。同治三年春正月，吴棠"垫发各款四百千"，命部下"护送梓人柏继伦等"抵皖，二月，又送"梨板三百余片"至皖城。③ 这样，刻工与板片均落实。

二 设局时间考辨

自同治元年夏至同治三年春近两年的时间，刊刻《船山遗书》

---

① 曾国藩：《致吴棠（同治二年十月初九日）》，《曾国藩全集·书信》第 27 册，第 215 页。
② 吴昆田：《四川总督吴公事略》，缪荃孙编：《续碑传集》卷二十六，《清代传记丛刊》第 116 册，第 435—436 页。
③ 曾国藩：《致吴棠（同治二年十一月十二日、同治三年正月二十七日、同治三年二月十三日）》，《曾国藩全集·书信》第 27 册，第 292、448、477 页。

的底校本、编校人员、经费、写刻工匠与板片均已筹备齐全，正式设局进入议事日程。

书局设立于安庆任家坡曾国藩两江总督署军械库内，其正式设立时间，史料记载并不一致，现有研究仍存争议，需进一步讨论。史料记载主要有三种：一是同治三年四月初三日（1864年5月8日）设于安庆。此说出自光绪二年传忠书局刊黎庶昌编《曾文正公年谱·同治三年》，记："四月初三日，设立书局，定刊书章程。"① 稍晚的一批史料，如光绪六年刊《江宁府志·实政》、民国二十八年刊章洪钧编《泾舟老人洪琴西先生年谱》、成书于20世纪30年代的孙延钊《孙衣言孙诒让父子年谱》等，均沿此说。② 黎庶昌"同治三年四月初三日设于安庆"说认可度最高，影响最大，后世研究沿黎说者众。

第二种说法仅笼统称于安庆设局，未明确具体时间。如同治十三年刊《上江两县志·艺文上》、光绪年间闵萃祥《州判衔候选训导张先生行状》、民国二十四年刊《首都志·艺文》等史料，均载"既克安庆，开局军中"③。

此外，还有"金陵立局说"，如清末况周颐《眉庐丛话》、宋恕《籀顾居士行年六十生日寿诗序》（1908年）、叶德辉《书林清话》（1920年）、钱基博《版本通义》（1930年）等。④ 这些记叙成书较晚，作者也没有亲历其事，文字又多为散文、随笔、传记类，史实记载并不十分严谨，不足为据。后世基本没有沿用这一说法者。

近年，也有论者提出不同看法，认为：《曾国藩日记》同治三年

---

① 黎庶昌编：《曾文正公年谱》卷九，第204—205页。
② 蒋启勋、赵佑宸修，汪士铎等纂：《续纂江宁府志·实政》卷六，光绪六年刻本，第8页；章洪钧编：《泾舟老人洪琴西先生年谱》卷二，《北京图书馆藏珍本年谱丛刊》第166册，北京图书馆出版社1999年版，第417页；孙延钊撰：《孙衣言孙诒让父子年谱》，上海社会科学院出版社2003年版，第84页。
③ 莫祥芝、甘绍盘修，汪士铎等纂：《同治上江两县志》卷十二，第14页；闵萃祥：《州判衔候选训导张先生行状》，张文虎：《舒艺室杂存》，《清代诗文集汇编》第630册，第682—685页；叶楚伧、柳诒徵主编：《首都志》卷十五，南京正中书局1935年版，第1334页。
④ 况周颐著，郭长保点校：《眉庐丛话》，山西古籍出版社1995年版，第154页；宋恕：《籀顾居士行年六十生日寿诗序》，胡珠生编：《宋恕集》，中华书局1993年版，第418页；叶德辉：《书林清话》卷九《古今刻书人地之变迁》，岳麓书社1999年版，第210—211页；钱基博：《版本通义》，商务印书馆1930年版，第59页。

第一章　安庆曾氏书局创建始末及性质

四月初三日仅记"夜将书局章程核毕",并无记载设立书局,而《曾国藩日记》同治五年五月初三日记"同治二年,沅甫弟捐资,全数刊刻,开局于安庆",且刘毓崧《通义堂文集·王氏船山丛书校勘记自序》记有《船山遗书》开雕于同治二年冬,故而认为书局设立时间是"同治二年的八月至十二月之间"①。

笔者认为,这一提法较为牵强,难以令人信服:

其一,《曾国藩日记》同治五年五月初三日,确实记有"同治二年,沅甫弟捐资,全数刊刻,开局于安庆"②,但要注意,这是一则回忆史料,表述得较模糊。而同治二年十月初九日曾国藩致吴棠信札,云:

> 现在同乡创议刊布全书,舍弟等捐集刻资,已有成说。惟敝乡写刻苦无佳手,拟在皖省设局,招致好手开雕。③

"拟在皖省设局",说明此时还未设立。

其二,至于收录于刘毓崧《通义堂文集》中的《王氏船山丛书校勘记自序》,确实记载《船山遗书》开雕于同治二年冬,"湘乡爵相及介弟爵帅捐俸授梓,自癸亥冬至丙寅夏,刻成五十三种。此四年中,延致诸同人或校稿本,或校写本,或校刻本,毓崧亦在局中,专司覆校稿本"④。但是,同治四年金陵本《船山遗书》也收录了这篇自序,说的却是开雕于同治三年春:

> 自甲子春至丙寅夏,刻成五十三种。此三年中……⑤

而且,欧阳兆熊《重刊船山遗书凡例》也说开雕于同治三年:

---

① 李志茗:《金陵书局考辨——以晚清同光时期为中心》,《史林》2011年第6期。
② 曾国藩:《曾国藩全集·日记》第18册,第287页。
③ 曾国藩:《致吴棠》,《曾国藩全集·书信》第27册,第215页。
④ 刘毓崧:《通义堂文集》卷八《王氏船山丛书校勘记自序》,第463—465页。
⑤ 刘毓崧:《王船山丛书校勘记自序》,《船山遗书》第98册,第1页。

> 此书开雕于同治甲子，未及三载而事已竣，由安庆而金陵而扬州而长沙，俱以书局自随。①

事实上，从书局的筹备情况来看，同治二年秋冬虽经费、稿本与校书人员均已基本落实，但写刻工匠与板片却是到了同治三年春方齐备，未有工匠与材料，如何开雕、立局？

其三，《曾国藩日记》同治三年四月初三记："夜将书局章程核毕。"此条之后，当曾国藩再提及"书局"，俨然已设，日记"同治三年四月十三日"记：

> 早饭后，……又至欧阳小岑书局一坐，午初阳。②

同治三年五月初八日，曾国藩致赵烈文信札，云：

> 令亲汤衣谷、周孟夔在局校书，近状平善。③

上述分析表明，黎庶昌"四月初三日，设立书局，定刊书章程"，是可信之论；有论者认为书局设立时间是"同治二年的八月至十二月之间"，此说难以成立。

第三节　移局金陵"铜作坊"

同治三年四月初三日（1864年5月8日），安庆曾氏书局正式设立，六月，湘军收复金陵，九月，曾国藩两江总督署自安庆迁至金陵，书局随迁，设于金陵城南"铜作坊伪慕王府"④。同治四年五月底，曾国藩离宁北征，八月初一（1865年9月20日），"铜作坊"

---

① 欧阳兆熊：《重刊船山遗书凡例》，《船山遗书》第1册卷首。
② 曾国藩：《曾国藩全集·日记》第18册，第38、42页。
③ 曾国藩：《复赵烈文》，《曾国藩全集·书信》第27册，第616页。
④ 张文虎：《张文虎日记》，第1—3页。

书局撤毕，此后欧阳兆熊辗转扬州、长沙，完成《船山遗书》的后续刊印工作，同治六年春夏，《船山遗书》全帙刊竣。

一 曾国藩欲刻经史典籍

有论者认为，曾国藩最初对书局并未有长远规划，"在他看来，刊罢船山集，书局就完成使命了，所以他不仅未做什么长远打算，而且连书局名也不起"，也没有刊刻经史典籍的自觉，直到同治六年回任江督后，曾国藩才开始重视书局，将其视为"恢复和重建江南社会文化秩序的一项重要善后举措"[①]。就现有史料来看，这一说法值得商榷。

湘军收复金陵后，曾国藩着手修缮江南贡院与江宁府学，奏请恢复乡试，"顷已札饬金陵善后局、江宁布政司赶紧修葺，拟九月具奏，十一月举行乡试"[②]。又修复学校与书院，与江苏巡抚李鸿章等商聘各书院院长，"尊经书院定请缦云侍御，钟山一席尚未议定。冯中允极赞李小湖博雅诚恳，苏士慕向，顷遍觅其新刻文集，不可遽得。苏垣如有藏本，幸速寄示。此外如李雨人、何子贞均堪胜任，彤甫、子怀亦惬人望，待新正再行关聘"[③]。

在办理各项善后工作中，有感于书籍在战乱中散佚损毁严重，士子无书可读，曾国藩、曾国荃已开始考虑刊刻经史典籍。据《张文虎日记》同治三年九月、十月记：

> 同晓岑、壬叔往见沅帅，沅帅愿重刻《十三经》、段注《说文》《史记》《汉书》、胡刻《通鉴》《文选》诸书，举以见属。……节相论刻书章程，谓十三经古注，惟《易》《书》《孝经》不足刻。固然，然相沿已久，不能废，且无他古注完本可补者，不能定也。

[①] 李志茗：《金陵书局考辨——以晚清同光时期为中心》，《史林》2011年第6期。
[②] 曾国藩：《与潘曾玮（同治三年八月初六日）》，《曾国藩全集·书信》第28册，第84页。
[③] 曾国藩：《复李鸿章（同治三年十二月三十日）》，《曾国藩全集·书信》第28册，第294页。

自同治三年十二月至同治四年三月，张文虎已校毕《毛诗传笺》《春秋左传杜注补辑》《春秋公羊经传解诂》三种经书，当时李鸿章尚未继任江督、接管书局，张氏校经书显然只能是受二曾之意。①

遗憾的是，同治三年九月曾国荃以引疾之名归湘乡，同治四年五月底曾国藩离宁北征剿捻，二曾欲刻经史典籍之议遂暂罢。

二 "铜作坊"书局撤局

同治四年五月底，曾国藩离宁北征，《船山遗书》校勘、刻板与刷样工作也即将收尾，正在紧张赶工，张文虎在日记中记："晓岑以刻工急于接手，不及整顿，遂定全刻《历代诗评》，随校随发写。"②

曾国藩离宁前后，已决定待《船山遗书》蒇事即撤局。对于书局校书人员的去留，曾国藩也有安排：曾国藩给曾纪泽写信，令妥善安置刘毓崧，"刘伯山书局撤后，再代谋一安砚之所。该局何时可撤，尚无闻也"③；张文虎以曾国藩保举训导，"不论双单月，遇缺即选"，三月，"拟作归装，而晓岑意欲再留"；欧阳兆熊"以节相保举四品衔花翎"，将赴扬州盐务。参与编校诸人亦纷纷离宁另赴他职：周世澄往湖南，赵烈文赴常熟，刘翰清随曾国藩军营北征，杨岘以李鸿章荐入湖南巡抚李瀚章（1821—1899年）幕，方骏谟迁官徐州，"以节相北征，同事诸君星离雨散，彼此悯悯"④。

在这样的情况下，曾国藩确实担心《船山遗书》的后续刊印，六月二十日他给欧阳兆熊写信云："鄙人去后，金陵诸君子或投笔相从，或仕宦而之他方，尊况遂尔岑寂。莫偲兄信来，亦有风流云散之慨。聚散无常，从古以然。……船山书将次刊遍，刷印或在金陵，或在扬州，俱听卓裁。去岁托刘韫斋抄件，接其复信，云近日当可寄出。"⑤

---

① 张文虎：《张文虎日记》，第3、6、18—29页。
② 张文虎：《张文虎日记（同治四年五月二十日）》，第40页。
③ 曾国藩：《谕纪泽（同治四年闰五月十九日）》，《曾国藩全集·家书》第21册，第362页。
④ 张文虎：《张文虎日记》，第18、20、29、38、43、45、54、60、61页。
⑤ 曾国藩：《复欧阳兆熊》，《曾国藩全集·书信》第28册，第595页。

八月初一（1865年9月20日），欧阳兆熊赴扬州盐务，"旧局中刻工俱迁出"①，"铜作坊"书局撤毕。时《船山遗书》的刷样工作，除曾国藩托刘昆自京城文渊阁所抄录《书经稗疏》《春秋家说序》及《国史》儒林、文苑、循吏三传之外，其他均已刷毕。此后，欧阳兆熊辗转扬州、长沙，继续《船山遗书》的后续工作，"由安庆而金陵而扬州而长沙，俱以书局自随"②。

三 《船山遗书》的后续刊印工作

按照曾国藩、曾国荃的预期，《船山遗书》可于同治四年春夏刊成。同治三年九月，曾国荃在给原江西道御史窦埥（1804—1865年）的信中提到："《船山先生全集》开雕将半，俟来春梓成，当遵指寄赠也。"③ 同治四年五月，曾国藩在给僚友魏莲西的信中也说："王船山遗稿，俟刻就装刷，再行奉寄尊览。"④ 然而，进度远未如二曾所期，八月十九日，曾国藩令曾纪泽将刘昆所抄数种"速寄欧阳晓岑丈处，以便续行刊刻"⑤，十月，全部样本刻毕，这便是曾国藩《王船山遗书序》所言"同治四年十月刻竣"⑥，此时离全书刊成尚距一年有余。而窦埥也在收到曾国荃信的次年病卒，无缘一睹全书真貌。

同治四年冬样本刻毕，欧阳兆熊寄给曾国藩，请其审样、作序并复校。次年春，欧阳兆熊辞扬州盐务，返回长沙从事医药事业，《水窗春呓·江浙医生》记："同治五年，予由扬州回家，集赀设立医药局，聘医生十人……又设医馆……购《素问》《灵柩》《难经》诸书置局中。"⑦ 同治五年五月、同治七年十月曾国藩复欧阳兆熊两封信札，有云："顷接四月十日手书，敬悉一切。就谂局务交卸，尘

---

① 张文虎：《张文虎日记》，第60页。
② 欧阳兆熊：《重刊船山遗书凡例》，《船山遗书》第1册卷首。
③ 曾国荃：《复窦兰泉》，《曾国荃全集·书信》第3册，第374页。
④ 曾国藩：《复魏莲西（同治四年五月二十二日）》，《曾国藩全集·书信》第28册，第461页。
⑤ 曾国藩：《谕纪泽》，《曾国藩全集·家书》第21册，第384页。
⑥ 曾国藩：《王船山遗书序》，《曾国藩全集·诗文》第14册，第209页。
⑦ 欧阳兆熊：《水窗春呓》卷上《江浙医生》，第21页。

鞅一清，从此轻舟南去，访范公于吴越，展严叟于富春"，"承示勘经之暇，专务活人。医药救生，皆盛德事"①。

同治四年冬至五年冬，曾国藩在处理军政事务之余，坚持校阅《船山遗书》，《曾国藩日记》同治五年六月二十日记："夜又批《札记》二条。余阅此书，本为校对讹字，以便修板再行刷印，乃复查全书，辩论经义者半，校出错讹字半。盖非校雠家之体例，然其中亦微有可存者，若前数年在安庆、金陵时，则反不能如此之精勤。"②他又与欧阳兆熊多封信札讨论，同治五年正月复："《船山遗书》上年托刷样本见寄，意欲复阅拟序。兹收到《通鉴》《宋论》，仍俟寄到《诸经俾疏》《礼记章句》各种，再撰序文。"五月又复："承寄示新刻各种，均已收到，俟粗览大义，再制序文。至实录内'思文圣安'字样，按顾亭林先生有《圣安本记》一编，系道光间刻，在明季稗史体例。在前夕堂老人与顾先生同为佚老，同入儒林，其眷怀故国，忧愤三叹，心迹尤为大同。既已刊成，似可一例刷行。"至九月，曾国藩已"校阅百余卷，间亦订正伪脱"，将《礼记章句》"所批者另誊一册"，其余各卷"拟以别纸录出，并寄尊处，以便修改"，序文亦"顷始脱稿"③。其序称："国藩校阅者，《礼记章句》四十九卷，《张子正蒙注》九卷，《读通鉴论》三十卷，《宋论》十五卷，《四书》《易》《诗》《春秋》诸经稗疏、考异十四卷，订正讹脱百七十余事。"④曾国藩将序文寄给曾国荃，令其阅后速寄给欧阳兆熊，"内《船山遗书序》，弟阅后寄去"⑤，即行刊刻。

同治五年十一月，曾国藩回督两江，《船山遗书》仍未开刷。十二月曾国藩致函工部左侍郎黄倬（？—1885年），云："王船山全书去冬即已告竣，又多至三百二十二卷，尚未开刷。现寄信至长沙，

---

① 曾国藩：《复欧阳兆熊（同治五年五月初六日）》，《曾国藩全集·书信》第29册，第206页；曾国藩：《复欧阳兆熊（同治七年十月初七日）》，《曾国藩全集·书信》第30册，第477页。
② 曾国藩：《曾国藩全集·日记》第18册，第303页。
③ 曾国藩：《复欧阳兆熊（同治五年正月十一日、同治五年五月初六日、同治五年九月二十一日）》，《曾国藩全集·书信》第29册，第31、207、416页。
④ 曾国藩：《王船山遗书序》，《曾国藩全集·诗文》第14册，第209页。
⑤ 曾国藩：《致沅弟（同治五年九月二十二日）》，《曾国藩全集·家书》第21册，第451页。

俟刷成再行奉寄。"① 与此同时，欧阳兆熊仍在长沙等待曾国藩的校审意见，并接连致信曾国荃信札两封，请其代为催促。同治六年正月，曾国荃致函曾国藩云："欧阳晓岑迭有信来，云《船山全集》将欲开刷，求兄将校正讹脱百七十余事，别纸录出，早为寄湘，以便速付梓人修改，三月初间即大开刷。伏乞兄接此信后，即日派人录出，排单递湘，寄交晓岑为荷。缘晓岑已来两信，弟前因军事悾偬，妄记述陈，致稽时日也。"② 很快，曾国藩就回复："船山集尚在舟次未来。余至江宁计已近三月矣。请弟寄书晓岑，令其迅速开刷，不必等余信修改也。"③ 同治六年春夏，《船山遗书》开刷，至此，全帙刊毕。

同治五年，当曾国藩在校阅《船山遗书》之时，曾国荃已知不可能短日刊成，是年八月致信桐城方宗诚（1818—1888年），云："承嘱寄船山、望溪两先生全集，查均尚未开刷。刻下欧阳晓岑正在买纸兴工，大约明年三月乃可刷成，明年当奉寄一部，以报雅命也。"④ 这一次，曾国荃的预期果如所愿。

"金陵本"《船山遗书》，自同治元年（1861年）夏五六月间曾国藩允复重刻，至同治六年（1867年）春夏全帙毕工，耗五年之功，总计十六人参与编校，开雕于安庆，辗转金陵、扬州，刊竣于长沙。欧阳兆熊《重刊船山遗书凡例》记："金陵本"收船山著述五十八种，"计经类二十部，史类四部，子类十部，集类二十四部，都二百八十八卷，惟《四书训义》为先生口授讲章，姑从缓刻"⑤。

"金陵本"仍未刊全船山遗著，刘声木（1876—1959年）《苌楚斋续笔·王夫之未刊撰述》记："衡阳王而农先生夫之所撰《船山遗书》贰百捌拾捌卷，得新化邓湘皋广文显鹤为之搜辑，湘乡曾文正公于同治四年辑刊全书于金陵节署，乃得大显于世。而曾氏刊本，

---

① 曾国藩：《复黄倬（同治五年十二月初七日）》，《曾国藩全集·书信》第29册，第532页。
② 曾国荃：《致伯兄（同治六年正月廿一日）》，《曾国荃全集·家书》第5册，第240页。
③ 曾国藩：《致沅弟（同治六年二月初三日）》，《曾国藩全集·家书》第21册，第481—482页。
④ 曾国荃：《复方存之》，《曾国荃全集·书信》第3册，第392—393页。
⑤ 欧阳兆熊：《重刊船山遗书凡例》，《船山遗书》第1册卷首。

仍有未尽者。厥后湘人翻刊曾本，补刊《龙源夜话》□卷、《忆得》一卷、《姜斋诗分体稿》四卷、《姜斋诗编年稿》一卷、《姜斋文集补遗》二卷，而《龙源夜话》《忆得》，曾目列未见。又有《四书训义》三十八卷，实未刊行，曾目亦漏落'未刊'二字，仅于卷首《重刊船山遗书凡例》中言明'惟《四书训义》为先生口授讲章，姑从缓刊'云云。而《相宗络索》三卷、《夕堂永日八代诗选评》六卷、《夕堂永日四唐诗选评》七卷、《夕堂永日明诗选评》七卷，《凡例》中皆言'已见，容俟访得全书，再为补刊'云云，至今尚未刊行。是其遗书仍未能全刊，亦可惜也。"①

光绪十三年（1887年），船山遗著复由衡阳船山书院补刻六种、十卷，共计六十四种、二百九十八卷，是为历史上第一种船山全集。此后各地书肆多取"金陵本"翻印，自光、宣至民初，时有前未刊行之船山佚著问世。民国二十二年（1933年），上海太平洋书店复集印船山著作七十种、三百五十八卷，是为历史上第二种船山全集。新中国成立后，船山著作之刊行进入了新时期。②

第四节　从安庆曾氏书局看晚清幕府刻书的特征

诚如谢正光先生所言：金陵书局最初"仅是附属于曾国藩幕府中的一个小组织"，校书人员也"全是曾国藩的幕客"，同治三年九月迁局金陵后，曾国藩才将书局规模扩大，开始刊刻大批基本的经史典籍。③ 其实不单是安庆曾氏书局，包括与它大致同一时期成立的武昌胡林翼书局（咸丰九年）、宁波左宗棠书局（同治二年），虽都被称为"书局"，但本质上仍都只是幕府刻书组织，不能称为"地

---

① 刘声木：《苌楚斋续笔》卷八，《近代中国史料丛刊》第209册，第566—567页。
② 关于船山著作的刊印历史，参见《船山全集·序例》第1册，第25—26页。
③ ［美］谢正光：《同治年间的金陵书局——论曾国藩幕府中的儒学之士》，载《明代清代史研究论集》，台湾大陆杂志社编辑委员会编：《大陆杂志史学丛书》第3辑第4册，台湾大陆杂志社1970年版，第340—349页。

方书局"。

清代幕府辟召兴盛，幕府编修书籍是普遍的学术活动，最著者如康乾年间徐乾学幕府编《通志堂经解》《资治通鉴后编》，李光地幕府编纂多种御纂、钦定书籍，毕沅幕府编《续资治通鉴》《史籍考》，嘉道年间阮元幕府编《经籍籑诂》《十三经注疏校勘记》《皇清经解》，贺长龄幕府编《皇朝经世文编》等，均典瞻赅博，彪炳史册。

咸丰、同治年间，地方大僚亦纷纷组织幕僚编修书籍，踵事剞劂之事，清末名士方宗诚记："东南文字，尽毁于贼。胡文忠在湖北首开书局，刻《读史兵略》《弟子箴言》，曾公在安庆开局刻《王船山先生遗书》，在金陵刻《四书》《十三经》《史记》《汉书》，吴仲宣漕督在淮上刻《小学》《近思录》诸书，丁雨生中丞在苏州刻《通鉴》《牧令》诸书，马谷山中丞在浙江刻钦定《七经》等书，左季高宫保在福建刻张仪封所编诸大儒名臣书，何小宋中丞在湖北刻《十三经》《经典释文》《胡文忠公遗集》等书，吴竹庄方伯在安庆刻《乾坤正气集》及各忠节书，李少荃节相在金陵刻《名臣言行录》并朱批谕旨等书，丁稚黄中丞在山东亦开局刻《十三经》，皆有益世教也。"①

方宗诚所记只涉及少数官员，其实晚清地方官员组织幕僚刻书较普遍。检索国家图书馆藏书可知：大凡总督、漕督、巡抚、藩台、臬台、道台等各级官员，都有组织幕僚刻书，且自咸丰年间持续至光绪中后期，热度不减。如：光绪七年至十一年彭祖贤（？—1885年）官湖北巡抚期间，编刻《无近名斋文钞》四卷、《儒门法语辑要》一卷、《二林居集》二十四卷、《诗比兴笺》四卷、《尊闻居士集》八卷、《香闻遗集四卷》等；光绪十七年蔡希邠（1832—1900年）官广西太平归顺道期间，编刻《明志斋诗草》二卷、《支机石传奇》等；光绪二十一年至二十四年许振祎（1827—1899年）官广东巡抚期间，编刻《医钞类编》二十四卷、《诒炜集》五卷等；光绪

---

① 方宗诚：《柏堂师友言行记》卷三，《近代中国史料丛刊》第216册，第72—73页。

十九年至二十八年樊增祥（1846—1931年）官渭南县知县、陕西按察使期间，编刻《樊山集》二十四卷、《樊山续集》三十二卷等。

晚清地方官员组织幕僚刻书，体现了清代幕府文事活动的延续性，其性质仍是传统的幕府刻书组织，具有传统幕府刻书的一般性特征：

第一，刻书经费主要出自幕主私人捐资。

如：曾国藩、曾国荃在安庆刻《船山遗书》，"湘乡爵相及介弟爵帅捐俸授梓"①；湖北巡抚胡林翼（1812—1861年）在武昌刻《水经注图》，"宫保公出其资"②；闽浙总督左宗棠（1812—1885年）在宁波刻《四书五经》，"捐廉觅匠影刊鲍刻《六经》"③。

有时刻资名义出自幕主私人，实为"变相"取自公款。陈其元（1812—1882年）《庸闲斋笔记·左爵相创设书局》记左宗棠刻书宁波："爵相创军府于严州，严当兵燹之后，田畴荒芜，草木畅茂，遗民无所得食。爵帅于赈济之外，发银万两购买茶笋，俾百姓得采撷于深山穷谷以为资，茶笋制成，扎发宁波变价，往返二次，归正款外，得羡金数千两。爵相以乱后书籍板片多无存者，饬以此羡余刊刻四书五经。"④ 此处充刻资的"羡金"，即是变相出自"赈济公款"。

刻资无论是幕主私人捐资，还是变相取自公款，在名义上都是由幕主私人承担，这是晚清幕府刻书的重要特征。

第二，编校人员身份为幕僚。

幕府刻书组织直接隶属于地方官员，编校人员身份都是幕僚，与官员是宾主关系，薪金也由幕主私人支付。如张文虎编校《船山遗书》，校勘薪水由曾国藩、曾国荃私人支付，《张文虎日记》记，

---

① 刘毓崧：《通义堂文集》卷八《王氏船山丛书校勘记自序》，第463—465页。
② 丁取忠：《水经注图序》，郦道元著，汪士铎图，陈桥驿校释：《水经注图》卷首，山东画报出版社2003年版，第24页。
③ 左宗棠：《札陕鄂粮台翻刻六经》，刘泱泱等点校：《左宗棠全集·札件》，岳麓书社2009年版，第514页。
④ 陈其元著，杨璐点校：《庸闲斋笔记》卷三《左爵相创设书局》，中华书局2015年版，第59—60页。

自同治三年十月至同治四年七月，收曾国藩发薪水四次，每三月发放一次，每次四十两，共计一百六十两；收曾国荃发放五次，时间无定期，薪金不等，共计一百二十两。则张文虎每月平均收曾国藩十六两，收曾国荃十二两，月薪二十八两，年薪三百三十六两。①

汪士铎（1802—1889年）在武昌编校《读史兵略》诸书，薪水由胡林翼私人支付，《汪悔翁自书纪事》记："（咸丰）八年戊午冬，得鄂银、信，邀赴鄂，立生寄靴及内人裙。九年己未正月八日赴鄂，三月入抚署五福堂。"② 此处"鄂银、信"，即指胡林翼招汪氏入幕的聘金与聘信。

有些编校人员本身即供职于局所，如参与编校《船山遗书》的欧阳兆熊，任职于曾国藩湘军钱粮军需处，汪宗沂任职于忠义采访局编纂，赵烈文、刘瀚清、方骏谟、杨岘等皆在湘军军营委差，这类人员的薪水则由所在局所或自军饷中开支。

第三，刻书规模较小，刻书组织没有正式名称，所刻书籍表现出强烈的个人喜好。

晚清幕府刻书一般规模较小，刻书种类较少，存在时间不长，往往因官员离任、去世或罢黜而随之终止。如：咸丰十一年八月胡林翼病卒，胡氏武昌刻书终止，原编校人员莫友芝、汪士铎、丁取忠等转而依附于曾国藩；同治五年左宗棠赴陕甘平定捻军与回乱，左氏杭州刻书终止；同治四年五月曾国藩北征剿捻，金陵铁作坊书局随之撤局；光绪二十四年广东巡抚许振祎奉调入京，次年病逝，许氏在广东的刻书也随即终止。

幕府刻书组织一般没有正式名称，牌记多题幕主姓氏、官职。如：胡林翼刻《读史兵略》《皇朝中外一统舆图》等，牌记题"武昌节署""湖北抚署"；左宗棠刻《钦定康济录》《四书五经》等，牌记题"浙江抚署"；曾国藩、曾国荃刻《船山遗书》，牌记题"湘乡曾氏刊于金陵节署"；吴棠刻《张亟斋遗集》《小学集注》等，牌

---

① 张文虎：《张文虎日记》，第6—60页。
② 汪士铎：《汪悔翁自书纪事》，《北京图书馆藏珍本年谱丛刊》第151册，第369页。

记题"盱眙吴棠""盱眙吴棠望三益斋";吴坤修刻《半亩园丛书》,牌记题"皖城新建吴氏""吴坤修皖城藩署""新建吴坤修皖江抚署""新建吴坤修皖江臬署";李鹤章刻《余忠宣公全集》,牌记题"皖桐李鹤章皖江臬署";彭祖贤刻《二林居集》《香闻遗集》等,牌记题"彭祖贤湖北抚署""长州彭祖贤鄂江节署""长洲彭祖贤";许振祎刻《诒炜集》《医钞类编》等,牌记题"广州节署""奉新许振祎";樊增祥刻《樊山集》《樊山续集》等,牌记题"渭南县署""西安臬署"。

从刻书内容来看,晚清幕府刻书表现出强烈的个人喜好,以表彰地方先贤、理学名儒及忠臣义士居多。如:胡林翼刻《弟子箴言》,此书为胡林翼父亲胡达源(1777—1841年)汇编理学先儒诸说,有益教化士子;曾国藩、曾国荃刻《船山遗书》,表彰明末清初衡阳名士王夫之;吴棠刻《小学》《近思录》,为宋代理学名儒朱熹著述,又刻《张弜斋遗集五种》(又名《张力臣先生遗集五种》),表彰明末淮安名士张弜(1625—1694年);安徽布政使吴坤修(1816—1872年)刻《孙文定公南游记》,表彰清初名臣孙嘉淦(1683—1753年),又刻《乾坤正气集》,表彰历代忠臣义士;同治六年李鹤章(1825—1880年)刻《余忠宣公全集》,表彰元代名臣庐州余阙(1303—1358年)。

晚清地方官员幕府刻书,具有传统幕府刻书的一般性特征,但在咸同年间特定历史背景下,也具有它的特殊性。这一特殊性主要表现在:晚清幕府刻书与地方官署刻书、地方书局刻书存在着复杂关系,有时它们之间的分界甚至并非泾渭分明。

我们注意到,一些地方官员在组织幕府刻书之初,即自称"书局",如《莫友芝日记》咸丰十一年四月二十七日记:"又言林冠山以汪梅生荐,可令入署抄书,付书局管理"①;同治二年、三年间,曾国藩在书信、日记中也提及:"拟在皖省设局,招致好手开雕"②

---

① 莫友芝著,张剑整理:《莫友芝日记》,江苏凤凰出版社2014年版,第29页。
② 曾国藩:《致吴棠》,《曾国藩全集·书信》第27册,第215页。

"令亲汤衣谷、周孟舆在局校书"①"夜将书局章程核毕""至欧阳小岑书局一坐"②。这种称谓,正体现了在省督抚权力扩张、局所林立的背景下,晚清地方官员幕府刻书组织的特殊性、复杂性。

---

① 曾国藩:《复赵烈文》,《曾国藩全集·书信》第27册,第616页。
② 曾国藩:《曾国藩全集·日记》第18册,第38、42页。

第二章　金陵书局的黄金十年

同治四年五月（1865年6月），李鸿章以江苏巡抚署理两江总督，命周学濬组建"堂子巷新局"，开始采用"金陵书局"售称；与此同时，原欧阳兆熊经理的"铜作坊旧局"撤局。堂子巷新局替代铜作坊旧局，标志着金陵书局完成了从幕府刻书向地方书局的转变。

自李鸿章刻《四书十三经》、曾国藩迁局"飞霞阁"续刻《四史》、马新贻参与五局合刻《二十四史》至曾国藩谋刻《十三经注疏》，金陵书局维持了近十年的繁荣，发展成为晚清最负盛名的地方书局。无疑，作为晚清地方书局的经典，金陵书局所取得的成就与荣耀，大多建立于此一时期。

这不仅是金陵书局的黄金十年，也是各省地方书局迅速发展的时期。得益于清廷设局刻书以复兴儒学、振兴文教的政策，地方书局在省督抚权力扩张的政治格局中趁势而起。当然，除了"大环境"之外，曾国藩礼待文士，两淮盐政拨款充裕，金陵人文渊薮、版刻发达，这些都是推动金陵书局发展的独特优势。

第一节　李鸿章刻《四书十三经》

在以往关于"金陵书局"的叙述中，几乎所有的描述都集中于冶山"飞霞阁"，李鸿章组建"堂子巷"新局、刊刻《四书十三经》，基本被忽略不提，似乎它只是一段无关轻重、可有可无的小插曲。"堂子巷"新局的意义，不仅在于它开始正式采用"金陵书局"

的局名与牌记，更昭在于它标志着金陵书局完成了从幕府刻书向地方书局的转变，生动召示了晚清地方书局兴盛时代的到来。

一 组建"堂子巷"新局

同治三年九月书局迁至金陵"铜作坊"后，曾国藩、曾国荃已开始考虑刊刻经史典籍，可惜不久二曾相继离宁，刊刻经史典籍之议暂罢。同治四年五月底，李鸿章署理江督，上任之初即重提刊刻经史典籍，《张文虎日记》闰五月、六月记：

> 李宫保有刻书之意，缦老以所拟章程来商，其议欲先从四书、五经、三史，次及《周礼》《仪礼》《尔雅》《孝经》《说文》《通鉴》诸书，盖亦犹九帅之意。是时九帅以病未愈，家居郁郁，前议已寝。故缦老欲劝李宫保成之，亦善举也。……校《周易本义》，乾隆中宝应刘世倗依朱子元本刊者，不用九图、筮仪，眉上附刊吕伯恭音训。然刻手不佳，又多伪字。时李宫欲重刻五经、四书以为童子读本，故分校之。①

李鸿章旋命周学濬负责组建"堂子巷"新局。周学濬（生卒年不详），字彦深，号缦云，浙江乌程人，道光二十四年进士，官翰林院编修、侍读学士、山东道监察御史。② 同治元年四月，周学濬于安庆入曾国藩幕，次年，被曾国藩聘为塾师，③ 同治三年冬，任金陵尊经书院掌教，④ 同治四年夏五、六月，李鸿章委以筹建书局。新局设于金陵"堂子巷"，参与新局筹备者有张文虎、海宁李善兰（1802—1889 年）、江宁汪士铎（1802—1889 年）、阳湖方楷（1839—1891

---

① 张文虎：《张文虎日记》，第 42、52 页。
② 朱汝珍辑：《词林辑略》卷六，《清代传记丛刊》第 16 册，第 366 页。
③ 据《曾国藩日记》同治元年四月廿日记："拜周缦云、李壬叔、邓弥之，已正归"，同治二年十月十八日记："周缦云来上学，次儿纪鸿、外甥王兴韵、女婿罗兆升三人从之肄业，已刻行礼。"（《曾国藩全集·日记》第 17 册，第 283、477 页）
④ 同治三年十二月三十日曾国藩复李鸿章信函，云："尊经书院定请缦云侍御。"（曾国藩：《复李鸿章》，《曾国藩全集·书信》第 28 册，第 294 页）

年）等，工头为金陵著名刻工李光明，板片购自江北，"同至堂子巷新书局，时江北所购新板片初到，察看仅厚四分，树亦嫩"。李鸿章与周学濬诸人议定刻书章程及开局时间，"周缦老自李宫保处来，言所拟章程皆如议，准七月初开局"①。

同治四年闰五月至七月，在周学濬组建"堂子巷新局"的同时，欧阳兆熊经理的"铜作坊旧局"也在逐渐撤离。八月初一（1865年9月20日），欧阳兆熊赴扬州盐务，"旧局中刻工俱迁出，新局刻工迁入"②，新、旧局正式完成交接。此后，欧阳兆熊辗转扬州、长沙，完成了《船山遗书》的后续刷印工作，"堂子巷新局"则在周学濬的筹划下，开始陆续刊刻《四书十三经》。

二 从幕府刻书向地方书局的转变

"堂子巷新局"与"铜作坊旧局"，只是金陵书局发展过程中的两个阶段，而非各自独立、同时并存的两个书局。新局与旧局关联密切：李鸿章以江苏巡抚"署理"两江总督，也可说是代曾国藩暂管书局。新局承继二曾意向，开始着手刊刻经史典籍，参与新局周学濬、张文虎、李善兰、汪士铎、方楷等人，也都是曾国藩幕僚，这便是张文虎所说"因即旧局鸠工，开雕善本"③。

新局与旧局也有着显著区别，主要体现在以下四方面：

第一，经费来源。

旧局经费来自曾国藩、曾国荃私人捐金，新局经费出自地方财政闲款，据《张文虎日记》同治四年六月廿四日记：

> 周缦老自李宫保处来，言所拟章程皆如议，准七月初开局。此费出自盐务余款，每年约可六千金，每月五百金。若用写手六人，发刀十五人，挑清四十人，一日出字六千，一月出字十八万，计刻资二百八十八千，校勘薪水支销外，赢余以为纸料、

---

① 张文虎：《张文虎日记》，第42—57页。
② 张文虎：《张文虎日记》，第60页。
③ 张文虎：《上湘乡相侯》，《覆瓿集续刻·舒艺室尺牍偶存》，第592页。

印工之资，其书发坊货卖，所入亦添作经费，永为常例。①

经费来源由幕主私金转为地方财政闲款，是新局与旧局的本质区别，也是从幕府刻书转变为地方书局的标志。

第二，机构设置与隶属关系。

由于经费来源由幕主私金转为地方财政闲款，导致书局在机构设置与隶属关系上也发生了变化。旧局只是曾国藩幕府中的一个组织，直接隶属于幕主本人，虽名"书局"，但其内部并无职务与机构设置，只有专职与兼职校书之分，张文虎、刘毓崧、周世澄、汤裕等少数几位专职校书，欧阳兆熊、汪宗沂、赵烈文、刘瀚清、方骏谟、杨岘等人为兼职。

新局采用提调制，"延请绅士一人督理局事，提调道府一人佐之"②。首任提调为周学濬，③ 总管书局各项事务，同治七年以后，又陆续增设了总办、副总办、帮办与杂务等职，协同提调分理各项具体事务。因此，新局不再是幕府刻书组织，而是由两江总督掌控的非正式行政机构，成为晚清名目繁多的"局所"机构。

第三，书局人员的身份。

隶属关系的变化，也导致书局人员身份的转变。旧局中，书局人员与二曾是宾主关系，薪水也由二曾私人支付。新局中，书局人员不再是书局管理者私聘的幕僚，薪水也不由二曾或李鸿章支付，而是出自地方财政闲款，由粮台发放，《张文虎日记》同治四年七月十四日记："复与壬叔至粮台，晤潘伊卿、彭迪仙，支秋季薪水。"④

书局人员既非清廷正式体制内的官员，也不是地方督抚私聘的幕僚，借用张文虎的说法，乃"非官非幕之一席"⑤，这正是晚清

---

① 张文虎：《张文虎日记》，第53页。
② 《光绪续纂江宁府志·实政》卷六，第8页。
③ 同治六年三月曾国藩回督两江后，对书局人员有过重新安排，《张文虎日记》同治六年四月十日记："节相派定书局六人：汪梅岑、唐端甫、刘伯山、叔俯、壬叔及予，仍以缦老为提调。"（《张文虎日记》，第87页）由此可知，在李鸿章"堂子巷"新局时期，周学濬也担任提调。
④ 张文虎：《张文虎日记》，第57页。
⑤ 张文虎：《张文虎日记》，第111页。

"外官制"的重要特征之一。

第四，刻书内容、局名与牌记。

从刻书内容来看，旧局为重刻《船山遗书》而设，表现出强烈的个人喜好与乡贤情结；新局先刻《四书十三经》，并扩展至其他经史典籍，体现出强烈的社会关怀，据同治四年冬张文虎致曾国藩信函云："七月以来，合肥宫保悯乱后书籍残毁，坊刻经书多误文俗字，童蒙之始在所宜慎，因即旧局鸠工，开雕善本。文虎谬承缦云侍御引，佐校雠之役，先校刊《易朱子本义吕氏音训》《诗集传》《四书集注》，均已竣事，《伊川易传》初授梓，《尚书蔡传》须之明春，其《三礼》《三传》拟用古注，次第刊行，而继之以《史记》《两汉书》《资治通鉴》《文选》，亦犹沅浦宫保之志也。"①

第五，从局名与牌记来看，旧局虽称"书局"，但没有正式局名，牌记一般题幕主姓氏、官职，如莫友芝《唐写本说文解字木部笺异》，牌记题"同治二年十二月曾国藩署检"，王夫之《船山遗书》，牌记题"同治四年湘乡曾氏刊于金陵节署"；新局开始使用"金陵书局"牌记，《周易本义》牌记题"同治四年金陵书局开雕"，这是"金陵书局"售称首次出现，此后刻书牌记亦多题"金陵书局"，书局也被称以"金陵书局"。

"堂子巷新局"仅运营了一年半的时间便中道而止，同治六年正月李鸿章迁官湖广总督，"以李宫保谕，暂止书局"②。三月初曾国藩回任江督，迁局"飞霞阁"，续刻《四史》，是年八月张文虎《上曾沅浦宫保》记："文虎于乙丑夏襄校《船山先生遗书》，既蒇事而节相北征，欧阳晓岑员外亦将赴扬州。适合肥宫保复有校刊经史之举，命仍留局。今春经书甫竣，而节相回任，接刊《史记》、班、范三书，移局城西冶城山。"③"堂子巷新局"虽然存在时间不长，但它完成了从幕府刻书向地方书局的转变，也正因此，我们才可说金陵书局是晚清第一个地方书局。

---

① 张文虎：《上湘乡相侯》，《覆瓿集续刻·舒艺室尺牍偶存》，第592页。
② 张文虎：《张文虎日记（同治六年正月二十日）》，第78页。
③ 张文虎：《上曾沅浦宫保》，《覆瓿集续刻·舒艺室尺牍偶存》，第593页。

对于晚清第一个地方书局，学界历来存有争议，说法主要有三：一说是咸丰九年胡林翼创办于武昌，出自胡林翼幕僚方宗诚《柏堂师友言行记》，云："东南文字，尽毁于贼。胡文忠在湖北首开书局，刻《读史兵略》《弟子箴言》。"① 此说流传较广，认可度高，现有研究多采此说；一说是同治二年左宗棠创办于宁波，出自陈其元《庸闲斋笔记·左爵相创设书局》，云："今各直省多设书局矣，而事则肇于左爵相，局则肇于宁波。……嗣杭城收复，复于省中设局办理，即以宁波之工匠从事焉。苏州、金陵、江西、湖北相继而起，经史赖以不坠，皆爵相之首创也"②，光绪年间罗正钧（1855—1919年）编《左文襄公年谱》亦承此说，③ 现有研究中沿此说者不多；一说是同治三年曾国藩创办于安庆，出自《同治上江两县志·艺文上》，云："东南寇乱之后，会城多立书局，盖两江总督曾文正公掫之"④，民国刊《首都志·艺文》亦沿此说，⑤ 这一说法现今也有支持者。

现有争议说法三种，单是从设立时间来看，无疑武昌胡氏书局立局最早，其次是宁波左氏书局、安庆曾氏书局。但问题在于，这些讨论都是基于一个默认的前提，即此三局都是"地方书局"。然而，这一前提本身就是不能成立的。这三处刻书机构虽也被称为"书局"，但本质上仍是幕府刻书组织，只不过曾氏书局后经李鸿章组建，成功转型为地方书局，而胡氏、左氏书局由于胡林翼去世、左宗棠离任，最终未能完成这一转变。

第二节　曾国藩续刻《四史》

同治四年五月底，曾国藩离宁北征，李鸿章"堂子巷新局"方

---

① 方宗诚：《柏堂师友言行记》卷三，第72页。
② 陈其元：《庸闲斋笔记》卷三《左爵相创设书局》，第59—60页。
③ 罗正钧：《左文襄公年谱》卷三，《北京图书馆藏珍本年谱丛刊》第159册，第209页。
④ 《同治上江两县志·艺文上》卷十二，第14页。
⑤ 《民国首都志·艺文》卷十五，第1334页。

兴未艾，开始陆续刊刻诸经。对于"堂子巷新局"的动向，曾国藩悉知大概，十月他给李鸿章写信，提及"子偲兄于初一日到此，言尊处开局刊书"①，新局所刻诸经也由周学濬寄与曾国藩，"金陵所刻《易本义》，缦云侍御曾寄数部，其余各经尚未见得也"②。同治六年三月（1867年4月）曾国藩回任江督后，将"堂子巷新局"保全了下来，二十三日他在复安徽学政朱兰（1800—1873年）信函中还专门提到："金陵书局暂不议撤"③，同时又在局址、经费、人事、刊书章程诸方面陆续进行调整，促进了书局进一步发展。

一 移局冶山"飞霞阁"

张文虎《移局飞霞阁寄廖养泉司马沪城》记，同治四年，李鸿章与诸人商议将冶山朝天宫废址改建为江宁府学，知县廖纶"督其工"，五年秋，飞霞阁修缮完毕，"廖君请移书局于此，合肥李宫保以为然"，六年春，"湘乡相侯回江督任，寻前议，遂迁焉"。④ 又据《张文虎日记》记，同治六年三月初五日，曾国藩命周学濬、李善兰与张文虎一起"往看飞霞阁"，十七日（1867年4月21日），"迁局飞霞阁"⑤。

将府学、文庙与书局移建于冶山，"凿泮池，建崇圣祠、尊经阁及学官之廨宇"，是一套整体的改建工程。改建始自同治四年，历时四载，"八年七月工竣"，李鸿章、曾国藩与马新贻三任江督赓续成之，董其役者候补道桂嵩庆暨知县廖纶、参将叶圻。⑥ 最终形成中为文庙、东为府学、冶山之巅飞霞阁为勘书之庐的格局。

迁文教机构于冶山，有政治文化层面的深层意蕴，关于这一点，现有研究咸未论及。冶山，自五代杨吴、宋、元迄明皆有道观，为

---

① 曾国藩：《复李鸿章（同治四年十月初五日）》，《曾国藩全集·书信》第28册，第744页。
② 曾国藩：《复方骏谟（同治五年五月十三日）》，《曾国藩全集·书信》第29册，第230页。
③ 曾国藩：《复朱兰》，《曾国藩全集·书信》第30册，第94页。
④ 张文虎：《舒艺室诗存》卷六《移局飞霞阁寄廖养泉司马沪城》，《清代诗文集汇编》第630册，第516页。
⑤ 张文虎：《张文虎日记》，第83、85页。
⑥ 曾国藩：《江宁府学记》，《曾国藩全集·诗文》第14册，第171页。

传统道教中心，至清嘉庆、道光年间，宫观犹盛。咸丰三年太平天国攻陷金陵，推行"拜上帝教"，践踏儒家纲常伦纪，燔烧文化典籍，朝天宫也沦为制造与储存火药的"红粉衙"。在曾国藩看来，"道家称天，侵乱礼经"，洪秀全"窃泰西诸国绪余，燔烧诸庙，祀在典与不在典，一切毁弃，独有事于其所谓'天'者，每食必祝"，皆为"邪慝""异端"，当以儒家礼教取而代之：

> 原夫方士称"天"以侵礼官，乃老子所不及料。迨粤贼称"天"以恫神而毒四海，则又道士辈所不及料也。圣皇震怒，分遣将帅，诛殛凶渠，削平诸路，而金陵亦以时勘定，乃得就道家旧区，廓起宏规，崇祀至圣暨先贤先儒。将欲黜邪慝而反经，果操何道哉？夫亦曰隆礼而已矣。①

因此，在意识形态层面，以府学、文庙与书局取代道观、红粉衙，意味着以儒家礼学取代道教与拜上帝教，重建以礼教为核心的儒家文化秩序。

二 经费与人员管理

曾国藩从地方盐务中拨出款项，充书局经费，由江宁知府涂宗瀛（1812—1894年）经理，《张文虎日记》同治六年四月十一日记："与汪梅老、刘伯山、叔俛、唐端甫见节相，议刊书事。节相言，局中经费俱饬江宁涂守经理，以为久计。"② 又据方宗诚《柏堂师友言行记》记："当金陵初行乡试时，士子欲买《四书》不可得。公乃先刻《四书》《十三经》，继刻《史记》《两汉书》，又与浙江、湖北等省分刻《二十四史》。其刻资则拨运司所解盐政规费充之，尽次江宁府收存。及移节直隶时，尚余数千金。"③

书局人员和职务设置变动不大，仍依之前设置，周学濬任提调，

---

① 曾国藩：《江宁府学记》，《曾国藩全集·诗文》第14册，第171页。
② 张文虎：《张文虎日记》，第87页。
③ 方宗诚：《柏堂师友言行记》卷三，第74页。

编校有张文虎、李善兰、汪士铎、唐仁寿、刘毓崧、刘恭冕,"节相派定书局六人:汪梅岑、唐端甫、刘伯山、叔俛、壬叔及予,仍以縵老为提调"①。提调总管书局各项事务,同治七年以后,又陆续增设了总办、副总办、帮办与杂务四职,协同分理各项具体事务;编校陆续有辞局、去世和新进者。总体来看,同治年间书局人员和职务设置情况是:提调一人,常设,总办、副总办、帮办与杂务各一人,不常设,编校少则五、六人,至多时有十三人。

书局事务不多,属于比较清闲的机构,同治七年曾国藩同年钱振伦(1816—1879年)欲为其弟钱振常(1825—1898年)在书局谋职,曾国藩复信云:"令弟之事,鄙意久定,因托者颇多,故月初始行定局。书局月俸虽仅二十四金,而职事较简,与令弟不愿远出不耐过劳之指相符。"②书局人员年薪约三百两,与张文虎在安庆和"铁作坊旧局"时大抵持平,但低于厘捐局、军械所等局所薪俸,更远低于曾国藩幕府中薪俸最高的刑名、钱谷幕僚,前者年薪大约四百三十金至六百金,③后者年薪在一千两至两千两之间。④

三 续刻《四史》、重定书局章程

李鸿章"堂子巷新局"期间,《四书十三经》仅刊成《周易本义附音训》《诗经集传》《尚书蔡传》《礼记陈氏集说》《易经程传》《春秋左传杜注补辑》六种,曾国藩回督两江后,同治六年、七年间接续刊毕《周礼郑注》《尔雅》《春秋公羊经传解诂》《春秋谷梁传》《孝经》《仪礼郑注句读》六种,而《四书集注》直至同治十一

---

① 张文虎:《张文虎日记(同治六年四月十日)》,第87页。
② 曾国藩:《复钱振伦(同治七年十一月十一日)》,《曾国藩全集·书信》第30册,第488页。
③ 同治十年六月二十七日,曾国藩致曾国荃、曾国潢信函云:"王瑞臣派宝应厘局,每月三十六金,曾澧楼管纱帽洲炮船五号,每月五十二千,在此间即算优差。"(曾国藩:《致澄弟沅弟》,《曾国藩全集·家书》第21册,第561页)
④ 同治九年七月十二日,曾国藩致曾纪泽信函云:"钱谷刘幕价本太重,以后至多不得过八百金。"(曾国藩:《谕纪泽》,《曾国藩全集·家书》第21册,第534页)另据曾国藩幕僚杨象济(1825—1878年)记,当时刑名、钱谷幕僚的年薪高达两千两,几乎与州县官的年俸相当。(参见瞿同祖《清代地方政府》第六章"幕友"第五节"经济待遇",法律出版社2014年版,第173—174页)

年方刊成。

在续刻《四书十三经》童蒙读本的同时，曾国藩开始安排书局编刻《四史》，同治七年五月曾国藩致信友人何绍基（1799—1873年），云："此间自刻《船山遗书》后，别无表章前哲之刻。李帅饬局刻诸经读本，国藩回任后续刻《三史》，计冬间乃可断手开刷，时当以初印本奉寄台端。"① 此处虽仅言《史记》《汉书》《后汉书》三史，但后来实际又增刻了《三国志》，故为《四史》。

编校《四史》，曾国藩最初安排是张、唐合校《史记》、二刘合校《两汉书》，② 但在实际校勘过程中有所变通。《史记》议刊始于同治四年，先由唐仁寿用周学濬过录的钱泰吉校本复校，同治五年十月张文虎开始参与校勘，因唐仁寿体弱善病，张文虎基本全部承担了此书校勘工作；③《后汉书》原指定刘恭冕，《汉书》原指定刘毓崧，而张文虎也分校了部分卷帙，至于《三国志》，主要由张文虎、钱振常等完成编校工作（详见第五章第一节）。

同治六年十二月，曾国藩与周学濬、张文虎等商议重定书局章程，次年正月二十一日，曾国藩"核定刻字法式四条、书局章程八条"④。这份史料已无法寻觅，但据同治六年十二月二十二日曾国藩复周学濬信函，可知大概：其一，版面格式，《前后汉书》每卷末页刻一戳记，云"金陵书局仿汲古阁式刻"；其二，刻板，须兼"方、粗、清、匀"四字之长，此系长远之局，局中诸友须常执此四端与工匠讲求；其三，工匠赏罚有别，有条有依，写手可分甲、乙两等，区分薪水；其四，卖价不妨略昂，取其赢余，以为续刻他书之资；其五，庋板、开刷等事均立章程，以便遵守。⑤

然而，未及《四史》毕工，同治七年十一月初（1868年12月）曾国藩即调任直隶总督，随着马新贻（1821—1870年）接任江督，

---

① 曾国藩：《复何绍基（同治七年五月二十二日）》，《曾国藩全集·书信》第30册，第416页。
② 张文虎：《张文虎日记》，第87页。
③ 参见邓文锋《晚清官书局述论稿》第四章第五节"张文虎与金陵书局《史记》"，第203—213页。
④ 曾国藩：《曾国藩全集·日记》第19册，第13页。
⑤ 曾国藩：《致周学濬》，《曾国藩全集·书信》第30册，第308—309页。

金陵书局进入了五局合刻《二十四史》时期。

第三节 参与五局合刻《二十四史》

言及五局合刻《二十四史》，论者往往称道浙江书局总办俞樾（1821—1907年）与浙江巡抚李瀚章之首倡。此论固然属实，但俞、李首倡，也是受曾国藩刻《四史》启发，同治八年正月俞樾致信李瀚章，云："金陵拟接刊《三国志》，苏局谋开雕《明史》。吾浙《七经》毕工后，未知刊刻何书，已有定见否？或与金陵、吴门合成全史，或竟将《十三经注疏》刊行，经经纬史，各成巨观，洵士林之幸也。"① 因此，也可说曾国藩刻《四史》拉开了五局合刻《二十四史》的序幕，而局本《二十四史》顺利付梓，则是诸多合力而成。

一 曾、马信函商议

曾国藩调任直隶总督任后，有在保定续刻《三通》《续三通》诸书打算。为此，同治八年二月曾国藩致信弟子许振祎（1827—1899年），叮嘱代雇工匠及购书事："乞代雇琉璃厂刻字匠二名，令来保定，每月讲定工食若干。兹先付去二十金作为安家及来保车价，须雇好手，不惜价高也。《续三通》《皇朝三通》有信否？二百金实不为少，尚须多索乎？便中乞一探问。"三月复函，又云："前所见《皇朝三通》既已出售，现有一初印本，如较前本为精，自可酌添价值即为定购是荷。刻字匠二名承代雇定，业已到此。技艺虽非上等，视此间刻手固自远过。"②

另一方面，曾国藩此番离宁赴直和三年前离宁剿捻一样，都面临着刻书未了之忧，但前次《船山遗书》尚有欧阳兆熊可全权托付，

---

① 俞樾：《致李瀚章》，俞樾著，张燕婴整理：《俞樾函札辑证（上）》，江苏凤凰出版社2014年版，第149页。
② 曾国藩：《加许振祎片（同治八年二月二十三日）》《复许振祎片（同治八年三月十四日）》，《曾国藩全集·书信》第30册，第502、511页。

此次则较为麻烦。在曾国藩离宁两个月后，周学濬也离局返乡，书局提调只能暂由江宁知府涂宗瀛兼任，由于"未派定提调之专员，是以局务尚形散漫"①，且曾国藩所筹款项也将用尽，"书局敝处存款已罄"②，致使《四史》刷印日期一直未定。无奈之下，曾国藩只能致信涂宗瀛，叮嘱："《史记》《前后汉书》既未完工，自未便过于催促，致滋错误。然仍须随时加紧，俾得及早刷印，以应朋好之求。京中有索此者，业经许之，亦未便负此宿诺。"③

这时，曾国藩看到了五月二十日李鸿章所上《设局刊书折》，知晓了崇文、浙江、江苏、金陵四书局将合刊《二十四史》，即于六月十四日（1869年7月22日）致函马新贻，《四史》之事遂有了转机。函云：

> 顷见李少帅奏牍，湖北书局拟与苏、浙、金陵各书局合刻《二十四史》，诚属善举。惟金陵一局并未筹定有着之公款，亦未派定提调之专员，是以局务尚形散漫。应请阁下筹一闲款，源源拨济，其薪水用款与苏、浙两局相核对，以期不甚悬殊。至经理此事内行而耐烦者，目下似以洪琴西为最。此后视为一件官事，责成提调，则书可速成而款不虚糜。去年所刻马、班、范、陈四史，因提调无人，至今尚未定刷印确期。本年正月宝佩蘅索赠此书，弟许以不久寄赠，枢廷诸公同声索取，亦皆允许，恭邸笑曰："但须寄函谷帅，便无不了之愿。"将来敬求阁下留意装订五部，由洋船寄京。④

曾国藩此信用意有三：其一，请马新贻筹措刻书款项，借合刻之"顺风"落实《四史》后续刊印工作。

---

① 曾国藩：《复马新贻（同治八年六月十四日）》，《曾国藩全集·书信》第30册，第582页。
② 曾国藩：《复陈方坦（同治九年二月初八日）》，《曾国藩全集·书信》第31册，第140页。
③ 曾国藩：《复涂宗瀛（同治八年五月十七日）》，《曾国藩全集·书信》第30册，第561—562页。
④ 曾国藩：《复马新贻》，《曾国藩全集·书信》第30册，第581—582页。

其二，推荐心腹幕僚洪汝奎任书局提调。洪汝奎（1824—1886年），字琴西，安徽泾县人，有经济之才，保举至江南道员，总理湘军粮台，同治五年总理军需局，"凡支应本省防饷、外省协款，划还西征洋债，出入逾二千万元，先生以帑项盈亏关系军国至计，综覈名实，洪纤不遗，自勿当用者，往往不避嫌怨，力加裁汰，如是者十有五年，交卸时积成巨款"①。洪汝奎爱好剞劂之事，是晚清著名出版家，刻有《洪氏唐石经馆丛书》《洪氏公善堂丛书》《洪氏晦木斋丛书》三种大型丛书，收录四十九种、一千零二十五卷，《江宁府志·实政》列有洪汝奎自刊书籍十八种。②

其三，也有委婉借户部尚书宝鋆（1807—1891年）、恭亲王奕訢（1833—1898年）诸枢廷大僚暗施压力的意思。不过，曾国藩所说确为实情，三月曾国藩致函直隶布政使陈鼐，有述及于此，云："书局所刻《史》《汉》《后汉》《三国志》四种，不知何时可以竣工。正月十七日召对，在直房小候时，与枢廷五人同坐，宝公偶言书局刻《史》告成时求惠一部，余许之。已而恭邸及文公亦乞一部，国藩因许以五公各送一部，此东道力能办之，如《三国志》不通遽完，则先刷马、班、范三史云云。将来板成时拟刷初印者五十部，内十部天地宜极长，如上年吴平斋送仆《文选》之式，曾与缦云及子密诸君看过。其余四十部天地较短，分饷枢廷五位及江南各知交。缦云若已回浙，即请子密、琴西主持其事。阁下为我带十余部来，或交轮舟带来，均请与子密熟商。"③

二 洪汝奎接任书局提调

曾国藩此信很为马新贻重视，同月底，涂宗瀛升苏松守备道，洪汝奎接任书局提调。洪汝奎不负重望，上任伊始即与张文虎等商议重订《书局章程十四条》，④并立刻安排《四史》刷印等事。这些

---

① 章洪钧编：《泾舟老人洪琴西先生年谱》卷三，第455页。
② 《光绪续纂江宁府志·实政》卷六，第8页。
③ 曾国藩：《加陈鼐片（同治八年三月初三日）》，《曾国藩全集·书信》第30册，第507页。
④ 张文虎：《张文虎日记（同治八年七月二十三日）》，第188页。

动向，张文虎、洪汝奎等亦分别写信告知曾国藩：

> 上月以来，《史记》十表陆续付刊，重写各卷亦俱上板，惟刻工中能修补者无几人，又以各省开局，工价较优，见利争趋，颇难雇觅，以致迟延不能迅速。此时《两汉书》将次修竣，催令刷样、覆校后，恐尚须覆修，秋间计可印行。其《史记》欲俟《两汉》修定后饬修，以修工少好手，多则虑草率了事也，未定。秋冬间能否赶印《校勘记》，则须全帙告成，依次细检，拟稿请政。……《三国志》已刊全，《文选》刊过半，《读书杂志》已写数卷。马制军比以合肥节相，函商鄂、宁、苏、杭四局依汲古阁《十七史》板式分刊《二十四史》，谕宁局除四史外接刊自晋至隋、南北朝十一史，仁寿分校《晋书》，其《史记》始终归文虎一人经理。涂太守升任苏松太道，书局诸务蒙命洪琴西太守总持。太守于刊书利弊向所熟悉，得此整顿，自当日有起色。①

曾国藩知晓后颇感满意，九月致函莫友芝，自信满满道："接洪琴西函，金陵书局今岁止能刷印《前后汉书》，其《史记》《三国志》《文选》明岁乃能蒇事。自诸经外，此数书尤为不刊之典，诸君子不惮铅椠矻矻，嘉惠士林，亦劫后之胜事。"②

三 筹集经费

但是，刊刻诸史的经费仍未筹齐。为此，十月曾国藩又给钱应溥写信，询问筹款情况："浙苏各书局均奏明动用公款，金陵局事同一律，不识能筹得永远有着之款，俾一切宽裕否？"③

次年春，马新贻终于将刊书款项筹备齐全，曾国藩得知后十分高兴，立即写信给马新贻心腹幕僚陈方坦（1830—1892年），感谢

---

① 张文虎：《复湘乡相侯》，《覆瓿集续刻·舒艺室尺牍偶存》，第594页。
② 曾国藩：《复莫友芝（同治八年九月十四日）》，《曾国藩全集·书信》第31册，第191页。
③ 曾国藩：《复钱应溥（同治八年十月二十八日）》，《曾国藩全集·书信》第31册，第71页。

资刻《四史》："金陵《两汉书》，敝处前寄来二十余部，南中故人又分赠二十余部，敝处用书已嫌过多。惟书局敝处存款已罄，闻谷帅近于靖江溢课提拨五千两，则此书应以仆与谷帅分作主人。"① 同日，复致信洪汝奎，宽慰其经费无虞，并对已收到的《两汉书》大加赞扬："其由上海寄来之书，已于腊月运到。纸色式样均极精好，良可宝贵。实由阁下检料精能，而此局付托得人，亦一快事。……局中存款已尽，谷帅近于靖江溢课项下拨款接济，将五千两用罄之后，想可源源提拨。经费渐增，即工匠皆可访觅能手，至以为慰。《史记》《三国志》《文选》三种，春间准能开刷否？另单开书价，皆极斟酌得中。"②

四　局本《二十四史》付梓问世

合刻《二十四史》之倡议，始于浙江巡抚李瀚章与浙江书局总办俞樾。同治八年春正月（1869 年 2 月），俞樾向李瀚章提议刊刻经史诸书，得允复后，俞樾函札两江总督马新贻、江苏巡抚丁日昌、湖广总督李鸿章四局商议，议定金陵书局刻《史记》至《隋书》十五史，浙江书局刻新旧《唐书》《宋史》三史，江苏书局刻辽、金、元三史，崇文书局刻新旧《五代史》《明史》三史。同治九年，署两淮盐运使庞际云（1822—1887 年）请于马新贻，由淮南书局分刊《隋书》，故实为五局合刻，而金陵书局承担十四史。③

五局合刻《二十四史》，实际始自同治六年（1867 年）金陵书局编刻《四史》，至光绪四年（1878 年）冬印行《史记》结束，耗十二年之功。刻竣之后，版片全部运往湖北崇文书局汇印，这就是著名的"局本《二十四史》"，它是《二十四史》继"殿本"和"库本"之后的又一大版本系统，具有较高的学术价值和历史地位。

局本《二十四史》顺利付梓，享誉学林，有以下三方面原因：首先，在政策层面，得到了清廷支持。早在李鸿章奏请合刻《二十

---

① 曾国藩：《复陈方坦（同治九年二月初八日）》，《曾国藩全集·书信》第 31 册，第 140 页。
② 曾国藩：《复洪汝奎（同治九年二月初八日）》，《曾国藩全集·书信》第 31 册，第 138 页。
③ 参考吴家驹《局本〈二十四史〉述略》，《图书馆理论与实践》2007 年第 5 期。

《四史》的两年前,江苏学政鲍源深上了一道著名的《请购刊经史疏》,奏请刊书之重在"御纂、钦定经史诸书","全史卷帙浩烦,现在经费未充,重刊匪易",不主张即行刊刻。① 但两年后李鸿章奏请合刻之议,仍得到了朝廷允复,这一点很重要。

其次,在经费层面,得到了地方督抚支持。据李鸿章、曾国藩等奏疏、信札可知,各局刊书经费主要出自地方财政闲款,"一切经费酌提本省闲款动用,勿使稍有糜费"②,"浙苏各书局均奏明动用公款,金陵局事同一律"③。合刻之事历十二年之久,而督抚任期有限、调动频繁,故而历任督抚的支持都很重要。即以金陵书局而言,合刻期间历曾国藩、马新贻、何璟、张树声、李宗羲、刘坤一、沈葆桢七任,《同治上江两县志·艺文上》记:"又明年文正还镇,刊马、班以下诸史,迨三莅江南,铅椠之役益繁矣。马端敏公、魁公玉、何公璟、张公树声、李公宗羲慨文籍之湮轶,踵事劻勷,勒有成书者,为卷一千四百有奇。"④

最后,在技术与操作层面,广检众本,精审校勘。书局搜备了多种底本、校本与以资考订之书,俞樾《会刻全史章程》记:"《二十四史》除殿版外,有汲古阁《十七史》本、明南北监版《二十一史》本。其单行之佳者,《史记》《两汉书》《新五代史》有明汪氏本,《史记》《汉书》有凌氏评林本,《后汉书》有元刻本,《南北史》《新旧唐书》各有合钞本,《旧唐书》有明闻人诠本,其间异同不一,应作校勘记附末。……其他如《通典》《通考》《通鉴》《续通鉴》《宏简录》《宋史新编》《东都事略》、李焘《长编》、《历史名臣奏议》《宋元学案》、王绪鸿《晚史稿》、吴任臣《十国春秋》、厉鹗《辽史拾遗》之类,凡足资考订者,皆宜购备。"⑤ 各局又将校

---

① 鲍源深:《请购刊经史疏》,陈弢辑:《同治中兴京外奏议约编》卷五,《近代中国史料丛刊》第128册,第375—376页。
② 李鸿章:《设局刊书折》,崔卓力主编:《李鸿章全集·奏稿》第2册卷十五,时代文艺出版社1998年版,第684—685页。
③ 曾国藩:《复钱应溥(同治八年十月二十八日)》,《曾国藩全集·书信》第31册,第71页。
④ 《同治上江两县志·艺文上》卷十二,第14页。
⑤ 俞樾:《春在堂随笔》笔三,《春在堂全书》第5册,江苏凤凰出版社2010年版。

雠之役委以硕学专才，金陵书局张文虎、戴望、唐仁寿、成蓉镜、刘恭冕等，浙江书局谭献、黄以周、王治寿、张大昌等，淮南书局薛寿、凌兆熊、唐人鉴、赵煜等，皆兢兢业业，恪尽厥守。正因此，局本《二十四史》刊行问世即广受赞誉，五局合刻《二十四史》亦成为晚清出版史上的一段佳话。

第四节　淮南书局重刻《十三经注疏》

同治九年七月二十六日（1870年8月22日），马新贻被刺身亡，闰十月，曾国藩抵宁三督两江。再次接管书局后，在督促书局编刻《十四史》的同时，曾国藩还与何绍基、莫友芝等谋划刊刻《十三经注疏》。

《十三经注疏》的编纂与刊刻，与清代经学兴衰相表里。继殿本、阮本后，《十三经注疏》于晚清迭有重刻、翻刻，唯同治十年（1871年）何绍基（晚号蝯叟）主持淮南书局重刻《十三经注疏》未竟而殇。淮南书局创建者方浚颐感慨于兹，赋诗云："望穿飞雪困熬波，不意高轩竟柱过谓蝯叟，学道未应唐风弃，读书方觉鲁鱼多淮南书局近校刊《十三经注疏》。"① 诗中透露出此一事件与同光年间学术风气转变的关联，其间曲折辗转颇值得考察。

既往研究对此鲜有论述，唯柳诒徵《国学书局本末》记："惜何绍基在淮南倡刻《注疏》，欲以穷经胜治史，各局未能助此胜业，仅淮局成《毛诗》一种。"② 柳文所述甚简，整个事件始末详情仍是未知，曾国藩为何饬淮南书局承刻《十三经注疏》，又为何聘何绍基主持重刻，淮南书局究竟刻毕《十三经注疏》还是仅成《毛诗注疏》一种，如果仅成《毛诗注疏》一种，其原因何在？诸多疑问仍需进一步考辨。笔者通过查阅曾国藩、何绍基、莫友芝、李祖望、方浚颐、俞樾等人信函、日记、诗文集等史料，以及淮南书局刻书

---

① 方浚颐：《二知轩诗续钞》卷二《寄子听十叠前韵》，《续修四库全书》第1556册，第203页。

② 柳诒徵：《国学书局本末》，《江苏省立国学图书馆第三年刊》，第8页。

书目史料、国家图书馆等馆藏局本,就淮南书局重刻《十三经注疏》始末详情进行考证,以丰富对晚清书籍编纂与学术衍变关系的认识。

一 提议之始

至同治七年五月(1868年6月),金陵书局刊刻《四书十三经》童蒙读本、《史记》《两汉书》《三国志》诸书已近毕工,曾国藩致函故交何绍基,述近年刻书情形,也有商询今后刻书之意,云:"此间自刻《船山遗书》后,别无表章前哲之刻。李帅饬局刻诸经读本,国藩回任后续刻三史,计冬间乃可断手开刷,时当以初印本奉寄台端。《仪礼正义》板不知现存何处,吴帅入觐南旋,闻当由金陵溯江入蜀,会当一询究竟。江浙学人,近岁似以俞荫甫樾为冠,所著《群经平议》《诸子平议》往往精审轶伦,惟年未五十,成书太速,刻之太早,间有据孤证以定案者,将来仍须大加删订。《吴子序遗集》,其从弟子登刻之广州,昔年所刊《丧服会通说》却未重刻,各种似不如《丧服》之精。"① 正是在这样的背景下,何绍基顺势向曾国藩提议重刻《十三经注疏》。

何绍基(1799—1873年),字子贞,号东洲,晚号蝯叟,湖南道州人,博通经史,精小学金石碑版,工书,于六经子史皆有撰述。道光十六年何绍基中进士,散馆授编修,典闽粤等地乡试,此一时期与曾国藩同官京师,交谊至密,曾国藩尝于日记记:"岱云之勤,子贞之直,对之有愧"②,复与诸弟家书言:"盖子贞之学长于五事:一曰《礼仪》精,二曰《汉书》熟,三曰《说文》精,四曰各体诗好,五曰字好。"③

咸丰二年何绍基任四川学政,五年因条陈时务黜官,后历主山东泺源、长沙城南书院。同治八年(1869年),何绍基辞长沙城南

---

① 曾国藩:《复何绍基(同治七年五月二十二日)》,《曾国藩全集·书信》第30册,第416页。
② 曾国藩:《曾国藩全集·日记(道光二十二年十二月初七日)》第16册,第137页。
③ 曾国藩:《致澄弟温弟沅弟季弟(道光二十二年十一月十七日)》,《曾国藩全集·家书》第20册,第38页。

书院，赴皖入安徽通志局总纂《安徽通志》。① 年底经金陵赴苏州，遂向曾国藩提议重刻《十三经注疏》。同治十年七月曾国藩致两广总督叶赫那拉·瑞麟（1809—1874年）、两粤盐运使巴陵钟谦钧（1805—1874年）两封信札，言及"前岁扬州运署筹款分立书局，适何子贞太史来宁商刻《十三经注疏》"②。曾氏此处"扬州运署筹款分立书局"，便是"淮南书局"，初称"扬州书局"，同治八年三月两淮盐运使方浚颐（1815—1888年）奏请设立，"兹本司于扬城设立书局，刊刻经史、小学及有关世道各籍"③。

然而，何绍基此时提议重刻《十三经注疏》，时机并不作美。原来曾国藩已于同治七年十一月调任直隶总督，对金陵、淮南二书局不便再直接调派。而马新贻接任江督之初，正值金陵、江苏、浙江、崇文四书局商议合刻《二十四史》。合刻提议出自浙江书局总办俞樾，原本《十三经注疏》也在考虑之中，同治八年正月俞樾致信浙江巡抚李瀚章，云："金陵拟接刊《三国志》，苏局谋开雕《明史》。吾浙《七经》毕工后，未知刊刻何书，已有定见否？或与金陵、吴门合成全史，或竟将《十三经注疏》刊行，经经纬史，各成巨观，洵士林之幸也。"④ 最终议定四局合刻《二十四史》，不久淮南书局也参与其中，故实为五局合刻。合刻《二十四史》卷帙浩繁，对于各局均是中心要务，且面临经费未备、编校未齐之难，在此境况下，何绍基提议只能暂置一旁。

重刻《十三经注疏》未能施行，对曾国藩、何绍基二人俱为憾事。其实早在咸丰十年，曾国藩即托门生何栻购觅殿本《十三经注疏》，"鄙人尝以谓四部之书，浩如渊海，而其中自为之书，有原之水，不过数十部耳。'经'则《十三经》是已，'史'则《二十四史》暨《通鉴》是已。……敝处现无多书，江西如有殿板初印《十

---

① 何庆涵：《先府君墓表》，《眠琴阁遗文》，《清代诗文集汇编》第683册，第721页。
② 曾国藩：《致瑞麟（同治十年七月二十五日）》《致钟谦钧（同治十年七月二十五日）》，《曾国藩全集·书信》第31册，第569—570页。
③ 方浚颐：《申报扬城设立书局文》，庞际云纂：《淮南盐法纪略》卷十，同治十二年淮南书局刻本。
④ 俞樾：《致李瀚章》，《俞樾函札辑证（上）》，第149页。

三经》《二十四史》，无论或全部或零种，均乞代买。非初印者，则不必买"①。同治五年，曾国藩复托僚友徐树铭购觅，"敝处久思买殿板初印《十三经注疏》一部，恐其过贵而止。殿板次印者、毛刻者、阮刻者，舍间俱胡之非老年眼蒙所宜。若觅得最初印者，乞购一部，但亦不宜太贵耳"②。同治六、七年间，复托许振祎、薛福辰于京师购买，托莫友芝于苏浙购买。③ 由此看来，重刻《十三经注疏》虽是何绍基提议，却也顺遂了曾国藩本人心意。

二 筹备重刻

同治九年闰十月，曾国藩回督两江，重刻《十三经注疏》终于峰回路转，迎来转机。

必须提到的是，半年之前淮南书局发生的人事调整——署理两淮盐运使庞际云聘莫友芝为淮南书局总校。与方浚颐不同，庞、莫二人俱为曾国藩心腹幕僚出身，与曾氏关系更加密切。庞际云（1822—1887年），字省三，山东宁津人，咸丰二年进士，后入曾幕参赞军务，经曾氏举荐官江宁盐运道、江苏淮扬海道。④ 莫友芝（1811—1871年），字子偲，贵州独山人，道光十一年举人，博览经史群籍，通晓文字训诂学，尤精目录版本，咸丰十一年春夏在鄂城为湖北巡抚胡林翼校书，后入曾国藩幕，同治七年二月任江苏书局总校，八年十二月辞局，九年五月赴扬州任淮南书局总校，"庞省三都转书来，言扬州新开书局，未有章程，欲邵亭为之总校"⑤。这一人事调整是否曾国藩有意为之，暂无史料可考，但它确实为曾国藩饬淮南书局重刻《十三经注疏》提供了便利条件。

曾国藩回督两江后，即招莫友芝、洪汝奎等商议重刻。《莫友芝

---

① 曾国藩：《加何栻片（咸丰十年闰三月十六日）》，《曾国藩全集·书信》第23册，第502—503页。
② 曾国藩：《加徐树铭片（同治五年五月十六日）》，《曾国藩全集·书信》第29册，第236页。
③ 曾国藩：《复许振祎（同治七年二月二十七日）》，《曾国藩全集·书信》第30册，第349页。
④ 徐世昌编：《大清畿辅先哲传（四）·传三十五贤能八》，《清代传记丛刊》第201册，第116页。
⑤ 莫友芝：《莫友芝日记》，第17、49、118、149、161—171、185—199页。

日记》同治十年正月七日（1871年2月28日）记：

> 督相曾公招饮，言当刊《十三经注疏》，问通行者何本为善，以阮本为善，公嫌其字小，则又以殿本对。盖乾隆四年所刊经史，其经部补正明监不少，且有句读，足称善本，其史部则唯前四、五种差善耳。①

此次商谈议定底本采"殿本"，随后曾国藩致函方浚颐，"业已函商方子箴都转，嘱其觅得善本，即在扬州书局试行写刻"②。

底本议定后，在"刻法"上发生分歧。《莫友芝日记》三月初二记，"将之扬州，谒督相辞，谓前议之《十三经》，今付淮南局专办，可留意购两善印殿本"，初六（4月25日）记：

> 谒督相，言刻经疏当依式重写，乃能方大。友芝则以精印覆刊为善，洪琴西亦主覆刊，督相皆不以为然。仍请先试刊一卷，如不善则通写也。③

曾国藩主"重写"，即"重刻"，不仅版式、体例可重排，文字内容也可剪裁订正；莫友芝、洪汝奎主"覆刊"，即"覆刻""翻刻"，是按照底本原样翻雕，除字体可变之外，行款、字数、边栏界行、版口鱼尾、版框大小等都不能变动，在近代摄影制版印刷术出现以前，"覆刻"是最大程度还原底本的刻法，显然也比"重刻"要省时节力。

三月初六日商议"刻法"后，莫友芝返扬州，四月廿二日，"聚局中诸友，约议校经章程"，之后复返金陵，卅日，"谒督相，言扬州刻经章程，定用殿本翻雕，惟经文必改写放大，使与注文不

---

① 莫友芝：《莫友芝日记》，第285页。
② 曾国藩：《复沈秉成（同治十年四月二十五日）》，《曾国藩全集·书信》第31册，第499页。
③ 莫友芝：《莫友芝日记》，第285页。

混"①。此时虽"定用殿本翻雕",但后来实际仍是"重刻"。

同治十年春,当曾国藩与莫友芝、洪汝奎等在金陵商议底本、刻法的同时,方浚颐也有苏州拜访何绍基之旅,专为聘何氏赴淮南书局主持重刻,方浚颐《答子贞前辈叠前韵》记:"才望中朝第一流,逍遥林下是真休,欢然命酒来吴会正月,予至苏过访,即留寓斋对酌,攸尔缄书自润州前辈将至扬州,先以书见寄。"②方浚颐苏州拜访后,次月二十三日曾国藩复致函何绍基,告知金陵商议之事,云:

> 此间书局所刻《十三经》,不过便初学读本,尚未议刻注疏。前因各省公订分刻《二十四史》,目下亦尚无端绪。尊意欲刻注疏大字本,洵足嘉惠士林。惟底本须用殿本,而殿本初印者绝少,旧家有此,又自珍惜,未必肯借置局中。俟觅得善本可以借者,即当试行写刻。方子箴都转拟刻《全唐文》,亦当以尊指商之,令先刻群经也。③

如此应方、曾二人之邀,何绍基允赴扬州刻书。四月十七日何绍基经镇江至金陵,拜晤曾国藩,"何子贞自苏州来",后数日,曾、何多番"久谈",月底,何绍基抵扬州,主持校勘《十三经注疏》。④

护送何绍基往金陵的,是曾国藩心腹幕僚沈秉成,"沈仲复观察与乃弟绶怡陪游金山、焦山,以红船送我往金陵"⑤。沈秉成(1823—1895年),字仲复,浙江归安人,咸丰六年进士,以时任苏松太兵备道。沈秉成工诗文书画,精鉴赏,有藏书楼"鲽砚庐",收藏金石鼎彝、碑帖古籍,名重一时。何绍基抵金陵后,曾国藩即致

---

① 莫友芝:《莫友芝日记》,第286页。
② 方浚颐:《二知轩诗续钞》卷十一《答子贞前辈叠前韵》,第203页。
③ 曾国藩:《复何绍基(同治十年二月二十三日)》,《曾国藩全集·书信》第31册,第434页。
④ 曾国藩:《曾国藩全集·日记》第19册,第433—434页。
⑤ 何绍基:《东洲草堂诗钞》卷三十《沈仲复观察与乃弟绶怡陪游金山焦山以红船送我往金陵别后有述兼示镇江守蒋鹤庄侄婿及外孙培官用坡韵》,《续修四库全书》第1529册,第115页。

信沈秉成，告知重刻《十三经注疏》大概，云："《十三经注疏》为学问之根柢，前何贞翁劝刻是书，惟底本须用武英殿本，而殿本初印者绝少。旧家有此，又自珍惜，未必肯借置局中。业已函商方子箴都转，嘱其觅得善本，即在扬州书局试行写刻。贞翁与其门人林芗溪日内皆至扬州，皆讲朴实，当可玉成此事耳。"①

三　先刻毛诗

同治十年五月至七月间，金陵曾国藩与扬州何绍基、方浚颐就刻书之事往复商函，所定之事有三：

其一，先刻《毛诗注疏》，"窃闻近儒之论《注疏》，以《毛诗》《三礼》为最精，《三传》次之，余六经则不甚餍人意"，故"先勘一经，发局为式"。

其二，刻法，"拟《十三经》皆仿照殿本另写，但不欲有剪裁伸缩之事。如有须裁订正之处，则别为《校勘记》附于每卷之末。或《诗》《礼》有校勘记而他经无之，亦无不可"。

其三，体例与版式，"《毛序笺》及经文传笺悉依旧式，惟音义另提一行于笺后，疏又另提一行于音义后，概用单行中等字以醒读者之目。又恐过于费板，将每板二十行改为二十四行，每行二十一字改为二十四字"，因行款移易，"须多得通材数人，再四校雠，方稍免讹舛"。字体参照金陵局本，"前刻有《金陵书局章程》一册，言字体须方、粗、匀、清，若刻注疏，亦不外此四字决。兹寄去一本，以备参核"②。

淮南书局参与校勘《毛诗注疏》者，还有书局提调王际相（字治轩）、编校李祖望、郭夔等。李祖望（1814—1881年），字宾嵎，江苏江都人，增贡生，"博览经史，尤嗜六书金石之……尝从事淮南书局，后进多师事之"③。李祖望复就校刻体例提出己见，其要旨在：

---

① 曾国藩：《复沈秉成（同治十年四月二十五日）》，《曾国藩全集·书信》第31册，第499页。
② 曾国藩：《复何绍基（同治十年五月二十六日）》《复方浚颐（同治十年六月初十日）》《复方浚颐（同治十年七月二十五日）》，《曾国藩全集·书信》第31册，第530、544—545、572页。
③ 闵尔昌：《碑传集补》卷四一《李祖望传》，《清代传记丛刊》第122册，第528页。

此经既遵殿本程式，不宜妄加剪裁删合，"若不应删者议删，不应合者议合，或有罪以妄改殿本为世所诟病"。李氏所提各条如下：

其一，首行题"毛诗注疏"，"注疏"二字各本署为定名，断不可删，"已题'毛'字，则'传'在其中，又名'注'者，以载有郑笺所以申毛，犹是毛氏一家之学，故得统名曰'注'，孔之作疏合毛郑之笺，明之，故名'毛诗注疏'"，今欲删去"注疏"二字，是失书之旨矣。

其二，"笺云"二字，"云"字不可删，"郑氏之'笺云'，犹孔氏之'正义曰'，笺以申毛，故有'云'字，正义以申毛郑，故有'曰'字"，明刻单注本"笺"下删"云"，乃浅人妄删，最为误本，不可为训。

其三，疏内申传、申笺者，前后不可并，"传、笺分章分句，皆非后人能改，自汉以来相传，旧本如此，唐人作疏，岂务费其词而为此琐碎耶？此中有师法焉，故各仍之，今必合并一贯文法之不可强合者，必妄加删削致蹈荒经蔑古之讥"。

此外，李祖望还提出"淮南局本"之名，"至音义与疏俱各提行，惟不用双行小字，一字不易仍与殿本相符，此即名为'淮南局本'亦无不可"①。考国家图书馆藏淮南局本，同治八年、九年所刻《述学》《广陵通典》《（嘉庆）两淮盐法志》《困学纪闻》《孝经》五种，牌记均题"扬州书局"，同治十年以后所刻书籍，牌记均题"淮南书局"。局名与售称的变更，很可能与李氏此条建议有关。

诸要端议定，校勘《毛诗注疏》在淮南书局众编校合作中推进，至八月下旬曾国藩巡视扬州，校勘条理渐清，何绍基《题襟日记》记有此一时期校勘情形：

（七月廿八日）治轩交功课，遂一气阅毕，错字转多矣。
（卅日）治轩来交功课。

---

① 李祖望：《锲不舍斋文集》卷二《与王治轩太守论校刊〈毛诗〉书》，《清代诗文集汇编》第637册，第28—29页。

（八月十二日）王治轩来交功课，未免堆积矣。

（十四日）看《毛诗》写本，苦错脱多。

（中秋）阴雨如昨，校书竟日，错落更多，闷闷。

（十六日）阴雨，看注疏多错字，闷闷。

（十八日）治轩来，因注疏写得潦草，恐此事难成功也。

（廿三日）治轩来交功课，一气看完，颇困。

（廿七日）制府曾涤生候相以阅武至扬州，见余校刊大字注疏已有端绪，为之甚喜。①

光绪四年十一月（1878年12月），淮南局本《毛诗注疏》刊毕，国家图书馆有藏本。从实本版式、体例与内容来看，在遵照曾国藩、何绍基、方浚颐所定诸条外，李祖望所提数条也有采纳。淮南局本《毛诗注疏》三十卷，《诗谱》一卷，共二十册，书名页题"毛诗注疏"，牌记题"光绪戊寅仲冬淮南书局刊成"，每板二十四行，每行二十四字，小字单行，白口，左右双边，单鱼尾，版心题"毛诗注疏"；经文传笺悉依旧式，传笺分章分句，"笺"下有"云"字，"疏"下有"正义曰"三字，唯"音义"另提一行；字体为仿宋体字，"序""传""笺""音义""疏"五字为阴文黑底白字，版面简洁俊雅，清匀爽目。

四 校雠方半

无疑，淮南局本《毛诗注疏》是毕工之作，但由此留下一个疑问：淮南书局是否刻毕《十三经注疏》？

晚清学人笔记、日记、书信、诗文集等史料，鲜见相关记载，唯何绍基卒后俞樾撰挽联云：

先生在史馆曾建议修三品以下列传，卒不果行。晚年居吴

---

① 何绍基撰，毛健辑录：《蝯叟题襟日记》，《中国典籍与文化论丛》第16期，江苏凤凰出版社2014年版，第329—334页。

中，于维扬书局刊大字本《十三经注疏》，手自雠校，甫毕《毛诗》，从事《三礼》，未卒业而归道山。先生书名满天下，为当代鲁灵光。余辱先生知爱，书此联挽之，举其大者，其余烦琐可无述也。

    史馆建嘉谟，惜创议未行，三品下庶僚，至今无列传；讲堂刊定本，奈校雠方半，九经中大义，从此付何人。①

  此联所云"校雠方半"，但言及何绍基生前之事，然何氏卒后淮南书局是否刻毕《十三经注疏》，仍不可得知。

  查证相关书目史料，对此记载互有出入：

  一类收录淮南局本《大字毛诗注疏》和《十三经注疏》两种。光绪七年畿辅通志局编《直隶运售各省官刻书籍总目·经部》载："《十三经注疏》，一百二十本，淮南局，杭连纸每部制钱十九千文，毛边纸每部制钱十一千五百文；《大字毛诗注疏》，二十本，淮南局，杭连纸每部制钱四千六百文，赛连纸每部制钱三千八百文。"②光绪十年刊《光绪江都县续志·学校》附录局刊书目，收录《十三经注疏》《大字毛诗》《钦定音韵阐微》《书古微》等四十八种。③

  另一类仅收录淮南局本《大字毛诗注疏》一种，未收《十三经注疏》。宣统二年正月造《江南官书局造呈出售江南淮南书局书籍及寄售各书价目清册·淮南书局各书》收录四十三种，载："《大字毛诗注疏》，二十部洋五十二元（每部二十本，洋二元六角）。"④民国二十二年刊朱士嘉编《官书局书目汇编·淮南书局》收录六十一种，载："《毛诗注疏》，二十册，赛连纸。"⑤另有民国二十年刊范希曾《书目答问补正》，其《毛诗正义》条附"蒙文通案语"，记："何绍

---

① 俞樾：《楹联录存》联一《何子贞前辈挽联》，《春在堂全书》第5册，第612页。
② 畿辅通志局编：《直隶运售各省官刻书籍总目·经部》，光绪七年畿辅通志局刻本，第8页。
③ 谢延庚等修：《光绪江都县续志·学校》卷一六，光绪十年刻本，第227页。
④ 江南官书局编：《江南官书局造呈出售江南淮南书局书籍及寄售各书价目清册·淮南书局各书》，北京大学校史研究室编：《北京大学史料（第1卷）（1898—1911）》，北京大学出版社1993年版，第470页。
⑤ 朱士嘉编：《官书局书目汇编·淮南书局》，北平中华图书馆协会1933年版，第7页。

基校刻《毛诗正义注疏》大字本，淮南书局印行《注疏》三十卷，《诗谱》一卷"，《十三经注疏》仅收录"同治十年广州书局覆刻殿本"一种局本。①

上五则书目史料，以宣统二年造《价目清册》可信度较高。因江南、淮南二书局于光绪末年俱并入江楚编译局，所印书籍由江南书局统一发售（参见本章第三节），故此《价目清册》可视为第一手史料；而《直隶运售各省官刻书籍总目》与《光绪江都县续志》附录局刊书目，都经过了后期的二次整理、编纂而成，可信度不如《价目清册》。

书目史料之外，再调研国家图书馆、首都图书馆、南京图书馆、广东省立中山图书馆等馆藏实本，也未查见淮南局本《十三经注疏》，仅见广东书局、江西书局与湖南书局三种局本：

同治十年广东书局重刻武英殿本《十三经注疏》，三百四十六卷，一百二十册，各卷后附考证，牌记题"武英殿本同治十年广东书局重刻菊坡精舍藏板"，版心上方镌"乾隆四年校刊同治十年重刊"。此本之刻出自曾国藩提议，由陈澧主持刻成，同治十年陈澧致函友人郑小谷云："得意之事，则在刻书。曾文正公去年致书粤东当道重刻《注疏》，今已刻成。"②

同治十二年江西书局重修本《重刊宋本十三经注疏附校勘记》，四百一十六卷，一百八十册，牌记题"同治十二年江西书局重修"。

同治十三年湖南书局刻本《重刊宋本十三经注疏附校勘记》，三百三十三卷，一百六十册，校勘记单独成册，牌记题"同治十三年孟秋月湖南书局刊行"。

此外，另有光绪二十四年苏州官书坊刻本《十三经注疏校勘记》，二百四十八卷，五十六册。此本朱士嘉编《官书局书目汇编·江苏书局》有收录，记："《十三经注疏校勘记》，连史纸，售洋十四元七分四厘，赛连纸售洋十元六角五分三"，并载"十三经注疏校

---

① 张之洞著，范希曾补正：《书目答问补正·经部》卷一，中华书局2018年版，第1—2页。
② 汪宗衍编：《陈东塾先生年谱》，《近代中国史料丛刊》第763册，第106页。

勘记分部价目"①。

综上所述，笔者更倾向认为淮南书局未能刻毕《十三经注疏》，仅成《毛诗注疏》一种。

五　广东覆刻

扬州书局何、莫不和，为编刻《十三经注疏》的后续进展埋下了阴影，这也促使曾国藩萌生另起炉灶的念头。同治十年七月二十五日（1871年9月9日），曾国藩函札两广总督叶赫那拉·瑞麟，劝其在广东设局刊刻《十三经注疏》：

> 前岁扬州运署筹款分立书局，适何子贞太史来宁商刻《十三经注疏》，因请贞翁赴扬总理其事。因思广东近岁文明日启，自嘉、道年间阮文达公设立学海堂，广罗英彦，刊刻《皇清经解》各书，提倡实学，风流至今未沫。阁下宏勋雅抱，追踪前哲，现闻粤东盐务尚有可筹之项，若于省垣设一书局，首刻《十三经注疏》，次及诸书，似于振兴文教之事大有裨益。②

同日，复致信两粤盐运使钟谦钧，鼓动其促成此事："顷已函致澄泉中堂，劝其设立书局，先刻《十三经注疏》以为振兴文教之基。现闻粤东盐务尚有可筹之项，阁下若禀商澄相，善为设法，当可玉成斯举。"③

其时广东已有一书局，附设于"菊坡精舍"书院，创立者正是钟谦钧的前任方浚颐。同治六年（1867年），方浚颐在广东巡抚蒋益澧（1833—1875年）的支持下，将越秀山"长春仙馆"改建为"菊坡精舍"书院，聘陈澧为山长。陈澧（1810—1882年），字兰浦，号东塾，广东番禺人，道光十二年举人。通经博史，旁及音韵、

---

① 朱士嘉编：《官书局书目汇编·江苏书局》，第20—21页。
② 曾国藩：《致瑞麟》，《曾国藩全集·书信》第31册，第569页。
③ 曾国藩：《致钟谦钧》，《曾国藩全集·书信》第31册，第570页。

历算、诗词、书法，无不研习，著述等身，先后任学海堂学长、菊坡精舍山长。《陈东塾先生年谱》同治六年记："秋，运使方浚颐创设菊坡精舍，请先生任掌教。"值得一提的是，"长春仙馆"原为咸丰年间两广总督叶名琛（1807—1859年）为迎养其父叶志铣所建道观，此番改造为儒学书院，与曾国藩将冶山朝天宫改建为江宁府学一样，具有重建儒家文化秩序的政治含义。

同治七年（1868年），方浚颐拨解盐政闲款，于"菊坡精舍"书院内开设书局，命陈澧主持书局事务。陈澧《送方子箴都转移任两淮诗》记：

> 自从兵燹后，梨枣多焚如，后来良可忧，风气愈空疏。挽回乏大力，寒士徒嗟吁，大吏询刍荛，嘉惠意不虚。其奈累千金，虽有仍如无，公乃发封椿，书局开通衢。命我司校雠，私意快且愉，众手集剞劂，众目辨鲁鱼。此局支十年，何止书五车，此惠被海内，何止及偏隅。

书局成立之后，首刊《钦定四库全书总目》，因其牌记题"同治七年广东书局重刊"，故名之曰"广东书局"。同治九年，方浚颐已迁官两淮盐运使，继任运使钟谦钧"捐银二万二千而为精舍之用"，由于经费充足，书局又陆续刊刻《切韵考通论》《经典释文》《四库全书简明目录》《九数通考》《听松庐诗略》等书。

同治十年（1871年）冬，广东书局重刻武英殿本《十三经注疏》，次年三月（1872年4月）藏事，刻成三百四十六卷，牌记题"武英殿本同治十年广东书局重刻菊坡精舍藏板"，版心上方镌"乾隆四年校刊同治十年重刊"。同年，陈澧致函友人郑小谷（1801—1872年），言及广东书局刻《十三经注疏》缘由，云：

> 得意之事，则在刻书。曾文正公去年致书粤东当道重刻《注疏》，今已刻成。又刊通志堂诸书。劳文毅公督粤时，欲刊唐以前甲部书，今亦陆续付刻。当道嘱弟司其事，此难得之盛

举，故乐此不疲。①

广东书局本《十三经注疏》仅耗半年即刻成，在于它采用的是"覆刻"法。广东书局本《十三经注疏》，是晚清地方书局唯一一部覆刻殿本《十三经注疏》，此外还有同治十二年江西书局重修本《重刊宋本十三经注疏附校勘记》、同治十三年湖南书局刻本《重刊宋本十三经注疏附校勘记》，后两种局本均非殿本。自嘉庆二十年阮元初刻本《十三经注疏附校勘记》之后，《十三经注疏》迭有翻刻、重刻，出现了十几种版本，范希曾《书目答问补正》点评各本，云："《十三经注疏》共四百一十六卷。乾隆四年武英殿刻附考证本，同治十年广州书局覆刻殿本，阮文达公元刻附校勘记本，明北监本，明毛晋汲古阁本。目列后。阮本最于学者有益，凡有关校勘处旁有一圈，依圈检之，精妙全在于此。四川书坊翻刻阮本，讹谬太多，不可读，且削去其圈，尤谬。明监、汲古本不善。"②

六　未竟之因

淮南书局重刻《十三经注疏》未竟而殇，直接原因是书局人事变故所致。

何绍基与莫友芝是此次校刻重要主事者，然关系并不和睦。何、莫书法各有造诣，却互相轻鄙，此嫌隙之所由生。休宁吴云与二人皆有往来，尝曰："子偲论书，极以蝯老为野狐禅。平心言之，蝯老学博而见广，在今日应推独步，惟年望俱高，不免有英雄欺人之处，此訾议所由起也。蝯老尝谓子偲曰：'自书契以来，从未有尊书这一派'，当面调侃，未免恶作剧，令人难受。子偲亦今之学者也，原不必以书律重。"③

共事淮南书局后，二人芥蒂更深，方枘圆凿。据《莫友芝日记》

---

① 以上引文均见汪宗衍编《陈东塾先生年谱》，第97、101、103、104、106页。
② 张之洞著，范希曾补正：《书目答问补正·经部》卷一，第1页。
③ 吴云：《两罍轩尺牍》卷三《戴礼庭司马丙荣》，《近代中国史料丛刊》第264册，第217—218页。

记：何绍基入书局后，便将莫友芝四月廿二日所拟章程更改，并致信曾国藩不欲莫友芝参与校刻，"以何子贞议改刻经疏章程，有信致涤相，谓子偲且可不来"。如此，莫友芝四月下旬至八月上旬一直逗留金陵，直到淮南书局"屡信相催，且闻子贞已行"，才于八月十九日随曾国藩巡视返回扬州。① 后数日，何绍基即辞去局事，八月廿九日返苏州家，九月初五日何绍基日记记："王治轩来晚饭，一切交清，并赠程仪，兼致梦园书，与治轩为注疏事同事五阅月，今日难为别也。"②

何绍基辞局后数日，莫友芝亦赴兴化寻访散佚书籍，旋病卒途中，《曾国藩日记》载："旋至莫愁湖吊丧，莫子偲以九月十四日死于兴化，柩停该处。观其子之悲痛，不胜感怆。"③ 半年之后，曾国藩病卒江督任上。次年七月，何绍基亦病卒于苏州家。光绪二年，方浚颐调任四川按察使，庞际云则早在同治十年既已返乡丁忧，直至光绪六年复职调任湖北按察使。几位主事者的相继辞局与离世，是淮南书局重刻《十三经注疏》中道夭折的直接原因。

不过，人事变故只是直接原因，主事者辞局与离世都只是偶然性事件，偶然性的背后，更深层原因在于同光年间学术风气转变的大势所趋。

何绍基倡刻注疏的思想渊源，是其"经学本位"学术观。何绍基认为"经有学，史无学"，尝以座主、门生的关系比拟经、史之学，俞樾《春在堂随笔》记："何子贞前辈为余言：'治经使人静细，治史使人浮躁。'又曰：'子居京师久矣，尝见座主之请门生乎？以一柬招之，则无不至，至而主人不遽出也。客毕至，然后乃出，揖之坐则坐，命之饮则饮，惟吾所欲言，无不诺诺，此史学也；又尝见门生之请座主乎？先十日而聚谋，衣冠登门而具柬焉，既届期，昧爽咸集。客至，肃以入，侧目而视，侧耳而听，惟恐不当其

---

① 莫友芝：《莫友芝日记》，第288页。
② 何绍基撰，毛健辑录：《蝯叟题襟日记》，《中国典籍与文化论丛》第16期，江苏凤凰出版社2014年版，第334页。
③ 曾国藩：《曾国藩全集·日记（同治十年十月十六日）》第19册，第491页。

意,此经学也。'余谓先生之取譬妙矣。先生又言:'经有学,史无学。'余则曰:'经学无底,史学无边。经学深,故无底,史学太汗漫,故无边。'"①

然而,从嘉庆到光绪年间,在社会变局和传统学术自身嬗变的冲击下,经学的文化地位与成就已相对衰微,清代学术由偏重经学而趋于多元化。究其原因,近代内忧外患的社会环境给学术研究造成了一定冲击,不利于经学发展;质言之,清季经学的困境更直接源于学术文化领域。疑经思潮对经学产生了负面影响,经世思潮一定程度上淡化了经学考据的意义,不断增强的西学浪潮也对传统学术观念和格局产生了强烈冲击。在中与西、传统与现代性的矛盾、交融中,经学面临深层的思想危机,在广大士人心目中,传统儒学或经学的学术光环或多或少地消逝了。

道光以后经学相对衰落的同时,是史学复兴大张其势。乾嘉汉学鼎盛之时,史学研究附翼于经学考证之下,偏重校勘、辨伪。晚清史学继承乾嘉传统,一些学者重视考校正史,另一些学者则重视凸显史学的经世价值,道咸以后边疆史地成为经世之学的重要内容,同光之际经世史学的研究对象由边疆史地扩大到近代列强,19世纪末士人转重当代史及世界史。在耳濡目染之中,许多自幼浸淫于经学的士人,将研究的兴趣转向史学。史学并非近代学术的唯一中心,但确有许多学者立足于史学或史观来治学。②

在这样的氛围下,淮南书局重刻《十三经注疏》就显得有些落落难合了。何绍基在多篇诗文中,亦委婉流露对书局"偏尚乙部书"、厚史薄经的不满。何氏《迴思篇次方梦园王谦斋许叔平徐椒岑联句韵》云:"后城邗沟古都省,故人握手有天幸曾詹相方都转,说经何事歧郑邴,古义从兹得融并时议刻大字注疏。"《示书局诸君子王治轩李宾虞郭尧卿庄希祖次方梦园都转用昌黎韵》云:"行省奉廷议,群籍补锓版,书局英彦萃,餐钱耗琴盏。偏尚乙部书,令我微

---

① 俞樾:《春在堂随笔》笔三,《春在堂全书》第5册,第421页。
② 关于晚清经学相对衰落与史学更新的论述,参见罗检秋《嘉庆以来汉学传统的衍变与传承》第四章"汉学传统与学术多元化",中国人民大学出版社2006年版,第373—392页。

笑莞，从来圣经尊，菽畲乃恒产。传注沿周秦，未许妄剔拣，一经苟精熟，六艺归贯串。修途循平夷，自可陟蜷嶙，治丝先理棼，优游致绰绾。诸子百家言，醇疵互劚划，经言发洪钟，琐碎陋剽栈。"①

同光年间，仍有一些学者试图刊刻经籍，重振经学，广东书局、江西书局与湖南书局重刻《十三经注疏》，王先谦在南菁书局辑刻《皇清经解续编》。淮南局本《十三经注疏》未能毕工作为偶发性挫折事件，显然只是一个特例，但它与局本《二十四史》同时被提议与筹刻，其不同遭遇与结局凸显了经史之学的升沉倒置和学者治学的逆迎向背，为考察晚清学术衍变提供了一个独特视角，从中既能看到经学的延续与学者的固守，也真切映照出经学渐趋衰落的时代变迁。

第五节 晚清地方书局兴起缘由探析

19世纪中后期，地方书局在南北诸省陆续创建，② 成为晚清最重要的官刻机构。晚清地方书局是指由地方督抚创办、以刊刻中学书籍为主且经费主要出自地方财政的近代图书出版机构。创办者为地方督抚，表明地方书局的性质是"地方官刻"，区别于由武英殿及清末京师官书局、京师大学堂编译局、学部编译局等出版机构代表的"中央官刻"；刊刻书籍以中学书籍为主，表明地方书局以传播传统学术文化为目的，区别于传教士与洋务派创办的以译介西学为主的近代出版机构；经费主要出自地方财政，表明地方书局是由地方督抚掌控的非正式行政机构，是晚清名目繁多的"局所"的重要组成部分，在这一点上又区别于地方督抚的幕府刻书组织。

关于晚清地方书局的兴起缘由，学界已有一定研究。这些研究

---

① 何绍基：《东洲草堂诗钞》卷三十《迥思篇次方梦园王谦斋许叔平徐椒岑联句韵》《示书局诸君子王治轩李宾虞郭尧卿庄希祖次方梦园都转用昌黎韵》，《续修四库全书》第1529册，第116—117页。

② 关于晚清地方书局的创建详情，可参考邓文锋《晚清官书局述论稿》第三章第一节"官书局地域分布特点"，第80—102页。

重点关注太平天国农民战争对文化典籍的破坏，因而中兴将帅设局刊书以振兴文教、卫护传统文化；也有论者意识到创建地方书局与晚清政局变动的关联，但迄今相关成果多语焉不详或流于表象。① 地方书局的兴起，直接肇因于文化典籍遭兵燹损毁，但它不仅涉及古籍整理与传统出版的问题，而且与19世纪中后期社会变迁、政治变局密切相关，而后者仍然是研究薄弱、有待深化的问题。本节就此考察，力图更全面、深入地揭示地方书局兴起的历史缘由，以期深化相关研究。

一 咸同兵燹与文化典籍损毁

咸同时期，战火绵延全国十数省，清帝国的文化秩序遭受重创。在人文渊薮的江南地区，各府、州、县学及书院、社学、义学、庙学等课士场所，大半毁于战乱，书籍散佚损毁，士子流离迁徙，岁科两试亦往往不能如期举行。

官方藏书多遭焚毁。《四库全书》七阁，有四阁毁于咸同兵燹。江浙三阁悉毁于太平军战乱，扬州大观堂文汇阁、镇江金山寺文宗阁二阁被毁，藏书荡然无存，杭州圣因寺文澜阁藏书毁半，圆明园文源阁则是在第二次鸦片战争英法联军攻陷北京时惨遭焚毁。

咸丰三年（1853年）二月，太平军攻占金陵，旋陷镇江、扬

---

① 相关研究的主要推进：顾承甫认识到地方书局与晚清学术思潮的关联，提出地方书局的产生"既是原有的封建文化在经过太平天国运动后再度复兴的需要，又是当时洋务运动在思想文化领域引进西方技术的舆论需要"（顾承甫：《清末官书局二三事》，《出版史料》1989年第3、4期）；（台湾）吴瑞秀、邓文锋和李志茗强调，太平天国农民战争大肆焚烧儒家经典、传播拜上帝教，中兴将帅因而设局刊书以振兴文教、卫护传统文化，这是地方书局设立的原因（吴瑞秀：《清末各省官书局之研究》第一章第二节"清中叶内乱外患肇致典籍的散佚"，台北花木兰出版社2005年版，第8—9页；邓文锋：《晚清官书局述论稿》第二章第一节"太平天国文化政策及战乱影响"，第57—63页；李志茗：《旧籍新刊与文化传衍——以晚清官书局为中心的考察》，《福建论坛》2015年第2期）；吴家驹发现地方书局主要不是地方督抚自发创办，而是奉旨设局（吴家驹：《遵旨设局是清末创办官书局的主要原因》，《编辑学刊》1997年第6期）；汪家熔和史革新注意到理学复兴与创建书局的关系，胡林翼、曾国藩等中兴名臣都是理学的提倡者，也是地方书局的倡办者，他们在各地创办书局，理学著作得以大量出版，广为流传（汪家熔：《地方官书局》，《图书馆建设》2002年第2期；史革新：《程朱理学与晚清"同治中兴"》，《近代史研究》2003年第6期）。

州，文汇、文宗二阁被毁。迨清军克复金陵，曾国藩迅遣莫友芝寻访二阁散佚书籍。同治四年（1865年）二月，莫友芝赴镇江、扬州一带，一无所获，他在给曾国藩的信中说：

> 咸丰二三年间，毛贼且至扬州，绅士曾呈请运使刘良驹筹费，移书避深山中，坚不肯应。比贼火及阁，尚扃鐍完固，竟不能夺出一册。镇江阁在金山。僧闻贼将至，亟督僧众移运佛藏避之五峰下院，而典守书阁者扬州绅士，僧不得与闻，故亦听付贼炬，惟有浩叹。①

咸丰十年（1860年）二月、咸丰十一年（1861年）十一月，太平军两次攻陷杭州，文澜阁坍塌，藏书毁半，灵隐寺藏书亦俱毁。"灵隐书藏"，嘉庆十四年（1810年）浙江巡抚阮元建，嗣复于嘉庆十八年（1813年）在镇江焦山建"焦山书藏"，二处书藏悉毁于太平军战乱中。杭州著名藏书家丁丙（1832—1899年）尝记：

> 嘉庆十四年（1810年）阮文达抚浙时，推广教思无穷之意，立书藏于灵隐寺。十八年（1813年），督漕江上，又立焦山书藏，丁观察百川为治其事。文达并有记，刊于《揅经室文集》。咸丰三年（1853年），粤寇肆扰，江南文汇、文宗两阁之书，悉罹兵火。又八年，辛酉（1861年），杭州再陷，文澜阁书摧毁六七，而灵隐书藏亦随龙象俱灰，焦山之藏，接峙金山，当亦不可复问矣。②

丁丙与兄丁申（1829—1887年，字竹舟），目睹文澜阁被毁，

---

① 莫友芝：《探访镇江、扬州两阁〈四库全书〉上曾国藩书（清同治四年五月）》，转引自李希泌、张淑华编《中国古代藏书与近代图书馆史料——春秋至五四前后》，中华书局1996年版，第20页。

② 丁丙：《焦山藏书记（清光绪十七年）》，转引自李希泌、张淑华编《中国古代藏书与近代图书馆史料——春秋至五四前后》，第84页。

第二章　金陵书局的黄金十年

深夜赴阁抢救出库本万余册，嗣后辗转搜求文澜遗书：

> 咸丰辛酉（1861年）冬，粤寇再陷杭城，竹舟家室遭毁，其与身幸免者仅隐君日夕把玩之《周易本义》一书而已。竹舟兄弟既出坎窞，潜身西溪，营观察公葬事，目击阁书横遭摧裂，因于宵深趋阁，手拾肩负，旬日间，得万余册，藏之僻地，始跳身沪上。迨省城克复，重还里居，依类编目，陈于大府，借储杭郡学尊经阁。今相侯左公方以闽浙制府兼巡抚，为题书库抱残图以张之。竹舟慨振绮诸家所藏渺不可得，即天一范氏，胜国所遗，合族所守，亦荡焉渺焉。①

私家藏书亦在劫难逃。清代江浙私家藏书本极富，均在战乱中遭受重创，百不存一。杭州举人孙树礼（1845—1936年），光绪年间尝入值文澜阁书阁董事，他为丁丙兄弟"善本书室"作记，曰：

> 礼幼丁庚辛（1860—1861）之劫，先世遗籍，悉付煨烬，省垣藏书家，亦不及见。惟壬午（1882年）以后，恭配文澜阁书至范氏天一阁，尝一再登览，虽劫后散佚，亦不免有目无书，而披展所存，每珍如拱璧，且心慕范氏之流泽长也。②

江南私家藏书遭受太平军摧毁的同时，北方私家藏书亦受到捻军破坏。山东聊城"海源阁"，嘉道年间杨以增（1787—1855年）藏书阁名，其子杨绍和编藏书志为《楹书隅录》，收二百六十余种，其孙杨保彝辑《海源阁宋元本书目》，收四百六十余种，"所藏宋元旧椠各本，精审绝伦"③。咸丰十一年（1861年）春，捻军进攻齐鲁

---

① 胡凤丹：《嘉惠堂藏书目序》，转引自李希泌、张淑华编《中国古代藏书与近代图书馆史料——春秋至五四前后》，第63页。
② 孙树礼：《善本书室记》，转引自李希泌、张淑华编《中国古代藏书与近代图书馆史料——春秋至五四前后》，第64页。
③ 孙宝琦：《孙宝琦奏保护海源阁藏书折》，转引自李希泌、张淑华编《中国古代藏书与近代图书馆史料——春秋至五四前后》，第56页。

之交，海源阁藏书遭受重创，杨绍和《楹书隅录·宋本毛诗三卷一册》记：

> 辛酉（1861年），皖寇扰及齐鲁之交，烽火亘千里，所过之区，悉成焦土。二月初，犯肥城西境，据予华跗庄陶南山馆者一昼夜。自分珍藏图籍，必已尽付劫灰。及寇退，收拾烬余，幸尚十存五六。而宋元旧椠，所焚独多，且经部尤甚。①

咸同年间持续不断的兵燹和社会动荡中，文化典籍遭受巨大摧残，晚清藏书家国英（1823—1884年）尝喟叹："况家少藏书，时值发、捻、回各逆滋扰半天下，版籍多毁于火，书价大昂，藏书家秘不示人，而寒儒又苦无书可读。"② 这是地方书局在战后兴起的直接动因。

二 以学校、书籍与考试为中心重建文化秩序

文化秩序的重建，以学校、书籍与考试为急务。同治初年，当战事甫定，清廷欲复兴儒学、振兴文教以重建传统文化秩序，"及寇乱浡经，付之一炬。中兴将帅，每克复一省一郡，汲汲然设书局，复书院，建书楼，官价无多，尽人可购"③。从当时学政、御史所上奏折来看，主要围绕三方面进行：一是修缮学校、整顿书院。同治四年二月，陕西道御史汪朝棨奏请江南各地应尽快设局劝捐，修葺学校，整顿书院，以振兴文教。④ 同治五年九月，湖广道御史范熙溥奏请各地亟宜整顿书院，招抚流离士子，给予膏火，以教士养士。⑤

---

① 杨绍和：《楹书隅录·宋本毛诗三卷一册》卷一，《清人书目题跋丛刊》（三），中华书局1990年版，第397页。
② 国英：《共读楼书目序（清光绪六年）》，转引自李希泌、张淑华编《中国古代藏书与近代图书馆史料——春秋至五四前后》，第59页。
③ 郑观应：《藏书（清光绪十八年）》，转引自李希泌、张淑华编《中国古代藏书与近代图书馆史料——春秋至五四前后》，第85页。
④ 《穆宗实录（四）》卷一三一，《清实录》第48册，中华书局1987年版，第97—98页。
⑤ 中国第一历史档案馆：《奏为敬陈军务肃清省分振兴文教管管见事（同治五年九月十五日）》，《军机处副录奏折》，档号：03-5087-029。

二是设立书局、广刊典籍。同治六年四月,江苏学政鲍源深奏江苏等省自经兵燹,各地学校旧藏书籍大半散佚,士子有志读书而无书可读,各地应尽快购补学校旧藏书籍,并筹措经费择要重刊,颁发各学。① 三是端正士习、变通考令。同治六年四月,鲍源深奏各地岁科两考因战乱被迫变通考试条例,请尽快增修《学政全书》,使得各项变通确所有遵。② 同治六年十一月,福建道监察御史游百川奏请崇尚经术,端正士习考风,科考应优先选拔能默诵五经、通晓经义者。同治七年七月,湖北学政张之洞、湖广道御史范熙溥就广额过多、日滋流弊,分别奏请变通广额章程、饬议广额限制。③ 这些奏折所陈之事,经上谕批复并经礼部咨议,成为战后重建文化秩序工作的指导性条令,规定了重建工作的方向与内容。

于是,修缮学校、书院与设局刊书同时在各省迅速展开,一时蔚然成风。在江苏,金陵甫定,即重修江南贡院、恢复江南乡试,改建江宁府学,重开书院,"江南人文渊薮,夙多朴学之士,乱离以后,流风遂沫。自尊经、钟山两开讲堂,始有弦歌之声。今又复启惜阴精舍,专试经古,贤者振兴而教育之,自可月异而岁不同"④,又创立金陵书局,"筹款刊刻经史,招延宿学数人专司校雠"⑤;在浙江,"省城书院如敷文、崇文、紫阳、孝廉堂、诂经精舍,均已先后兴复,举行月课","并谆饬各属设法筹劝,尽复书院,勤行考课",又于杭州设立浙江书局,广刻群籍,"庶几家有其书,有裨诵习"⑥;在湖北,"省城江汉书院业已建复,旧规照常,甄别录课。其外府、州、县本有书院之地,亦皆先后兴葺,次第缮完,延师月

---

① 鲍源深:《请购刊经史疏》,《同治中兴京外奏议约编》卷五,第 373—374 页。
② 《穆宗实录(五)》卷二百二,《清实录》第 49 册,第 604 页。
③ 游百川:《请崇尚经术疏》,《同治中兴京外奏议约编》卷五,第 365—367 页;张之洞:《请变通广额章程片》,《同治中兴京外奏议约编》卷五,第 404—406 页;范熙溥:《请饬议广额限制疏》,《同治中兴京外奏议约编》卷五,第 401—403 页。
④ 曾国藩:《复周学濬(同治五年五月十三日)》,《曾国藩全集·书信》第 29 册,第 232—233 页。
⑤ 曾国藩:《致端麟(同治十年七月二十五日)》,《曾国藩全集·书信》第 31 册,第 569 页。
⑥ 马新贻:《建复书院设局刊书以兴实学折》,王锡蕃校,谭钟麟刻:《马端敏公奏议》卷五,《近代中国史料丛刊续编》第 171 册,第 527—530 页。

课，士气蒸蒸"，又于武昌设立崇文书局，"俟各书刻成之日，颁发各学、书院，并准穷乡寒儒、书肆、贾人随时刷印，以广流传"①。这些情况表明，设局刊书与修复学校、书院一样，均是战后振兴文教、重建文化秩序的重要举措。

设立地方书局的首要目的，在于刊刻经史典籍，配合各府、州、县学及各地书院的经史教学，适应经史课士、科举考试的需要。关于这一点，同治六年五月初二日、同治七年三月初十日清廷两封上谕即有规定："各直省督抚转饬所属，将旧存学中书籍广为购补，并将列圣御纂、钦定经史各书先行敬谨重刊，颁发各学"，"其小学、经、史等编有裨学校者，并着陆续刊刻，广为流布"②。换言之，设立地方书局与兴建学校、书院的目的基本一致，都是为了传授儒家文化，重建以科举考试为中心的文化秩序。

经史典籍是地方书局刻书的主体，数量最多，尤其是《四书》《十三经》《二十四史》及各类御纂、钦定书籍，荦荦大端，为课士、考士急需，往往为各局优先刊刻，刻成之后，大多亦由督抚札发或官绅捐购，资补各学校、书院及附设"藏书楼"。

以金陵书局为例：同治三年四月，两江总督曾国藩于安庆"设立书局，定刊书章程"③，九月迁至金陵。同治四年五月，李鸿章以江苏巡抚署理江督接管书局，命金陵尊经书院掌教周学濬为书局提调。周学濬经理书局伊始，即建议李鸿章先刻《四书》《十三经》及历代正史、小学诸书，据金陵书局编校张文虎日记"同治四年闰五月初三日"载：

> 李宫保有刻书之意，缦老以所拟章程来商，其议欲先从《四书》《五经》《三史》，次及《周礼》《仪礼》《尔雅》《孝经》《说文》《通鉴》诸书，盖亦犹九帅之意。是时九帅以病未愈，家居郁郁，前议已寝。故缦老欲劝李宫保成之，亦善

---

① 李鸿章：《设局刊书折》，《李鸿章全集·奏稿》第 2 册卷一五，第 684—685 页。
② 《穆宗实录（五）》卷二百零二，《清实录》第 49 册，第 604 页；第 50 册，第 104 页。
③ 黎庶昌编：《曾文正公年谱》卷九，第 204—205 页。

举也。①

同一时期，在曾国藩与周学濬的往复信函中，两人就书院经史课士之法也有商议：

> 鄙意惜阴诸生，亦可令其占习专经，又于经外择《史》《汉》《三国》《通鉴》《说文》《文选》等书，令以治经之法治之……求三年之艾，又不仅在八比八韵之中，树十年之木，要不出于《九经》《廿三史》之外耳。②

同治十年，曾国藩复与幕僚沈秉成商议，欲将各书局所刻经史之书颁发各学，以供士子习诵：

> 各学书籍无存，寒士无力购置。若将宁、苏、扬三局所刻各书发存各学，准好学之士到学诵阅，自属良法。惟统计江苏一省各学应发之书需费甚巨，若令各州县捐廉解局，固非政体所宜；若另筹公款，亦颇难于凑集。而士子到学诵阅，诸多窒碍，容俟详细商议。③

同年，江宁盐法道孙衣言于金陵创办"劝学官书局"，供寒士借阅书籍：

> 郡县之有官书，辅助政教之一端也。大难削平之后，公私储籍灰灭，寒畯艰于得书。同治十年，分巡江宁盐法道孙公衣言上议都府，取湖北、浙江、苏州、江宁四书局所刊经籍藏于惜阴书院，而达官寓公又各出善本益之，统名曰"劝学官书"，

---

① 张文虎：《张文虎日记》，第42页。
② 曾国藩：《复周学濬（同治五年五月十三日）》，《曾国藩全集·书信》第29册，第232—233页。
③ 曾国藩：《复沈秉成（同治十年四月二十五日）》，《曾国藩全集·书信》第31册，第499页。

俾本籍士子之无书者。①

至光绪元年，金陵书局"经史业已刊竣"，继任提调洪汝奎与寓宁皖籍士绅联络，同捐购金陵局刊经史及《通志堂经解》《佩文韵府》至书院，安徽按察使孙衣言"请并储敬敷书院"②。

再如浙江书局：同治六年四月，浙江巡抚马新贻于杭州创办浙江书局，聘杭州崇文书院山长薛时雨、杭州紫阳书院山长孙衣言为总办，③开局之后，首刊《御纂七经》。同治七年，杭州诂经精舍山长俞樾接任书局总办，又受江苏巡抚丁日昌聘兼理江苏书局。在此之前，俞樾掌教苏州紫阳书院，曾向李鸿章建议书院宜存贮经史子书："吴下为人才渊薮，兵乱以来，不无荒废……吾人作秀才时，或侈言时务，或空谈心学，二者皆不无流弊，总以经史实学为主。省会书院，宜存贮《十三经》《廿四史》及周秦诸子之书，诸生中有笃学嗜古者，许其赴院读书，师友讲习，以求实学。"④俞樾接办浙江书局后，即向继任浙江巡抚李瀚章提议刊刻经史诸书：

> 吾浙《七经》毕工后，未知刊刻何书，已有定见否？或与金陵、吴门合成全史，或竟将《十三经注疏》刊行，经经纬史，各成巨观，洵士林之幸也。⑤

得李瀚章允复之后，俞樾函札各局商议，议定浙江、金陵、江苏、崇文四书局合刻《二十四史》。同治八年五月，李鸿章上《设局刊书折》，奏设崇文书局并四局合刻之事：

> 嗣于六年十月十五日开设书局……此次设局刊书，只可先

---

① 《同治上江两县志·艺文》卷十二，第16页。
② 章洪钧编：《泾舟老人洪琴西先生年谱》卷三，第441、443页。
③ 孙延钊撰：《孙衣言孙诒让父子年谱》，第72页。
④ 俞樾：《致李鸿章》，《俞樾函札辑证（上）》，第166页。
⑤ 俞樾：《致李瀚章》，《俞樾函札辑证（上）》，第149页。

其所急,除《四书》《十三经》读本为童蒙肄习之书,业经刊刻颁行各学外,伏思《钦定七经》《御批通鉴》集经史之大成,尤为士林圭臬。其余《说文》《文选》《牧令》《政治》等书亦皆切于日用,节经访觅善本,次第开雕。现在浙江、江宁、苏州、湖北四省公议合刻《二十四史》……俟各书刻成之日,颁发各学、书院,并准穷乡寒儒、书肆、贾人随时刷印,以广流传。①

综上可知,设立地方书局是战后重建文化秩序的重要举措。正是得益于建书局、复书院这类积极的文化举措,清廷在战后才能迅速扭转文教领域的颓势,为"同光中兴"的出现创造了必要的文化条件。

三 督抚权力扩张与晚清官刻重心的转移

地方书局的兴起也与晚清政治格局的变化密切相关,实际上是19世纪中后期督抚权力扩张的产物。

清前中期,官刻图书集中于中央,主要是内务府武英殿以及三礼馆、四库全书馆等特设机构,地方官刻主要负责地方志编纂,其他书籍刻印很少。在康、雍、乾三朝,武英殿编刻人员近千人,声势浩大,殿本更以数量巨大、校勘精审、编印精美,成为清前中期官刻书籍的代表。然而,咸、同时期,武英殿刻书急剧衰落,据统计,清代武英殿刻书总计520种,其中顺治至道光六朝刻书493种,咸丰、同治两朝刻书最少,总计才3种,光绪、宣统两朝共刻24种,略有起色。② 也可以说,自咸丰朝以降,武英殿所代表的中央官刻已名存实亡。

武英殿刻书急剧衰落的同时,各省地方书局成为晚清最重要的官刻机构。两者此消彼长的转折,肇端于同治六年。是年四月

---

① 李鸿章:《设局刊书折》,《李鸿章全集·奏稿》第2册卷一五,第684—685页。
② 参见肖力《清代武英殿刻书初探》,《图书与情报》1983年第4期。

(1867年5月），江苏学政鲍源深上《请购刊经史疏》，这道奏折广为论者征引以陈述书籍之毁与书局之设，然而长期以来为论者所忽略的是，正是该奏折首次提出了"由内颁发不如由外购求"的方案，开启了从"中央官刻"向"地方官刻"转变的历程，奏称：

> 臣拟请旨将殿板诸书照旧重颁各学，诚恐内存书籍无多，武英殿书板久未修整，亦难刷印。因思由内颁发不如由外购求，敬请饬下各督抚转饬所属府、州、县，将旧存学中书籍设法购补，俾士子咸资讲习，并筹措经费，择书之尤要者，循例重加刊刻，以广流传。①

"由外购求"的方案得上谕批复，各省地方督抚随之纷纷响应，奏请设局刊书，地方书局遂次第在南北各省兴办。颇具戏剧性的是，在地方书局方兴未艾之时，武英殿却突遭火灾。同治八年六月，"二十日夜间，西华门内武英殿不戒于火，延烧至三十余间"②，殿内两百年所存殿本及板片悉归灰烬。此后虽经重修，但殿内已基本停止雕版刻书，书籍改由厂肆或商人刻印，武英殿职官实际已形同虚设。

这一巨大转变根本上源于内务府的财政危机，以及地方督抚权力扩张导致清朝财政重心从中央向地方转移。武英殿直属内务府营造司，刻书经费出自内务府掌控的"内库"，并不直接出自户部掌控的"部库"，属于皇室财政而非国家财政。清初，内务府的财政来源主要依靠皇庄等项，收入有限。至乾隆朝，随着税关、盐政等先后成为主要财源，内务府入项剧增，广储司银库充盈。迨至咸丰朝，多年的战争使江南经济遭受重创，尤其是两淮盐课与粤海关银锐减，极大地影响了内务府的收入。至光绪末期，内务府财政已基本崩溃，几乎完全依赖于户部。③ 与此同时，地方督抚对财权的掌控却获得了空前的扩张。清前中期，国力强盛，政、军、财诸权悉归中央，地

---

① 鲍源深：《请购刊经史疏》，《同治中兴京外奏议约编》卷五，第373—374页。
② 《穆宗实录（六）》卷二六一，《清实录》第50册，第622页。
③ 参见滕德永《清代户部与内务府财政关系探析》，《史学月刊》2014年第9期。

方督抚的权力较为有限。咸丰年间，战争延续多年，中央被迫允许地方督抚组织团练，自筹饷需。各地督抚及统兵大员通过加重旧税、开办新税及自办捐纳等方式自筹饷需，并新设总粮台、厘捐局、军需总局、善后局等筹款机构，负责在国家正供之外征集和调拨地方一切钱粮款项。随着直属于地方督抚的地方财政系统的迅速建立，财权重心不断由中央户部向地方督抚转移，传统的中央财政管理体制逐渐瓦解，演变为中央与地方分权并存的二元财政管理体制。①

据曾国藩、李鸿章等督抚的奏疏、信札可知，地方书局的经费主要出自地方财政闲款，"浙苏各书局均奏明动用公款，金陵局事同一律"②，"一切经费酌提本省闲款动用，勿使稍有糜费"③。款项由督抚责令属官自筹，主要来自善后局、军需局、支应局、司库、藩库等机构拨款，出自盐务、厘金、海关、漕运等项，如同治六年十月，浙江巡抚马新贻奏设浙江书局，"一切经费在牙厘项下，酌量撙节提用"④；同治十年，陕甘总督左宗棠奏设陕西书局，"凡刊印经费，均由陕西藩司于本爵大臣督部堂养廉项下，随时拨交驻陕军需局支付"⑤；同治十一年，江西巡抚刘坤一奏设江西书局，"所需经费，饬令藩司于厘金项下设法匀拨济用"⑥；光绪十二年三月，两广总督张之洞奏设广雅书局，"查本衙门向有海关经费一项，本部堂到任以来，一概发交善后局，专款存储，留充公用。今即将此款提充书局经费"⑦。

由于盐政在晚清财政体系中地位突出，故各地盐政拨款及盐运使的支持，与地方书局的创建与发展休戚相关。如扬州书局，创办者为方浚颐，官两淮盐运使；又如广东书局，同治十年七月，曾国

---

① 参见（台湾）何烈《清咸、同时期的财政》第八章"财政制度的崩溃"，台北"国立"编译馆中华丛书编审委员会1981年版，第390—469页。
② 曾国藩：《复钱应溥》，《曾国藩全集·书信》第31册，第71页。
③ 李鸿章：《设局刊书折》，《李鸿章全集·奏稿》第2册卷十五，第685页。
④ 马新贻：《建复书院设局刊书以兴实学折》，《马端敏公奏议》卷五，第527—530页。
⑤ 左宗棠：《札陕鄂粮台翻刻六经》，《左宗棠全集·札件》，第514页。
⑥ 刘坤一：《设局刊修经籍片》，中国科学院历史研究所第三所主编：《刘坤一遗集·奏疏》第1册，中华书局1959年版，第276页。
⑦ 张之洞：《札运司开设书局》，《张之洞全集·公牍》第4册，第2506页。

藩函札两广总督叶赫那拉·瑞麟，劝其在广东设局刻书。① 同日，曾国藩复致信两粤盐运使钟谦钧，鼓动其促成此事，云："顷已函致澄泉中堂，劝其设立书局，先刻《十三经注疏》以为振兴文教之基。现闻粤东盐务尚有可筹之项，阁下若禀商澄相，善为设法，当可玉成斯举。"② 可见地方财政尤其是盐政拨款，对于地方书局的创建与发展至关重要。也正因此，地方书局主持局务者，特别是提调、总办二职，以出自地方财政系统尤其是盐政系统的官员居多。如：金陵书局提调洪汝奎，同治年间以江南道员总理粮台及军需总局，后迁官两淮盐运使。提调程仪洛，官两淮盐运使。提调范志熙，本是扬州府淮北监掣同知，也是盐运使的属官；浙江书局提调盛康，曾帮办江南大营粮台，后以布政使衔掌湖北盐法武昌道。提调宋颐，早年总办常州浙盐局、苏州浙盐局；广雅书局主持刊刻事谊王毓藻，官广东盐运使。提调方功惠，光绪初年代理广州粮道通判及潮州盐运使，统辖粤闽赣湘四省盐课，等等。

  地方书局的兴衰与督抚权力的消长是互动关系。一方面，办书局源于督抚权力的扩张，反过来也加强了督抚的文化地位。地方督抚在挽救清朝的过程中拥有了军权，随之也分享了财权与政权。而地方督抚多为儒生，重视文教，必然在文化上有所作为，创办官书局即是其重要举措。另一方面，对督抚权势及地方财政的依赖，又成为地方书局后续发展的隐患。自光绪四年始，清廷为削减督抚权力，多次谕令停止捐输、裁撤局所，在此形势下，地方书局大多经费日绌，发展陷入困顿，至戊戌变法时期，或被裁撤，或被兼并，昔日风光不再。至清末民初，随着地方权力格局和社会环境的巨大变化，加之学术文化格局的变化、更新，地方书局已逐渐退出历史舞台，民办、商办出版机构代之而兴，出版物的内容也更加倾向西学和新学，并更具有民间化、商业化的色彩，近代出版业的新形态才真正出现。

---

① 曾国藩：《致瑞麟（同治十年七月二十五日）》，《曾国藩全集·书信》第31册，第569页。
② 曾国藩：《致钟谦钧》，《曾国藩全集·书信》第31册，第570页。

第二章　金陵书局的黄金十年

图书出版、学校与考试，是学术文化主导权的核心要素，决定着一个社会的人才培养模式与知识结构。在中国传统社会，虽然考试一直为官方掌控（主要表现形式为科举制），但图书出版与学校却一直为官、私分享。学校教育自先秦即有官学与私学之分，官学总体居于主导地位，但私学仍获得了全面发展。尤其是宋代，由于书院的高度发展及其教育功能的强化，私学甚至在一定程度上替代了官学的某些职能，使官学黯然失色。[①] 图书出版则自唐五代即形成官刻、私刻与坊刻三大系统，[②] 一般而言，坊刻侧重商业利益，私刻传学术，官刻兼具储文献、兴文教与传学术的多重特质。

总体来看，在官、私分享学术文化主导权的架构中，"官方"的行为主体，主要是指"中央"权力机构，"地方"一级能分享的权力很少。但这种情况在晚清咸丰、同治年间发生了剧变，在镇压农民起义及战后社会重建中，地方督抚对财权、军权与政权的掌控急剧扩张，必然在文化上有所作为。各省地方书局陆续建立，迅速取代以武英殿为代表的中央官刻，成为晚清最重要的官刻机构，与此同时，地方督抚也加强了对学校与书院的掌控，府学教授、训导及书院山长常常由督抚亲自指派自己的幕僚担任，代表中央的地方学政其地位与职能大为削弱。[③]

到了光绪年间，清廷开始逐步削减地方权力，加强中央集权，戊戌、庚子新政时期，大规模裁撤局所，以译书局与新式学堂取代地方书局与书院，又设立学部作为专管全国学堂与译书事务的机构。但此时资产阶级与小资产阶级已经成长壮大，他们也要求分享学术文化的主导权，各类民办、商办的出版机构与学校陆续创办，它们代表着更先进的生产力，也代表着学术与文化的发展方向。随着清末废除科举制，辛亥革命埋葬了清王朝，旧的上层建筑被打碎，新

[①] 参见邓洪波《中国书院史》第二章第二节"替代官学的角色与教育功能的强化"，东方出版中心2004年版。

[②] 参见叶德辉《书林清话自序》，《书林清话》，第1页。

[③] 关于晚清学政的论述，参见安东强《清代学政规制与皇权体制》第三章"咸同兵燹与学政地位"，社会科学文献出版社2017年版，第146—189。

的上层建筑逐渐建立起来,民国以后学术文化的主导权又再次发生变更。

　　学术文化主导权变更与转移的这一过程,也就是中国社会从古代步履艰难地迈入近代社会的历程,本书就是力图展示该历史发展过程的一个侧面。

第三章　江南书局的衰落与裁撤

光绪初年，"金陵书局"更名为"江南书局"，然"金陵书局"售称仍有延用，形成"一局二名"。近一个世纪以来，柳诒徵"（江南书局）迥不逮同治时之盛"①的观点，成为学界对金陵书局的整体印象。这是符合史实之论。进入光绪年间，金陵书局确已趋于衰落，但它在前期仍有所建树，尤其是一批地理名志的刊刻，是清代以来流传较好、较为完善的版本，在晚清地志编纂史上具有重要影响。

和其他各省地方书局一样，光绪中后期金陵书局的发展始终笼罩在清廷裁撤局所的压力中，陷入停滞不前的困境，虽曾国荃、刘坤一督理两江，亦难挽颓势。戊戌、庚子新政时期，裁撤书局进入实施阶段，各省地方书局普遍受到沉重打击，与此同时，新式学堂与译书局纷纷建立，取代了旧式书院与地方书局。光绪二十四年，金陵书局改归江宁府管辖，二十七年并入江楚编译局，宣统二年隶属于江南图书馆，作为省地方书局的"金陵书局"至此不复存在。

第一节　调整与变动

同光之际，金陵书局进入"后曾国藩时代"，预期中的调整与变动如约而至：刻书重心转变，局名更改，还有即刻凸显的经费危机与人事动荡。

---

① 柳诒徵：《国学书局本末》，《江苏省立国学图书馆第三年刊》，第8页。

金陵书局与晚清学术（1864—1911）

一 刊刻"经史善本及海内稀有之书"

同治十二年正月（1873年2月），李宗羲任两江总督。李宗羲（1818—1884年），号雨亭，四川开县人，道光二十七年进士。咸丰年间以知县、知府官安徽，咸丰八年协助曾国藩办理营务，同治三年为曾国藩办理江北厘金总局，以道员归两江补用，四年署两淮盐运使，迁安徽按察使，再迁江宁布政使，八年擢山西巡抚，十二年擢两江总督，十三年十二月病免。李宗羲重文治教化，优待文士，"以振兴文教、维持风化为己任，尝修复扬州梅花书院，厘定山西晋阳书院章程，在金陵除书院月课外，复择其优者入署课经古，先后抉巍科者指不胜屈，又刻《钦定州县规条》《张子全书》《司马家范》《大学衍义》《上江志》等书，以矫奢风而励末俗"①。

李宗羲上任之初，适金陵书局承刻《十四史》将毕工，李宗羲有重修府县志之意，遂与汪士铎等商议。汪士铎建议，江宁府志此前有康熙七年陈开虞纂修、嘉庆十六年吕燕昭修、姚鼐纂两种，今欲修完善之方志矫二家之弊，宜先广备舆地书籍。汪士铎《上李雨亭制府书癸酉五月》记：

> 昨侍宾筵，方次及于县志……诚欲矫二家之弊，宜先假书。若《六朝事迹编类》《建康实录》《景定建康志》《至正金陵志》《吕志》《上元蓝志》《武志》《江宁终志》《袁志》《江宁金石记》，其余《金陵琐事》《客座赘语》之属，细碎丛杂，无关体要，然亦宜采择，以供证佐。至志之正体，在于舆地，志之所以为志也，自各正史外，如《水经注》《通典》《元和至元丰志》《寰宇记》《舆地广记》《方舆纪要》《利弊书》《肇域志》《一统志》更宜备储，储之既备，则仿阮文达纂书之例，酌卷之多寡而分配之，颁章程以为之式，延晓文事者，按式而

---

① 李宗羲撰，方宗诚辑，李本方校：《开县李尚书政书》卷首《事实》，《近代中国史料丛刊》第462册，第67—68页。

择钞之，分类而别厕，各载书择者之姓名于卷首。①

顺应此一建议，书局提调洪汝奎派人赴江浙一带，访觅"经史善本及海内稀有之书"编纂刊刻，金陵书局刻书重心至此又一大变。章洪钧编《泾舟老人洪琴西先生年谱》光绪元年三月至光绪四年二月记：

> 委从子子彬赴镇江、苏杭一带访求经史善本。先生谓：兵燹以后，古籍散佚，本局刊刻经史，苦无善本可资雠校。现在经史业已刊竣，而古今秘笈未及刊布者亦复不少。闻湖州陆氏、杭州丁氏、宁波范氏、苏州冯氏、常熟瞿氏、镇江包氏、上海郁氏诸家藏书极多，应即前往采访。遇有经史善本及海内稀有之书，足以辅以经传、嘉惠后学者，即就近委觅书手钞缮副本，悉心校对，携带回局以便随时酌定，分别刊传。其原书务须护惜，随时送还，不得丝毫汗损。……遣次子恩嘉赴上海阅宜稼堂郁氏藏书。②

在此转向之下，光绪二年据乾隆四十八年武英殿初印本摹雕刻成仿宋相台岳氏本《五经》，同年十月，洪汝奎与江宁布政使梅启照"筹刊《钦定数理精蕴》"；六年，"书局议校刊《元和郡县图志》《太平寰宇记》《元丰九域志》《舆地广记》，又议刊《元和姓纂》"③。

二 更名"江南书局"

柳诒徵《国学书局本末》称："光绪初，金陵书局易名江南书局"，局本《周易程传》牌记题"光绪九年六月江南书局重刻"，则至迟在"光绪九年"已易名，易名后原"金陵书局"售称仍有沿

---

① 汪士铎：《汪梅村先生文集》卷十《上李雨亭制府书癸酉五月》，《续修四库全书》第1531册，第689页。
② 章洪钧编：《泾舟老人洪琴西先生年谱》卷三，第441、447页。
③ 章洪钧编：《泾舟老人洪琴西先生年谱》卷三，第444、453页。

用，形成"一局二名"①。

陈邦祥《金陵书局刻书考》认为，局本《仿宋相台五经》牌记题"光绪二年江南书局敬谨摹雕"，则"江南书局"售称始用于光绪二年，且光绪七年畿辅通志局编《直隶运售各省官刻书籍总目》将金陵书局所刻书籍悉收入江南书局目下，则当时外界已通称金陵书局为"江南书局"。②

柳、陈二人观点，仅是依据局本牌记与书目史料的推测，但究竟是谁提出更名，为何要更名，为何又要在当时更名？这些疑问迄今仍未发现任何可信记载，唯有待于今后挖掘新史料以解答。在未有新史料出现之前，暂依"光绪二年更名江南书局"之说。

一局二名或多名，并非金陵书局独有。据中国国家图书馆馆藏局本可知，其他书局也出现过类似情况，如"广东书局"又名"粤东书局"，"湖南书局"又名"湘南书局"，"淮南书局"又名"扬州书局"。这种现象，与晚清局所的临时性、不稳定性有关，也反映了当时版权观念的缺乏与淡漠。

三　经费危机

曾国藩卒后，书局经费危机即刻凸显，提调洪汝奎信札记：

> 汝奎供役秣陵，诸叨平适，循旧办理。惟运司自同治十一年以后，即未拨解分文，所有员友薪水、写刻工费、续购纸张等项，全赖书价周转以资接济，局款甚觉支绌。③

这一段史料常常被论者误解，以为同治十一年以后书局全凭售资周转，而无任何地方财政拨款。其实洪汝奎所说"未拨解分文"，只是指"盐运使司所解盐政规费"这部分款项，但仍有来自藩库与支应局的拨款。据光绪二十九年江宁布政使李有棻（1842—1907

---

① 柳诒徵：《国学书局本末》，《江苏省立国学图书馆第三年刊》，第8页。
② （台湾）陈邦祥：《金陵书局刻书考》，硕士学位论文，台湾东吴大学，2003年。
③ 俞冰主编：《洪汝奎等书札》，《名家书札墨迹》第五册，北京线装书局2007年版。

第三章 江南书局的衰落与裁撤

年）记，在光绪二十四年之前：

> 江南官书局向章每年在藩库领银三千两，在支应局每年领银四千两，以为常年经费。①

但李有棻所记，恐也只是大概，实际所得可能并没有这么多，也不是每年都有。《孙衣言孙诒让父子年谱》记，光绪三年四月，孙衣言（1821—1907年）以湖北布政使迁官江宁布政使，光绪五年八月卸任，离任之时从藩库余银调拨给书局三千两：

> 至是去官，藩库积羡以巨万计。乃详明督府，留银三千两专为省垣刻官书之用。②

但这笔经费，却是两年后才落实。孙衣言的继任为梁肇煌（1827—1887年），光绪八年梁氏作《数理精蕴·后记》记：

> 光绪初，今东河总督、前江宁布政使臣梅启照始敬刊之，工未竟，会升任去。其后太仆寺卿臣孙衣言任江宁藩司，其告归也留银三千两，详明督抚为省垣刊刻官书之用。七年冬，尊经书院院长臣薛时雨请于总督臣刘坤一、布政使臣梁肇煌，即以其银补完前书，以成全璧。③

总体来看，经费危机一直贯穿地方书局发展的始终。同治年间，在清廷设局刻书、振兴文教的政策支持下，经费问题隐而不彰，至光绪初年，随着清廷停止捐输、裁撤局所谕令的颁行，经费危机即刻凸显，愈益严峻，成为地方书局在清末整体衰落的直接原因。

---

① 参见柳诒徵《国学书局本末》，《江苏省立国学图书馆第三年刊》，第9页。
② 孙延钊撰：《孙衣言孙诒让父子年谱》，第175页。
③ 梁肇煌：《数理精蕴后记》，清圣祖御制：《数理精蕴》卷首，光绪八年金陵书局刻本。

四　人事动荡

曾国藩卒后，与经费危机同时凸显的，是书局人事更替，人心渐弛。书局人员或离或卒，境况直转而下：同治十二年三月，戴望病死局中，是年冬，张文虎辞局返乡，曹耀湘、杨书霖辞局赴湖南传忠书局，参与编纂《曾文正公全集》；不久，韩弼元赴扬州梅花书院，刘恭冕赴湖北经心书院，强汝询加入江苏书局，张盛藻离局官四川道监察御史，陈允颐辞局随郭嵩焘出使欧洲；光绪二年六月，唐仁寿病死局中；光绪三年以后，书局旧人仍在局者，仅洪汝奎、成蓉镜、刘寿曾、冯煦与成肇麐五人而已，与同治年间飞霞阁学者云集的盛况已大不相同（书局人员离局时间考证，详见第五章第一节）。

光绪十一年（1885年），已返乡久居瑞安的前江宁布政使孙衣言作《君子居记》，述及此间变故缘由：

> 文正公之开书局也，其意在于兵火之余，经籍版多亡缺，而尤在于诸君子遭乱无归，恐不得其所养，不能从事于学，所以资给之颇厚，而实不甚责以事，与他猥杂局绝异。诸君子常得于朱墨之余，相与论议为文章，间亦招集游客，寓公燕饮歌诗以为笑乐。予时虽已縻于官，然常乘间从诸君子游。窃谓金陵固多士，而朋游宾客之盛殆无过今日者！
>
> 其后，文正公薨于官。又数年，予自楚移藩江宁，适当事者颇不知学，而以吏能自负，以为刻书非急务，且多不事事，辄程督之甚，严计佣以给食。主局政者亦附和为苛促，几若駔侩矣。诸君子颇不乐，啸山先自引去，既而子高卒，端夫继之。比予归，则文正公之客无一在者。又数年，而啸山、恭甫亦亡，予窃叹君子之在世，匪独难聚而易散，为可惜也。①

此文前一段，言往昔曾国藩开设书局不仅为刻书，也有养士礼

---

① 孙衣言：《逊学斋文续钞》卷三《君子居记》，《续修四库全书》第1544册，第476页。

贤之意。曾国藩优待文士，编校人员资给颇厚而职事较简，书局发展益盛，这确系事实；但后一段，将书局凋零全归咎于当事官员，则有失偏颇。

  孙衣言所说"当事者颇不知学"，应是指沈葆桢（1820—1879年），因孙衣言"自楚移藩江宁"，是在光绪三年，①时任江督正是沈葆桢（任期为同治十四年四月至光绪五年十一月）；"主局政者亦附和为苛促"，便是指洪汝奎了。原来，孙衣言胞弟孙锵鸣（1817—1901年）本是沈葆桢与李鸿章的座师，按说孙衣言还是沈葆桢的长辈，但两人关系却不和。据孙衣言自述："沈葆桢喜用健吏治命盗重案，一切用峻法，不甚究其情，候补道洪汝奎希望风恉，专事刑杀。孙衣言恒规切之，以是衔衣言。"二人在洋务上也意见违异，沈葆桢主张可借用洋款多办洋务，又受董毓琦（台州人，光绪二年随沈葆桢调任江南算学局教习）蛊惑，强命孙衣言支银三千两试造轮船，"衣言知董妄，其船必不成，再三阻之，沈葆桢不可，强令予金。及船成，不能行，沈自愧，自以养廉赔董款。因此与衣言益相左"，再加之洪汝奎"隐构"，导致孙衣言无法再履任，被逼奏请开缺返乡。②

  如此，则孙衣言将书局凋零全归咎于沈、洪二人，言辞不无成见，倒也不可全信。其实，洪汝奎以军需局提调金陵书局十数年，其能力、政品必是得到曾国藩、李鸿章认可。薛福成与洪汝奎共事曾幕，谓洪氏为"勤朴"③之吏；书局编校冯煦对洪氏经济、吏治与文教政绩评价也很高："公在江南莞湘淮军支应垂二十年，规画久远，迓委逖输，缓急以时，军中罔敢有圭黍之目，苟非所当。……去扬州也，局中所储几二百万有奇，去不一二载，扫地以尽。……公吏干精敏，遇事侃侃立断，沈文肃督两江，号为治最，臧否人物，

---

  ① 据《孙衣言孙诒让父子年谱》记：光绪元年八月孙衣言授湖北布政使，二年四月履鄂藩任，三年二月调任江宁布政使，四月离鄂抵宁，光绪五年八月离任回籍（孙延钊撰：《孙衣言孙诒让父子年谱》，第126、139、144、148、175页）。
  ② 孙延钊撰：《孙衣言孙诒让父子年谱》，第170—171页。
  ③ 薛福成：《叙曾文正公幕府宾僚（一八八四年）》，薛福成著，丁凤麟、王欣之编：《薛福成选集》，上海人民出版社1987年版，第215页。

酌斟时宜，赞画之力维多。……又提调江南书局，久与张、唐、戴、刘数共商略于文字，敓误板刻良窳，辨析微茫逾于穷巷颛壹之士，孤陋如予亦亲绪论。……六籍煨烬，异学雷鸣，公独卷卷，日抱遗经，往鞻冶山，校正文字，一名异同，商榷数四。"①

总之，同治年间金陵书局之盛，固然受益于曾国藩、李鸿章等官员的扶持，但也是战后清廷振兴文教这一"大势"使然；同样，光绪年间书局趋于衰落，也不能全归咎于主事官员不知学、不重视，仍在于大环境发生了变化，这个大环境变化的基调，便是晚清裁撤局所政策，书局的经费危机与人事动荡，都是这个政策推行的后果。

第二节 "江上雠书日闭关"

咸同年间，迫于内忧外患的打击，清廷不得已允许地方组织团练，自筹饷需，各地督抚对财权、军权与政权的掌控急剧扩张。到了光绪年间，清廷开始逐步削减地方权力，加强中央集权，清廷首先削减的是地方财权，然后是裁撤勇营，最后的重点才是各省局所。

在晚清裁撤局所的步步紧逼下，各省地方书局的发展普遍陷入停滞困境，一如光绪十年江南书局编校冯煦喟叹："江上雠书日闭关。"②

一　裁撤局所谕令

光绪四年十二月至次年三月，清廷迭次降旨，谕令各地停止捐输、裁撤局所。光绪四年十二月十六日（1879年1月8日），清廷谕令开捐纳职行之日久，种种弊窦不一而足，"于澄清吏治之道既多窒碍，于饷需亦多有名无实，自应及时停止，以肃政体。着户部及各省督抚通盘筹画，务将京捐局及各省捐局每年入项若干详细查明，将此项作何支用之处设法筹款相抵，一面奏明停止捐输，毋得藉词

---

① 冯煦：《蒿盦续稿》卷三《清故两淮盐运使洪公墓志铭》，《清代诗文集汇编》第757册，第462页。
② 冯煦：《蒿盦类稿》卷七《怀宁束谭仲修》，《清代诗文集汇编》第757册，第103页。

第三章 江南书局的衰落与裁撤

款项难筹有意延宕"①。五年正月，户部奏肃清政体，自以停止捐纳实官为第一要义，"应请将筹饷事例条款，概行停止，以昭划一②"。正月二十一日，清廷谕令各地督抚"将筹饷事例条款概行停止，以昭画一，并一面迅速设法筹款，一面将捐务赶紧清厘，造册报部"，并将办捐以来所收捐款，"无论已未奏销，均逐款详查，开单报部"③。同月，御史黄元善奏请裁局所、清厘弊，"与其多留一局而安插冗员，不如多裁一局而节省浮费。拟请旨饬令该督抚等悉心体察，除发审、清查各局外，其余各局应即裁减归并，以节縻费"④。三月，御史戈靖奏自开捐以来，捐纳一途占缺独多，以致正途人员均被积压，直省各局不惟经费虚縻，且保举多滥，"现在捐输已停，自应疏通正途，以肃吏治"。黄、戈二疏分别立足于生财节用与澄清吏治，对局所与捐纳之弊提出质疑，清廷随即于二月十日、三月二日谕令，"即将各局裁减归并，以节縻费""所有承办局务各员，并不准援照军务保案请奖，致滋冒滥，至各省捐局委员，亦不得率行滥保"⑤。

这一时期，清廷虽迭发谕令停止捐输、裁撤局所，但各省多视为具文，实施并不得力。光绪六年正月二十二日（1880年3月2日），清廷发布"迅裁各局"谕令，着各省督抚详晰奏报裁局进展，"懔遵前旨，迅裁各局。其某局应裁，某局应并，应留之局实在有事可办者约须几员，所有员役等薪粮共需若干银两，务当详晰奏报，不得因委员等无可位置稍为迁就"⑥。

此谕令后一月，两江总督吴元炳上《奏报遵旨妥筹苏省裁勇裁局大概情形事》，将苏省筹防、机器、支应等局及勇营据实奏报。⑦

---

① 朱寿朋编，张静庐等校点：《光绪朝东华录》第1册，中华书局1984年版，第680—681页。
② 户部：《遵旨停止捐输并变通常例捐款疏》，盛康辑：《皇朝经世文续编·户政三理财下》卷三一，《近代中国史料丛刊》第833册，第3241—3247页。
③ 《光绪朝东华录》第1册，第690—692页。
④ 黄元善：《请饬力筹节用永停捐输疏》，《皇朝经世文续编·户政三理财下》卷三一，第3253—3256页。
⑤ 《光绪朝东华录》第1册，第699、708—709页。
⑥ 《光绪朝东华录》第1册，第861—862页。
⑦ 中国第一历史档案馆：《奏报遵旨妥筹苏省裁勇裁局大概情形事（光绪六年二月二十五日）》，《军机处副录奏折》，档号：03-5751-009。

吴元炳（1824—1886年），河南固始人，光绪四年二月至光绪六年六月以江苏巡抚兼署江督。这一时期，裁撤局所与勇营声势大而成效微，其实各省以据实奏报为主，尚未见诸实际行动，"钧处有六年成案可凭，似据实敷陈即可，毋庸再减"①。

书局暂时保全了，但风闻所至，已是风声鹤唳、人心惶惶。就在吴元炳奏报的前五日，书局编校冯煦（1843—1927年）在给友人谭献（1832—1901年）的信函中写道：

> 边事日纷，筹饷者先于节用，凡无益之度支，皆在淘汰之列。书局亦颇漂摇，果尔则弟不知税驾何所。然禀受有分，亦不以是戚戚也。②

"漂摇"，大约是此一时期书局人员心态的共同写照。所有人都在各寻出路，洪汝奎迁官两淮盐运使，成蓉镜赴长沙校经堂讲席，次年冬刘寿曾返乡卒，至光绪八年，书局旧人仅冯煦与成肇麐两人而已。但冯煦却投靠无门，无路可走，只能留在书局，所幸这年应江南乡试中式第二十六名举人，随后谋得一书院讲席，境况又稍有好转。光绪九年冬十二月，冯煦致书洪汝奎，曰："煦献岁得驻防一小书院，壹意闭门读书课子，自分迂疏，不复妄有所冀。且以执事任事之勇、治事之精，犹不见容于世，不展所抱之百一，如煦樗栎不才，正当以天自全，不重劳世之斤削矣。第人事纷纭，不得壹专于学，此可恨耳。"③

二 曾国荃署理两江总督

转年正月，署理礼部尚书曾国荃莅临两江，这位江南书局的创建人署理两江总督，无疑让冯煦又看到了一线生机。所以，曾国荃

---

① 曾国荃：《复李中堂（光绪十六年正月）》，《曾国荃全集·书札》第4册，第417页。
② 参见王凤丽《冯煦年谱长编》附录《冯煦致谭献手札十一通（第三函）》，博士学位论文，华东师范大学，2014年。
③ 章洪钧编：《泾舟老人洪琴西先生年谱》卷四，第481页。

方上任，冯煦立即就给曾国荃上了一篇很长的建言书，建议核实察吏、公事、出纳、制造、文武课数事，文末提及江南书局，云：

> 江南书局创自执事，所以养真材而敦实学也。文正公后，经费日绌，分校友人去不复补，应刻书籍亦苦无资。去年虽由提调范道禀，由藩库每年筹拨一千五百金，久涸之局仍自不能舒展。执事下车之始，首延汪孝廉士铎入局，耆儒硕学，来者矜式，甚盛事也。敢请饬下提调，酌刻有用之书，并访求品学兼优之士延入局中，以襄校理，经费不敷再由提调随时禀请，用副执事弼教培才之初意。①

然而，这封建言书并没有达到预想的效果，甚至连个回复都没盼到。冯煦心灰意冷，三月于安徽怀宁赋诗赠谭献，感叹：

> 江上雠书日闭关，春风来看皖公山。青袍似草儒冠误，玄鬓飞蓬晓镜班。②

"江上雠书日闭关"，可谓道尽了其时江皖各地书局的萧条凋弊。此年，冯煦去意益坚，十一月十六日复致函谭献，曰："驻防书院新将军到官后，不为穆生设醴，遂谢去之。明年所处益困，然布衣谋食，本我固有，亦只委心任之。且世变至今日，庸非我辈道消时邪。欲于外州县觅一小书院，或修志之类，仓卒亦不可得也。"③ 这位"不为穆生设醴"的驻防书院新将军，应是丰绅（？—1898年），吴扎拉氏，隶满洲正白旗，光绪十年闰五月至光绪二十年七月官江宁将军。不久之后，冯煦辞书局职，光绪十一年四月至徐州任云龙书院讲席，次年离徐北上赴京会试，中一甲三名进士，授翰林院编修，自此获得了新的人生际遇，同年，成肇麐亦辞书局，官直隶知县。

---

① 冯煦：《蒿盦类稿》卷一三《上曾威毅书》，第179页。
② 冯煦：《蒿盦类稿》卷七《怀宁柬谭仲修》，第103页。
③ 参见王凤丽《冯煦年谱长编》附录《冯煦致谭献手札十一通（第八函）》，第420—421页。

至此，金陵书局旧人再无一人矣。

就曾国荃而言，此次督管两江正值中法战争之际，海氛炽烈，海防、练兵与善后费用剧增，清廷重点裁撤勇营以加强旗营与海军。光绪十年十一月（1884年12月），吴世杰上请裁汰各省局卡冗员以节糜费折，清廷随即谕令："各省局卡林立，委员过多，糜费甚巨，叠经户部议奏降旨，令各督抚认真裁并，核实办理。乃积习相沿，往往见好属员，以局差为调剂，并不大加裁减，实属不成事体。当此筹饷之际尤应力求撙节，着各直省督抚悉心体察，将该省局卡可裁则裁，可并则并，其留办事各处酌定员数，核定薪水，毋任稍有浮糜。至采办一切事宜，尤应遴派妥员，综核真实，力杜中饱，查有开销浮冒、营私肥己情弊，即行从严参办。当督抚务当督饬司道等破除情面，严定章程，将办理情形及各局员数、银数据实具奏，一面报部查核。"①

光绪十一年八月，侍郎薛允升上请饬裁减勇营将中外各旗营加饷训练一折，军机大臣会同户部、醇亲王奕譞一并与议具奏，"竭天下十分之物力，八分以养兵勇，断非经久之道"，今欲酌加旗营饷需，部库实难另筹，"惟有将各省营勇裁减浮滥，每省每年各裁节银二三十万分批解部，以供加饷练兵之用"。八月二十二日（1885年9月30日），清廷发布"裁撤勇营局所"谕令，"八旗向称劲旅，亟宜加饷精练，果能裁无用之营勇为有益之要需，实属根本至计。着各直省将军、督抚破除成见，迅将各该省现有营勇切实核减"，"其裁勇所节之饷，从光绪十二年起，每省每年可得若干，先行奏明专款存储，分批解部备用。不准以斟酌情形"。至于各省纷纷设立各局，为位置闲员地步，种种名目，滥支滥应，"尤应一并大加裁汰。并着于本年十一月内定议，迅速覆奏"②。此谕之后，仅江苏、安徽、湖北、湖南、陕西、山东、山西、河南诸省将每年可节省若干专款陆续奏到，存储解部，清廷复于光绪十二年六月追加谕令，"所

---

① 《光绪朝东华录》第2册，第1853页。
② 《光绪朝东华录》第2册，第2001页。

第三章 江南书局的衰落与裁撤

有奏明无款可拨各省,着再将各项可省之款核实删减,无论正款、闲款,不拘数目多寡,每省每年可以节省若干存储解部,即行筹议具奏",至已奏明各省,"即着照数批解,勿稍迟延"①。

光绪十五年十一月十五日(1889年12月7日),清廷再发"裁撤局所"谕令。鉴于光绪十一年八月"裁撤勇营局所"谕令之后,各省虽遵旨奏明量为裁减,但实施力度与效果并不如意,"总未能将繁费认真革除,近年以来冗员愈多,浮费愈甚",这次清廷祭出了"撒手锏",限期开单报部存案,"着各直省将军督抚破除情面,将所有各局通行查核,或删减,或归并,其有必不能裁者,即将按月经费限定数目,不准任意增添。自接奉此旨后勒限三个月,将议定现留各局开单奏报,并将各局经费每月若干咨报户部存案,该部于每年报销册内逐一查对,毋任稍有含混"②。

迨光绪十五年十一月"裁撤局所"谕令后,如何裁、裁何局、保何局,令曾国荃焦头烂额、殚心竭虑。转年正月,曾国荃与李鸿章商议裁撤事宜,云:

> 迩来迭奉诏书,裁局一节,诰诫尤为严切,煌煌大文,闻皆由圣训推阐而出。昨因江省海防、盐漕诸务事极繁重,欲裁并则各有专司,欲仍旧则未符题旨,用特专函求教,经冀上秉宏谟。六年、十一年两次所指皆兼言营,似与此次专指局卡情形有间。钧处有六年成案可凭,似据实敷陈即可,毋庸再减。江省如筹防、机器、支应等局,一切经费虽多寡不同,要皆限定数目报部,与此次诏谕相符。至善后、保甲、洋务等局,历系由外筹款,若竟和盘托出,则部中必将以文法相绳。诚如钧谕,嗣后外间益恐多费笔墨耳。③

次月,复致函李鸿章,云:

---

① 《光绪朝东华录》第2册,第2128页。
② 《光绪朝东华录》第3册,第2680页。
③ 曾国荃:《复李中堂》,《曾国荃全集·书札》第4册,第417页。

>裁并局卡一案，目下各局尚未详复到齐，一时尚难核奏。……查光绪六年、十一年两届成案，情同而事异。缘此次议留各局，奉有开单奏报之旨，非若上届之可以浑写大意。六年一案，此间仅先将大概情形复奏；十一年一案，以裁营为主，且宁、苏两处认筹三十万金，为旗营加饷之需，足塞部中之望，兹将两稿抄呈冰案。①

同月，他又写信给郭嵩焘抱怨："理财之道，原本圣经，其体在正心，其用在知人。……今不揣其本而齐其末，归并各局，毛举小利，多为之法以绳其下，固以为综核名实也，然未尝旷观乎利害，深求其势之本末，而好伸偏见，则法愈繁，弊愈滋，求快于一时之心，综核行而上下相督，还相蔽也。况司道者，日行公事已不胜其繁，今如以各局归并之，必假手于吏胥。夫不寄之委员而寄之吏胥，其极也奸伪萌起，徒敷张文饰为容说，以成乎矫诬浮敝之天下，岂小故哉？……（盐务）即归并各局，所得亦不过百数十局员薪食，而当事一恣行其志，人心已因之解散，又何能济其大也。"②

光绪十六年闰二月二十一日（1890年4月10日），在权衡各方、通盘考虑之后，曾国荃上《裁并各局勉节经费疏》，奏曰："将局之可并者并之，费之可裁者裁之。计内销款内共裁湘平银三千八百八十八两，外销款内共裁湘平银五千三百九十九两，总共每年节省湘平银九千二百八十七两。其必不可裁者，开具清单，恭呈御览，一面将拟留、拟裁各局支用薪费等项开具清单，咨送户部存案。"拟留各局中，筹防、支应、火药、机器、电报等局，"皆为当务之急"，其余地方以善后、保甲局，盐务以督销、分销局为大宗，不宜裁归藩臬运三司，仍宜保留。③

这道奏折后不久，曾国荃即于十月去世。曾国荃所开具裁留各局清单，已无法查觅，但无论如何，江南书局总算保全了下来。曾

---

① 曾国荃：《复李中堂》，《曾国荃全集·书札》第4册，第421页。
② 曾国荃：《复郭筠仙》，《曾国荃全集·书札》第4册，第423—424页。
③ 曾国荃：《裁并各局勉节经费疏》，《曾国荃全集·奏疏》第2册，第484页。

国荃任内，江南书局总计新刻书籍二十一种，重刊四种，其中由户部公刊而由江南书局主持者即有十一种，或许这也是曾国荃保全书局的迂回之策吧。

第三节　裁并改隶

光绪十六年十月，刘坤一（1830—1902年）接任两江总督，这一次他的任期很长，直至光绪二十八年九月病卒任上。刘坤一任江督期间，江南书局开始陷入名存实亡的境地。戊戌、庚子新政时期，裁撤书局进入实施阶段，自光绪二十四年改归江宁府管辖、二十七年并入江楚编译局，至宣统二年隶属于江南图书馆，作为省地方书局的"金陵书局"至此不复存在。

一　改归江宁府管辖

由于清廷严厉削减地方财权，各项开支需开单报部备案，地方督抚可供支配的财政闲款已大不如同治年间。经费危机是当时官书局普遍面临的问题，从刘坤一与陈炽讨论京师官书局经费问题可见一斑。光绪二十二年正月，"京师强学书局"改为"京师官书局"，"钦派大臣一二员管理，聘订通晓中西学问之洋人为教习，常川住局，专司选译书籍、各国新报及指授各种西学，并酌派司事译官收掌书籍，印售各国新报"，工部尚书孙家鼐（1827—1909年）为管理官书局大臣，户部员外郎陈炽（1855—1900年）董理局事。[①] 陈炽向刘坤一筹措款项，刘坤一复函云："书局一项，遵照原议，筹解五千金，以后无从掘罗，不敢轻诺。盖江南财赋以盐务为大宗，盐务盐余实在仅浅，从前酌提数成以充公用，历历有案可稽，惟其归入外销，有时可以挹注。兹经香帅指款奏明拨归陆军学堂，自此按年报部请销，便难挪移别用。"[②]

[①]《光绪朝东华录》第4册，第3739页。
[②] 刘坤一：《复陈次亮（光绪二十二年三月）》，《刘坤一遗集·书牍卷之十二》第5册，第2174页。

光绪二十四年四月二十三日（1898年6月11日），光绪帝颁布"明定国是"诏书，百日维新正式开始。七月十四日（8月30日），清廷发布"限期裁撤局所"谕令，"至各省设立办公局所，名目繁多，无非为位置闲员地步，薪水杂支，虚糜不可胜计。迭经谕令裁并，乃竟置若罔闻，或任听委员劣幕舞文，一奏塞责，殊堪痛恨。着各督抚懔遵前旨，将现有各局所中冗员一律裁撤净尽，并将候补、分发、捐纳、劳绩等项人员严加甄别裁汰，限一月办竣覆奏"①。至此，裁撤局所真正进入大规模实施阶段。

七月三十日（9月15日），刘坤一上《裁并办公各局折》，奏报两江局所裁撤详情，奏曰：

> 现饬将防营、支应、报销处归并金陵支应局，洋火、药局归并金陵军械所，金陵城内外保甲两局并为一局，扬州保甲局即行裁撤，责成该府县经理。金陵木厘局归并厘金总局，该局收款专供长江水师兵饷，应令总局另款列收，照案支放。沙漫洲缉私局即行裁撤，责成就近驻防水师巡缉。金陵、淮南两书局裁撤，员司责成两淮运司及江宁府分别管理。金陵、上海两商务局，现已另设总局，统辖江、皖南北等处商务，并办理商会、商学、商报各项事宜，与湖北联络一气，所有原设两局，亦即裁并，以免重复而一事权。
>
> 其余如筹防、支应、厘金、督销、洋务、制造等局及水师、陆师各学堂，虽系必不可少，所有各该局委员亦饬严加沙汰，应裁者裁，应并者并，杂支各项，竭力剔除，应省者省，应删者删，总期破除积习，规模一新，不使稍有浮糜，不敢稍避嫌怨。②

光绪二十四年裁撤局所力度很大。据同年闰三月二十九日刘坤

---

① 《光绪朝东华录》第4册，第4170页。
② 刘坤一：《裁并办公各局折》，《刘坤一遗集·奏疏卷二十八》第3册，第1056页。

一《江南各项用费分别裁减折》奏曰："统计各项每年约共节省银十一万余两,谨开具清单,恭呈御览。所有裁定各该项细数,分案咨部备查。"① 若将此次"每年约共节省银十一万余两",对比于光绪十六年曾国荃《裁并各局勉节经费疏》所奏"每年节省湘平银九千二百八十七两"②,两者差距一目了然。

江南书局改归江宁府管辖后,飞霞阁专储书版,不再是校经之处,原位于夫子庙贡院街的售书处仍称江南书局,书局经费一概停拨,全凭刷印书籍售卖维持运转,据光绪二十九年江宁布政使李有棻记:

> 江南官书局向章每年在藩库领银三千两,在支应局每年领银四千两,以为常年经费。嗣于光绪二十四年七月间奉前督宪刘札,饬一律停止。年来局中支用薪水及购纸、印书等项,全恃从前流存书价,随售随印,轮流周转,酌量应用,并无的实入款及一定开支。③

光绪二十四年,裁撤局所在各省实施。据中国第一历史档案馆馆藏档案,可知这一时期各省相继奏报裁撤详情:三月十六日陕甘总督陶模上《奏为裁撤甘肃新疆总粮台改设新饷所并归并裁撤各局事》,三月二十八日陕西巡抚魏光焘上《奏为遵旨裁兵节饷查明各局经费支用情形事》,四月二十日直隶总督王文韶上《奏为遵旨裁并各办公局所事》《呈直隶原有办公局裁并员司名额薪费数月清单》,七月二十九日山东巡抚张汝梅上《奏为遵旨裁并东省各局局员事》,十二月初一日广西巡抚黄槐森上《奏为遵旨裁减局员事》,十二月二十六日湖广总督张之洞上《奏报遵旨裁撤南学会销毁会中各书暨将保

---

① 刘坤一:《江南各项用费分别裁减折》,《刘坤一遗集·奏疏卷二十八》第3册,第1025页。
② 曾国荃:《裁并各局勉节经费疏》,《曾国荃全集·奏疏》第2册,第485页。
③ 参见柳诒徵《国学书局本末》,《江苏省立国学图书馆第三年刊》,第9页。

卫局裁归保甲局办理情形事》，等等。①

经过此次裁撤，各省地方书局普遍受到沉重打击。光绪二十四年，在金陵书局、淮南书局裁并的同时，江苏书局也奉令裁并，"归并官书坊，提取板息开销，以节经费"②，全凭刷印旧板维持经营。不久，浙江书局也裁并，光绪二十五年，阳湖刘炳照（1847—1917年）致函金陵钟山书院山长缪荃孙（1844—1919年），语及江浙书局现状，云："苏省书局校刻《十三经注疏》未毕，费绌中止，分校薪水悉经裁撤。闻杭州、金陵两处亦然，寒士益少津贴矣。"③由于重视刊印新式教科书及西学书籍，湖北崇文书局最晚裁并，刻书活动一直持续到清末，武昌首义爆发后，崇文书局受到很大冲击，处于半停办状态。

而在此次裁撤之前，因经费窘迫，一些规模较小的书局早已被迫停办，或停止刻书转为售书。如同治六年李鸿章创设聚珍书局，"光绪五年裁撤"④，这是第一个停办的地方书局；光绪五年曾国荃创设山西浚文书局，光绪中后期基本停止刻书，以运售南方各省书局刻书为主，《光绪山西通志·浚文书局》记："浚文书局在桥头街，光绪五年巡抚曾奏设，由司道经理刊刻书籍，与通志局并动用捐款，嗣因经费不敷暂停剞劂，拨款采买南省局刻各书，照价转售通省士民。"⑤

---

① 中国第一历史档案馆：《奏为裁撤甘肃新疆总粮台改设新饷所并归并裁撤各局事》（光绪二十四年三月十六日），《军机处副录奏折》，档号：03-6144-060；《奏为遵旨裁兵节饷查明各局经费支用情形事》（光绪二十四年三月二十八日），《军机处副录奏折》，档号：03-5761-015；《奏为遵旨裁并各办公局所事》（光绪二十四年四月二十日），《军机处副录奏折》，档号：03-5360-084；《呈直隶原有办公局裁并员司名额薪费数月清单》（光绪二十四年四月二十日），《军机处副录奏折》，档号：03-5360-085；《奏为遵旨裁并东省各局局员事》（光绪二十四年七月二十九日），《宫中档案》，档号：04-01-01-1024-087；《奏为遵旨进呈刊刻书籍事》（光绪二十四年十二月初一日），《军机处副录奏折》，档号：03-5371-040；《奏报遵旨裁撤南学会销毁会中各书暨将保卫局裁归保甲局办理情形事》（光绪二十四年十二月二十六日），《军机处副录奏折》，档号：03-5517-017。
② 江苏官书坊编：《江苏官书坊重订核实价目》卷首，光绪二十五年江苏官书坊刻本。
③ 钱伯城、郭群一整理，顾廷龙校阅：《艺风堂友朋书札（下）》，上海人民出版社2018年版，第1014页。
④ 《光绪续纂江宁府志·实政》卷六，第8页。
⑤ 曾国荃、张煦等修，王轩、杨笃等纂：《光绪山西通志·略七公署略下公所》卷八十，《续修四库全书》第0643册，第325页。

二　并入江楚编译局

戊戌变法时期，推行文教改革。光绪二十四年五月二十二日（7月10日），清廷发布"育才兴学"谕令："前经降旨开办京师大学堂，入堂肄业者由中学、小学以次而升，必有成效可观。惟各省中学、小学尚未一律开办，总计各直省省会及府、厅、州、县无不各有书院，着各该督抚督饬地方官，各将所属书院处所、经费数目限两个月详覆具奏，即将各省、府、厅、州、县现有之大小书院，一律改为兼习中学、西学之学校。至于学校阶级，自应以省会之大书院为高等学，郡城之书院为中等学，州县之书院为小学，皆颁给京师大学堂章程，令其仿照办理。……所有中学、小学应读之书，仍遵前谕，由官设书局编译中外西书，颁发遵行。"①

光绪二十六年十二月十日（1901年1月29日），清廷发布"改弦更张"谕令，下诏求言，揭开了庚子新政序幕。庚子文教新政之要端，在办学堂、废科举、奖留学。

光绪二十七年八月二日（1901年9月14日），发布"改设学堂"谕令，"除京师已设大学堂，应行切实整顿外，着各省所有书院，于省城均改设大学堂，各府及直隶州均改设中学堂，各州县均改设小学堂，并多设蒙养学堂"。光绪二十八年七月十二日（1902年8月15日），颁布《钦定学堂章程》，光绪二十九年十一月二十六日（1904年1月13日），颁布《重订学堂章程》，详细规定各级学堂章程及管理体制，以法令形式在全国推行。与普通学堂并行的还有专业教育，包括师范学堂及各类实业学堂，在学制上自成系统，一套完整的学校制度随之建立。

光绪三十一年八月四日（1905年9月2日），发布"停止科举"谕令，"欲补救时艰，必自推广学校始，而欲推广学校，必自先停科举始"，在中国历史上延续了一千三百多年的科举制度被废除，科举取士与学校教育实现了彻底脱钩。十一月十日（1905年12月6

---

① 《光绪朝东华录》第4册，第4126页。

日），又谕令设立学部，为专管全国学堂事务的机构。

清政府又把奖游学与改学堂、停科举并提，要求各省筹集经费选派学生出洋学习，讲求专门学业，并鼓励自费出洋留学。光绪二十九年八月十六日（1903年10月6日），湖广总督张之洞奏准《出洋游学生约束鼓励章程》，"于安分用功、学成回国之学生，予以确实奖励"，"于不安分学生有助我约束之法"，对毕业留学生分别给予翰林、进士、举人等拔贡出身，对自费留学与派出学生同等对待。此章程后因日本书部省颁布《清国留日学生取缔规则》而未实行，光绪三十二年为学部奏准《留学生考验奖励章程》所取代。①

这样，兴办学堂、广译西书与派遣留学在各省展开。译书局和兴学堂一体，有了新式学堂，需编纂兼重中西学的新式教材。光绪二十七年，刘坤一、张之洞上《奏请提倡农学和译书折》，提出倡兴译书的具体方法，奏曰："今日欲采取各国之法，自宜多译外国政术学术之书。译书约有三法：一、令各省访求译刻，译多者准请奖……一、请明谕各省举贡生员，如有能译出外国有用之书者，呈由京外大臣奏闻，从优奖以实官。或奖以从优虚衔，发交各省刊行。如此则费省矣。一、请敕令出使大臣，访求该国新出最精最要之书，聘募该国通人为正翻译官，即责令所带随员学生助之。"②

同年九月，江楚编译局在江宁成立。编译局聘刘世珩（1874—1926年）为总办，缪荃孙（1844—1919年）为总纂，陈作霖（1837—1920年）、姚佩珩、陈汝恭、柳诒徵（1880—1956年）、宗嘉禄等为分纂，罗振玉（1866—1940年）、刘大猷、王国维（1877—1927年）等也为该局翻译书籍。编译局采铅排、石印等西洋先进印刷技术，主要翻译和编纂新学教科书，以供新式学堂之需，是近代颇有影响的新式出版机构。

光绪三十年十一月，两江总督端方奏裁撤局员："又奏裁减江楚

---

① 《光绪朝东华录》第4册，第4602、4719页；第5册，第4903、5125—5129、5390—5393、5444、5076—5077页。

② 刘坤一、张之洞：《奏请提倡农学和译书折》，转引自宋原放主编《中国出版史料（近代部分第一卷）》，湖北教育出版社2004年版，第57页。

编译官书局闲员，并令移设已裁织造司库衙门，延聘通儒审译教科善本，备学堂之用，下学务大臣知之。"①

江楚编译局成立后，江南书局改归编译局兼管，光绪三十三年，淮南书局也并入编译局。②"江南书局"的刻书活动一直持续到了宣统年间，国家图书馆馆藏光绪三十年刊《重刊校正唐荆川先生文集十二卷外集三卷补遗五卷》，牌记题"江南书局刊"，光绪三十二年刊《中兴将帅别传续编六卷》，牌记题"光绪丙午刊于江宁"，宣统元年刊《权言一卷》，牌记题"宣统元年四月刊于金陵书局"，是为江南书局所刻书之最后三种。光绪三十年刊《唐荆川先生文集》，时任江楚编译局总纂缪荃孙跋文云："光绪乙未，盛侍郎宣怀据康熙本刻入《常州先哲遗书》，而外集觅而未得，殊为遗憾。去秋，夏编修孙桐在京师抄外集见寄，适荃孙管理金陵书局，爰取嘉靖印本重刊之，以万历、康熙续收诗文编为补遗五卷，并刻外集附录以成完书。"③

三 以局隶馆

建立近代公共图书馆之提议，始自清末著名维新大臣李端棻。李端棻（1833—1907年），字苾园，贵州贵阳人，同治二年进士，历任御史、刑部侍郎、工部侍郎等职。甲午战后，支持康梁变法维新，百日维新期间授礼部尚书。戊戌政变后，作为康梁余党被充军新疆，后赦归黔省，主讲贵州经世学堂。

光绪二十二年五月，李端棻上《请推广学校折》，提出以设立学堂、藏书楼、仪器馆、译书局、广立报馆、选派留学生等为中心的教育体制改革方案。其"藏书楼"一节，提出依乾隆于江南设文宗、文汇、文渊三阁之故事，自京师及直省省会广设藏书楼，选送地方书局刻书增益之，以供士子借阅："自京师及直省省会咸设大书楼，

---

① 《光绪朝实录》卷五三八，《清实录》第59册，第156页。
② 参见柳诒徵《国学书局本末》，《江苏省立国学图书馆第三年刊》，第10页。
③ 缪荃孙：《唐荆川先生文集跋》，唐顺之：《唐荆川先生文集》卷末，光绪三十年江南书局刻本。

调殿版及各官书局所刻书籍,暨同文馆、制造局所译西法,按部分送各省以实之。其或有切用之书,为民间刻本官局所无者,开列清单,徐行购补。其西学陆续译出者,译局随时咨送。妥定章程,许人入楼看读,由地方官择好学解事之人,经理其事。则向之无书可读者,皆得以自勉于学,无为弃才矣。古今中外有用之书,官书局有刻本者居十之七八,每局酌提数部分送各省,其费至省,其事至顺,一奉明诏,事即立办,而眴遗学者,增益人才,其益非浅鲜也。"①李端棻所奏被总理衙门审议,两年后逐一付诸实施,拉开了近代教育转型的序幕。

光绪三十三年,两江总督端方(1861—1911年)奏请在惜阴书院校址创办"江南图书馆",聘翰林院编修缪荃孙为总办,前江浦县教谕陈庆年为坐办,候补同知琦珊为提调,奏曰:"江宁为省会重地,自经粤匪之乱,官府以逮缙绅之家藏书荡然,承学之士将欲研求国粹,扬扢古今,辄苦无所藉手。爱建议于城内创立图书馆,旧时扬、镇两阁恩赐秘籍,久罹兵燹,拟即设法传钞,次则四库未收之书以及旧椠精钞之本,兼罗并蓄,不厌求详。至于各国图书,义资参考,举凡专门之艺术,哲学之微言,将求转益多师,宜广征书之路。"②

江南图书馆筹建期间,江楚编译局改为"江苏通志局"。宣统元年十一月二十七日,两江总督张人骏(1846—1927年)奏:"查江宁省城向有江楚编译官书局一所,系光绪二十七年前督臣刘坤一与前湖广督臣张之洞会同奏设,专译东西教科书,以备学堂应用。译才匮乏,成书寥寥,糜费鲜功,为时诟病。臣等现与司道商酌,拟将江楚编译局裁撤,改为江苏通志局。"③宣统二年(1910年)四月,江楚编译局改为"江苏通志局",编译局藏东西书

---

① 朱寿朋:《东华续录》卷一三四,《续修四库全书》第385册,第669—670页。
② 端方:《端忠敏公奏稿》卷十二《创建图书馆折》,《近代中国史料丛刊》第94册,第1507—1510页。
③ 中国第一历史档案馆:《奏为江南通志年久未修请准将江楚编译局改为江苏通志局重修志书事》(宣统元年十一月二十七日),《宫中档案》,档号:04-01-38-0030-012。

籍五百三十六种、七百零九本，以及自印之教科书，悉归之筹建中的"江南图书馆"。江南书局亦改归江南图书馆督管，成为图书馆附属机构：

> 其后，淮南书局裁并，江南书局所储木板亦归本馆经管。江南书局所售淮南书局及江楚书局印行之书，自工本薪资外，所获净利，均归馆中。故馆之西楼尚储岑刻《旧唐书》板片全份。其余淮南局板，亦每种酌抽其一，庋之后楼。江南书局印书时，必来馆请取，以便监视焉。

宣统二年（1910年）十一月，江南图书馆正式开放，为中国第一所公共图书馆，"开办阅览，制定规章，江苏省之有大规模之公开图书馆，实自是始"。

宣统三年（1911年）四月，江苏省通志局并入江南图书馆，"现由会议厅公同议决，将通志局并入图书馆，即以该馆归其兼管。一面裁汰冗员，既可通融办理，又可节省杂费。应委通志局总办张道彬兼管图书馆事。所有局馆大小事，均归总办一人主持，以专责成，但不再加薪水，以节公款。仍会同缪监督、江藩司、宁学司详加商酌，就图书馆经费六千四百余两及通志局经费二万二千余两范围之内，通盘筹画，将两处可以裁并之员，节省之费，以及通志局分纂员修金之多寡、校对员酬金之等差，统行预算，分别列册，详修核办。"

民国元年（1912年），江南图书馆改名"江南图书局"，"所有总办、提调种种名目，一并撤销。兹拟设文牍一人、丁役六人、修书匠二人，随时酌增，以期已编未竣之书，不至功亏一篑"。民国二年（1913年）七月，复改名为"江苏省立图书馆"。中经兵事政局变迁，仅派专员保管，无复阅览之事。民国八年（1919年），改称"江苏省立第一图书馆"，十年（1921年）七月，复开阅览。十六年（1927年）九月，改定新章，更名"第四中山大学国学图书馆"。十七年（1928年），"第四中山大学"相继改名"江苏大学""中央大学"，图书馆亦随之一再改名。十八年（1929年），更名"江苏省立国学图书馆"，一直沿用至新中国成立之初。①

宣统至民国初年，各省近代公共图书馆陆续设立。宣统元年，清学部为筹备立宪拟创办图书馆，其《分年筹备事宜单》拟于宣统元年"颁布图书馆章程"，宣统二年"行各省一律开办图书馆"，其《京师图书馆及各省图书馆通行章程折》"第十二条"规定："京师暨各省图书馆得附设排印所、刊印所。如有收藏秘笈孤本，应随时仿刊发行，或排印发行，以广流传。"②

各省图书馆建成后，原地方书局旧藏书籍、书版悉归图书馆，一些地方书局改名为官书印行所，成为省图书馆的附属机构。如：浙江书局并入"浙江图书馆"。宣统元年闰二月，浙江巡抚增韫奏请创建浙江图书馆，"奏为浙省创建图书馆，将官书局、藏书楼归并扩充，以备庋藏……查省城旧有官书局，刊布经、史、子、集百数十种，近年专事刷印，版籍未能扩充。前学臣张亨嘉所设藏书楼，规制粗具，收藏亦憾无多，未足以餍承学之士。兹议一并归入图书馆以为基础，广购中西载籍，凡政治、法律之殊，工商、艺术之属，有关实用，俱拟搜罗。檄委提学司支恒荣为图书馆督办，候补知府许邓起枢为坐办，延聘在籍翰林院编修孙智敏、中书科中书杨复为会办"③。民国二年，浙江图书馆正式开放阅览，民国五年改名为"浙江公立图书馆"④。

桂垣书局旧有藏书由"广西图书馆"接收。宣统二年正月，广西巡抚张鸣岐奏请创建广西图书馆，"奏为广西建设图书馆……并将桂垣书局旧有书籍，移置该馆储藏，东西政艺诸篇，一面博采兼收，

---

① 以上引文均见"国立中央大学"国学图书馆编《国立中央大学国学图书馆小史》，"国立中央大学"国学图书馆1928年版，第14—18、28—32页。

② 学部：《学部奏分年筹备事宜折（清宣统元年三月三十日）》《学部奏拟定京师及各省图书馆通行章程折（清宣统二年）》，转引自李希泌、张淑华编《中国古代藏书与近代图书馆史料——春秋至五四前后》，第125—127、129—130页。

③ 中国第一历史档案馆：《奏为浙省创建图书馆及归并官书局藏书楼等情形事》（宣统元年闰二月十七日），《宫中档案》，档号：04-01-38-0030-002。

④ 《浙江公立图书馆章程（一九一七年）》，转引自李希泌、张淑华编《中国古代藏书与近代图书馆史料——春秋至五四前后》，第321页。

以期国粹保存，新知瀹浚"①。

广雅书局板片全归广东省图书馆。《粤省扩张图书馆计划》附《扩张大纲》记："广东省图书馆设立在广雅书局内，机关丛杂，现拟令粤海道尹公署、广东课吏馆、簿账处等皆即迁出，使该局专为图书馆之用。"②

云南官书局各项"书板"移归"云南图书馆"。《云南图书馆纪事》记："清宣统元年（1909年）七月，提学司札委图书科长叶瀚，就翠湖原日经正书院（即今本馆地址）筹设图书馆……十月二日，图书馆成立，开始阅览书报……（宣统二年）三月，前官书局各项书板移归馆储，添设管理印刷员一员，校印本省出版书籍，以广流传。"③

清末地方书局的整体衰落，直接原因在于清廷裁撤局所，根本原因在于时代潮流与学术重心的变化。④ 如果说同治年间地方书局的兴起，是战后清廷振兴文教、重建传统文化秩序的重要举措，那么光绪末年地方书局的普遍裁撤，也是清末育才兴学、教育近代化改良过程的重要环节，只不过这一次它是作为被废除一端被动参与了这场改良运动。这一从"立"到"破"的历程，显示了时代重心与学术潮流的变化。

---

① 中国第一历史档案馆：《奏为广西建设图书馆援案请准赏给石印图书集成大清会典各部书籍事》（宣统二年正月初六日），《宫中档案》，档号：04－01－38－0030－015。

② 《粤省扩张图书馆计划（一九二〇年）》附《扩张大纲》，转引自李希泌、张淑华编《中国古代藏书与近代图书馆史料——春秋至五四前后》，第347页。

③ 《云南图书馆纪事（一九〇九—一九一九年）》，转引自李希泌、张淑华编《中国古代藏书与近代图书馆史料——春秋至五四前后》，第335页。

④ 关于清末地方书局衰落的原因，学界已有一定研究。这些研究主要从地方书局自身运营管理、印刻技术、出版思想等"内部"弊端，以及新学冲击、民营出版兴起等"外部"环境的变化阐述。如：（台湾）吴瑞秀认为，官书局停办的原因在于废科举、兴学堂、新学萌芽、旧籍被轻视，政府删减裁并的政策，建立刊印新学书籍之官书局，新式印刷术的兴起，各省官书局本身营运的失调，近代图书馆的兴起而取代等方面（吴瑞秀：《清末各省官书局之研究》，台北花木兰出版社2005年版，第97—98页）；汪家熔认为，民间刻书活动的复兴、官员的退职、主持者的离去以及社会进步、文化需求变化、活动的领域日益缩小等导致了官书局的没落（汪家熔：《中国出版通史·清代卷》，中国书籍出版社2008年版，第81页）；邓文锋从内外两方面分析官书局衰落的原因，认为从外不能反映时代主题，内部与封建制度紧密联系，自身有诸多难以克服的弊端，如管理体制混乱、技术设备陈旧、出版思想落后等（邓文锋：《晚清官书局述论稿》第五章第一节"官书局之衰落"，第238—253页）。

金陵书局与晚清学术（1864—1911）

从本质上而言，晚清地方书局是"经学中心时代"的产物。清末民初，政治、经济与学术文化急剧变化，传统经学面临着严重的生存危机。戊戌、庚子新政时期，废除科举制度，创办新式学堂与译书局，奖励留学教育，传统经学逐渐丧失其赖以存在的制度基础，新学渐有取代旧学之势。张之洞说："近日风气，士人渐喜新学，顿厌旧学，实有经籍道息之忧。"① 皮锡瑞也说："乃自新学出，而薄视旧学，遂有烧经之说。"② 辛亥革命推翻清王朝，结束了两千多年的封建专制制度，更是从根本上摧毁了传统经学赖以存在的政治制度，在民主与共和的精神理念下，传统经学作为政治意识形态终于退出历史舞台。

随着经学的衰落，地方书局也就逐渐退出了历史舞台的中心，成为传统中国走向近代化前夜的背景。叶德辉谈及清末学术变更对传统刻书的冲击，云："光绪以来，海内刻书之风几视乾嘉时相倍。而文襄仅在粤督任内刻《广雅丛书》百数十种。自后移节两湖，几二十年，吾屡以续刻为请，公绝不措意。盖是时，朝野上下争以舍旧图新、变法强国为媒进，一倡百和，公亦不免随波逐流。忽忽至于暮年，亡羊补牢，兴学存古，进退失据，丧其生平。"③

传统经学没落，中国传统学术思想体系渐趋崩溃；与此同时，在西学东渐的过程中，近代西方学科分类思想逐渐输入，促使中国传统学术向近代学术转型，其结果便是近代学科体系的初步建立。中国传统学科体系大致是与经、史、子、集四部图书分类相对应的"四部之学"，包括经学、史学、诸子学和词章学，近代学科体系主要包括文、史、哲、数、理、化、政、经、法、地、农、工、医等多门现代学科。中国传统学科体系的转型，就是从讲求博通的"通人之学"向近代分科治学的"专门之学"的转变，这个转型过程始于清末，在"五四"以后直至20世纪30年代才基本完成。

---

① 张之洞：《致瑞安黄仲韬学士（光绪三十年六月十二日）》，《张文襄公全集·电牍九十》第11册卷二五九，第9175页。
② 皮锡瑞著，周予同注释：《经学历史》"经学复盛时代"，中华书局2011年版，第250页。
③ 叶德辉：《书林清话》卷一《总论刻书之益》，第3—4页。

第四章　金陵书局的刻书及其学术影响

书籍出版与学术衍变互为表里，二者之密切关系，在有清一代尤为彰显——每一次学术思想潮涌，都能从这一时期所编纂书籍上发现映像，而书籍传播对于一代学术发展，又产生推波助澜的反哺作用与导向意义。

关于书籍刊刻与清代学术衍变的关系，一直以来也颇受学界关注，其热点大致有二：一是探研清前中期《通志堂经解》《三礼义疏》《四库全书》《皇清经解》等大型丛书修纂与汉、宋学的关系；二是探研晚清墨海书馆、同文馆等传教士及洋务机构图书出版与西学东渐的关系。但是，对于地方书局图书出版与晚清学术发展之间的复杂关系，学界尚缺乏深入系统的研究。

经历了咸丰朝的战乱与动荡，传统学术遭受重创，金陵书局在近半个世纪中刊印了大量书籍，对晚清学术的重建与更新发挥了重要作用，也在思想文化领域产生了影响。本章以金陵书局刊刻书籍为主题，主要讨论三方面问题：金陵书局刊刻了多少书籍？这些书籍是怎样生产出来的，又是怎样流向市场的？这些书籍对晚清学术产生了什么影响，在学术文化史上有何地位？

第一节　金陵书局刻书书目考

金陵书局刻书书目史料，主要有同治十三年刊《同治上江两县志·艺文上》（下简称《两县志·艺文上》）、光绪六年刊《续纂江宁府志·实政》（下简称《江宁府志·实政》）、光绪十六年刊江南书局编《江南书局书目》、宣统二年造《江南官书局造呈出售江南淮南书局书籍及寄售各书价目清册·江南书局各书》（下简称《价目清册·江南书局各书》）与民国二十二年刊朱士嘉编《官书局书目汇编·江南书局》五种。① 五种书目史料的价值毋庸置疑，长期以来亦广为相关研究引用，但问题在于五者之间互有出入、各有增删，都存在误收、漏收的缺憾。

调研图书馆馆藏局本，本是订正书目的可信途径，但国家图书馆馆藏局本虽颇丰，却不全（如光绪二十四年金陵局本《劝学篇》，国图无藏本），还需调研各省图书馆以补全，这一过程本就劳力费神；更困难的是，部分局本辨识难度较大：它们或无"牌记"（如同治九年金陵局本《唐人万首绝句选》，无牌记），或牌记中"售称"缺失（如同治十一年金陵局本《毛诗故训传郑笺》，牌记题"同治十有一年五月刊成"），或牌记"售称"不是"金陵书局"（如同治四年金陵局本《王船山遗书》，牌记题"同治四年湘乡曾氏刊于金陵节署"），或"牌记"与书目史料相抵牾（如同治十年金陵局本《艮斋先生薛常州浪语集》，牌记题"同治辛未二月金陵书局开雕"，但《同治上江两县志》《续纂江宁府志》附录书目却将此书系于"聚珍书局"名下，不计入金陵书局刻书之列），更有数十种局本见遗于五种书目所录。

尽管此前陈邦祥《金陵书局刻书考》、苏晓君《从国图馆藏看金陵书局所刻书》二文②已分别对台湾地区图书馆、中国国家图书馆

---

① 《同治上江两县志·艺文上》卷一二，第14—15页；《光绪续纂江宁府志·实政》卷六，第8页；江南书局编：《江南书局书目》，光绪十六年江南书局刻本；江南官书局编：《江南官书局造呈出售江南淮南书局书籍及寄售各书价目清册·江南书局各书》，北京大学校史研究室编：《北京大学史料（第1卷）（1898—1911）》，北京大学出版社1993年版，第469页；朱士嘉编：《官书局书目汇编·江南书局》，第1—6页。此外，还有民国二十四年刊《首都志·艺文》（《首都志》卷一五，第1335页），未登录书名，仅分四部汇总每部的种类与卷数之和，记载过于笼统，实际可参考价值不大。

② （台湾）陈邦祥《金陵书局刻书考》（硕士学位论文，台湾东吴大学，2003年）据多种书目统计，自同治二年至民国五年总计刊书一百二十五种（不含重刊、含子目），查得台湾地区馆藏局本六十种（含重刊、不含子目）；苏晓君《从国图馆藏看金陵书局所刻书》（《中国典籍与文化》2010年第1期）查得中国国家图书馆藏局本八十种（含重刊、不含子目），认为这八十种局本加上《官书局书目汇编·江南书局》中多出的八种、《江南书局书目》中多出的三种，四者之合九十一种（含重刊、不含子目）即为金陵书局刊书总数。

第四章　金陵书局的刻书及其学术影响

馆藏局本做过调研，取得部分研究成果，但调研结果仍不完备，加之缺少其他相关文献史料的旁证，导致多处分析与判断欠妥，结论也难以令人信服。

本节的研究方法，是将五种书目史料、实本与其他文献史料互证。具体来说，将五种书目史料所载，印证于国家图书馆暨南京图书馆、浙江省图书馆、安徽省图书馆、湖南省图书馆等处馆藏实本，并辅以相关人员日记、年谱、书信、文集等大量文献史料的旁证，对五种书目史料进行考疑、补遗，冀能订其错、补其漏、详其略。尤其是作为"旁证"的这一批文献史料，在既往研究中一直被忽略，而这正是本节研究的创新之处。

需要特别说明的是，凡是由金陵书局主持编校、刻印之书，笔者认为均可称为"金陵局本"，均应被计入金陵书局刻书书目之列；至于书籍的版权归属问题，本节不作专文讨论。

一　局本调研

五种书目各自收录情况为：《两县志·艺文上》四十六种，《江宁府志·实政》五十一种，《江南书局书目》五十九种，《价目清册·江南书局各书》四十九种，《官书局书目汇编·江南书局》六十五种。① 汰其重复，总计收录六十七种，其中六十种有馆藏实本可考，剩余一种错收、六种存疑待考。

（一）有馆藏实本可考者六十种

六十种有馆藏实本可考者，按四部分别统计如下：

经部十六种：《易经程传》《周易本义》《尚书蔡传》《诗经集传》《周礼郑注》《仪礼郑注句读》《礼记陈氏集说》《春秋左传杜注补辑》《春秋公羊经传解诂》《春秋穀梁传》《孝经》《四书集注》

---

① 为免重复，每一种书籍仅统计单行本，子目与合售本均不计入统计结果，故将《两县志·艺文上》所录"《大学章句》一卷《论语集注》十卷《孟子集注》七卷《中庸章句》一卷"，计为《四书集注》一种；将五种书目所录《两汉书》计为两种、《南北史》计为两种、《齐梁陈北齐周五史》计为五种、《重学、几何原本、则古昔斋算学三种》计为三种、《古今诗选》计为两种；《江南书局书目》《官书局书目汇编·江南书局》《价目清册·江南书局各书》所录《四书十一经》《大本四书五经》《小本四书五经》《十四史》《十五史》五种合售本，不计入统计之列。

《尔雅郭注》《毛诗故训传郑笺》《佩文广韵汇编》《仿宋岳相台五经》。

史部二十四种：《史记索隐集解正义合刻》《校刊史记集解索引正义札记》《前汉书》《后汉书》《三国志》《晋书》《宋书》《南齐书》《梁书》《陈书》《魏书》《北齐书》《周书》《南史》《北史》《仿汲古阁本史记》《读史镜古编》《元和郡县志》《元丰九域志》《校勘舆地广记》《太平寰宇记》《王船山年谱》《湘军记》《中兴将帅别传》。

子部十二种：《小学集注》《大学衍义》《重学》《几何原本》《则古昔斋算学》《读书杂志》《司马温公家范》《元和姓纂》《御制数理精蕴》《蚕桑辑要》《金刚经联语》《临阵心法》。

集部八种：《曹集铨评》《楚辞》《文选》《唐人万首绝句选》《王氏古诗选》《姚氏今体诗钞》《吴学士文诗集》《唐荆川集》。

上述六十种局本，陈、苏二文各有版本遗漏或判断失误数处，以下一并辨正：

1. 版本遗漏

（1）漏查五种重刊本：同治七年湘乡曾氏刊本《惜抱轩今体诗选》、同治七年湘乡曾氏刊本《渔洋山人古诗选》、光绪八年金陵书局刊本《则古昔斋算学》、光绪九年江南书局刊本《春秋左传杜注补辑》、光绪二十年金陵书局刊本《四书集注》。

（2）漏查四种初刻本：同治六年金陵书局刻本《春秋公羊经传解诂》、同治七年金陵书局刻本《周礼郑注》《尔雅郭注》、同治九年金陵书局刻本《唐人万首绝句选》。

据《唐人万首绝句选》卷首镌文，知底本为"康熙洪氏松花屋旧刊本"，两淮盐运使庞际云代购于扬州，云：

> 此绝句选七卷板并序例、目，凡百五十二面。康熙时洪氏松花屋旧刊，末有雍正壬子洪正治跋，则其移置家塾所增也。同治庚午六月，署两淮盐运使者庞际云购诸邗上，命工易一板，补阙若干字，将航至金陵书局，附五七言古诗钞以行，因识于

第四章 金陵书局的刻书及其学术影响

署首之左方。①

同治六年刻本《春秋公羊经传解诂》、同治七年刻本《周礼郑注》《尔雅郭注》，是金陵局本《十三经单注十六种》之三种。《十三经》是李鸿章接管书局后刊刻的一套童蒙读本，同治四年至十一年刊毕，共计 55 册，国图有藏本。② 同治四年冬，金陵书局编校张文虎在致曾国藩信函中提到局刻《十三经》，云：

> 七月以来，合肥宫保悯乱后书籍残毁，坊刻经书多误文俗字，童蒙之始在所宜慎，因即旧局鸠工，开雕善本。文虎谬承缦云侍御引，佐校雠之役。先校刊《易朱子本义吕氏音训》《诗集传》《四书集注》，均已竣事，《伊川易传》初授梓，《尚书蔡传》须之明春，其《三礼》《三传》拟用古注，次第刊行，而继之以《史记》《两汉书》《资治通鉴》《文选》，亦犹沅浦宫保之志也。③

据《张文虎日记》记，自同治三年冬至七年夏，张文虎本人即已校勘《诗经集传》《礼记集说》《周易本义》《春秋左传杜注补辑》《春秋公羊经传解诂》《周礼郑注》《尔雅郭注》七种经书。④ 另据同治六、七年间曾国藩致僚友信函，也多次提到局刻《十三经》，如同治六年十二月致金陵书局提调周学濬，"敬求饬匠再刷五经《公羊》"五部，⑤ 同治七年五月复安徽学政朱兰，"《周礼》《尔

---

① 庞际云：《唐人万首绝句选序》，王士禛：《唐人万首绝句选》卷首，同治九年金陵书局刻本。
② 国图馆藏金陵书局刻本《十三经单注十六种》55 册，详目为：《易经程传》（册 1—3）、《易经本义》（册 4—5）、《书经集传》（册 6—9）、《诗经集传》（册 10—13）、《周礼郑注》（册 14—19）、《仪礼郑注句读》（册 20—23）、《礼记集说》（册 24—33）、《春秋左传杜注》（册 34—41）、《春秋公羊经传解诂》（册 42—43）、《春秋穀梁传》（册 44—45）、《孝经》（册 46）、《尔雅》（册 47—49）、《论语》（册 50—51）、《孟子》（册 52—54）、《中庸》（册 55）、《大学》（册 55）。
③ 张文虎：《上湘乡相侯》，《覆瓿集续刻·舒艺室尺牍偶存》，第 592 页。
④ 张文虎：《张文虎日记》，第 22、29、42、52—68、117、123、131—136 页。
⑤ 曾国藩：《复周学濬（同治六年十二月廿二日）》，《曾国藩全集·书信》第 30 册，第 309 页。

雅》补缺板均已补刻，俟秋间有便，印刷寄呈"①。

此外，莫友芝《邵亭知见传本书目·春秋公羊传注疏》还记载了金陵局本《公羊传》的板片由来，云：

> 单何氏《解诂》有汪氏问礼堂仿宋绍熙辛亥刊本十二卷，宋刊《公羊注》余仁仲本也。同治二年，邵阳魏彦获其板于上海，补《校勘记》一卷刊附以行。今板归金陵书局，每页二十二行，行大字十九，小字双行二十七。②

（3）漏查两种局本：光绪元年刻本《司马温公家范》、光绪十六年刻本《临阵心法》。

据《开县李尚书政书·事实》记，李宗羲督两江期间曾刊刻《家范》一书，云：

> 在金陵除书院月课外，复择其优者入署课经古，先后抉巍科者指不胜屈，又刻《钦定州县规条》《张子全书》《司马家范》《大学衍义》《上江志》等书，以矫奢风而励末俗。③

另据章洪钧编《泾舟老人洪琴西先生年谱》光绪元年记：

> 正月，为夔州李氏校刊《司马温公家范》。④

《家范》国图有藏本，书名题"司马温公家范十卷"，牌记题"光绪元年夔州李氏"，"夔州李氏"即李宗羲，四川夔州府开县人。《家范》一书为《两县志·艺文上》《江宁府志·实政》收录，另三

---

① 曾国藩：《复朱兰（同治七年五月二十一日）》，《曾国藩全集·书信》第30册，第415页。
② 莫友芝撰，傅增湘订补：《藏园订补邵亭知见传本书目·经部春秋类》卷二，中华书局2009年版，第28页。
③ 李宗羲撰，方宗诚辑，李本方校：《开县李尚书政书》卷首《事实》，第67—68页。
④ 章洪钧编：《泾舟老人洪琴西先生年谱》卷三，第441页。

种书目未收，当为漏计。

《临阵心法》一书，《江南书局书目》《价目清册·江南书局各书》《官书局书目汇编·江南书局》三种书目悉有收录。此书国图无藏本，湖南图书馆、浙江图书馆有藏本，牌记题"光绪十年六季贰月刊于金陵"，卷首有光绪六年刘连捷《自序》，当为金陵局本。

2. 判断失误

（1）同治四年刻本《几何原本》、同治五年刻本《重学》、同治六年刻本《则古昔斋算学》、光绪八年刻本《数理精蕴》《吴学士文诗集》。前三种五种书目悉有收录，后两种仅《江南书局书目》《价目清册·江南书局各书》《官书局书目汇编·江南书局》三种书目收录。苏晓君认为这五种虽然是由金陵书局刻印，但都是由官员捐资，出版方应是出资官员，金陵书局只是刊印者，不是出版方，不能将这五种计入金陵书局所刻书目之列。此说欠妥。

金陵书局的经费主要出自地方财政闲款，另部分则来自官绅捐资。洪汝奎同治八年至光绪六年提调金陵书局，据章洪钧《泾舟老人洪琴西先生年谱》光绪六年记：

> 先生自己巳年接办书局提调以来，属局中分认史、汉等史，并随时奉饬刊刻经、子各书，次第刊成。其行世较稀之书，另筹捐款刊印，不动书局正款。历经照章办理，凡十有二年。①

这里就说得很清楚了，刻资无论出自"正款"或"捐款"，都是书局所刻之书，出版方都是书局。换言之，官绅捐资也是书局经费的一部分，只不过往往"定向"用于专刻指定之书而已，这类书籍的出版方也应是书局，版本是"官刻局本"性质，与纯粹的"私

---

① 章洪钧编：《泾舟老人洪琴西先生年谱》卷三，第455页。

刻本"不同。进言之，《几何原本》《重学》《则古昔斋算学》三书的捐资人分别是曾国藩、李鸿章、曾国荃，① 他们三人本就是金陵书局的创建者、管理者，他们捐资而由书局编校、刻印之书，当然应视为局本。

至于《数理精蕴》《吴学士文诗集》二书，其刻资并不是如苏晓君所说出自官员捐资，而都是出自江宁藩库。据《泾舟老人洪琴西先生年谱》光绪二年记：

> 十月，与梅小严方伯筹刊《钦定数理精蕴》。②

梅启照（1826—1894年），字小严，时任江宁布政使，他的后两任继任为孙衣言、梁肇煌。光绪八年梁肇煌《数理精蕴·后记》记：

> 光绪初，今东河总督、前江宁布政使臣梅启照始敬刊之，工未竟，会升任去。其后太仆寺卿臣孙衣言任江宁藩司，其告归也留银三千两，详明督抚为省垣刊刻官书之用。七年冬，尊经书院院长臣薛时雨清于总督臣刘坤一、布政使臣梁肇煌，即以其银补完前书，以成全璧。③

"详明督抚为省垣刊刻官书之用"，即以藩库余银充金陵书局刻书经费，其书当然应视为局本。《吴学士文诗集》情况类似，议

---

① 曾国藩《几何原本序》记："会余移驻金陵，因属壬叔取后九卷重校付刊。……因并取六卷者，属校刊之。"［西洋］欧几里得撰，［意］利玛窦译，（明）徐光启笔受，［英］伟烈亚力续译，李善兰笔受：《几何原本》，《续修四库全书》第1300册，第147页；李善兰《重学自序》记："今湘乡相国为重刊《几何》，而制军肃毅伯亦重刊《重学》，又同时得复行于世。"（李善兰：《重学》卷首，同治五年金陵书局刻本）；李善兰《则古昔斋算学自序》记："岁甲子来金陵，晤曾沅浦中丞，许代付手民。阅二年，邮致三百金，于是取箧中诸书尽刻之，凡十三种。"（李善兰：《则古昔斋算学》，《续修四库全书》第1047册，第469页）

② 章洪钧编：《泾舟老人洪琴西先生年谱》卷三，第444页。

③ 梁肇煌：《数理精蕴后记》，《数理精蕴》卷首，光绪八年金陵书局刻本。

刊此书始自梁肇煌，"南海梁檀圃方伯同年景行先喆，索藏本付诸梨枣"①，梁肇煌时任江宁布政使，因此这本书的刻资也出自江宁藩库。

（2）同治十一年刻本《毛诗传笺》，卷末题"金陵书局甘国有刊木壬申九月"。苏晓君认为此书是书局刻工甘国有替其他出版机构刻的书板，实际出版方并非金陵书局。此说不当。

最新出版的田家英《小莽苍苍斋藏清代学者书札》，收录有金陵书局编校刘恭冕致刘寿曾信札六通，其一云：

子高所校《毛诗》已印出否？

其三云：

有便人来楚，乞将《何休训》板寄来。《毛诗》、子高《论语注》刷价若干及《梅村先生集》价若干，统望示知，此间索此颇众。②

刘恭冕这两封信大约作于同治末年至光绪初年，当时刘恭冕已辞去书局编校，任湖北经心书院山长，而刘寿曾仍在书局校书。信中提到"子高所校《毛诗》"，即是戴望所校《毛诗传笺》。戴望，字子高，也是金陵书局编校。

《毛诗传笺》未被《江南书局书目》《价目清册·江南书局各书》收录，但其他三种书目悉有收录，当为前两种书目遗漏。

3. 补证

以下两种局本的牌记，皆未题"金陵书局"，需补充说明：

（1）同治十三年刻本《读史镜古编》，牌记题"同治甲戌孟秋

---

① 薛时雨：《吴学士文诗集序》，吴肃撰，薛时雨、梁肇煌编：《吴学士文诗集》卷首，光绪八年金陵书局刻本。

② 刘恭冕：《刘恭冕致刘寿曾》，陈烈主编：《小莽苍苍斋藏清代学者书札（下册）》，人民文学出版社2013年版，第801、809页。

月治城飞霞阁重镌"，五种书目均有收录。苏晓君据"飞霞阁"乃金陵书局局址所在，推断此本为金陵书局所刻。笔者查《泾舟老人洪琴西先生年谱》同治十三年，记：

> 是年，书局《周书》《北齐书》《南齐书》《梁书》均刊成，又刊《大学衍义》及潘文恭公《读史镜史编》。①

可补证此书为金陵局本无疑。

（2）光绪二十三年刻本《中兴将帅别传三十卷》，牌记题"光绪丁酉孟秋刊于江宁"，仅《官书局书目汇编·江南书局》收录。苏晓君的判断模棱两可，认为它"很可能"是金陵局本，但又并未将其计入统计之列。笔者查范希曾《书目答问补正》，记：

> 长洲朱孔彰《中兴将帅别传》三十卷、《续编》六卷，光绪间原刻本，江宁局本，坊刻易名《续先正事略》。②

同治、光绪年间，设于金陵的官书局有金陵书局、聚珍书局与劝学官书局三处。聚珍书局，同治六年李鸿章创办，"光绪五年裁撤"③，劝学官书局，同治十年江宁盐法道孙衣言创办，其实只是一藏书处，并不刊刻书籍，"孙公衣言上议都府，取湖北、浙江、苏州、江宁四书局所刊经籍藏于惜阴书院，而达官寓公又各出善本益之，统名曰'劝学官书'，俾本籍士子之无书者"④。因此，《书目答问补正》所录"江宁局本"，不可能是聚珍书局本或劝学官书局本，当为金陵局本无疑。

（二）错收一种

《官书局书目汇编·江南书局》收录有《隋书》，但另四种书目

---

① 章洪钧编：《泾舟老人洪琴西先生年谱》卷二，第435页。
② 张之洞著，范希曾补正：《书目答问补正·史部》卷二，第112页。
③ 《光绪续纂江宁府志·实政》卷六，第8页。
④ 《同治上江两县志·艺文上》卷一二，第16页。

均未收录，此种是《官书局书目汇编·江南书局》错收。

同治八年，金陵书局、浙江书局、江苏书局及崇文书局四局商议合刻《二十四史》。最初议定金陵书局刻《史记》至《隋书》十五史，后来《隋书》分给淮南书局刊刻，金陵书局实际承担十四史。① 同治十年淮南书局刻本《隋书》八十五卷，牌记题"同治辛未四月淮南书局刊成"，共计12册，国图亦有藏本。《官书局书目汇编》将《隋书》系于江南书局名下，而淮南书局目下却并未收录《隋书》，明显错误。

同理，合售本方面，《江南书局书目》收录："《十四史》（散叶，杭连纸，每部实价制钱）"，无误；而《官书局书目汇编·江南书局》收录："《十五史》（散叶，杭连纸，售洋八十五元四角一分；赛连纸，售洋五十二元六角五分）"，当更正为《十四史》。

陈、苏二文依《官书局书目汇编·江南书局》所录，仍将《隋书》计入金陵局本，不妥。

（三）存疑待考六种

此外，以下六种书籍，书目史料有收录，国图亦有藏本，但均非金陵书局刻本：《四礼翼》《老子章义》，五种书目悉收录；《朱子年谱》，仅《江宁府志·实政》收录，另四种书目未收；《江苏水师章程》，《两县志·艺文上》《江宁府志·实政》未收，而《江南书局书目》《价目清册·江南书局各书》《官书局书目汇编·江南书局》收之；《治家格言绎义》《白喉治法》，仅《官书局书目汇编·江南书局》收录。

由于缺乏局本证实，加之书目史料记载存在抵牾之处，尤其是《朱子年谱》，光绪六年刊《江宁府志·实政》收录，晚刊的《江南书局书目》《价目清册·江南书局各书》《官书局书目汇编·江南书局》却未收，两者必有一错。为严谨起见，将此六种列入存疑待考。

二 局本补遗

陈邦祥、苏晓君共补遗二十三种，其中二十种可确认为局本，

---

① 参见吴家驹《局本〈二十四史〉述略》，《图书馆理论与实践》2007年第5期。

三种存疑待考；此外，笔者又新发现十八种局本。两类补遗合计三十八种，都见遗于五种书目所录。

（一）陈、苏补遗二十三种辨正

汰其重复，陈邦祥、苏晓君共补遗二十三种，为：同治四年刻本《王船山遗书》、同治七年刻本《五种遗规》、同治七年木活字本《吾学录初编》《两汉刊误补遗》、同治九年木活字本《史姓韵编》、同治十年刻本《艮斋先生薛常州浪语集》、同治十二年刻本《曾文正公奏疏文钞合刊》、光绪八年刻本《元和郡县补志》、光绪十一年刻本《西夏纪事本末》、光绪十二年刊本《白田风雅》、光绪十四年刻本《钦定周官义疏》《钦定书经传说汇纂》《钦定仪礼义疏》《钦定礼记义疏》、光绪十五年刻本《周易传义音训》《书经集传音释》《诗经集传音释》、光绪十六年刻本《续古文辞类纂》、光绪十七年刻本《徐骑省集》、光绪十八年刻本《历代地理志韵编今释》、光绪二十六年铅印本《异闻益智丛录》、宣统元年铅印本《权言》、民国五年刊本《尧圃藏书题识》。

上述二十三种补遗，有二十种可确认为局本，其中两种需补充说明，余三种存疑待考，以下一一辨正：

1. 存疑待考三种

以下三种，陈邦祥认定系金陵局本，笔者认为证据不足：

（1）陈邦祥查光绪十二年刻本《白田风雅》二十四卷，"台湾国家图书馆"有藏本。这种国图也有藏本，牌记题"光绪丙戌刻于金陵"，未题出版方，陈邦祥认定系金陵局本，不知何据。

（2）陈邦祥查光绪十八年刻本《历代地理志韵编今释》二十卷，"台湾大学图书馆"有藏本。这种国图无藏本，存疑待考。

《历代地理志韵编今释》二十卷，是李兆洛《李氏五种合刊》之一种，余四种是《历代纪元编》四卷、《皇朝舆地韵编》二卷、《历代地理沿革图》一卷、《皇朝一统舆图》一卷。《两县志·艺文上》《江宁府志·实政》将《李氏五种合刊》系于"聚珍书局"

名下，① 国图藏本亦为聚珍局本，同治九年至十一年刊成，牌记题"合肥李氏重刊"，可以肯定是聚珍书局所刻之书。

（3）陈邦祥查民国五年刊本《荛圃藏书题识》，"台湾国家图书馆"有藏本，陈邦祥认定此本系金陵局本，但不知何据。笔者考证，《荛圃藏书题识》确系刻于金陵，但不是金陵书局所刻，极可能是金陵一处私刻机构。

《荛圃藏书题识》国图有藏本，民国五年至八年刊成。据卷首缪荃孙《自序》，知此本刻于金陵，云：

> 荃孙又钞之乌程张氏刘氏，松江韩氏，海盐张氏，式之重编十卷，共六百二十二篇，而重刻之金陵。始丙辰，迄己未，始成。另辑刻书跋一卷，附后。②

另查《缪荃孙日记》，自"光绪二十五年"始，屡记托"李贻和"刻书并结账事，"光绪二十七年十二月廿二日"记：

> 与李贻和结账，付二百九十七元，《山右石刻丛编》《藏书记》并印书五十部，《农丹》《古欢社约》《游城南记》《强荛圃三书》《词》《补刻词录》《尚书记》九种均结。③

《荛圃藏书题识》也是托李贻和刻于金陵，日记"民国六年至八年"记：

> 李贻和送《士礼居丛书》写本来。……校《荛圃藏书记》第十卷，即寄南京。……李贻和刻《黄氏藏书记》，《藏书记》

---

① 《同治上江两县志·艺文上》卷一二，第16页；《光绪续纂江宁府志·实政》卷六，第8页。
② 缪荃孙：《荛圃藏书题识自序》，《荛圃藏书题识》第1册卷首，民国五年至民国八年江阴缪荃孙刻本。
③ 缪荃孙著，张廷银、朱玉麒主编：《缪荃孙日记（二）》，江苏凤凰出版社2014年版，第161页。

十一卷均成。……李贻和寄《荛圃题识》一部，言一百部白纸已备，五十部竹纸已印，则一百五十部不能少矣。①

综上三则史料可知，自光绪二十五年至民国八年，缪荃孙十数种书籍都是托李贻和刻于金陵，其中《荛圃藏书记》刻于民国五年至八年期间。由于金陵书局宣统三年既已隶属于江南图书馆，已不再刊刻书籍，故《荛圃藏书记》的刻印机构，不可能是金陵书局，极可能是金陵一处私刻机构，民国五年刊本《荛圃藏书题识》的版本性质应是"缪氏私刻本"，不能计入金陵书局所刻之书。

将民国五年刊本《荛圃藏书题识》误判为金陵局本，有历史渊源，刘声木（1876—1959 年）《苌楚斋随笔·论书贾四人》记："其藏书题跋，自吴县潘文勤公祖荫及江阴缪荃孙、长洲章钰、仁和吴昌绶等广为搜辑，得文六百廿二篇，编为《荛圃藏书题识》十卷、《补遗》一卷、《刊书题识》一卷、《补遗》一卷，丙辰冬月，金陵书局刊本。版本与《适园丛书》一律，疑即乌程张氏所刊本也。"②

2. 补证

以下两种补遗，需补充说明：

（1）同治十年刻本《艮斋先生薛常州浪语集》，国图有藏本，牌记题"同治辛未二月金陵书局开雕"。此本陈、苏二文俱有补遗，但笔者查证相关史料，存在疑点。

据此本卷首孙衣言《后叙》记，此书由李鸿章捐资、聚珍书局提调桂嵩庆承办，刊于金陵书局：

某顷官江东，笺牍之暇，即以先生遗集为请。相国览而善之，遂捐俸属桂芗亭观察刊之金陵书局，而以其版归某。③

但是，《两县志·艺文上》《江宁府志·实政》却将此书系于

---

① 缪荃孙：《缪荃孙日记（四）》，第 46、128、132、164 页。
② 刘声木：《苌楚斋随笔》卷四《论书贾四人》，《近代中国史料丛刊》第 209 册，第 95 页。
③ 孙衣言：《浪语集后叙》，薛季宣：《浪语集》卷首，同治十年金陵刻本。

"聚珍书局"名下，①不计入金陵书局刻书之列。另，孙延钊编《孙衣言孙诒让父子年谱》，也记此书刻于"聚珍书局"，云：

> 诒让精校毕《浪语集》三十五卷，拟别为札记一卷。是年冬，此集刻于金陵聚珍书局。②

《浪语集》到底是金陵局本、还是聚珍局本，确实存在疑点。笔者认为，当书目、实本与文献史料之间发生抵牾时，应以实本"牌记"为优先判断依据，故仍将此书计入金陵局本。

（2）陈邦祥查光绪十一年刻本谭献《西夏纪事本末》，"台湾国家图书馆"有藏本，陈邦祥认定系金陵局本，但不知何据。笔者查证史料，为之补证。

光绪十一年，江南书局编校冯煦、成肇麐致谭献四封信函，论及此书刊刻之事。二月一日，冯煦致函谭献，告知《西夏纪事本末》《白香词笺》二书已付梓，云：

> 《白香词笺》《西夏纪事本末》并付手民。今呈上《纪事》刻样一纸，乞校正，其写样只可由弟处代校，缘底本不敢寄，恐有遗失也。

五月初七日，成肇麐致函谭献，告知二书将刻毕，云：

> 《西夏纪事》已写成十之八，内有数卷写手较劣，尚拟责令重缮，刻成者约十之六。兹先寄呈七卷，半系梦华所校。……《白香词笺》写得十之四，刻成者无几。

六月二十二日，成肇麐致函谭献，云："梦华序文已函促之。"

---

① 《同治上江两县志·艺文上》卷一二，第16页；《光绪续纂江宁府志·实政》卷六，第8页。
② 孙延钊撰：《孙衣言孙诒让父子年谱》，第101页。

八月初九日，成肇麐复致函谭献，告知冯煦所撰序文已寄至书局，云：

> 昨又由局接惠械及《纪事》序稿，兹仍趁少翁之便附上各件，伏希检入。……徐序已发写刊成，即由弟复勘，以省往返。①

综上四则史料可知，谭献将《西夏纪事本末》《白香词谱笺》校勘、作序诸事，托付书局友人冯煦、成肇麐，二书于光绪十一年付梓，牌记分别题"光绪乙酉刻于金陵""光绪乙酉秋仲刻成"，当是刊刻于江南书局无疑。此二书后收录于谭献辑《半厂丛书初编：十一种》②，国图有藏本。

（二）馆藏局本新发现十八种

以下十八种局本，是笔者调研国图、南图等处馆藏局本的新发现，以下一一说明：

1. 同治三年刻本莫友芝《唐写本说文解字木部笺异》，牌记题"同治二年十二月曾国藩署检"，杨岘勘过、张文虎覆校。卷首有曾国藩同治三年八月序文，篇末有同治三年五月方宗诚跋，云：

> 右《唐写本说文解字木部》之半，独山莫子偲氏为之笺异，湘乡相国命刊于安庆行营。③

可知此本刻于安庆，同治三年夏秋间刊毕，是安庆曾氏书局所

---

① 参见王风丽《冯煦年谱长编》附录《冯煦致谭献手札十一通》，第93—94、422页。

② 国图藏本谭献辑《半厂丛书初编：十一种》，光绪八年至十一年刻成，包括《诗本谊一卷》（册1）、《西夏纪事本末》（册2—5）、《白香词谱笺四卷》（册6—7）、《箧中词六卷续四卷》（册8—11）、《复堂类集文四卷诗十一卷词三卷》（册12—16）、《复堂日记八卷》（册17—19）、《非见斋审定六朝正书碑目一卷》（册20）、《池上题襟小集一卷》（册20）、《合肥三家诗录二卷》（册20）。

③ 方宗诚：《唐写本说文解字木部笺异跋》，莫友芝：《唐写本说文解字木部笺异》卷末，同治三年湘乡曾氏刻本。

刻第一种书籍。

2. 同治三年刻本《李秀成供状》，无牌记。《曾国藩日记》同治三年七月十一日记："将李秀成亲供及两道恩旨寄皖刊刻。"① 同月十四日曾国藩致信曾纪泽，云：

> 李秀成供如尚未刻成，可令书局工匠众手赶到，限三日刻成。分两次付五十本来此，以便分咨各处。余本日寄澄叔信，尔专人送湘。并寄恩旨二道，初七日疏一通。如已刻成，则多寄几分可也。②

可知此本刻于安庆，同治三年七月下旬刊毕，是安庆曾氏书局所刻第二种书籍。

学界一般默认《王船山遗书》是安庆曾氏书局唯一刻书，但通过上述两种补遗可知，安庆曾氏书局总计刻书有三种。

3. 同治五年刻本李贻德辑《春秋左氏传贾服注辑述廿卷》，牌记题"同治丙寅仲冬代州冯志沂署"。卷首附朱兰序，云：

> 同治癸亥，余视学皖中，次白从侄少石刺史出《贾服注辑述》手稿畁余，涂乙增改，不能尽识。适延宝应刘叔俛茂才在幕，茂才以经学世其家，余属为校勘。经始于今年春，十月蕆事，爬梳抉摘，条分件系，始灿然可读。时李少荃宫保方开书局于金陵，因将是书暨其夫妇诗集节俸锓诸板，俾少石终其事焉。③

朱兰这篇序文作于同治五年十一月，当时聚珍书局尚未设立，因此此处"李少荃宫保方开书局于金陵"，所指非聚珍书局，而应是

---

① 曾国藩：《曾国藩全集·日记》，第72—73页。
② 曾国藩：《谕纪泽》，《曾国藩全集·家书》第21册，第311页。
③ 朱兰：《春秋左氏传贾服注辑述序》，李贻德：《春秋左氏传贾服注辑述》卷首，同治五年金陵书局刻本。

李鸿章刚接管不久的金陵书局。

其实早在两年前，曾国藩知悉朱兰有意刊刻此书，即建议其将校雠之任交予金陵书局编校刘毓崧，据同治三年十二月曾国藩复朱兰信函，云："李君杏邨集本，定已大备。此间书局刘伯山之父孟瞻先生亦治《左氏传》逸注者，伯山或可任校勘也。"① 后来朱兰延聘刘恭冕入幕校书，书成后交予金陵书局付刊，为此书作序者，正是刘毓崧，刘序云："先生遗书延宝应刘君叔俛精校付刊，属毓崧作序。"② 而刘恭冕校毕此书后，即经朱兰推荐，入金陵书局校书，据《张文虎日记》同治五年十一月三十日记："朱久香学使荐刘叔俛入书局。"③

同治五年金陵局本《春秋左氏传贾服注辑述》，因其出资人为朱兰，又常被称为"同治丙寅余姚朱氏刻本"。《张文虎日记》同治六年八月一日记："刘叔俛送李次白所著《左传贾服辑注》，朱久香学使新刊也。"④ 范希曾《书目答问补正》记："《春秋左传贾服注辑述》二十卷。李贻德。同治丙寅余姚朱氏刻本。马宗琏先有辑本刊行，李书为详，且有发挥。"⑤ 另孙殿起《贩书偶记》记："《春秋左氏传贾服注辑述二十卷》，嘉兴李贻德撰。同治丙寅余姚朱兰刊。光绪壬午江苏书局重刊。"⑥

4. 同治八年刻本顾炎武撰《肇域志五十卷》，国图藏本为《续修四库全书》影印本，卷首附金陵书局编校成蓉镜跋、汪士铎序。跋文作于同治八年八月，云：

> 此册为余姚朱久香阁学所藏印、蒋寅昉评事所钞之本，江宁汪梅村先生跋，所言又阙广西者也。湘乡相国欲以活字板行之，爰依其式，凡上下方反旁注，均揽入而略以意、分为卷。……共

---

① 曾国藩：《复朱兰（同治三年十二月十六日）》，《曾国藩全集·书信》第28册，第276页。
② 刘毓崧：《通义堂文集》卷四《李次白先生春秋左氏传贾服注辑述后序》，第341页。
③ 张文虎：《张文虎日记》，第72页。
④ 张文虎：《张文虎日记》，第99页。
⑤ 张之洞著，范希曾补正：《书目答问补正·经部》卷一，第32页。
⑥ 孙殿起编：《贩书偶记·经部》卷二，中华书局1959年版，第37页。

第四章 金陵书局的刻书及其学术影响

五十卷。①

序文作于同治八年九月，云：

> 此先生未成稿本，必条理使各秩如，方可授梓。……兹幸钞成清本，故欲理之，使各归其郡县，免前后错出杂沓之弊，然后以聚珍板印行，以惠后之修志者。②

又据《张文虎日记》同治六年十一月至次年三月，陆续记有：

> 缦老、汪梅老来，言节相欲以聚珍板印顾亭林《肇域志》，盖本海宁蒋氏藏书以赠朱久香学使者。……发抄《肇域志》……校《肇域志》第二十册贵州卷……校《肇域志》……汪梅老以所拟《校编〈肇域志〉条例》寄示，欲以其事归叔俛、芙卿、刘恭甫、戴子高，盖叔俛之意，然子高殊不愿也。③

《薛福成日记》同治七年三月十二日记：

> 到书局，与戴子高谈《尚书》，观刘叔俛所校《肇域志》。④

另据同治七年五月曾国藩复朱兰函札，云：

> 承寄《肇域志》两函，尚未抄校完毕。⑤

综上五则史料可知，《肇域志》底本为蒋光焴（号寅昉）钞本，

---

① 成蓉镜：《肇域志跋》，顾炎武：《肇域志》，《续修四库全书》第586册，第529页。
② 汪士铎：《肇域志序》，《肇域志》，第558页。
③ 张文虎：《张文虎日记》，第113、115、128、130页。
④ 薛福成：《薛福成日记》，吉林文史出版社2004年版，第7页。
⑤ 曾国藩：《复朱兰（同治七年五月二十一日）》，《曾国藩全集·书信》第30册，第415页。

125

为朱兰（字久香）藏，同治六年汪士铎、成蓉镜、刘恭冕、刘寿曾、戴望等参与编校，同治八年曾国藩以活字板印之于金陵书局，成书五十卷。《肇域志》续修四库全书丛刊本，即是据同治八年金陵书局刻本影印。

然而，同治八年金陵局本《肇域志》问世之后，流传不广。宣统二年，邹福保刊顾炎武《日知录之馀》，其序云："按先生著述，若《天下郡国利病书》《音学五书》《杂著十种》及诗文集等，至今风行宇内，家有其书。并闻《利病书》之原稿，曾经先生于简眉册尾手自细注者，尚存昆山祠堂中，可得披览。此外未刊之《肇域志》稿，或云藏洪琴西观察家，然未及睹。"① 范希曾《书目答问补正》亦记："顾炎武《肇域志》一百卷，未刊，稿藏天津某氏。"②

5. 同治九年刻本黄富民撰《礼部遗集九卷》，国图藏本为《清代诗文集汇编》丛刊本，牌记题"独山莫友芝检同治庚午岁嘉平月刊成"。卷首有同治九年十二月张文虎序，云：

> 又二年，君得眩瞀疾，中愈，至冬复病，竟不起，年七十有四。卒之前三日，犹作书寄予，与计俱至悲夫。子眘既奉君归葬，乃谋梓君集，属任校订。……为名之曰《礼部遗集》凡九卷。③

又据《张文虎日记》同治九年十一月至次年七月十九日，陆续记有：

> 校黄小田诗。……校小田诗样本。……作《黄小田诗集》跋。……寄黄子慎、钱听甫、朱贡三、王雨楼及静山信，并托买各书及《礼部集》，由洪琴翁转寄。④

---

① 邹福保：《日知录之馀序》，顾炎武：《日知录之馀》卷首，宣统二年元和邹福保刻本。
② 张之洞著，范希曾补正：《书目答问补正·史部》卷二，第117页。
③ 张文虎：《礼部遗集序》，黄富民：《礼部遗集》，《清代诗文集汇编》第589册，第409页。
④ 张文虎：《张文虎日记》，第257页。

由上两则史料可知，黄富民病卒后，其子黄安谨（子畚）托张文虎将诗词集刊行。《礼部遗集》由张文虎编勘、校样并作序，同治九年刊于金陵书局。书成后，亦由书局发售，"并托买各书及《礼部集》，由洪琴翁转寄"，洪琴翁即金陵书局提调洪汝奎，字琴西。《礼部遗集》清代诗文集汇编丛刊本，即是据同治九年金陵书局刻本影印。

6. 同治十一年刻本《两江忠义录》。咸丰十一年，曾国藩于祁门设"两江采访忠义局"，采访在战争中为清王朝阵亡殉难官绅之事迹，由曾国藩奏请建立专祠、专坊，以扶持礼教，维持风化。同治元年忠义局移局安庆，同治三年移局金陵，委方宗诚、汪士铎、陈艾、汪宗沂等纂修《两江忠义录》。《张文虎日记》同治七年八月四日、六日记：

> 从方存之借得《张义士遗稿》。……事详存之所为《忠义传遗稿》。……录《张继庚传》一通。方存之来，言《忠义录》节相已发书局写刊，予意《张义士稿》亦可就局刊刻，属商之节相。①

另据《续纂江宁府志·实政》记：

> 同治十一年总督何公璟刊刻《两江忠义录》。②

7. 光绪元年刻本江永集注《近思录十四卷》，4册，牌记题"光绪元年香山何璟"，光绪十五年重刻，牌记题"光绪已丑年于金陵书局重刊"，卷首有乾隆七年江永《近思录集注序》《近思录书目原序》《近思录集注凡例》《考订朱子世家》一卷。该本国图、安徽省图书馆、湖南省图书馆均有藏本。

8. 光绪十一年刻本舒梦兰辑、谢朝征笺《白香词谱笺四卷》。

---

① 张文虎：《张文虎日记》，第150—151页。
② 《光绪续纂江宁府志·实政》卷六，第9页。

见前述《西夏纪事本末》。

9—11. 光绪十四年刻本王鸿绪等纂《钦定诗经传说汇纂》、王掞等纂《钦定春秋传说汇纂》、李光地等纂《御纂周易折中》。光绪十四年，江南书局据武英殿本重刊《御纂七经七种》，计142册，牌记题"光绪戊子年十月户部公刊于江南书局"，国图有藏本。苏晓君仅查出《书》《周礼》《仪礼》《礼记》四经，此三种是其余三经。在江南书局行刊之前，浙江、崇文、江西三书局已分别于同治六年、同治十年、同治十一年先行刊刻。

12. 光绪十六年刻本江南书局编《江南书局书目》，1册，无牌记，页首为"江南书局提调示"，后附"书目及书价"六页。

13. 光绪十六年刻本江南书局编《镕经铸史斋印行书目》，1册，无牌记。

14. 光绪十六年刻本江南书局编《退补斋书目》，1册，无牌记。

15. 光绪十七年刻本白居易撰、曹文埴订《香山诗选六卷》，牌记题"光绪辛卯秋八月黟县李氏得原本重刊于金陵书局"，卷首有李宗煝序。

16. 光绪二十三年刻本洪恩波、潜溪生撰《圣门名字纂诂》，牌记题"光绪丁酉夏六月刊己亥春重校补正版存金陵官书局"，卷首有朱孔彰序。

17. 光绪二十四年刻本张之洞著《劝学篇二卷》，1册，牌记题"光绪二十四年江南书局刊印"，卷首有光绪二十四年三月张之洞自序。该本国图无藏本，安徽省图书馆、南京图书馆有藏本。

18. 光绪三十二年刻本朱孔彰撰《中兴将帅别传续编六卷》，牌记题"光绪丙午刊于江宁"。见前述《中兴将帅别传》。

（三）存疑待考八种

《张文虎日记》记载，同治四年至同治十年间，张文虎还曾校勘《大戴礼记》、邵晋涵《尔雅正义》、郝懿行《尔雅义疏》、钱坫《说文解字斠诠》、万树《词律》《国语》《新唐书》与《管子》。① 此八

---

① 张文虎：《张文虎日记》，第55—56、85、132、135、136、249—250、259—260页。

种书籍既未见录于五种书目，也未查得有金陵局本，存疑待考。

三 金陵书局刊刻书籍详目

综上所述，我们可以得出结论：五种书目所收录六十种，陈、苏二文补遗二十种以及笔者补遗十八种，这三类合计九十八种（不含重刊本、不含子目、不含合售本），便是金陵书局刊刻书籍种数。若按四部分类，则丛书 1 种、经部 27 种、史部 34 种、子部 21 种、集部 15 种，体现出经史并重、兼及子集的特点。

这九十八种局本之中，《诗经集传》《尚书蔡传》《礼记集说》《周礼郑注》《周易程传》《周易本义》《春秋榖梁传》《春秋公羊经传解诂》《四书集注》《尔雅郭注》《小学集注》《惜抱轩今体诗选》《渔洋山人古诗选》《前汉书》《后汉书》《则古昔斋算学》《唐人万首绝句选》《近思录集注》十八种刊过两次，《春秋左传杜注补辑》《三国志》两种刊过三次。若将这些重刊本也计入，则金陵书局刊刻书籍的总数是一百二十种。

从刻书数量与活跃程度来看，金陵书局大致呈现三个阶段：第一个时段是同治三年至同治十三年，总计刻书五十六种，平均每年刻书近五种，此一阶段最为活跃、最有朝气；第二个时段是光绪元年至光绪十七年，总计刻书三十五种，平均每年刻书两种，与同治年间相比已明显衰落；第三个时段是光绪十八年至宣统三年期间，以重印为主，新刻书籍总计仅七种，平均每三年刻书一种，已基本处于停滞状态。

表 4-1　　金陵书局刊刻书籍详目表（同治三年四月至宣统三年）

刊刻时间	序号	书名	牌记	册数
同治三年	1	唐写本说文解字木部笺异一卷	同治二年十二月曾国藩署检	1
	2	李秀成供状	无	1

续表

刊刻时间	序号	书名	牌记	册数
同治四年	3	王船山遗书五十六种三百二十二卷	同治四年湘乡曾氏刊于金陵节署	160
	4	周易本义附音训十二卷卷首卷末各一卷	同治四年金陵书局开雕	2
	5	几何原本十五卷卷首九卷	同治四年夏月刻于金陵曾国藩署检	8
同治五年	6	易经程传八卷	同治五年二月金陵书局开雕	3
	7	诗经集传八卷诗序辨说一卷	同治五年四月金陵书局印行	4
	8	尚书蔡传六卷卷首卷末各一卷	同治五年五月金陵书局开雕	4
	9	礼记陈氏集说十卷	同治五年六月金陵书局开雕	10
	10	春秋左传杜注补辑三十卷卷首一卷	同治五年七月金陵书局开雕	8
	11	重学二十卷圆锥曲线说三卷	同治五年秋湘上左桢署	6
	12	惜抱轩今体诗选十八卷	同治五年八月金陵书局开雕	2
	13	渔洋山人古诗选三十二卷	同治五年十月金陵书局开雕	8
	14	春秋左氏传贾服注辑述廿卷	同治丙寅仲冬代州冯志沂署	6
同治六年	15	春秋公羊经传解诂十二卷附音本校记一卷	宋绍熙本公羊传注扬州汪氏问礼堂刊（原书牌记）	2
	16	则古昔斋算学十三种附刻一种	同治丁卯初春独山莫友芝检	7
	17	小学集注六卷	同治丁卯阳月金陵书局开雕	1
	18	三国志六十五卷	同治六年丁卯秋九月用聚珍板重印于金陵书局	20
同治七年	19	五种遗规十七卷	同治戊辰二月金陵书局重修	10
	20	吾学录初编二十四卷	同治戊辰五月用聚珍版印金陵书局	8
	21	两汉刊误补遗十卷附录一卷	同治戊辰夏六月用聚珍版印于金陵书局	6
	22	周礼郑注六卷	福礼堂原本清芬阁重刊（原书牌记）	6

续表

刊刻时间	序号	书名	牌记	册数
同治七年	23	尔雅三卷	清芬阁藏版（原书牌记）	3
	24	春秋谷梁传十二卷	同治七年十月金陵书局印行	2
	25	孝经一卷	同治七年冬月金陵书局开雕	1
	26	仪礼郑注句读十七卷监本正误一卷石本误字一卷	同治七年十二月金陵书局印	4
	重刊	惜抱轩今体诗选十八卷	同治七年秋湘乡曾氏重刊	2
	重刊	渔洋山人古诗选三十二卷	同治七年冬湘乡曾氏重刊	8
同治八年	27	前汉书一百二十卷	同治八年九月金陵书局刊	16
	28	后汉书九十卷续汉书八志三十卷	同治八年九月金陵书局校刊	16
	29	肇域志五十卷	无	1
	30	文选李善注六十卷	同治八年九月金陵书局校刊	10
同治九年	31	史记索隐集解正义合刻本一百三十卷	同治五年首夏金陵书局校刊九年仲春毕工	20
	32	史姓韵编六十四卷	同治庚午十月用聚珍版重印于金陵书局	24
	33	读书杂志十种八十二卷余编二卷	同治庚午十一月金陵书局重刊	24
	34	唐人万首绝句选七卷	无	2
	35	礼部遗集九卷附年谱一卷	独山莫友芝检同治庚午岁嘉平月刊成	2
	重刊	三国志六十五卷	同治九年正月金陵书局印行	8
同治十年	36	晋书一百三十卷	同治十年十一月金陵书局印行	20
	37	艮斋先生薛常州浪语集三十五卷	同治辛未二月金陵书局开雕	5

续表

刊刻时间	序号	书名	牌记	册数
同治十一年	38	曹集铨评十卷逸文一卷	同治十一年夏五月校刊板存金陵书局	2
	39	毛诗故训传郑笺三十卷	同治十有一年五月刊成	6
	40	佩文广韵汇编五卷	江宁邓氏原本同治十一年金陵书局重刊曾国藩署检	2
	41	南史八十卷	同治十一年冬十月金陵书局印行	12
	42	北史一百卷	同治十一年冬十月金陵书局印行	20
	43	宋书一百卷	同治十一年冬十月金陵书局印行	16
	44	陈书三十六卷	同治十一年冬十月金陵书局印行	4
	45	魏书一百十四卷	同治十一年冬十月金陵书局印行	20
	46	四书集注十九卷	同治十一年冬金陵书局印行	6
	47	楚辞十七卷	汲古阁原本同治十一年金陵书局重刊湘乡曾国藩署检	4
	48	校刊史记集解索引正义札记五卷	同治壬申嘉平月金陵书局印行	2
	49	两江忠义采访录	无	
同治十二年	50	曾文正公奏疏文钞合刊六卷	同治癸酉仲夏金陵书局开雕	4
同治十三年	51	大学衍义四十三卷	同治十三年冬金陵书局印行	8
	52	梁书五十六卷	同治十三年冬金陵书局印行	6
	53	周书五十卷	同治十三年冬金陵书局印行	4
	54	北齐书五十卷	同治十三年冬金陵书局印行	4
	55	南齐书五十九卷	同治十三年冬金陵书局印行	6
	56	读史镜古编三十二卷	同治甲戌孟秋月冶城飞霞阁重镌	6

续表

刊刻时间	序号	书名	牌记	册数
光绪元年	57	司马温公家范十卷	光绪元年夔州李氏	1
	58	近思录十四卷	光绪元年香山何璟	4
光绪二年	59	仿宋相台五经九十三卷	乾隆四十八年武英殿初印本 光绪二年江南书局敬谨摹雕	32
光绪四年	60	仿汲古阁本史记一百三十卷	光绪四年冬日金陵书局印行	16
光绪六年	61	舆地广记三十八卷校勘札记二卷	金陵书局校刊光绪六年工竣	4
	62	元和姓纂十卷	金陵书局校刊光绪六年工竣	4
	63	元和郡县图志四十卷阙卷逸文一卷考证三十四卷	金陵书局校刊光绪六年工竣	14
光绪七年	重刊	尚书蔡传六卷卷首卷末各一卷	光绪七年十月金陵书局开雕	4
光绪八年	64	元和郡县补志九卷	光绪八年二月金陵书局刊行	2
	65	元丰九域志十卷	光绪八年五月金陵书局刊行	4
	66	太平寰宇记二百卷目录二卷	光绪八年五月金陵书局刊行	36
	67	御制数理精蕴二编四十五卷表八卷	光绪八年敬刊板藏江宁藩署	40
	68	吴学士诗集五卷吴学士文集四卷	光绪壬午江宁藩署开雕	6
	重刊	则古昔斋算学十三种附刻一种	光绪壬午江宁藩署	7
光绪九年	69	蚕桑辑要一卷	光绪九年季春金陵书局刊行	1
	重刊	春秋左传杜注补辑三十卷卷首一卷	光绪九季仲冬江南书局重刊	10
	重刊	周易程传八卷	光绪九年六月江南书局重刊	3
光绪十一年	70	西夏纪事本末三十六卷卷首二卷	光绪乙酉刻于金陵	4
	71	白香词谱笺四卷	光绪乙酉秋仲刻成	2
光绪十二年	72	王船山先生年谱二卷	光绪丙戌孟春江南书局刊板	2
	73	金刚经联语一卷	光绪丙戌季春江南书局刊板	1

续表

刊刻时间	序号	书名	牌记	册数
光绪十三年	重刊	前汉书一百二十卷	光绪丁亥季冬金陵书局重刊	16
	重刊	后汉书一百卷续汉书八志三十卷	光绪丁亥季冬金陵书局重刊	16
	重刊	三国志六十五卷	光绪十三年冬江南书局重刊	8
光绪十四年	74	钦定诗经传说汇纂二十一卷卷首二卷诗序二卷	光绪戊子年十月户部公刊于江南书局	15
	75	钦定书经传说汇纂二十一卷卷首二卷书序一卷	光绪戊子年十月户部公刊于江南书局	12
	76	钦定周官义疏四十八卷卷首一卷	光绪戊子年十月户部公刊于江南书局	24
	77	钦定仪礼义疏四十八卷卷首二卷	光绪戊子年十月户部公刊于江南书局	25
	78	钦定礼记义疏八十三卷	光绪戊子年十月户部公刊于江南书局	31
	79	御纂周易折中二十二卷	光绪戊子年十月户部公刊于江南书局	10
	80	钦定春秋传说汇纂三十八卷卷首二卷	光绪戊子年十月户部公刊于江南书局	20
光绪十五年	81	诗经集传音释二十卷诗序一卷诗图一卷诗传纲领一卷	光绪己丑年十月户部公刊于江南书局	4
	82	书经集传音释六卷卷首末各一卷	光绪己丑年十月户部公刊于江南书局	6
	83	周易传义音训八卷卷首末各一卷	光绪己丑年十月户部公刊于江南书局	8
	84	湘军记二十卷	光绪己丑仲秋江南书局刊板	12
	重刊	近思录十四卷	光绪己丑年于金陵书局重刊	4
	重刊	春秋左传杜注补辑三十卷卷首一卷	光绪己丑年十月户部公刊于江南书局	10

续表

刊刻时间	序号	书名	牌记	册数
光绪十六年	85	江南书局书目	无	1
	86	镕经铸史斋印行书目	无	1
	87	退补斋书目	无	1
	88	临阵心法一卷	光绪十年六季贰月刊于金陵	1
	89	续古文辞类纂二十八卷	光绪庚寅十二月刊成于金陵书局遵义黎氏初定本	12
光绪十七年	90	徐骑省集三十卷补遗一卷	光绪辛卯孟夏月黔县李氏得旧抄本刊成于金陵书局	6
	91	香山诗选六卷	光绪辛卯秋八月黔县李氏得原本重刊于金陵书局	2
光绪十九年	重刊	周易本义附音训十二卷卷首一卷卷末一卷	光绪十九年夏江南书局重刊	2
	重刊	礼记陈氏集说十卷	光绪十九年夏江南书局重刊	10
光绪二十年	重刊	周礼郑注六卷	光绪二十年冬金陵书局重刊	6
	重刊	四书集注十九卷	光绪二十年冬金陵书局重刊	6
光绪二十一年	重刊	尔雅郭注三卷	光绪二十一年季春金陵书局重刊印行	3
	重刊	春秋公羊经传解诂十二卷重刊宋绍熙公羊注附音本校记一卷	光绪二十一年孟冬金陵书局重刊印行	2
	重刊	春秋谷梁传十二卷	光绪二十一年冬月金陵书局重刊印行	2
光绪二十二年	重刊	诗经集传八卷诗序辨说一卷	光绪二十二年冬月金陵书局重刊印行	4
光绪二十三年	92	中兴将帅别传三十六卷	光绪丁酉孟秋刊于江宁	10
	93	圣门名字纂诂二卷补遗一卷	光绪丁酉夏六月刊己亥春重校补正版存金陵官书局	2
	重刊	唐人万首绝句选七卷	光绪丁酉年季春月金陵书局重刊印行	2
	重刊	小学集注四卷	光绪丁酉七月金陵书局重雕	1

续表

刊刻时间	序号	书名	牌记	册数
光绪二十四年	94	劝学篇二卷	光绪二十四年江南书局刊印	1
光绪二十六年	95	异闻益智丛录三十四卷	光绪庚子夏江南书局印	8
光绪三十年	96	重刊校正唐荆川先生文集十二卷外集三卷补遗五卷	江南书局刊	10
光绪三十二年	97	中兴将帅别传续编六卷	光绪丙午刊于江宁	2
宣统元年	98	权言一卷	宣统元年四月刊于金陵书局	1

第二节 书籍的编校、刻印与发行

一般来说，中国古代官刻都是集出版、印刷与发行于一体。晚清地方书局也是如此，从聘请学者编校书籍，购买设备原料，雇佣工匠刻刷，到最终将书籍卖到市场，整个过程都是由书局自身完成。进入20世纪之后，出版、印刷与发行才逐渐分离，各自发展为独立行业。

一 编选

金陵书局刻书的选定，出自朝廷旨意与书局自定。朝廷旨意通过谕令颁发，书局自定来自两江总督、苏宁等处官员、书局提调及资深局员的提议。相对于中央官刻而言，地方书局在刻书编选上具有更多自主性，也更多体现出地方督抚的个人喜好。

（一）朝廷旨意

朝廷旨意明示了两个大方向：一是御纂、钦定经史。应江苏学政鲍源《请购刊经史疏》所奏，同治六年五月初二清廷上谕："各直省督抚转饬所属，将旧存学中书籍广为购补，并将列圣御纂、钦定经史各书先行敬谨重刊，颁发各学。"①

于是，各类御纂、钦定经史书籍得以大量刊印。经类书籍，如《御纂七经七种》，同治六年浙江书局首刊，其后有同治十年崇文书

---

① 《穆宗实录（五）》卷二百二，《清实录》第49册，第604页。

局刻本、同治十一年江西书局刻本、光绪十四年金陵书局刻本;《钦定诗经乐谱》，有光绪二十五年广雅书局刻本。史类书籍最多，如同治七年广东书局刻本《钦定四库全书总目》《钦定四库全书简明目录》、同治九年崇文书局刻本《钦定明鉴》、同治十年浙江书局刻本《御批历代通鉴辑览》、同治十一年江西书局刻本《御撰资治通鉴纲目三编》、同治十二年江苏书局刻本《钦定五军道里表》、同治十三年江西书局刻本《钦定武英殿聚珍版程式》、光绪四年江苏书局刻本《钦定辽金元三史语解》、光绪五年至光绪七年山东书局刻本《御撰资治通鉴纲目四编》、光绪十二年至十三年浙江书局刻本《钦定续通志》《御制续通典》《钦定续文献通考》、光绪二十二年浙江书局刻本《钦定通志》《御制通典》《钦定文献通考》、光绪二十五年广雅书局刻本《钦定四库全书总目》《钦定四库全书考证》《钦定武英殿聚珍版程式》，等等。

  地方书局刊刻御纂、钦定书籍，并不限于经、史两类，也逐渐向子、集书籍扩展。子类书籍，如同治八年崇文书局刻本《钦定康济录》、同治八年成都书局、光绪十年江西书局刻本《渊鉴斋御纂朱子全书》、光绪二年江西书局刻本《御纂医宗金鉴》、光绪八年金陵书局刻本《御制数理精蕴》、光绪十年湖南书局刻本《钦定协纪辨方书》、光绪二十一年浙江书局刻本《钦定古今储贰金鉴》、光绪二十五年广雅书局刻本《钦定重刻淳化阁帖》；集类书籍，如光绪二年崇文书局刻本《钦定明清历朝四书文》、光绪九年江苏书局刻本《唐文粹》、光绪十二年江苏书局刻本《宋文鉴》、光绪二十七年广雅书局刻本《钦定全唐文》，等等。

  二是吏治及小学、经、史等书。对于某些切于实用之书，清廷会专门发布刊刻谕令。如应江苏巡抚丁日昌奏，同治七年三月初十日清廷上谕："丁日昌现拟编刊《牧令》各书颁发所属，即着实力举行，俾各州县得所效法。其小学、经、史等编有裨学校者，并着陆续刊刻，广为流布。"①《牧令》诸书主要有同治七年至八年江苏

---

① 《穆宗实录（五）》卷二百二，《清实录》第49册，第604页。

书局刻《牧令全书五种》、同治七年至十三年崇文书局刊《牧令书四种》、光绪十五年江苏书局刻《牧令须知》等。

应御史吴凤藻奏，同治九年闰十月十三日清廷上谕："御史吴凤藻奏，明儒吕坤所著《实政录》最为吏治针砭，现江南、湖北、浙江等省均开书局，请饬刊刻等语。着该省督抚于刊刻经史之余，接刻吕氏《实政录》，广为流布，俾收实效而饬官方。"①《实政录》主要有同治七年崇文书局刻本、同治十一年浙江书局刻本、同治十一年江苏书局刻本。同年，清廷复谕令："又议准已开书局省分，令该督抚将《朱子小学》一书刊刻，已广流传，而资诵习。"②《小学集注》主要有金陵书局同治六年刻本、光绪二十三年重刊本、山东书局光绪十五年刻本等。

应主事杨恩海等奏，光绪四年十月三十日清廷发布上谕："谕前据都察院奏，主事杨恩海等呈进伊祖杨景仁所辑《筹济编》二函，当交南书房翰林阅看。据称是书于荒政事宜极为详备，实为有用之书。并据杨恩海等呈称，是书现在本籍开雕，将次竣事，着沈葆桢、吴元炳俟板片刊竣，酌量刷印若干分，咨行各省，用裨荒政。所进原书着留览。"③《筹济编》主要有光绪五年江苏书局刻本、光绪五年山东书局刻本、光绪九年崇文书局刻本等。

应翰林院侍讲黄绍箕呈进张之洞《劝学篇》并奏请刊刻，光绪二十四年六月二十五日谕令："原书内外各篇，朕详加披览，持论平正通达，于学术人心大有裨益。着将所呈副本四十部，由军机处颁发各省督抚、学政各一部，俾得广为刊布，实力劝导，以重名教而杜危言。"④《劝学篇》有光绪二十四年江南书局刻本、广雅书局刻本、山西浚文书局刻本、江苏书局刻本等。

（二）书局自定

两江总督是金陵书局最高管理者，刻书编选自然就体现出江督

---

① 《穆宗实录（六）》卷二九四，《清实录》第50册，第1075页。
② 刘锦藻：《清朝续文献通考·小学》第1册卷一百一，商务印书馆1936年版，第8599页。
③ 《光绪朝东华录》第1册，第643页。
④ 《光绪朝东华录》第4册，第4142页。

个人喜好。如《船山遗书》《肇域志》《读书杂志》《文选》《史记》《三国志》《两汉书》《校刊史记集解索引正义札记五卷》等，皆出自曾国藩之意；《四书十三经》童蒙读本，是李鸿章接管书局之初授意刊刻；参与五局合刊《二十四史》，得到了马新贻允复与支持；至于光绪初年刊刻方志，其议始自李宗羲，后经洪汝奎、汪士铎等商议，方有《元和郡县图志》《太平寰宇记》《元丰九域志》《舆地广记》数种地志之刊行。

　　曾国藩编选书籍，注重实用性与经典性。曾国藩多次命莫友芝外出访书，一再叮嘱："但求零编小种及国朝说经诸书之单行本。非果深恶大部，盖自策劳人暮齿，不能多读，而不耻夫贵家巨室陈设诸书者，此之陋也。"① 同治七年，曾国藩欲刊南宋王称《东都事略》，"并刻王氏《东都事略》，使学者不苦《宋史》之浩繁难读"②。可见，著述实用、可读性强，为曾国藩所看重，也正因此，除了《船山遗书》之外，曾国藩再也未刊过大型丛书。同时，曾国藩也注重书籍的经典性，需是学术价值较高、影响深远之书，如萧统《昭明文选》、王念孙《读书杂志》、丁晏《曹集铨评》等。曾国藩不刊唐鉴遗著《朱子学案》，便是一个典例。同治八年六月曾国藩复僚友吴廷栋，告知不刊缘由，云："唐镜丈之世兄过此，携确慎公暮年所编辑《朱子学案》见示。据称确慎公病革时犹修订不倦，嘱送敝处一阅。……其间有不满人意者，既已分门别目，为紫阳别开生面，即不能无所取舍于其间。乃如论撰案中尽抄墓碑、行状、祭文等篇，兴观群怨案中尽抄诗词，篇第皆仍其旧，则于为学之津途并非另有阐发高深之处，不过寻常抄写全书之例，恐未足以餍笃古好道者之心，未敢遽行刊刻，特以商之左右。"③

　　部分书籍议刊，出自苏宁等处官员及书局提调。如李贻德《春秋左氏传贾服注辑述》，安徽学政、内阁学士朱兰托李鸿章付刊；黄

---

① 曾国藩：《复莫友芝（同治四年闰五月十一日）》，《曾国藩全集·书信》第28册，第488—489页。
② 曾国藩：《加朱兰片（同治七年五月二十四日）》，《曾国藩全集·书信》第30册，第417页。
③ 曾国藩：《复吴廷栋（同治八年六月十二日）》，《曾国藩全集·书信》第30册，第571页。

富民《礼部遗集》，礼部侍郎黄富民之子黄安谨托张文虎付刊；薛季宣《浪语集》，江宁布政使孙衣言托李鸿章付刊；《御制数理精蕴》，江宁布政使梅启照谋刊；《吴学士文诗集》，江宁布政使梁肇煌谋刊；白居易《香山诗选》，盐法道员李宗煸谋刊。光绪三十年刊《唐荆川先生文集》，议刊出自江楚编译局总纂缪荃孙，其跋文云："光绪乙未，盛侍郎宣怀据康熙本刻入《常州先哲遗书》，而外集觅而未得，殊为遗憾。去秋，夏编修孙桐在京师抄外集见寄，适荃孙管理金陵书局，爰取嘉靖印本重刊之，以万历、康熙续收诗文编为补遗五卷，并刻外集附录以成完书。"①

还有少数书籍，是书局编校人员提议，如莫友芝《唐写本说文解字木部笺异》、李善兰《几何原本》《重学》《则古昔斋算学》，便是作者本人向曾国藩、李鸿章力荐。

但金陵书局极少刊刻编校人员的著述，除莫、李四种之外，余则刘毓崧《王船山先生年谱》、张文虎《校刊史记集解索引正义札记》及朱孔彰《中兴将帅别传》《中兴将帅别传续编》，总计不过八种。其原因，在于地方书局的官刻性质和社会职能。清廷和地方官员编刻书籍的最初意图是重建文化秩序，编选书籍以儒家经史典籍为主体，在经费并不宽裕的情况下，往往优先编刻最基础、最急需与最经典之书。

绝大部分编校人员的著述，都是由本人筹资另寻他处刊刻。如戴望《颜氏学记》，同治十年孙氏冶山馆刊刻，同治十二年二月戴望卒后，好友孙诒让、唐仁寿经纪葬事，"并持所藏书分别沽之，以其资刻遗书"②。刘恭冕续补《论语正义》，同治四年既已撰毕，一直苦于刻资匮乏，多方寻求资助，最后再加上自己修志的部分薪酬，迟至光绪初年才由私人或书商刻完。③ 张文虎任职书局近十年，参与

---

① 缪荃孙：《唐荆川先生文集跋》，唐顺之：《唐荆川先生文集》卷末，光绪三十年江南书局刻本。

② 张星鉴：《戴子高传》，《仰萧楼文集》，《清代诗文集汇编》第 676 册，第 340 页。

③ 参见罗检秋《著书难为稻粱谋——〈论语正义〉的刊行及所见清代士人生活》，《清史研究》2016 年第 4 期。

第四章 金陵书局的刻书及其学术影响

校勘二十余种书籍，然而除《校刊史记集解索引正义札记》之外，他的个人著述均非刻于书局。同治十三年刊行的《舒艺室随笔》，是张氏著述中刊行较早的一种，它的出版机构便是"金陵冶城宾馆"。当时刻资极高，绝非普通书局编校可以承担，他们的著述大多在生前未能付梓，一些著述在卒后多年因得机缘方能行世。

二 校勘

金陵书局校勘书籍，体现出广检众本、分工合作、精审校雠、求胜旧本的特征，这是金陵局本在晚清官刻系统中占有重要地位的原因。

（一）广检众本、分工合作

曾国藩多次命莫友芝外出访书，以补书局校勘之用。曾国藩叮嘱多购精本、善本与单行本，少购残本、大部宏编，"谒湘乡公，问访两阁书，有残不成部者收否。公谓不必收，然大部之存过半者当酌。又谓所好《史》《汉》《韩文》、本朝诸老经说，遇精本当为购以来，士礼居、抱经堂所刊书及秦敦父刊《法言》等亦然"[1]，"临别语及购书，曾言但求零编小种及国朝说经诸书之单行本。非果深恶大部，盖自策劳人暮齿，不能多读，而不耻夫贵家巨室陈设诸书者，此之陋也"[2]，"相公谓凡他子史、名集、旧本、初印，得其一足矣。唯《说文》《通鉴》《史记》《汉书》《庄子》《韩文》《文选》，有善刻、善印，不妨多收异本，此七书直与十三经比重也"[3]。据《莫友芝日记》记载，同治五年夏秋间，于上海、松江、常熟、苏州等地共收访书籍二百多种，同治七年秋冬，复于扬州、邵伯、泰州等地共收访书籍五十多种。[4]

洪汝奎提调书局期间，也多次派人赴江浙一带访书。《泾舟老人

---

[1] 莫友芝：《莫友芝日记（同治四年春二月初四日）》，第135页。
[2] 曾国藩：《复莫友芝（同治四年闰五月十一日）》，《曾国藩全集·书信》第28册，第488—489页。
[3] 莫友芝：《莫友芝日记（同治六年夏七月二十九日）》，第219页。
[4] 莫友芝：《莫友芝日记》，第231—234、261—262页。

洪琴西先生年谱》光绪元年三月至光绪四年二月记："委从子子彬赴镇江、苏杭一带访求经史善本。先生谓：兵燹以后，古籍散佚，本局刊刻经史，苦无善本可资雠校。现在经史业已刊竣，而古今秘笈未及刊布者，亦复不少。闻湖州陆氏、杭州丁氏、宁波范氏、苏州冯氏、常熟瞿氏、镇江包氏、上海郁氏，诸家藏书极多，应即前往采访。遇有经史善本及海内稀有之书，足以辅以经传、嘉惠后学者，即就近委觅，书手钞缮副本，悉心校对，携带回局，以便随时酌定，分别刊传。其原书务须护惜，随时送还，不得丝毫汗损。……遣次子恩嘉赴上海阅宜稼堂郁氏藏书。"①

正是得益于众多底本、校本、副本及相关可资考订之书，方能比勘异同，正音释，审文字，补脱落，详究编次，纠正衍夺颠误。尤其是一些重要书籍的校勘，参核典籍众多，端绪繁多，往往需合书局众人之力，分工合作完成。

如校编《汉书》，所据书籍百余种。据刘毓崧《校刻汉书凡例》，撮要如下：以邵晋涵文渊阁本为底本，阁本与殿本异同亟宜登载，以定折衷；荀悦《汉纪》所当取校，以存古本之遗；类书中时代近古者，如《北堂书钞》《艺文类聚》《初学记》等，时代较后者如《太平御览》，皆所当取校，以溯宋本之源；《册府元龟》所当取校，以从宋本之朔；林钺《汉隽》、娄机《班马字类》、徐天麟《西汉会要》所当取校，以择宋本之长；《史记》《通鉴》，推之史记《集解》《索隐》《正义》、倪思《班马异同》、胡三省《通鉴注》，凡与《汉书》有关者所当取校，以考各本之异；《文选》《汉文纪》所录西汉人文，以及贾谊、董仲舒、司马相如、扬雄诸集载入《汉书》者，均可参稽，以定各本之殊；各书记载可印证《汉书》者，经学如《韩诗外传》《春秋繁露》，小学如《急就篇》《方言》，正史如《后汉书》，别史如《东观汉纪》，地理如《三辅皇图》《水经注》，政书如《汉官仪》《通典》，金石如《隶释隶续》，儒家如《新书》《盐铁论》《说苑》《新序》，术数家如《京氏易传》《焦氏

---

① 章洪钧编：《泾舟老人洪琴西先生年谱》卷三，第441、447页。

易林》，杂家如《淮南子》之类，皆所当取校，以求原本之真；前代校《汉书》者，如小宋三刘、吴仁杰《两汉刊误补遗》，近时校《汉书》者，钱大昕《汉书考异》《三史拾遗》、王鸣盛《十七史商榷》《蛾术编》，群书考证涉及《汉书》者，后汉如《论衡》《独断》，六朝如《颜氏家训》，唐如《史通》，宋如《梦溪笔谈》《容斋随笔》《野客丛书》《困学纪闻》，明如《丹铅总录》，清如《日知录》等，所当详校，以正今本之误。

书局参与编校《汉书》者，有刘毓崧、刘恭冕、张文虎等，"汉书百卷，毓崧拟分任纪十二卷、表八卷，共二十卷"。至于《汉书校勘记》，分校以专责成，每人分任数十卷，"同人彼此覆校，意见合者，可以互相证明，即意见不合者，无妨并存其说于校勘记中，以待贤者决择"①。

又如校编《肇域志》，底本为朱兰藏蒋光焴钞本，同治六年汪士铎、成蓉镜、刘恭冕、刘寿曾、戴望等参与编校，同治八年曾国藩以活字板印之于金陵书局，成书五十卷，卷首附成蓉镜跋、汪士铎序。

校编《肇域志》，参核书籍亦百余种。据汪士铎《校刻肇域志商例》，有《大清会典》《大清一统志》《西域水道记》《西域传补注》《新疆赋》《蒙古游牧志》《绥服纪略》《康輶纪行》《东槎纪略》《寰瀛志略》《圣武记》《海国图志》《行水金鉴》《皇朝经世文编》《切问斋文钞》《切问斋文集》《河防要览》《山东运河备览》《澳门纪略》《藏卫图志》《海运全书》《畿辅水利考》《口北三厅志》《归绥七厅志》《各省通志》《扬州水道记》《三省边防辑要》《于钦斋乘晋乘》《阮氏新修云南志并图》《广西通志图》《苗防辑要》《四川水道考》《广东水道考》《西陲今略》《户部则例》《赋役全书》《水道提纲》《洋防辑要》《盛京通志》《云南山川考》《马迁厅志》《各府厅州县志》《滇载记》《滇繫》《黔书》《方舆纪要》《筹海图编》《地图综要》《蛮书》《桂海虞衡志》《元丰太平三志》

---

① 刘毓崧：《通义堂文集》卷五《校刻汉书凡例》，第353—355页。

《武备志》《肇域志》《郡国利病书》《明会典》《明统志》《元一统志》《明史稿》《明史》《元史》《宋史》《辽史》《金史》《舆地广记》《九域志》《寰宇记》《太平御览》《通考》《新唐书》《旧唐书》《新五代史》《元和志》《通典》《水经注》《史记》《前汉书》《后汉书》《隋书》《北魏书》《山海经》《宋书》《晋书》《南齐书》《华阳国志》《吴地记》《豫章地记》《三国志》《梁书》《陈书》《北齐书》《北周书》《南史》《北史》《旧五代史》《竹书纪年》《战国策》《左传》《通鉴胡注》、各地记小书、各文集，"重今时人书，次明人，次宋辽金元人，次唐五代，次上古三代两汉，最末则魏晋六朝人之书"①。

（二）精审校雠、求胜旧本

金陵书局校勘书籍的另一特点，是精审校雠、求胜旧本。

精审校雠、求胜旧本，形成于校勘《史记》过程中。《史记索隐集解正义合刻本》一书，张文虎用力最勤，所参校的底本即多达十七种。据《张文虎日记》记，此书初校、复校、校样耗三载有余，《札记》写、重订、校样又耗三载。② 校勘之初，张文虎与周学濬即为底本与校本发生分歧，特商之莫友芝，《莫友芝日记》同治五年五月廿九日记："张啸山学博以校刊《史记》与周缦云侍御争所据本，属为书申疏之。大率明之王、柯、凌三本皆可据，唯当主其一，为之附校乃善耳。"③

校勘《史记》劳神费时，曾国藩特致函张文虎，当求胜旧本而不问迟速，云："《史记》旧少善本，此次会合诸家，斟酌体例，当可度越诸本，即成功稍迟，自不必以局外之讥评介意也。"曾国藩致

---

① 汪士铎：《汪梅村先生文集》卷九《校刻肇域志商例》，第678—679页。
② 据《张文虎日记》记：同治五年十月至六年三月，为第一遍初校阶段；六年四月至七年二月，又复校一遍，期间于六年十月拟《校刊〈史记〉条例》；七年三月至八年二月，校各卷帙样本；八年八月至十一月，校《史记》修板卷；九年正月，阅《史记》全样；九年正月至十年八月，写《史记校勘记稿》，十一月、十二月，重订《〈史记〉札记》，十一年四月至十二月，校《札记》样本。（张文虎：《张文虎日记》，第66—83、89—172、191—199、211—260、265—267、275—291页）
③ 莫友芝：《莫友芝日记》，第185页。

张文虎、唐仁寿的另一信函，也表达了同样看法："《史记》十表，尚未刊就，又有四五卷须重刻者，自难迅速竣工。鄙意但求雠校之精审，不问成书之迟速。校勘记若在十卷以外，便恐伤繁，能再求简约，一洗汉学家好多、好详之习，乃为尽善。过多则阅者反厌苦矣。"①

同治八年张文虎致函曾国藩，略述校勘此书心得，云："窃思《史记》传本承讹已久，无论本书，即三家注已如乱丝，不可猝理。近世大儒著书间有校正，不过就其所见，略出数条，但论本书，不及各注。今刊刻全书，只宜取旧本之稍善者依样壶卢，为力较易。缦云侍御之议，则以刊书机会实为难得，当略治芜秽，以裨读者。文虎等禀承此意，不揣寡陋，妄冀会合诸家，参补未备，求胜旧本。乃三年荏苒，刻鹄未成，人言实多，无以自解，伏读钧论'但求校雠之精审，不问成书之迟速'，仰见体恤愚蒙，特加慰勉。"②

如同治四年书局刻姚培谦《春秋左传杜注补辑》，张文虎致信周学濬，指出姚氏补辑于杜注之外杂采释文、孔疏，下至诸家论说并胡传林注皆取之，于初学诵习诚便，然合诸家论说为一炉，是兔园册子、三家村学究之著述耳，且局本《小戴记》不用《陈氏集说》而用郑注，且以抚州公库本为主，则三礼、三传宜归一例，均用郑注为佳，"夫非谓一读杜注，诸书便可废也，以此为准，俾胸有所主，然后泛览古今，博观约取，随其识力所至，以自成其学。不当用此抄取之本，袭取速化之术，锢学者神智，不古不今，以为道在于是，则隘矣。姚刻经传，杜注以岳本为据，岳本是者固多，间亦有舛误，姚不能订正其陋，可知似未可以为善本，尊意何如？"③

同治十一年刻本丁晏辑《曹集铨评》，刘寿曾校。此书因校勘精审获曾国藩称许："《曹集铨评》一书，既以程、张二本互校，核补数篇，复参考诸书，补入佚文十余条、脱文四百余字，具见才宏心细，条理精详。今又觅《艺文类聚》《北堂书钞》《初学记》诸书核

---

① 俞冰主编：《洪汝奎等书札》，《名家书札墨迹》第五册，北京线装书局2007年版。
② 张文虎：《复湘乡相侯》，《覆瓿集续刻·舒艺室尺牍偶存》，第594页。
③ 张文虎：《与周缦云侍御》，《覆瓿集续刻·舒艺室尺牍偶存》，第590—591页。

校，并随时与俭卿封翁往返商榷，又与叔俛、芙卿诸君子晰疑辨难，折衷至当。俾此书体例完善，搜讨精博，不特俭翁耄年借以自娱，亦艺林中一快事也。"① 不仅如此，丁晏子丁寿祺也特意致书刘寿曾："家君《曹集铨评》承大才考订，体例精详，足征家学。"②

成蓉镜校《南宋书》，以书中干支纪年错讹颠倒，专命冯煦作一长历，据冯煦《南宋长历序》云："岁在庚午，宝应成丈心巢有《南宋书》之校，书中甲子错午滋甚，各本溷如，莫可一是，涑水《通鉴》亦未尽合。丈病之，属煦为步一长历，首纪朔实，并及中气，始夏五月，迄六月而竟。丈书其端云：'此书之作，李申耆氏所谓不尸其名而资益于世者'，煦愧斯言，而六十日心力不欲尽没，乃录而藏之。各本日名有误者，并正于一岁之后焉。"③

正因此，金陵局本在晚清出版史上占有重要地位，不少书籍问世后即为善本，后世评价很高。如中华书局1959年点校本《史记》，即以金陵局本为底本，编者称："这个本子经张文虎根据钱泰吉的校本和他自己所见到的各种旧刻古本、时本加以考订，择善而从，校刊相当精审，是清朝后期的善本。……张文虎校刊金陵局本的时候，写有《校刊史记索隐集解正义札记》五卷，跟金陵局本《史记》同时刊行。这五卷札记不但说明了各本同异以及所以去取的原因，还采录了诸家的校释，对于读者大有帮助，现在我们把它重新排印，单独发行。"④ 中华书局1983年点校本《元和郡县图志》，亦以金陵局本为底本，编校者贺次君称："这个本子吸收了殿本的某些长处，但不一味盲从，有些地方还胜过殿本，虽说是后来者居上，也是刊刻的人知识丰富、精心校勘所致。"⑤ 中华书局1984年点校本《元丰九域志》，亦采金陵局本为底本，点校者王文楚评价："《元丰九

---

① 曾国藩：《复刘寿曾（同治八年九月二十六日）》，《曾国藩全集·书信》第31册，第53页。
② 丁寿祺：《丁寿祺致刘寿曾》，《小莽苍苍斋藏清代学者书札（中册）》，第778页。
③ 冯煦：《蒿盦类稿》卷一五《南宋长历序》，第197页。
④ 中华书局编辑部：《史记出版说明》，司马迁：《史记》第1册卷首，中华书局1959年版，第5—6页。
⑤ 贺次君：《元和郡县图志前言》，李吉甫著，贺次君点校：《元和郡县图志》卷首，中华书局1983年版。

域志》经过冯集梧、吴兰庭的二次校勘，纠正了不少错误，并写成考证分别系于各卷之末，光绪八年由金陵书局重刊，这是该书现行较为完善的本子。"[1] 光绪八年，金陵书局刻《太平寰宇记》两百卷三十六册，问世后即成为通行善本，清末杨守敬称誉此本"校订颇审"[2]，对其推崇备至。中华书局1999年点校本《太平寰宇记》，也是以金陵局本为底本，编校者王文楚评价金陵局本"是清代以来流传较好的版本，优胜于万廷兰本"[3]。

三 刻印

书籍校勘成稿后，进入雕版刻印阶段。"雕板肇祖于唐，而盛行于五代"[4]，唐五代以降，雕版刻印工序日渐繁复，自定稿至装订，历选料、写样、初校、改补、复校、上版、发刀、挑刀、打空、锯边、印样、三校、挖补、四校、印书十五道，尤其写样、发刀、挑刀、挖补等环节，对工匠技艺与经验要求很高。

工匠与板材，是保证雕版刻印质量的基础。同治年间，各省兴办地方书局，不惜以高价聘用写刻高手，良匠难觅，"以各省开局，工价较优，见利争趋，颇难雇觅"[5]。早在设局安庆之初，曾国藩即托吴棠、高均儒，为其在扬州、泰州招募写刻工匠并购梨板三百余片至皖城；李鸿章接管书局后，聘金陵著名刻工李光明为工头。李光明技艺娴熟，他的宋体刻字方正、端庄，由他负责写刻的《四书十三经》诸书，在字体、版式、行距、行版、刀法、板型等方面风格一致，齐整大方。

移局冶山"飞霞阁"后，金陵书局议定"刻字法式四条、书局

---

[1] 王文楚：《元丰九域志前言》，王存等撰，魏嵩山、王文楚点校：《元丰九域志》卷首，中华书局1984年版。

[2] 杨守敬：《寰宇记跋》，黎庶昌编：《影宋本太平寰宇记补阙》卷末，光绪十年遵义黎氏刊本。

[3] 王文楚：《宋版〈太平寰宇记〉前言》，乐史著，王文楚点校：《宋本太平寰宇记》卷首，中华书局1999年版。

[4] 叶德辉：《书林清话》卷一《刻板盛于五代》，第17页。

[5] 张文虎：《复湘乡相侯》，《覆瓿集续刻·舒艺室尺牍偶存》，第594页。

147

章程八条"①。曾国藩提出：刻板须兼"方、粗、清、匀"四字之长。"方"即字体方整，笔画多有棱角，"粗"则耐刷，忌一横之中太小、一撇之尾太尖等弊，"清"则两字之间不得相混，字边不与直线相拂，"匀"则字体大小、笔画精细及布白疏密皆须均匀，"既系长远之局，须请局中诸友常常执此四端，与工匠讲求，殷勤训奖，严切董戒，甚至扑责议罚，俱不可少。自然渐有长进或写手略分甲乙，上下其食，伏候卓裁"。

曾国藩又认为："宋体字书刻之精者，必汲古阁《乐府诗集》《揅经室集》之类，须觅一二初印存于局中，以作榜样。"② 这两种书籍的版式均天宽地窄、边框较粗，齐整匀称，毛本《乐府诗集》页十一行，行二十一字，其字体方正，横平竖直、横轻竖重，而犹有楷书风范，秀丽俊雅；《揅经室集》初印本页十行，行二十字，其字体更加方正，横细竖粗，其横画收笔、竖画起笔呈三角形，已十分接近现代宋体字印刷体。

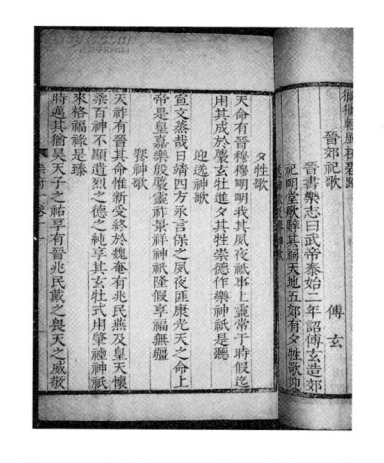

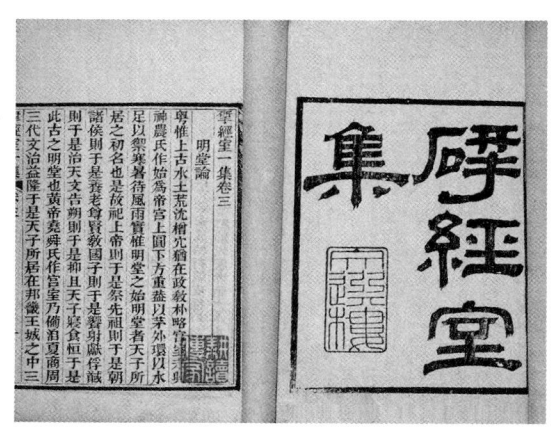

明毛氏汲古阁刻本《乐府诗集》　　道光三年《文选楼丛书》本阮元《揅经室集》

---

① 曾国藩：《曾国藩全集·日记（同治七年正月廿一日）》第 19 册，第 13 页。
② 曾国藩：《致周学濬（同治六年十二月二十二日）》，《曾国藩全集·书信》第 30 册，第 308—309 页。

第四章　金陵书局的刻书及其学术影响

以下据国家图书馆藏本，从封面、牌记、序跋、目录、正文、版式等项，略述金陵局本的特征：

1. 封面

多在书籍书衣内第一页，主要用以题书名。书名刻于正中，有些将卷数刻于书名之后，有些将著者姓氏刻于书名之前，依字数多寡一行至三行不等；字号较大，字体多采篆书、隶书，篆书细长秀丽，隶书则扁圆粗厚，还有少数采宋体、楷书。

如同治四年至十一年刻《四书十三经》，封面字体一般为篆书，但《春秋公羊传》《尔雅》《周礼郑注》三经除外，因此三种是直接购买板片，《春秋公羊传》封面字体为隶书，《尔雅》《周礼郑注》封面字体为宋体。

同治五年《春秋左传杜注补辑》　　　　同治六年《春秋公羊传》

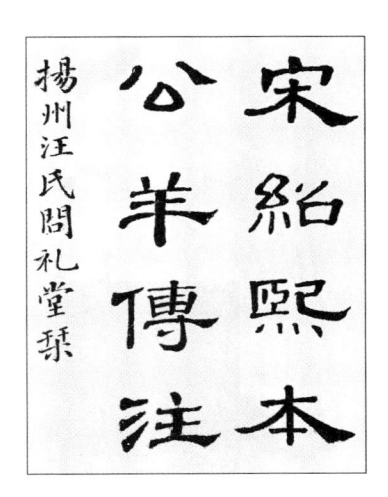

同治七年《尔雅》 　　　　　《周礼郑注》

光绪年间重刊本《四书十三经》，封面字体多为隶书，也有篆书。

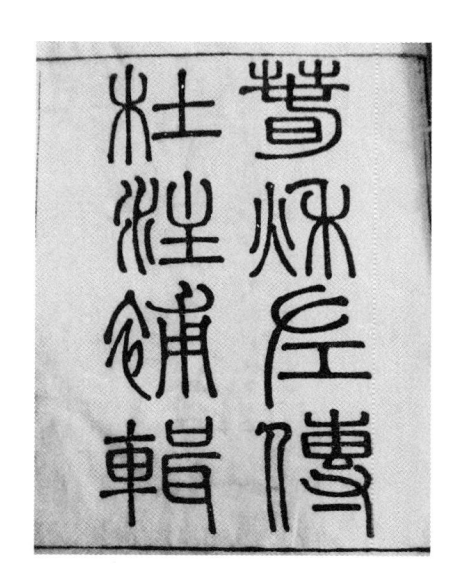

光绪九年《春秋左传杜注补辑》 　　　光绪二十一年《春秋公羊传》

第四章　金陵书局的刻书及其学术影响

《尔雅》 　　　　　　　　　光绪二十年《周礼郑注》

同治六年至光绪四年刻《十四史》，《史记》封面字体是楷书，其余都是篆书。

《北齐书》 　　　　　　　　《陈书》

《晋书》　　　　　　　　　　《史记》

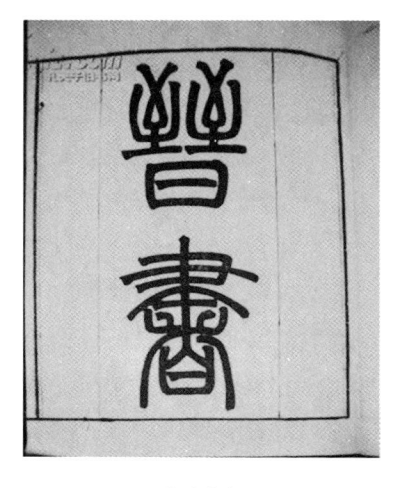

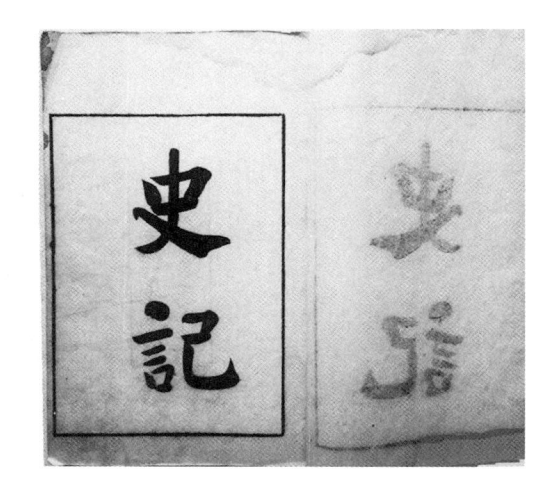

光绪初年刻地志数种，封面字体有篆书，也有隶书。

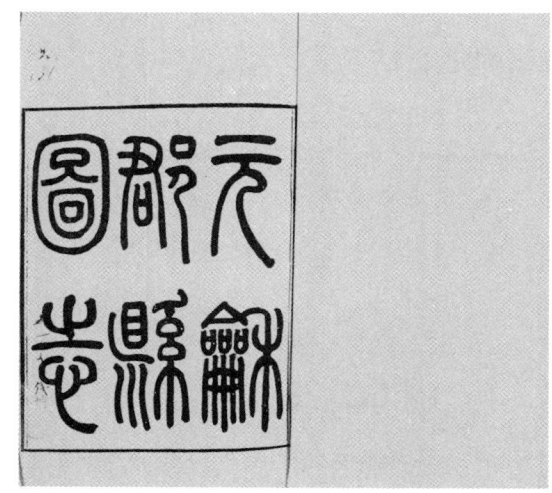

《舆地广记》　　　　　　　　《元和郡县图志》

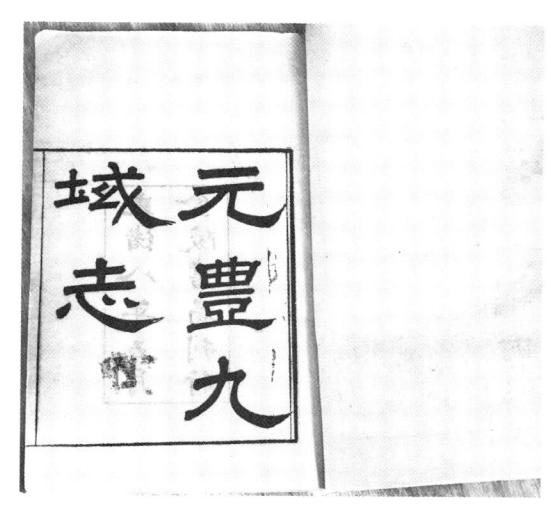

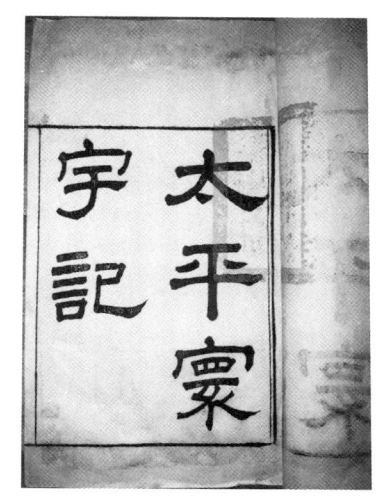

《元丰九域志》　　　　　　　　　《太平寰宇记》

光绪十四年刻《御纂七经》，封面字体为楷书，红色，且饰有龙纹图案。

《钦定礼记义疏》　　　　　　　《钦定书经传说汇纂》

《钦定仪礼义疏》

2. 牌记

多在封面后一页。牌记刻于正中，题有刊刻时间、局名，字数一般在八九字至十四五字左右，极少数还题有刊刻所据原本、版本流转、内容提要等文字；一些有外框，多为长方形，也有少数正方形，一些无外框；一般字号略小于封面字号，但大于正文字号，字体有楷书、隶书、行书，少数为曾国藩、莫友芝等名家题署。

如同治四年至十一年刻《四书十三经》，牌记字体多为隶书，也有篆书，但《春秋公羊传》《尔雅》《周礼郑注》三经保留原书牌记，无金陵书局牌记。

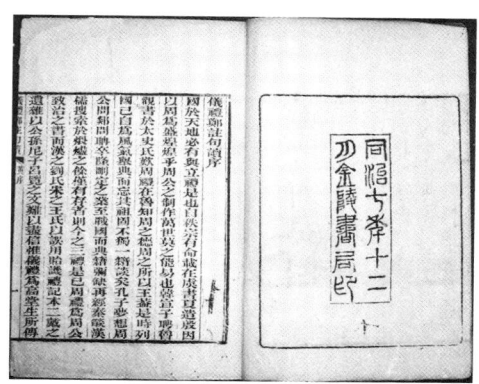

第四章　金陵书局的刻书及其学术影响

《春秋左传杜注补辑》　　　《仪礼郑注句读》

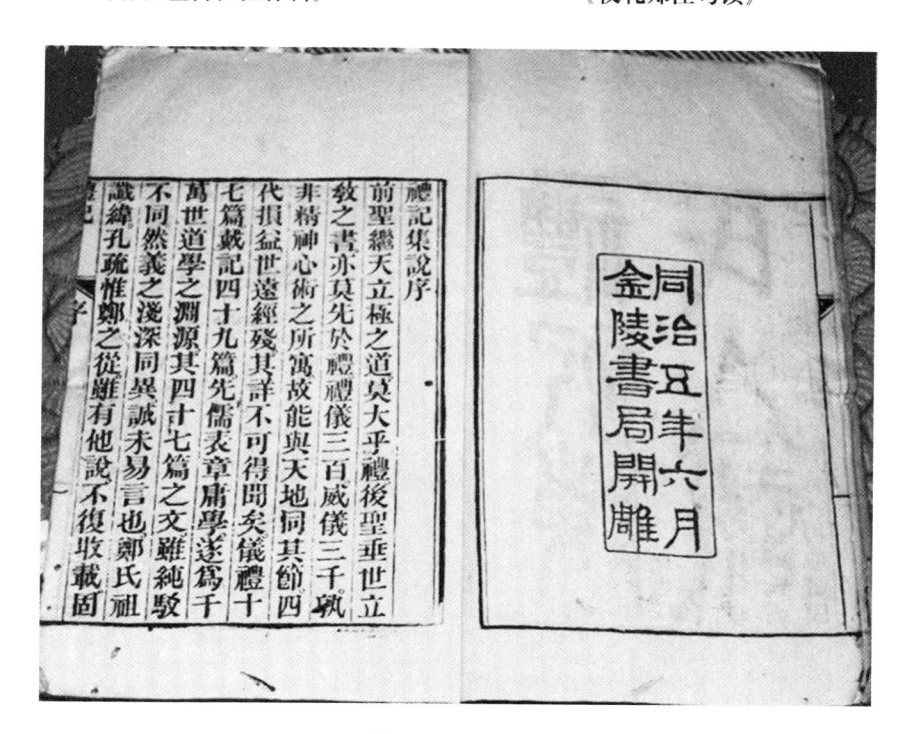

《礼记陈氏集说》

光绪年间重刊本《四书十三经》，牌记字体多为隶书。

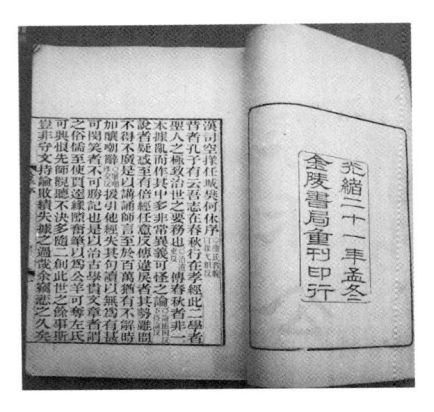

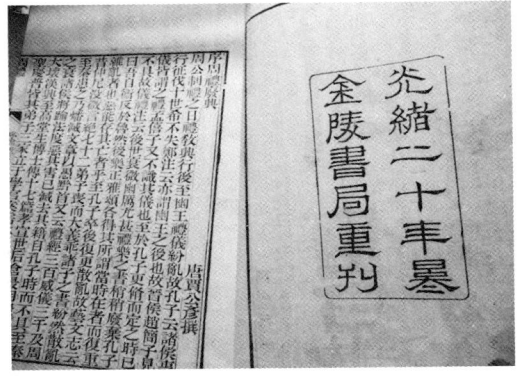

光绪二十一年《春秋公羊传》　　　　光绪二十年《周礼郑注》

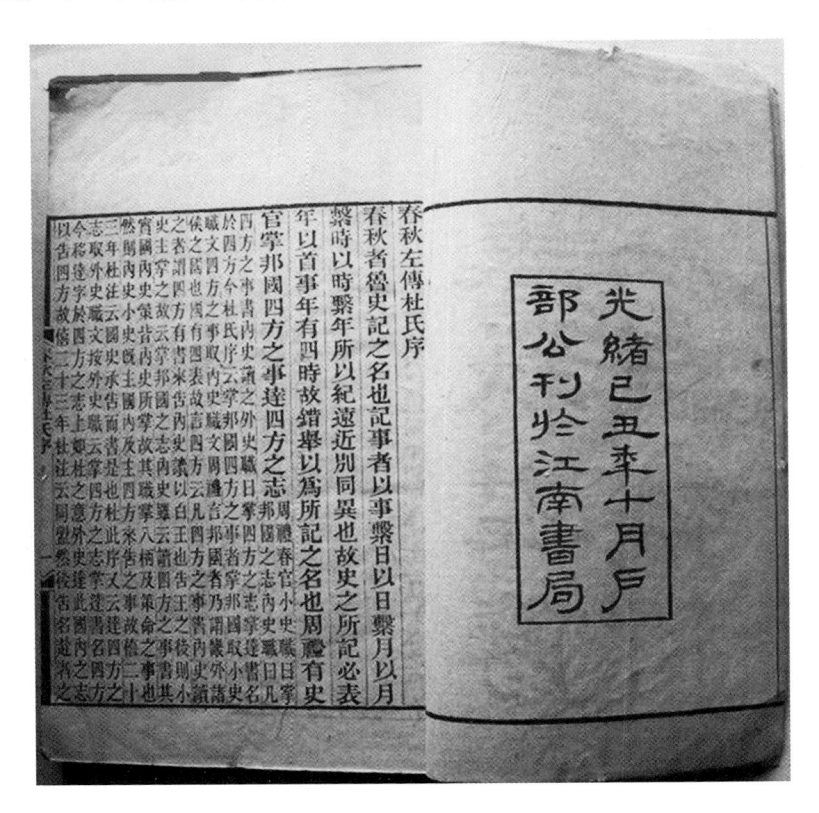

光绪十五年《春秋左传杜注补辑》

第四章　金陵书局的刻书及其学术影响

同治六年至光绪四年刻《十四史》，牌记字体多为隶书，《史记》《晋书》为楷书。

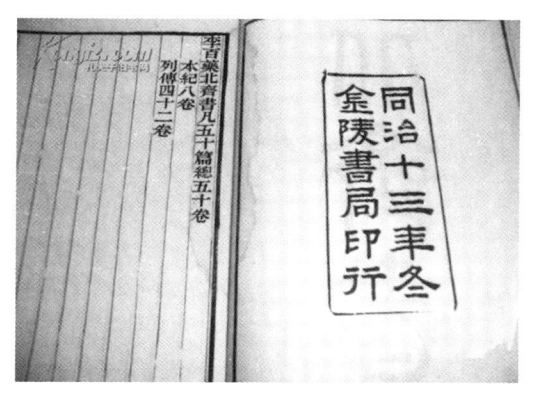

《北齐书》 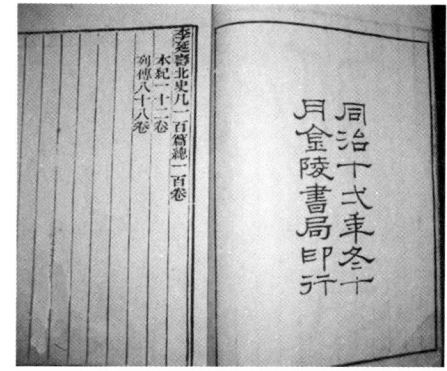　　　　　　　　　《北史》

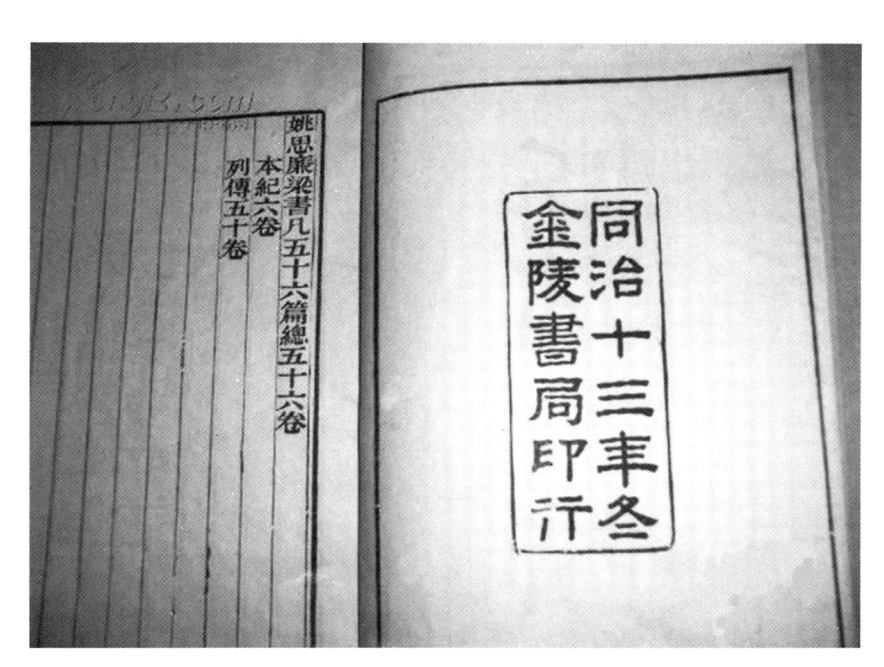

《梁书》

《晋书》　　　　　　　　　　《史记》

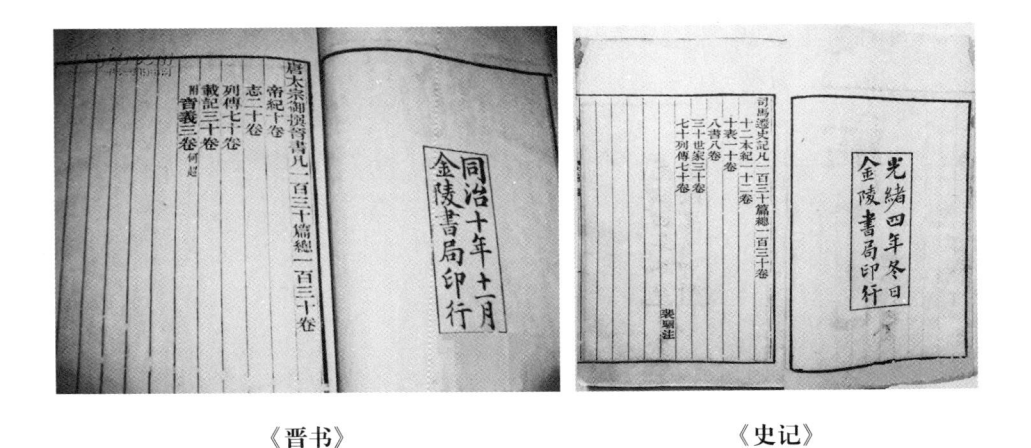

光绪初年刻地志数种,牌记字体皆为楷书。

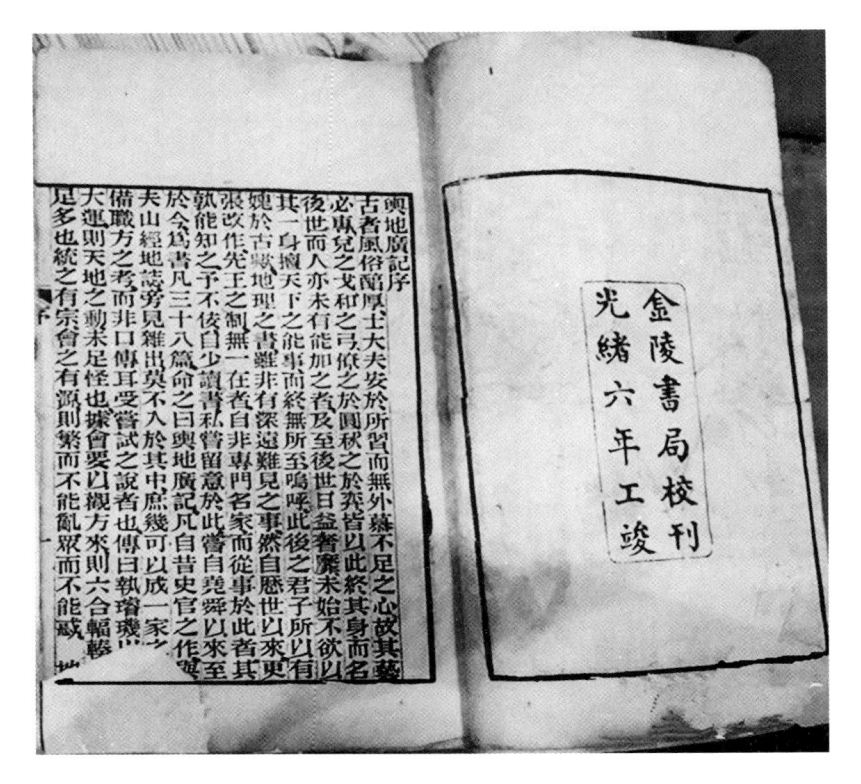

《舆地广记》

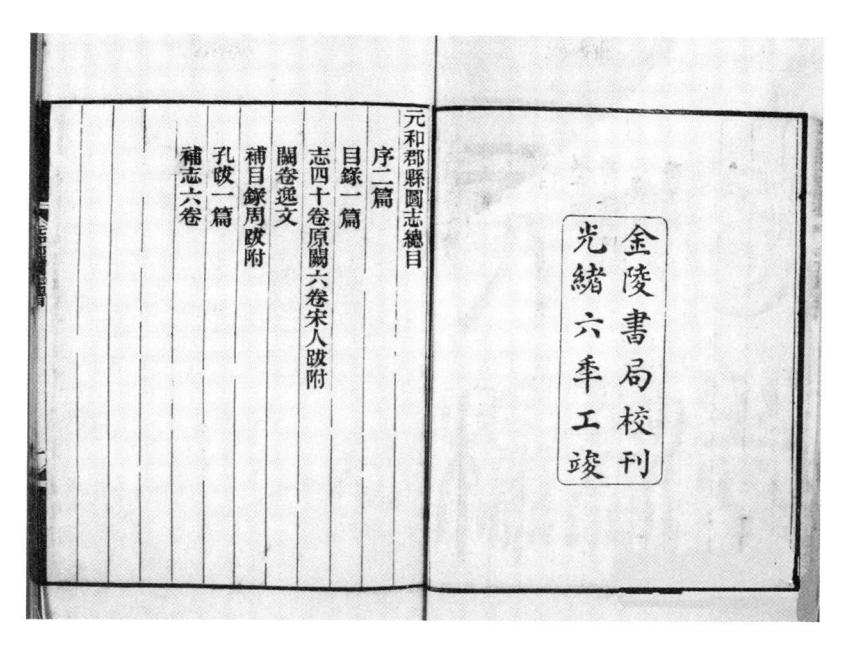

第四章 金陵书局的刻书及其学术影响

《元和郡县图志》

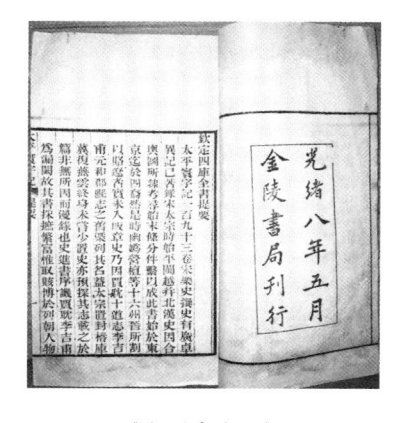

《太平寰宇记》 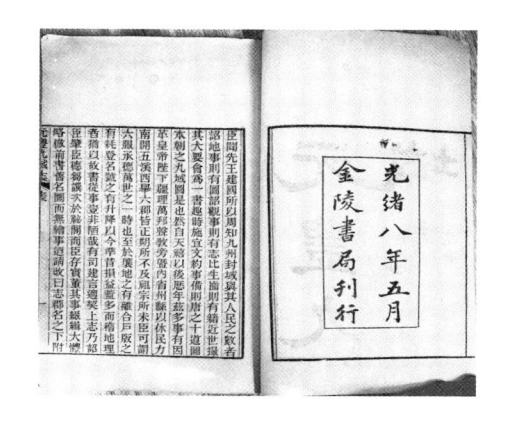　　　　　　　　　《元丰九域志》

　　光绪十四年刻《御纂七经》，牌记字体皆为楷书，红色，且饰有龙纹图案。

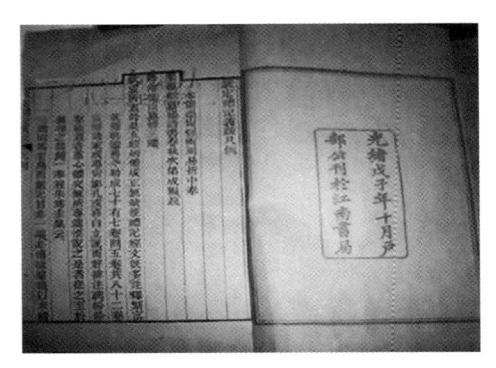

《钦定礼记义疏》　　　　　　　　《钦定书经传说汇纂》

《钦定仪礼义疏》

3. 序跋、目录、正文、版式

一般来说，牌记后是序文，次目录，再次正文，最后是跋文，有些跋文也置于正文之前，有些无序、无跋，或无目录；序跋包括原作序跋、原刻序跋及局刻新序跋，但有些仅有原序而无局刻新序跋。

序跋、目录与正文，一般字号、字体均同一。同光时期，刻本流行肥、方之仿宋体字，字体特征是：横平竖直，长字宜瘦，扁字宜肥，长字撇捺均宜硬，扁字撇捺均宜软；不问横之多寡，所空要齐整，竖和竖之间亦然；大小字夹写者，大字宜肥，小字宜瘦。

金陵局本的版式，大多天宽地窄，边框单栏者，线条粗重，双栏者，内细外粗；页十一行至十三行，行二十二字至二十五字不等，有清匀爽目之感。

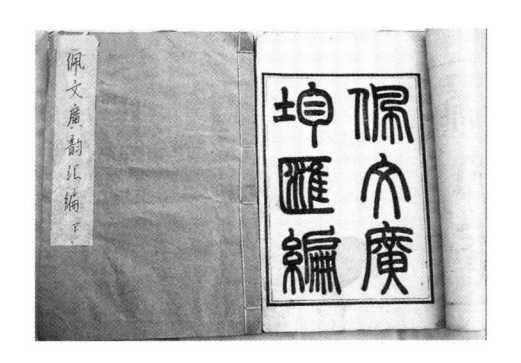

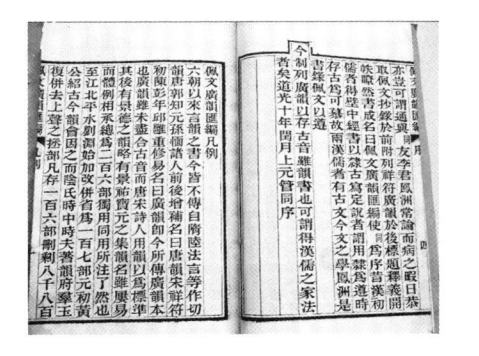

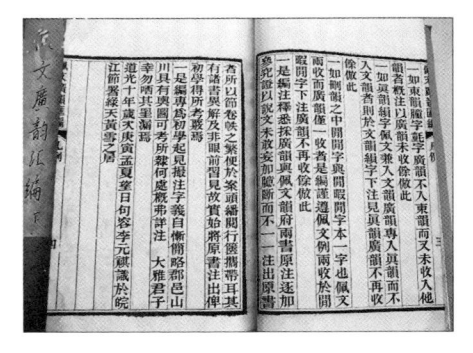

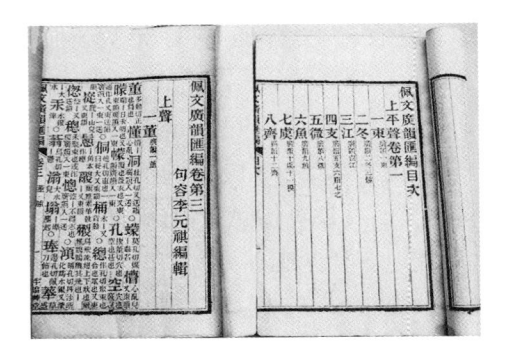

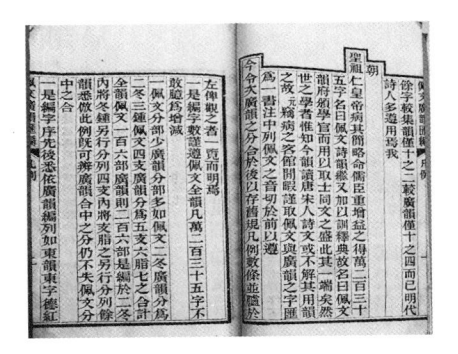

同治十一年刻本《佩文广韵汇编》

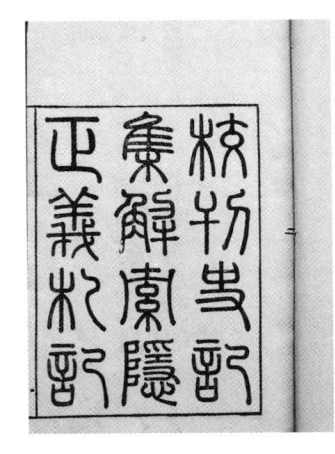

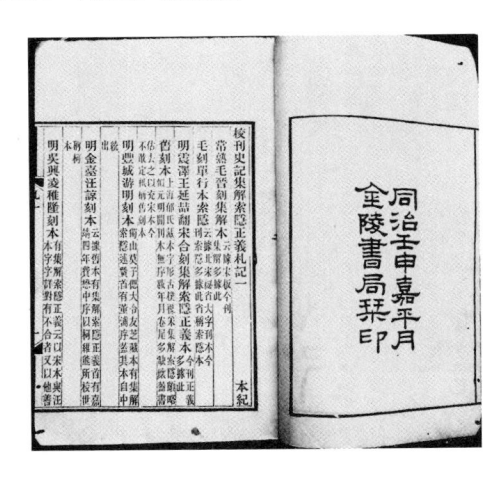

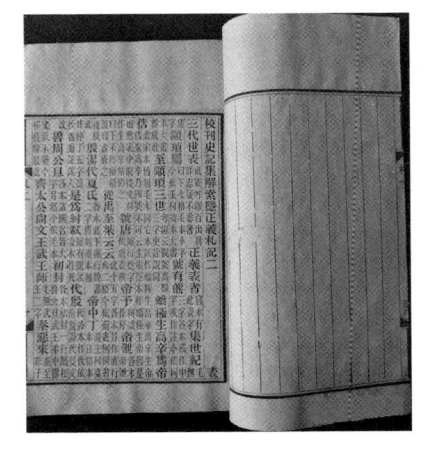

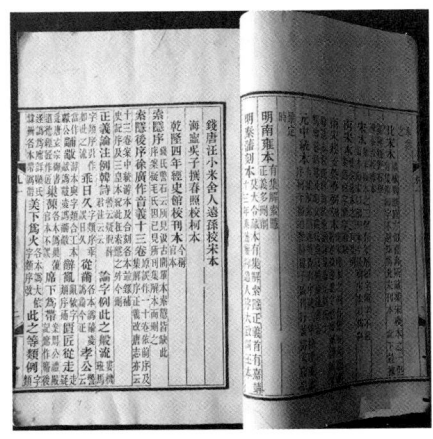

同治十一年刻本《校刊史记集解索隐正义札记》

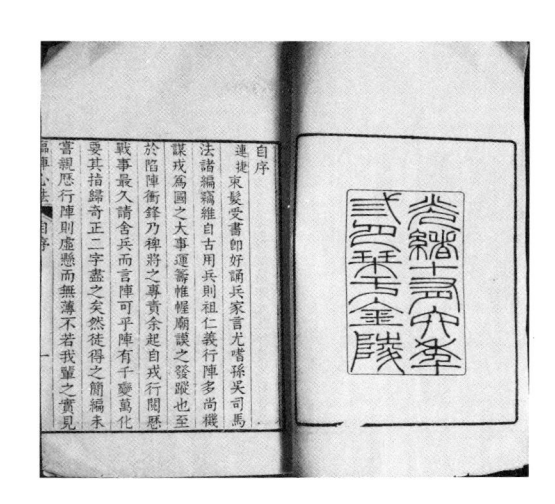

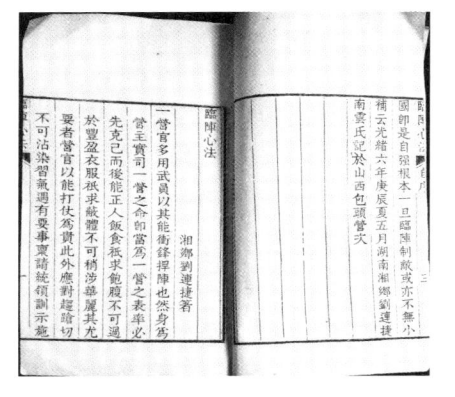

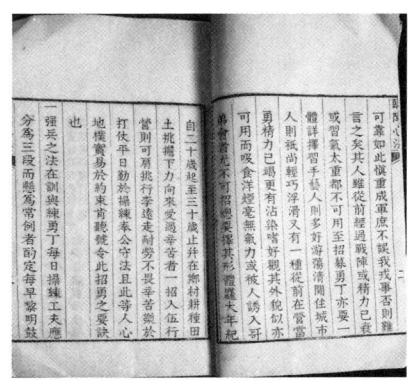

第四章 金陵书局的刻书及其学术影响

光绪十六年刻本《临阵心法》

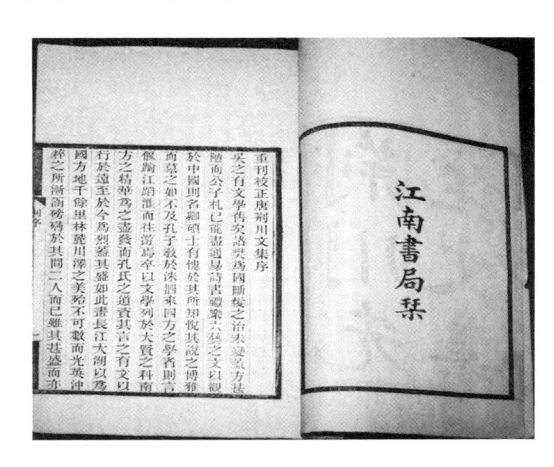

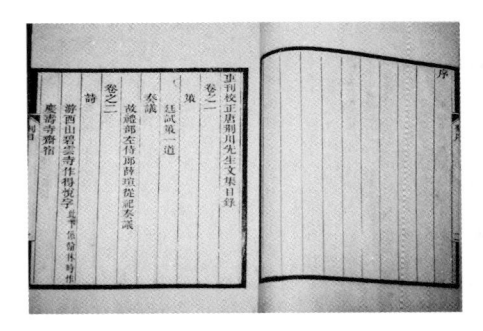

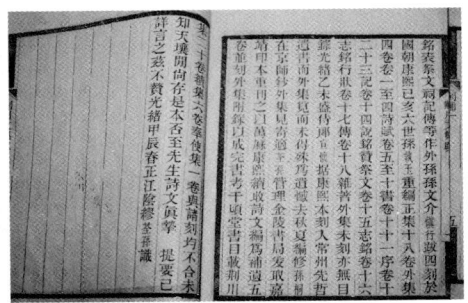

光绪三十年《荆川先生文集》

四 发行

（一）售价

地方书局局本的售价，《续纂江宁府志·实政》记："书成，平其值售之"①，朱士嘉《官书局书目汇编》亦称"价均从廉"②，不以赢利为目的。后世相关论者均沿此说。这种说法大抵无错，地方书局刻书可说是一项公益事业，不以赢利为目的，商业色彩较为淡薄，但若要说售价低廉，就略失偏颇。

据光绪十六年编《江南书局书目》卷首"江南书局提调示"可知，金陵局本售价在光绪十六年二月进行过一次大的调整，所有局本按"常行书价"与"加料书价"两类，"概行折价出售"，以提高销售数量，改善经营：

> 江南创设书局，原为嘉惠士林起见，非市店之生意可比，以故书局纸张、价目，较书肆格外精致、便宜。但近年来销路不旺，推原其故，总由卖书俱用钱钞，钱钞太昂，则书价自必嫌贵，若不急行更改，书籍势难畅销。本道自去冬接办以来，悉心体察，重订章程，板费一律少收，纸价必归核实，工匠刷

---

① 《光绪续纂江宁府志·实政》卷六，第8页。
② 朱士嘉编：《官书局书目汇编》引言，第2页。

印、装订亦酌予减成，庶几费用稍轻，价目亦可从贱。推广招徕，所有从前书局价目，于本年二月朔始，概行减折出售，当即据情禀请宫太保爵督宪批准在案。①

现据《江南书局书目》，统计成表4-2"金陵书局新订常行书价表"、表4-3"金陵书局新订加料书价表"。统计表明，金陵局本的售价并非全都低廉，而是根据书籍内容采用不同纸质，实行"纸质区别价位"，其"常行本"主要以低档纸印制，售价低廉，"加料本"主要以高档纸印制，售价不菲。

1. 常行本

"常行本"类似于今日"平装本"，主要以低档纸印制，有官堆纸、重太纸和杭连纸，适用于中低价位购买者。总计印有四十九种书籍，若将不同纸质也计入，则有五十六种，以官堆本经、史书籍居多。

官堆纸，色略黄，比毛边纸略厚。常行本中，以官堆本数量最多，总计印有三十六种，其中经、史两类三十一种，子、集书籍较少用之。绝大部分经、史书籍都印有官堆本，仅经部《佩文广韵汇编》、史部《读史镜古编》《王船山年谱》《湘军记》《江苏水师部议章程》五种未印。局本《四书十三经》童蒙读本除《左传》《公羊传》外，其余单本都只有官堆本一种。

官堆本售价最廉，经书单本大多售三、四百文左右，《孝经》最廉，仅售二十七文，最贵的是《左传》，但也不过才一串零八十文。史书整体要比经书贵不少，史书单本大多在二、三串文左右，最贵的是《两汉书》，六串文。芜湖中江书院教谕王呈祥编《中江书院尊经阁募捐送书籍并藏书规条》记："四史局价甚廉，金陵书局《史记》钱三串二百，《两汉》钱六串，《三国》钱一串八百，须各置一部，或数人分买传观亦可。"② 按此处三种售价来看，所指当是

---

① 江南书局编：《江南书局书目》卷首《江南书局提调示》，光绪十六年江南书局刻本。
② 王呈祥编：《尊经阁书目》卷首《中江书院尊经阁募捐送书籍并藏书规条》，《丛书集成初编》第31册卷首，上海商务印书馆1935年版，第5页。

官堆本四史，如果是加料本中昂贵的大料半宣纸本、重皮宣纸本，至少是这个价位的二至三倍。

重太纸，即重毛太纸，毛太纸类似毛边纸而稍薄，同光年间刻书用之较多。局本仅《吴学士文诗集》印有重太本，售价略低于杭连本，约为后者的0.7倍。

杭连纸，连纸的一种，韧性好，纸质细腻光滑，吸水性强，着墨后款面发亮，利于拓款，属中档印纸，清末比较考究的印本多采之。常行本中，杭连本数量不多，仅七种，为史部《太平寰宇记》《元和郡县志》《元丰九域志》《校勘舆地广记》、子部《元和姓纂》《数理精蕴》与集部《吴学士文诗集》。杭连本售价高于官堆本，约为后者的1.8倍，官堆本《太平寰宇记》三串六百文，杭连本则需六串三百文。

常行本中还有十二种未登录纸质，以子、集类书籍居多。

常行本以官堆本经、史书籍居多，这两类书籍与书院、学校的经史教学和士子科考密切相关，主要购买群体是普通士子和学校、书院、藏书楼等处。印制廉价官堆本，易于书籍行广流传，利于传播儒家经史典籍，普及文化教育。

表4-2　　　　　　　　金陵书局新订常行书价表

类别	序列	书名、册数	纸质			
			官堆纸	重太纸	杭连纸	未登录纸质
经	1	四书十一经汇合本五十四本	六串七百五十文			
	2	大本四书五经四十本	四串一百四十文			
	3	小本四书五经四十本	三串零六十文			
	4	四书六本	四百八十文			
	5	诗集传五本	四百文			
	6	书集传四本	三百二十文			
	7	周礼六本	六百三十文			
	8	礼记十本	九百文			

续表

类别	序列	书名、册数	纸质			
			官堆纸	重太纸	杭连纸	未登录纸质
经	9	仪礼郑注句读四本	五百四十文			
	10	易程传三本	二百六十文			
	11	易本义二本	二百叁十文			
	12	左传十本	一串零八十文			
	13	仿宋公羊传二本	四百八十文			
	14	穀梁传二本	三百四十文			
	15	尔雅注三本	三百六十文			
	16	孝经一本	二十七文			
	17	仿宋相台五经三十二本	三串九百六十文			
	18	佩文广韵汇编二本				四百四十文
史	19	校本史记二十本	三串八百文			
	20	新刻初印仿汲古阁本史记十六本	三串文			
	21	两汉书三十二本	六串文			
	22	三国志八本	一串六百文			
	23	晋书二十本	三串九百文			
	24	南北史三十二本	五串四百文			
	25	宋书十六本	二串六百文			
	26	魏书二十本	三串三百文			
	27	齐梁陈北齐周五史二十四本	四串一百文			
	28	校勘史记札记二本	四百八十文			
	29	潘文恭公读史镜古编六本				六百三十文
	30	太平寰宇记三十六本	三串六百文		六串三百文	
	31	元和郡县志八本	一串		一串八百文	
	32	元丰九域志四本	四百十文		七百二十文	
	33	校勘舆地广记四本	四百九十文		九百文	

续表

类别	序列	书名、册数	纸质			
			官堆纸	重太纸	杭连纸	未登录纸质
子	34	元和姓纂四本	四百文		七百二十文	
	35	数理精蕴四十本	七串二百文		八串六百文	
	36	临阵心法一本	八十文			
	37	重学几何原本则古昔斋算学三种二十本				二串七百文
	38	王念孙读书杂志二十四本				二串五百二十文
	39	小学二本				一百六十文
	40	老子章义一本				八十文
	41	蚕桑辑要一本				一百文
	42	大学衍义八本				九百文
	43	吕氏四礼翼一本				一百二十文
集	44	曹集铨评二本	二百八十文			
	45	文选李善注十本	二串一百文			
	46	古今诗选十本				一串一百七十文
	47	唐人万首绝句选二本				二百文
	48	仿汲古阁本楚辞四本				九百文
	49	吴学士文诗集六本		四百五十文	六百三十文	
纸质种类合计			36	1	7	12

2. 加料本

"加料本"类似于今日"精装本",主要以中高档纸印制,有官堆纸、轻赛连纸、重赛连纸、杭连纸、小料半宣纸、大料半宣纸、料半宣纸和重皮宣纸,适用于中高价位购买者。总计印有二十四种书籍,若将不同纸质也计入,则有五十种,以四种宣纸本正史居多。

官堆纸、轻赛连纸、重赛连纸三种低档纸,在加料本中已采用很少,仅印有官堆本《十四史散叶(每捆)》《湘军记》、轻重赛连本《仿汲古阁史记》《两汉书》《三国志》，总计不过五种。

中档杭连纸，印有十种，每部各有几种印制。

小料半宣纸、大料半宣纸、料半宣纸与重皮宣纸，都是高档宣纸，白净细腻，绵软柔韧，光泽度高，重皮宣纸含檀皮成分80%以上，较之其他宣纸更经受拉力，质量最好。这四种宣纸总计印有三十三种，主要印正史，《校本史记》与局本《十四史》在官堆本之外，每一种都另印有小料半宣纸、大料半宣纸、重皮宣纸三种高档本子（《南北史》除外，它只有大料半宣纸、重皮宣纸两种本子）。其他书籍采用高档宣纸者较少。

加料本中还有两种未登录纸质，为《王船山先生年谱》《江苏水师部议章程》。

加料本较之常行本要昂贵很多。如《两汉书》三十二本，官堆本仅六串文，轻赛连本六串四百文，杭连本七串九百文，略高出三成价，三种宣纸本则是官堆本的二、三倍，小料半宣本十串零二百文，大料半宣本十三串四百文，重皮宣纸本则需十八串六百文。也就是说，书局编校月薪二十四金，还不够买两部重皮宣纸本《两汉书》。

金陵局本在常价本之外，以加料本并行，主要原因有二：一是利于书局资金周转。早在同治六年《四史》将开刷之时，曾国藩就与周学濬商议："至卖价不妨略昂，取其赢余，以为续刻它书之资。"① 如果说常价本只是保本、甚至可能是赔本销售，那么加料本肯定是有赢利的。事实证明，曾国藩确实考虑长远，正是加料本的赢利保全了书局长远发展，洪汝奎记："汝奎供役秣陵，诸叨平适，循旧办理。惟运司自同治十一年以后，即未拨解分文，所有员友薪水、写刻工费、续购纸张等项，全赖书价周转以资接济，局款甚觉支绌。"②

二是曾国藩个人需求。如果将官堆本称为"经济实用版"，杭连本为"经典版"，那么大小料半宣本则是"豪华版"，重皮宣本无疑

---

① 曾国藩：《致周学濬（同治六年十二月二十二日）》，《曾国藩全集·书信》第30册，第309页。

② 俞冰主编：《洪汝奎等书札》，《名家书札墨迹》第五册，北京线装书局2007年版。

就是"超级豪华精装版",适合馈赠僚友。如同治九年二月曾国藩复函洪汝奎:"前寄保定之两《汉》二十三部,想皆价值本洋十八元者矣。"① 我们若翻看《薛福成日记》,便可知曾国藩馈赠僚友《两汉书》,正是最昂贵的重皮宣本。正好是在同一天,薛氏记:"金陵书局书价:前后《汉书》三十二本,重皮宣纸印者,本洋十八元;大宣料半纸者,十三元;宣料半纸者十元;色纸者七元。《史记》廿本,价十一元、六元至四元二角止。《三国志》自四元五角至二元八角、二元止。《文选》自五元二角、三元二角至二元四角止。"② 重皮宣本《两汉书》极为精致,难怪李善兰收到后视若珍宝,感激至极:"承惠大本《两汉书》,照眼光明,汲古阁初印本殆不能及,感甚喜甚!虽千镒之赐,不是过矣。"③

总之,金陵局本的售价并非全都低廉,而是根据书籍内容采用不同纸质,实行"纸质区别价位"。"常行本"主要以低档纸印制,以廉价官堆本经、史书籍居多,易于书籍行广流传,利于传播儒家经史典籍,普及文化教育;"加料本"主要以高档纸印制,以昂贵宣纸本正史居多,印制"加料本"利于书局资金周转,也是曾国藩馈赠僚友所需。

(二) 销售

金陵局本的销售渠道,主要有书局自售、他局代售与书肆销售三种途径。

1. 书局自售

金陵书局校书处,初设于金陵"堂子巷",同治六年三月迁至冶山东北隅"飞霞阁",售书处也有过迁址。

《张文虎日记》同治八年正月九日记:

> 是日曾劼刚、孙琴西为缦老饯行于下江考棚,招与子密、

---

① 曾国藩:《复洪汝奎(同治九年二月初八)》,《曾国藩全集·书信》第31册,第138页。
② 薛福成:《薛福成日记(同治九年二月初八)》,第53页。
③ 中国社会科学院近代史研究所资料室编:《曾国藩未刊往来函稿》来函部分《李善兰来函》,岳麓书社1986年版,第367页。

表 4-3　金陵书局新订加料书价表

类别	序列	书名	官堆纸	轻篓连纸	重篓连纸	杭连纸	小料半宣纸	大料半宣纸	料半宣纸	重皮宣纸	未登录纸质
经	1	仿宋相台五经三十二本							八串六百文		
	2	左传十本				一串八百文					
	3	公羊传一本							八百文		
	4	校本史记二十本				四串八百文	六串二百文	七串七百文		十一串三百文	
	5	仿汲古阁史记十六本			三串七百文	四串二百文					
史	6	新刻初印仿波古阁本史记十六本					四串七百文	五串九百文		六串五百文	
	7	两汉书三十二本		六串四百文		七串九百文	十串零二百文	十三串四百文		十八串六百文	
	8	三国志八本		一串八百文		二串四百文	二串二百文	三串三百文		四串六百文	
	9	晋书三十本					六串四百文	八串三百文		十一串八百文	
	10	南北史三十二本						十二串四百文		一七串一百文	
	11	宋书十六本					四串六百文	六串文		八串三百文	
	12	魏书二十本					五串七百文	七串四百文		十串零三百文	
	13	齐梁陈北齐周五史二十四本					七串文	九串文		十二串六百文	

续表

类别	序列	书名	纸质								未登录纸质
			官堆纸	轻赛连纸	重赛连纸	杭连纸	小料半宣纸	大料半宣纸	料半宣纸	重皮宣纸	
史	14	校勘史记札记二本							九百文		
	15	王船山年谱二本	二十五串三百文			三十四串七百文					一百四十文
	16	十四史散叶（每捆）	八百文			一串六百文					
	17	湘军记十二本				一串三百文					
	18	湘军记八本				一百八十文					一百文
	19	江苏水师部议章程一本									
子	20	大学衍义八本								二串五百文	
	21	金刚经联语一本				二串八百文					
	22	楚辞四本									
集	23	文选李善注十本							三串三百文	五串四百文	
	24	曹集铨评二本						五百四十文			
		纸质种类合计	2	2	1	10	8	10	4	11	2

端甫相陪。饮馔颇盛,节相宴客从未有此。书局所刊诸书向由缦老处发印、发卖,今归局中经理,殊多一番周折。

同治十年七月十九日记:

寄黄子慎、钱听甫、朱贡三、王雨楼及静山信,并托买各书及《礼部集》,由洪琴翁转寄。①

另光绪十六年刊《江南书局书目》卷首"江南书局提调示"记:

在承恩寺大街春和钱店收钱给凭票,往贡院前街验票发书。②

据上三则史料推知:其一,同治八年以前,售书处很可能附设于金陵"尊经书院",当时周学濬以尊经书院掌教提调金陵书局,故"缦老处"所指很可能就是尊经书院。

其二,同治八年以后,周学濬辞局返乡,发印、发卖"归局中经理",售书处应该随之迁址。我们仅知光绪十六年前后售书处设于"贡院街前街",但从"尊经书院"到"贡院街前街",期间是否另有波折,也未可知。

其三,光绪十六年前后,金陵书局校书处设于冶山东北隅"飞霞阁"(今南京市六合区冶山镇),售书处设于贡院街前街(今南京市秦淮区青溪南秦淮河北),两处距离约七十公里。书局委托承恩寺大街春和钱店(今南京市秦淮区三山街一带)收款开票,购书者持票往贡院前街售书处领书,两处距离很近,约一公里。

进入民国以后,金陵书局隶属于江南图书馆,不再出版图书,

---

① 张文虎:《张文虎日记》,第168、257页。
② 江南书局编:《江南书局书目》卷首《江南书局提调示》,第1页。

仅发售书籍，局址又有迁更。朱士嘉《官书局购书章程及通信处》记，民国年间金陵书局通信处是"江苏省立第一图书馆（南京龙蟠里）"，"本局出版各书，均按书目定价出售，不折不扣。如有远道付洋函购，须代寄者，包皮邮费照刊定书价，另外加洋一五成，以便代寄。如该寄费有多，退还，少仍函知购者补足，以免亏耗，并不得以邮票抵价。合再声明"①。寄费过高，购买不便，是限制局本销售的原因之一。

2. 他局代售

主要的代售书局有三处，为山东济南书局、山西浚文书局与直隶官书局，都在北方。

济南书局，同治九年山东巡抚丁宝桢设于山东济南，本局刻书一百余种。济南书局是各省官书局分销处，《官书局书目汇编》收录局本总计近三千种，由济南书局经销的即有一千二百余种。②

浚文书局，光绪五年曾国荃设于山西太原，因经费匮乏，本局刻书极少，《官书局书目汇编》收录者仅十七种。③ 光绪中后期基本停止刻书，以运售南方各省书局刻书为主，《山西通志·公署略下》记："由司道经理，刊刻书籍，与通志局并动用捐款，嗣因经费不敷，暂停剞劂，拨款采买南省局刻各书，照价转售通省士民。"④

直隶官书局，光绪八年直隶总督李鸿章设于保定、天津两处，专门发售各省书局刻书，后也代销商务印书馆、文明书局的新式教科书。民国以后，除主营南方新书外，又增加寄售与收购古旧书籍业务，在北京也设有分支机构。光绪二十八年直隶官书局编《直隶官书局运售各省官刻书籍总目》，收录各地局本四百六十二种，其中江南书局四十种，江西书局三十种，江苏书局七十一种，浙江书局六十三种，崇文书局一百九十五种，淮南书局四十四种，上海书局

---

① 朱士嘉编：《官书局书目汇编》卷末附录《官书局购书章程及通信处》，第1页。
② 朱士嘉编：《官书局书目汇编·山东书局》，第74—188页。
③ 朱士嘉编：《官书局书目汇编·浚文书局》，第224—226页。
④ 《光绪山西通志·略七公署略下公所》卷八十，第325页。

六十五种。①

3. 书肆销售

局本校勘精审，刻印精美，且"平其值以售之"，故而书商均愿经销。

如民国年间著名书肆经销商孙殿起（1894—1958年），老家在当时的河北冀县，贩书数十年，1919年在北京开设"通学斋书店"，长期经营古旧书籍收售业务。孙殿起精于古书版本鉴别，据多年经手及见知古籍善本，编成《贩书偶记》二十卷，登录清代及民国前中期书籍一万余种，凡见于《四库全书总目》者概不收录，录者必卷数、版本不同；非单刻本不录，间有在丛书者，必系初刻的单行本或抽印本。②《贩书偶记》1936年刊印后，孙殿起又陆续编成目录六千余条，由其助手雷梦水整理成《续编》，1980年上海古籍出版社出版。③因此，《贩书偶记》与《续编》相当于是《四库全书总目》续编。

《贩书偶记》与《续编》也登录有部分局本，如《贩书偶记·经部》登录有《诗集传音释二十卷图一卷纲领一卷诗序辨说一卷附校勘札记一卷》（明庐陵罗复撰。咸丰五年至七年南昌蒋氏衍芬草堂校刊。光绪己丑江南书局刊）、《论语古注集笺十卷附考一卷》（吴县潘维城撰。光绪七年江苏书局刊）、《郑氏佚书二十二卷 附郑君纪年一卷》（鄞袁钧撰。光绪戊子浙江书局刊）、《经典释文三十卷》（唐陆德明撰。考证三十卷。余姚卢文弨撰。乾隆辛亥抱经堂刊。考证常州龙城书院刊。同治八年湖北崇文书局刊）、《经籍纂诂并补遗一百六卷》（仪征阮元撰。嘉庆十七年扬州阮氏琅环仙馆刊。同治癸酉淮南书局补刊）、《说文引经证例二十四卷》（江阴承培元撰。光绪二十一年广雅书局刊）、《广说文答问八卷》（江阴承培元撰。光绪二十一年广雅书局刊）。④

---

① 直隶官书局编：《直隶官书局运售各省官刻书籍总目》，光绪二十八年直隶省城官书局刻本。
② 参见《贩书偶记出版说明》，孙殿起编：《贩书偶记》卷首，中华书局1959年版。
③ 参见《贩书偶记续编出版说明》，孙殿起编，雷梦水整理：《贩书偶记续编》卷首，上海古籍出版社1980年版。
④ 孙殿起编：《贩书偶记·经部·诗类》卷一，第18页；《贩书偶记·经部·论语》卷三，第47页；《贩书偶记·经部·诸经总义类》卷三，第71、75页；《贩书偶记·经部·小学类》卷四，第82页。

（三）流通

通过个人购书、赠书、官绅捐购、督抚札发、选送进呈等方式，局本最终流向私人、学校、书院、藏书楼、礼部、翰林院、国子监、孔府等处。

1. 个人

个人"购书"以诵习或收藏，是局本的主要流通方式。

此外，还有一些是以"赠书"形式流向个人。即以曾国藩个人而论，赠书数量不在少数，书局早期刊刻《船山遗书》《史记》《汉书》《后汉书》《三国志》《文选》《古今诗选》《公羊传》等都有赠本，单是《两汉书》《史记》《三国志》每种即送出二十三部，获赠者既有户部尚书宝鋆、恭亲王奕訢等枢廷，李鸿章、李宗羲、何璟、朱兰、吴棠等地方大僚，也有张裕钊、何绍基、薛时雨、李联琇等地方名士以及李善兰、张文虎等书局编校人员。

2. 学校、书院与藏书楼

通过"官绅捐购"方式，部分局本流向学校与书院。如：光绪元年，提调洪汝奎与寓宁皖籍士绅联络，捐购经史书籍至书院，"先生与寓宁皖绅公，同捐购金陵局刊经史，并商刘省三军门（铭传，后官台湾巡抚），捐购《通志堂经解》《佩文韵府》至书院，臬孙琴西同年请并储敬敷书院"。光绪七年，时洪汝奎已迁官两淮盐运使，"十一月，购备《十三经》《廿四史》等书，移送泾县儒学尊经阁存储，以供寒士诵读"。光绪八年，洪汝奎被削职发住军台，冬，与河北张家口抡才书院绅董筹购书籍，"兹已向各省书局将《十三经注疏》《二十四史》购齐，并分配子集各种分装箱只，祈照单查收。传知肄业诸生，将每本书籍写明书名、卷数，以便检查，并知照县署，将每本钤盖县印，以垂久远"①。

也有通过"督抚札发"方式，流向本省学校、书院与"藏书楼"。如：同治十年，江宁盐法道孙衣言于金陵惜阴书院内创办藏书楼"劝学官书局"，"同治十年，分巡江宁盐法道孙公衣言上议都

---

① 章洪钧编：《泾舟老人洪琴西先生年谱》卷三，第441、443、464、469页。

府，取湖北、浙江、苏州、江宁四书局所刊经籍藏于惜阴书院，而达官寓公又各出善本益之，统名曰'劝学官书'，俾本籍士子之无书者。得诣，书院借读事领于官，而簿钥、出纳则绅士掌之"。劝学官书局《章程》记："一，书院楼房三间，庋藏书籍。凡借书者，随同典书者禀明山长，上楼开柜，事毕，即扃锁以杜盗窃；一，每届夏令，典书之人公同晒晾；一，凡一切大小文武现任致仕官员，并外来侨寓仕宦，概不准借；一，凡借书，大部八本一次，小部每部一次缴还，不得逾十日，不得污损，必素识循谨方正之廪生出具保结。"劝学官书局设立后，崇文、浙江、江苏、金陵、聚珍五书局各送存局本二、三十余种，孙衣言、莫友芝亦送存书籍数种。①

　　督抚札发局本不仅在本省流通，也流向外省。如：光绪二十年，徽宁池太广道道台袁昶（1846—1900年）扩建芜湖中江书院，附设藏书楼"尊经阁"，次年秋落成，购书数万卷。尊经阁藏书除官绅捐赠、自购、自刻之外，部分来自各省书局捐赠。尊经阁创办伊始，袁昶即禀请座师张之洞（时以湖广总督署理两江总督）颁发金陵、江苏二局本："伏思金陵、苏州官书局所刻群籍积累已多，皖南为宪台辖省，多士仰沐日月之光，得在陶甄之列，可否求饬下书局提调照颁一分，俾得请领庋藏于湖尊经阁，以为诸生讽诵竹帛之资。"袁昶得张之洞批复："所请由金陵、苏州书局将所刊经籍各发一分，为生徒肄业传钞之需，仰候分行两书局遵照移发备用，所需纸张、印刷价值，归章报销可也。"②据《中江书院尊经阁募捐送书籍并藏书规条》记："各省大宪批准巡道禀并札行颁发各书局所刻经籍，由巡道出具领纸，派员弁往领归，分库庋藏收。书簿上即登明书共几部，系奉某省大宪颁发。"③另据中江书院教谕王呈祥编《尊经阁书目》登录，金陵局本入阁庋藏者，有《十四史》《四书十一经》《文选》《相台五经》《元和郡县志》《元丰九域志》《舆地广记》《元和姓纂》《太平寰宇记》《数理精蕴》《重学》《几何原本》《则古昔斋算

---

① 《同治上江两县志·艺文》卷一二，第16—19页。
② 袁昶：《禀请督宪颁发局刻书》，王呈祥编：《尊经阁书目》卷首，第4页。
③ 王呈祥编：《尊经阁书目》卷首《中江书院尊经阁募捐送书籍并藏书规条》，第5页。

学》《楚辞》《读书杂志》《古今诗选》《大学衍义》，共计四十二种，皆"奉钦差署南洋大臣两江督宪张札发"①。

尤其是偏隅边陲地区的学校与书院，多禀请督抚札发局本。如：光绪十五年，广西巡抚马丕瑶创办桂垣书局，设局之初即请旨江南各省书局捐助，"江南、浙江、广东、湖南、湖北、四川各省书局刊本精博，拟请旨饬下六省，将局刊经史各本及陈宏谋《五种遗规》等籍，每种刷寄十部，以九部分发梧州、浔州、柳州、南宁、太平、泗城、百色、郁林、归顺各府、厅、州书院，妥议章程，俾士子获资借诵。平乐近省城，庆远近柳，思恩近南宁，镇安近归顺，可就近往看。以一部存省局为择刊式样。西省经费维艰，书价无款可筹，请即由各省报销，俾穷荒偏隅、汉苗朴陋得读所未见书，欣然向化。各省当亦乐助，不吝此区区也。臣仍当专函切恳，其广东、湖南、湖北各书，即由请饷委员就便领回，江南、浙江、四川各书，请觅便搭解来桂。俟仿刊装成，饬发各府、厅、州、县，照价分售，以期散布城乡"②。

3. 礼部、翰林院、国子监及孔府等处

光绪十六年六月十六日，翰林院编修王懿荣（1845—1900年）上《胪陈本朝儒臣所撰十三经疏义请列学宫疏》，奏请将李道平、孙星衍、陈奂、胡培翚、陈立等清儒十三经疏义之作，由地方书局刊刻进呈国子监："所有各书，或经进御览，或流布学校，可否请旨饬下各直省督抚，于各该员原籍所在即家征取定本，分咨各直省有书局之处，详细校勘，刊刻成函，将板片汇送国子监衙门存储，以便陆续刷印，颁行直省各学，嘉兴士林，俾资讲习。"并请将孔广森、段玉裁、王筠等儒臣所撰经注之书，"一并饬各该省，由书局刊送国子监。"清廷批复："俟《会典》纂辑告成后，由翰林院奏明。"③

---

① 王呈祥编：《尊经阁书目》，第1—2页。
② 《光绪朝东华录》第3册，第2700页。
③ 王懿荣：《王文敏公遗集》卷二《胪陈本朝儒臣所撰十三经疏义请列学宫疏》，《续修四库全书》第1565册，第148—150页。

第四章　金陵书局的刻书及其学术影响

光绪二十年十一月初四，翰林院侍读王懿荣再上《重疏前请整理孔子祀田并清查地产疏》，奏请将地方书局刻书进呈翰林院、国子监及孔府等处："曲阜衍圣公府自近岁不戒于火，旧藏书籍图篆焚毁一空，现在各直省设立书局，以官钱刻书者，三十年来珍籍善本灿然大备，除以初印精椠一分解送翰林院敬备皇上取进御览、一分解交国子监充备肄业诸生传习外，可否悬恩饬下各直省督抚有书局者，无论新旧诸刻本，亦以一分解交山东巡抚转行曲阜，作为恩赐衍圣公孔令贻敬谨储藏，以为诵法之资，遇有新刻，陆续咨解。"①

清廷随即谕内阁："翰林院侍读王懿荣奏请整理衍圣公府地产一折，又片奏请饬各省将书局所刻经籍解送衍圣公府储藏等语，即着山东巡抚咨行各督抚，遵照办理。"②

光绪二十七年十一月，清廷官方颁行《礼部、政务处会奏变通科举章程》，将地方书局刻书咨调礼部："闱中备考书籍，均系钦颁，间有调阅，随时向坊间购置。礼部向存书库，卷帙纷繁，兵燹之余，全行散失，现又改试策论，讲求中国政治史事及各国政治艺学，所需书籍尤多。查同治年间，江南、浙江、湖北、广东等省，曾将各种书籍设局刊板，流传已久。所有场内备用各书，拟由礼部开单咨取江南、浙江、湖北、广东各省官书局，照单咨送。至应用各国政治艺学诸书，亦拟由两江、两湖、两广各督抚查照现已译成之书。有关乡会试闱中备查者择要开单，一并咨送到部。其学堂所有书籍，亦许闱中随时调阅。"③

光绪二十九年闰五月，清廷谕令将地方书局刻书进呈御览："所有江宁、江苏、江西、浙江、湖北、广东、四川各省官书局刊刻书籍，着各该督抚择要刷印进呈。"④ 此后，各省书局陆续将局本咨调礼部，如光绪二十九年六月，湖广总督端方上《进呈书籍折》，奏

---

① 王懿荣：《王文敏公遗集》卷三《重疏前请整理孔子祀田并清查地产疏》，第160—161页。
② 《光绪朝东华录》第3册，第3503页。
③ 《会奏变通科举章程》，转引自张静庐《中国近代出版史料二编》，中华书局1957年版，第65页。
④ 《光绪续纂江宁府志·实政》卷六，第8页。

曰："伏查湖北官书局设自同治初年，历年刊刻类多经史有用之书，当即札饬该局将所刻书籍择要刷印两分，兹已装订成帙，计书一百一十六部，共二百零七函，委员赍解赴京交纳恭呈御览"，并附进呈书籍清单。① 光绪二十九年十月二十六日，两江总督魏光焘上《奏为遵旨进呈刊刻书籍事》，将金陵书局、淮南书局及江楚编译局所刻书籍进呈。②

第三节　金陵局本与晚清学术

如果说清代坊刻重牟利，私刻传学术，那么清代官刻则兼具兴文教、传学术与储文献的多重特质，在这一方面，地方书局与中央官刻大致相同。本节主要从"传学术"的角度，探讨金陵局本与晚清学术之复杂关系。

总体而言，金陵书局以刊刻理学书籍为主，汉学书籍为辅，可谓兼容汉宋；兼重地志与当代史、传统科技与军事著述，旁及南宋永嘉学派、桐城派、佛教、阳明学等非主流学派著述，呈现多元化的学术倾向。这既是传统学术自身嬗变的表征，又进一步推动了晚清学术多元化发展，也一定程度上繁荣了晚清官刻事业。

一　理学书籍

咸丰年间，农民战争席卷全国，极大地冲击了清廷统治。这种冲击，不仅重创了社会政治、经济与伦理秩序，也威胁到整个士阶层的道德、信仰与理想。面对严重的社会危机，统治阶级力主振兴程朱理学以维纲纪、正风化。咸丰十年闰三月，礼部尚书麟魁奏请明儒曹端从祀，署贵州巡抚海瑛奏请为前黄平州杨承照建立专祠，皆为表彰先儒、矜式学校起见，大学士军机大臣遂遵旨定议：从祀

---

① 端方：《端忠敏公奏稿》卷三《进呈书籍折》，《近代中国史料丛刊》第十辑第94册，第330—331页。
② 中国第一历史档案馆：《奏为遵旨进呈刊刻书籍事》（光绪二十九年十月二十六日），《军机处副录奏折》，档号：03-7175-041。

文庙，以阐明圣学、传授道统为断。①同治元年三月十七日，清廷上谕振兴理学、崇尚程朱："我朝崇儒重道，正学昌明。士子循诵习传，咸知宗尚程朱，以阐圣教。惟沿习既久，或徒骛道学之虚名，而于天理民彝之实际未能研求，势且误入歧途，于风俗人心大有关系。各直省学政等躬司膴迪凡校阅试艺，固宜恪遵功令，悉以程朱讲义为宗，尤应将性理诸书随时阐扬，使躬列胶庠者咸知探濂洛关闽之渊源，以格致诚正为本务，身体力行，务求实践，不徒以空语灵明，流为伪学。"②

在清廷振兴理学的政策下，地方书局重视刊印理学书籍，尤其是朱熹、吕祖谦、真德秀等名家著述，历来为后世理学奉为圭臬，得以大量刊印，广为传播，成为咸同年间理学复兴的重要推动力量。如《近思录》，有同治五年福州正谊书局、同治七年崇文书局、同治八年江苏书局、光绪元年金陵书局、光绪十一年江西书局、光绪十四年广雅书局、光绪十五年金陵书局重、光绪二十五年浙江书局八种局本；《小学集注》，有同治八年金陵书局、光绪十五年山东书局、光绪二十三年金陵书局三种局本；《大学衍义》，有同治十一年浙江书局、同治十二年广东书局、同治十三年金陵书局三种局本；《四书集注》，有同治十一年金陵书局、光绪七年淮南书局、光绪二十年金陵书局三种局本。

在某种程度上可以说，金陵书局是咸同年间理学传播中心之一。书局的创建者与管理者曾国藩、曾国荃、李鸿章、马新贻等督抚，是咸同年间理学复兴的代表人物，主持局务的欧阳兆熊、周学濬、涂宗瀛、洪汝奎、韩弼元、强汝询等，均服膺理学，崇尚程朱。刘文煜《洪琴西都转年谱序》云："当曾文正戡定金陵，其时文物荡然。先生辅翼纡筹，首以正风化、端礼教为根本急务，提调金陵官书局，延揽通儒博学，校雠经史，次第刊刻。"③ 维世道、端人心，

---

① 中国第一历史档案馆：《奏为遵旨议准河南明儒曹端从祀事》（咸丰十年闰三月十三日），《军机处副录奏折》，档号：03－4177－056；《奏请为前黄平州杨承照建立专祠并妻室子女幕友附祀事》（咸丰十年闰三月十五日），《军机处副录奏折》，档号：03－4177－057。

② 《穆宗实录（一）》卷二二，《清实录》第45册，第609页。

③ 刘文煜：《洪琴西都转年谱序》，章洪钧编：《泾舟老人洪琴西先生年谱》卷首，第367页。

理学书籍必为编刊首选。金陵书局刊刻历朝理学家书籍总计二十五种（《御纂七经》算七种），占书局刻书总数四分之一，可见理学书籍是书局刻书重点所在。详目如下：

北宋：程颐《易经程传》，司马光《司马温公家范》

南宋：朱熹、吕祖谦撰《周易本义》《诗经集传》《四书集注》《近思录》《周易传义音训》，真德秀《大学衍义》，蔡沈《书经》，岳珂《相台五经》

元：陈澔《礼记集说》，许谦《诗经集传音释》，邹季友《书经集传音释》

明：陈选《小学集注》

清：王夫之《船山遗书》，李光地、李绂、朱轼、方苞等编《御纂七经》，陈弘谋《五种遗规》，姚培谦《春秋左传杜注补辑》，曾国藩《曾文正公奏疏文钞合刊》

理学书籍不仅有助于大乱后社会重建纲常伦纪、端正风俗人心，也深刻影响了晚清学术与思想界。以下举王夫之《船山遗书》、陈宏谋《五种遗规》两种为例稍加讨论。

（一）《船山遗书》

同治四年刻王夫之《船山遗书》，是金陵书局刊刻的第一种理学书籍。"金陵本"与道光二十二年"守遗经书屋本"一脉相承，都是嘉道以降理学复兴进程中的重大事件。《船山遗书》的刊刻依托于晚清理学复兴与礼学发展的历史背景，又推动了理学的进一步发展。

湖南理学传统源远流长，根深蒂固。宋明时期，这里一直是理学中心区域之一，周敦颐、朱熹、张栻等都曾讲学湖南，促进了湖湘理学形成。至清前中期，汉学虽成为学术潮流，但对湖南理学传统并没有造成很大冲击，以岳麓书院为首的湖南书院大都重视传习理学。这样，随着道咸年间理学复兴，湖南出现了一个庞大的理学群体，最著者有唐鉴、陶澍、贺长龄、魏源等，稍后则有罗泽南、曾国藩、曾国荃、郭嵩焘等人继之，成为晚清理学最活跃的一个区域。梳理晚清湖湘士人的船山阐释，可以从一个侧面窥探晚清理学复兴的特点与学术潮流的变化。

第四章　金陵书局的刻书及其学术影响

邓显鹤（1777—1851年），字湘皋，湖南新化人，嘉庆九年举人。邓显鹤毕生究心乡邦文献，编著《资江耆旧集》《沅湘耆旧集》《楚宝》《朱子五忠祠传略》《明季湖南殉节传略》等，被湖南后学尊为"楚南文献第一人"，更因主持刊刻"守遗经书屋本"，使船山之学扬播于世，被梁启超誉为"湘学复兴之导师"[1]。

邓显鹤的船山诠释，侧重严程朱、陆王之辩与以宋采汉两端，这为晚清船山阐释奠定了基调。在《船山遗书目录序》中，邓显鹤对清前中期考据学、阳明学均提出批评："宋世真儒出，群经乃有定论。至于近代，学者疾陋儒空谈心性，逸于考古，遂至厌薄程、朱，专考求古人制度名物以为博，甚则剌取先儒，删落蹎驳谬悠之论以为异。而一、二天资高旷之士，又往往误于良知之说，敢为高论，狂謷一世，著书愈多，圣道愈菲"，推崇王夫之传程朱理学真谛："先生忧之，生平论学，以汉儒为门户，以宋五子为堂奥……其推本阴阳法象之状，往来原反之故，反复辨论，累千百言，所以归咎上蔡、象山、姚江者甚峻。或疑其言太过，要其议论精卓，践履笃实，粹然一轨于正，固无以易也。"他也指出船山学说融通汉宋："当代经师后先生而起者，无虑百十家，所言皆有根柢，不为空谈。盖经学至本朝为极盛矣，然诸家所著有据为新义，辄为先生所已言者。四库总目于《春秋稗疏》曾及之，以余所见尤非一事，盖未见其书也。"[2]

欧阳兆熊参与"守遗经书屋本"编校，又是"金陵本"主事者，其深受湖湘理学熏陶，提倡笃实践履，反对空谈辩论，认为"理学亦何可厚非，惟真伪不可不辨"，唯有"表里如一""坐言起行"，方是真理学、真君子。[3] 他将王夫之《读通鉴论》与宋代理学家胡寅（1098—1156年）《读史管见》比较，认为船山论史务求实用，高于宋儒空言聚讼："船山遗老续刻有《读通鉴论》，融贯列代事迹，发为传论，深资治理，不似胡致堂之专以坐谈取快，而为文

---

[1] 梁启超：《说方志》，《饮冰室合集·文集》第5册卷四一，中华书局1989年版，第97页。
[2] 邓显鹤：《船山著述目录》，《船山遗书》第1册卷首。
[3] 欧阳兆熊：《水窗春呓》卷上《罗忠节轶事》，第14页。

浩博无涘、自成一子,不知其为庄骚、为史汉也。"①

与邓显鹤、欧阳兆熊相比,在京为官的湘籍理学家唐鉴对学术界的影响更大。唐鉴(1778—1861年),字镜海,湖南善化人,嘉庆十四年进士。道光二十一年,唐鉴以江宁藩司内召为太常寺卿,与大学士倭仁(1804—1871年)同以理学相号召,蜚声京师,是晚清理学复兴关键人物。

唐鉴为《船山遗书》作序,并誉王夫之、顾炎武为清初大儒:"先生与顾先生不相识,而其志其道则若同。顾先生明经济之实用,先生发义理之真传,皆不得于时而欲传之于后世者也。"②唐鉴著《国朝学案小识》,大段摘录王夫之对《大学》《中庸》的衍释,称赞船山学说承继宋代理学正统:"先生之道可以奋乎百世矣!其为学也,由关而洛而闽,力砥殊途,归宿正轨。……先生之学宗程朱,于是可见矣。"③

曾国藩的学术根底在程朱理学,但他反对门户之争,主张立足宋学、兼采汉学,是晚清调和汉宋的代表人物。他的船山诠释也体现出这一特征:"来示称王船山先生之学以汉儒为门户,以宋儒为堂奥,诚表征之定论。观其生平指趣,专宗洛、闽,而其考《礼》、疏《诗》、辨别名物,乃适与汉学诸大家若合符契。特其自晦遇深,名望稍逊于顾、黄诸儒耳"④,认为汉学家白首皓穷经,王夫之早已发其端:"先生殁后,巨儒迭兴,或攻良知捷获之说,或辨易图之凿,或详考名物、训诂、音韵,正《诗集传》之疏,或修补《三礼》时享之仪,号为卓绝,先生皆已发之于前,与后贤若合符契。虽其著述太繁,醇驳互见,然固可谓博文约礼、命世独立之君子已。"⑤

仁与礼,是儒学思想的核心,作为镇压农民起义的封疆大吏与统治阶级的最上层,曾氏显然更注重"礼"这一翼,"将欲黜邪慝

---

① 欧阳兆熊:《六月与曾涤生讲学》,《寥天一斋诗文稿》,第72页。
② 唐鉴:《王而农先生全集序》,《船山全书》第16册《杂录之部》,第407—408页。
③ 唐鉴:《国朝学案小识》,《船山全书》第16册《杂录之部》,第544—546页。
④ 曾国藩:《复潘黻庭(同治七年二月二十八日)》,《曾国藩全集·书信》第30册,第351页。
⑤ 曾国藩:《王船山遗书序》,《曾国藩全集·诗文》第14册,第210页。

而反经，果操何道哉？夫亦曰隆礼而已矣"①。在王夫之学术思想体系中，曾国藩最重视的是王氏礼学思想。

《礼记章句》一书，是王夫之礼学思想的集中体现。王夫之把宋明理学对天道的看法融入对《礼记》的阐释中，认为理是一切形而下事物所遵循依托的本体，理是礼的根据，礼即理的具体化、仪文化，礼不仅仅是外在的制度仪节，更是天理人情、中和化育之德的显现；在对制礼原理的阐释中，认为人是天的最高造就品，天理和人情同源异用，始终把根据天理来制定礼乐、用礼乐来调节人情以达致天理作为根本着眼点；在对待古礼上，吸收了朱熹观点，主张在固守大经大法前提下允许枝节处损益趋时，对古礼不轻易改变，也不拘泥死守。②

曾国藩尤其推崇王氏礼学思想："船山先生注《正蒙》数万言，注《礼记》数十万言，幽以究民物之同原，显以纲维万事，弭世乱于未形，其于古昔明体达用、盈科后进之旨，往往近之。"③他反复申明，"余以《礼记章句》为先生说经之最精者"④，"船山说经高于论史，卓见极是。而说经又以《礼记章句》为最"，并命欧阳兆熊将《礼记章句》等几种单刷数十部，"作为单行之本，不与他种并行，以便足餍时贤之心，而洗明季之习"⑤。

与曾国藩同一时期的郭嵩焘，对船山学说的认知也大体类似。郭嵩焘（1818—1891年），字筠仙，湖南湘阴人。郭嵩焘年少时就读于岳麓书院，与曾国藩、刘蓉等切磋学问、砥砺气节，道光二十七年成进士，咸丰四年佐曾国藩幕，同治元年授苏松粮储道，旋迁两淮盐运使，次年擢广东巡抚，五年罢官回籍，在长沙城南书院与思贤讲舍讲学。光绪元年入总理衙门，次年冬出使英法，五年回国后蛰居乡野，十七年病卒。

---

① 曾国藩：《江宁府学记》，《曾国藩全集·诗文》第14册，第171页。
② 参见张学智《王夫之对礼的本质的阐释》，《北京大学学报》（哲学社会科学版）2006年第6期。
③ 曾国藩：《王船山遗书序》，《曾国藩全集·诗文》第14册，第209页。
④ 曾国藩：《曾国藩全集·日记（同治五年五月初三日）》第18册，第287页。
⑤ 曾国藩：《复欧阳兆熊（同治七年十月初七日）》，《曾国藩全集·书信》第30册，第477页。

郭嵩焘强调王夫之对程朱理学的承继与发扬，严程朱、陆王之辩，又申明其导朴学之源，其《船山祀碑记》云："其学一出于刚严，闳深肃括，纪纲秩然。尤心契横渠张子之书，治《易》与《礼》，发明先圣微旨，多诸儒所不逮。于《四子书》研析尤精，盖先生生平穷极佛老之蕴，知其与吾道所以异同。于陆王学术之辩，尤至严焉。其所得与圣贤之精，一皆其践履体验之余，自然而忾于人心。至其辩析名物，研求训诂，于国朝诸儒所谓朴学者，皆若有以导其源，而固先生之绪余也。"① 郭嵩焘讲求经世实学，推崇王夫之经世史论："国朝王船山先生《通鉴论》出，尽古今之变，达人事之宜，通德类情，易简以知险阻，指论明确，粹然一出于正，使后人无复可以置议。故尝以谓读船山《通鉴论》，历代史论可以废。"②

光绪二年，也即在"金陵本"《船山遗书》刊成近十年之时，身为礼部侍郎的郭嵩焘还上了一道《请以王夫之从祀文庙疏》，赞其"笃守程朱""践履笃实""实能窥见圣贤之用心而发明其精蕴，足补朱子之义所未备"③。这道奏疏引起了曾国荃强烈共鸣，他在光绪四年二月复信郭嵩焘，云："窃惟船山发明程、朱遗旨，博大精深，超元、明诸儒而直接心源，尤为先圣昔贤功臣。我公此疏，推原从祀之制，表彰扶翼之心，有功于先儒者不浅，直道犹行，正气必伸。"④ 到了光绪十五年，曾国荃为刘毓崧《王船山先生年谱》作序，云："书契以来，孔孟尚矣，其下儒家，则有荀卿、王通及宋之周、程、张、朱诸子，抱用世之具无所遇，著书名山以贻来者，而王应麟、马端临、顾炎武之伦，尤博赡无涯涘，稽考名物制度，终身矻矻不暇他慕，……后之读是书者论其世、知其人，则于先生所志、所学，犹是圣贤豪杰之用心，方之王、马、顾诸君固无多让。由是上溯荀、王、周、程、张、朱之道，有不造阈而入室者乎。"⑤

---

① 郭嵩焘：《船山祀碑记》，《船山全书》第 16 册《杂录之部》，第 584 页。
② 郭嵩焘：《黎肇琨读史法戒论序》，《船山全书》第 16 册《杂录之部》，第 583—584 页。
③ 郭嵩焘：《请以王夫之从祀文庙疏》，《船山全书》第 16 册《杂录之部》，第 582—583 页。
④ 曾国荃：《复郭筠仙》，《曾国荃全集·书札》第 3 册，第 508 页。
⑤ 曾国荃：《王船山先生年谱序》，刘毓崧：《王船山先生年谱》，《中国年谱善本丛刊》第 74 册，北京图书馆 1999 年版，第 441—443 页。

综上所述，晚清湖湘士人的船山阐释，集中于汉宋学关系、程朱陆王之辩、理礼关系与义理经济观四个层面，这体现了晚清理学复兴特点与时代潮流变化：晚清理学的复兴，贯穿着理学与汉学、阳明学的争辩；由于社会政治环境对礼学的重视，学术发展对经世层面的凸显，晚清理学彰显了维系世道人心与经世致用的社会功能。

"金陵本"《船山遗书》是历史上第一种船山全集，自它问世之后，湮没年久的船山学说始得以广为传播，船山学说为晚清士人重新发现、理解与宣扬，"王学大行"①，此后修建祠堂、请祀文庙、补刊佚著等活动次第展开，船山学说由此成为晚清理学复兴的重要学术资源之一。

（二）《五种遗规》

同治七年刊陈宏谋《五种遗规》，是金陵书局刊刻的另一部重要理学著作。陈宏谋（1696—1771年），字汝咨，广西临桂人。雍正元年进士，外放三十余年，历十二行省，以吏部郎中累官陕甘总督、两广总督、兵部尚书、湖广总督、吏部尚书等要职。

陈宏谋是清初理学名臣，治宋五子之学，提倡明体达用、躬履践行，《清史稿·陈宏谋传》记："莅官无久暂，必究人心风俗之得失，及民间利病当兴革者，分条钩考，次第举行。诸州县村庄河道，绘图悬于壁，环复审视，兴作皆就理。察吏甚严，然所劾必择其尤不肖者一二人，使足怵众而止。学以不欺为本，与人言政，辄引之于学，谓：仕即学也，尽吾心焉而已。故所施各当，人咸安之。……乾隆间论疆吏之贤者，尹继善与陈宏谋其最也。尹继善宽和敏达，临事恒若有余；宏谋劳心焦思，不遑夙夜，而民感之则同。宏谋学尤醇，所至惓惓民生风俗，古所谓大儒之效也。"② 光绪十六年十二月二十六日，清廷准广西巡抚马丕瑶奏，谕令："以化洽于乡，身教成

---

① 王闿运：《邗江王氏族谱序》，《湘绮楼诗文集·文》第3册卷九，第395页。
② 赵尔巽主编：《清史稿·列传九十四》卷三百零七，《二十五史》第35册，中华书局1976年版，第10560—10564页。

俗。准故大学士广西临桂陈宏谋子孙自建专祠，由地方官春秋致祭。"① 允地方官吏建专祠，这在清代桂籍官吏中是极高嘉奖。

陈宏谋辑古今养性、修身、治家、为官、处世、教育等各项嘉言懿行，于乾隆初年陆续编成《养正遗规》二卷补编一卷、《教女遗规》三卷、《训俗遗规》四卷、《从政遗规》二卷补编一卷、《在官法戒录》四卷，复于乾隆三十四年辑录《学仕遗规》四卷补编四卷。乾隆八年，南昌府学教授李安民将前五种合编为《五种遗规》行刊，此后有同治七年金陵书局刻本、崇文书局刘肇绅摘钞本、光绪六年江西书局刻本、光绪二十一年浙江书局刻本，并收入民国二十五年上海中华书局辑《四部备要·子部·儒家》。清末有学者将前四种与第六种合编行刊，有光绪十九年上海洋布公所振华堂刊本、宣统二年学部图书局刊本。合编本之外，各单本的私刻本与坊刻本甚多，单本收入各类丛书、类书亦甚多。

《五种遗规》集明清两朝理学名臣遗训，于士人修身养性、践履修德实多裨益，于大乱之后的社会有端正风气、重建规范之效用，为后世学者奉为圭臬。如嘉道年间理学名臣赵慎畛，从政为官以陈宏谋为楷模。赵慎畛（1761—1825年），湖南武陵人，嘉庆元年进士，以翰林院编修累官至闽浙总督、云贵总督。赵慎畛的《榆巢杂识·提倡理学》记："我朝宰辅中，以理学提倡者，朱文端、陈文恭其最也。"② 晚清武陵名士杨彝珍（1805—1898年）为赵慎畛作传，称："及服官，每举陈文恭公以自律，重刊《从政》《训俗》两遗规，以身率先之。"③

嘉道年间名宦刘衡，推陈宏谋为"从政世范"。刘衡（1776—1841年），字蕴声，江西南丰人，嘉庆五年副榜贡生，官广东、四川等地知县、知州。刘衡编有《蜀僚问答》，辑录恤民、保富、审案等实政经验，云："或问：律例外尚有裨益吏治之书宜读者乎？曰：

---

① 《光绪朝实录》第3册，第2829—2830页。
② 赵慎畛撰，徐怀宝点校：《榆巢杂识》上卷《提倡理学》，中华书局2001年版，第107页。
③ 杨彝珍：《云贵总督赵公慎畛传》，《续碑传集》卷二二，《清代传记丛刊》第116册，第200页。

如前明吕新吾先生《实政篇》、国朝陈文恭公《从政遗规》及黄给谏六鸿《福惠全书》、常熟杨比部景仁《筹济编》、萧山汪龙庄先生辉祖《学治臆说》《佐治药言》两种，以上各书俱切要治谱。"①

咸同年间疆吏曾国藩，也视陈宏谋为仕宦表率，尝言："国藩于本朝大儒，学问则宗顾亭林、王怀祖两先生，经济则宗陈文恭公，若奏请从祀，须自三公始。"曾国藩屡次告诫诸弟："望诸弟熟读《训俗遗规》《教女遗规》，以责己躬，以教妻子。此事全赖澄弟为之表率，关系至大"，"澄弟亦须常看《五种遗规》及《呻吟语》，洗尽浮华，朴实谙练，上承祖父，下型子弟"，"季弟有志于道义身心之学，余间其书，不胜欣喜！凡人无不可为圣贤，绝不系乎读书之多，吾弟诚有志于此，须熟读《小学》及五种《遗规》二书，……但守《小学》《遗规》二书，行一句，算一句，行十句，算十句，贤于记诵词章之学万万矣"。②

清代不唯官员尊奉《五种遗规》，学校、书院与宣讲所往往以《五种遗规》规诫士子，教化风俗。道咸年间余治（1809—1874年）《粤东创建启蒙义学引》记："兹拟《启蒙义学规条》一册，本桂林相国《遗规》稍加变通，附以训蒙诗歌汇成一帙付梓广布，以为乡间矜式。"③咸丰末年，严树森（？—1876年）官河南巡抚，兴学校，端士习，"率属印行陈文恭公《五种遗规》，分散诸生，使之奉行"④。同治年间李江编《乡塾正误·幼学篇》订立："课读之法之备莫善于《养正遗规》，主人、先生皆当各有一编者也。"⑤光绪三十二年，学部奏颁《劝学所章程》，其"学部采择宣讲书目表"亦

---

① 刘衡：《律例而外尚有应读之书》，《蜀僚问答》，山涛、刘俊文主编：《官箴书集成》第6册，黄山书社1997年版，第158页。
② 曾国藩：《致沅弟（咸丰十一年六月二十九日）》《致澄弟沅弟季弟（道光二十七年二月十二日）》《致诸弟（道光二十八年五月初十日）》《致诸弟（咸丰元年八月十九日）》，《曾国藩全集·家书》第20册，第671、127、150、197页。
③ 余治：《粤东创建启蒙义学引》，吴云撰：《得一录》卷十，王有立主编：《中华文史丛书》第84册，台湾华文书局1969年版，第702页。
④ 方宗诚：《鄂吏约同治二年代严中丞作》，盛康辑：《皇朝经世文续编·吏政八守吏中》卷二五，《近代中国史料丛刊》第八十四辑，第2631页。
⑤ 李江：《乡塾正误·幼学篇》，光绪七年津河广仁堂刻本。

收入《养正遗规》《训俗遗规》。①

二 汉学书籍

和理学书籍相比，金陵书局刊刻的汉学书籍并不多，但考据、文字、音韵、训诂各有数种，体现出以理学书籍为主，以汉学书籍为辅，兼容汉宋的刊书特征。

（一）考据类

考据类书籍，主要有《春秋左氏传贾服注辑述》《两汉刊误补遗》《元和郡县补志》《读书杂志》四种，分别是经、史、子书的考证之作。

李贻德《春秋左氏传贾服注辑述》，同治五年金陵书局首刊。李贻德（1783—1832年），浙江嘉兴人，师事孙星衍，少工韵语，治经长于《诗》《春秋》，著述颇丰，有《十七史考异》《周礼剩义》《诗考异》《诗经名物考》等。李贻德《春秋左氏传贾服注辑述》与洪亮吉《左传诂》、沈钦韩《左传补注》、臧寿恭《左氏古义》、焦循《左传补疏》等，为清儒校勘、训诂《春秋左氏传》的代表性著述。绍兴李慈铭（1830—1894年）《越缦堂读书记·经部春秋类》记："阅李杏村《春秋左氏传贾服注辑述》，其于名物训诂，皆推究古义，务极精严。若发明经传之旨，求其文从字顺，则贾服旧解奇零不全，他书所存往往上下冢属，遽难别白。或有本非贾服而剌取误及者，以证经义，多不可通，故转不如杜氏也。"② 此条记于同治二年十月十九日，当时此书尚未刊刻，李氏所阅当是抄本。

南宋吴仁杰《两汉刊误补遗》，正史类考证名著，同治七年金陵书局重刊。吴仁杰，字斗南，江苏昆山人，淳熙五年进士，通博经史，讲学于朱熹之门，著有《陶靖节先生年谱》《离骚草木疏》《易图说》等。此书为补证北宋刘攽（1023—1089年）《两汉书刊误》而作，《四库提要》称："刘氏之书，于旧文多所改正，而随笔标

---

① 转引自冯煦修，陈师礼总纂：《皖政辑要·民政科风教一宣讲》卷一七，黄山书社2005年版，第145—148页。

② 李慈铭著，由云龙辑：《越缦堂读书记·经部春秋类》，上海书店2000年版，第100页。

记，率不暇剖析其所以然。仁杰是书，独引据赅洽，考证详晰，元元本本，务使明白无疑而后已，其淹通实胜于原书。虽中间以'麟止'为'麟趾'之类，间有一二之附会。要其大致，固瑕一而瑜百者也。曾绛《序》述周必大之言，以博物洽闻称之，固不虚矣。"①

严观《元和郡县补志》，乾嘉学派考证地理文献的代表性著述，光绪八年金陵书局重刊。严观，字述斋，江宁人，太学生，内阁中书严长明（1731—1787 年）子，家有"归求草堂"藏书二万卷。严观好金石文字，著《江宁石刻记》《湖北金石诗》，校勘孙星衍《寰宇访碑录》十二卷，为钱大昕称许。

《元和郡县志》为晚唐李吉甫（758—814 年）所撰地理名志，清儒辑补《元和郡县志》影响较大者，有乾隆四十年蒲庐学舍刊本严观《元和郡县补志》、乾隆四十一年抄本周梦棠《阙卷逸文》与光绪七年云自在龛丛书本缪荃孙《阙卷逸文》。周梦棠和缪荃孙主要是辑佚，即从相关文献中辑录出清代《元和郡县志》传本的阙佚文字，按原书卷次分别补录。严观补志则不同，他秉承原书体例、篇幅及语言特点，将原书未及记叙的州县一并补入，辑佚部分穿插于补缺之中，尽可能使补志部分与原书浑然一体。据李慈铭《越缦堂日记》统计，严观共补关内道一州、河北道十州、山南道一府十七州、淮南道七州、剑南道二州、岭南道三十七州、河北道十州三十九县、山南道十八州九十二县、淮南道七州三十二县、剑南道二州六县、岭南道三十六州一百四十六县。② 故而严观补志不仅仅只是辑佚、校勘，更是自己的独立创作。

王念孙《读书杂志》，清儒校勘、训诂子书的代表性著述，也是清代朴学成就的代表，同治九年金陵书局重刊。王念孙（1744—1832 年），字怀祖，江苏高邮人，乾隆四十年进士，吏部尚书王安国（1692—1757 年）子，历官翰林院庶吉士、工部主事、工部郎中、陕西道御史、吏科给事中、山东运河道、直隶永定河道。王念

---

① 纪昀等：《四库全书总目提要·史部一正史类一》卷四五，海南出版社 1999 年版，第 259 页。
② 李慈铭：《越缦堂读书记·地理类》，第 502 页。

孙少时师从徽派朴学大师休宁戴震（1724—1777年），于文字、声韵、训诂之学尽得其传，为徽派朴学嫡系真传，年长与汉学名家宝应刘台拱（1751—1805年）、兴化任大椿（1738—1789年）、歙县程瑶田（1725—1814年）研讨古学，平生笃守经训，著有《读书杂志》《广雅疏证》《道河议》《河源纪略》等。

《读书杂志》校勘《管子》《晏子春秋》《墨子》《荀子》《淮南内篇》《逸周书》《战国策》《史记》《汉书》等多种古籍，辨音训异同，校文字讹误，正句读错乱，疏通全文。王念孙对诸子的校勘、训诂，将清代考据学的范围从经史扩展到诸子，为诸子学在晚清复兴拉开了序幕，并影响了晚清一批学者。曾国藩尝言："王怀祖先生有《读书杂志》，中于《汉书》之训诂极为精博，为魏晋以来释《汉书》者所不能及。"又言："国藩于本朝大儒，学问则宗顾亭林、王怀祖两先生，经济则宗陈文恭公。""国朝大儒如戴东原、钱辛楣、段懋堂、王怀祖诸老，其小学训诂实能超越近古，直通汉唐。"① 莫友芝称赞："王氏《读书杂志》校淮南最精。"② 清末孙诒让著《札迻》遍校诸子，也是承袭了王氏："《札迻》者，方物王念孙《读书杂志》，每下一义，妥耻宁极，淳入凑理。书少于《诸子平议》，校雠之勤，倍《诸子平议》。"③

（二）文字、音韵、训诂类

考据类之外，金陵书局还刻有文字、音韵、训诂类汉学书籍，主要有《唐写本说文解字木部笺异》《佩文广韵汇编》《尔雅》《圣门名字纂诂》四种。

莫友芝《唐写本说文解字木部笺异》，清代学者研究字书的代表性成果，同治三年金陵书局首刊，也是金陵书局刊刻的第一种书籍。

---

① 曾国藩：《谕纪泽（咸丰六年十一月初五日）》《致沅弟（咸丰十一年六月二十九日）》，《曾国藩全集·家书》第20册，第295、671页；曾国藩：《谕纪泽（同治二年三月初四日）》，《曾国藩全集·家书》第21册，第127页。

② 莫友芝撰，傅增湘订补：《藏园订补郘亭知见传本书目·子部道家类》卷一一，第136页。

③ 章炳麟：《孙诒让传》，张宪文编：《孙诒让遗文辑存》附录，中国人民政治协商会议浙江省温州市委员会文史资料委员会编：《温州文史资料（第五辑）》，浙江人民出版社1990年版，第490页。

第四章　金陵书局的刻书及其学术影响

东汉许慎（约58—约147年）《说文解字》，是中国第一部系统分析汉字字形和考究字源的字书，也是第一部按部首编排的汉语字典，全书共分540个部首，收字9353个，另收异体字1163个，共10516字，是科学文字学和文献语言学的奠基之作。南唐时期，徐锴（920—974年）重订《说文解字》，作《说文解字系传》四十卷，宋太宗雍熙三年，徐铉（916—991年，徐锴胞兄）承诏校《说文解字》，成校订本三十卷，奉敕雕版流布。

许慎《说文解字》原书早已失传，"二徐本"是《说文解字》最早的传世本，也是明清以来最流行的版本。但"二徐本"经重新编订，已失许著原貌，故而历代学者对《说文解字》都有研究。至清乾嘉年间，汉学大兴，《说文解字》研究蔚为大观，最著者有段玉裁（1735—1815年）《说文解字注》、朱骏声（1788—1858年）《说文通训定声》、桂馥（1736—1805年）《说文解字义证》及王筠（1784—1854年）《说文释例》《说文句读》等。上述便是莫友芝，《唐写本说文解字木部笺异》的成书背景。

同治二年，莫友芝于安徽黟县县令张仁法处得许慎《说文解字·木部》残本（现藏于日本），视为珍宝，遂作笺异一卷，分析《木部》残本与"二徐本"异同，其《后记》云："黟侯赠我硬黄写本，书乃是许君《说文解字》之断帙，中唐妙墨无双，经动色传，看叫神物。……邵亭懒颓乐不悛，奇文入手如鞭笞，灯昏力疾草笺记，整乱钩沈坐无寐。"①，《唐写本说文解字木部笺异》旁征博引，考辨精审，多具灼见，是晚清学者研究《说文解字》的代表性成果。

李元祺辑《佩文广韵汇编》，康熙年间编写的一部音韵书，同治十一年金陵书局重刊。史籍记载，中国最古韵书是魏晋时期李登《声类》、吕静《韵集》，南北朝时期编写的韵书较多，但均已亡佚。现存最古韵书是隋陆法言（约562—？年）《切韵》，其编写体例、审韵原则由著名音韵学家颜之推（531—约591年）、萧该（约535—约610年）等八人所定，陆法言执笔。《切韵》在唐代被作为

---

① 莫友芝：《唐写本说文解字木部笺异后记》，《唐写本说文解字木部笺异》卷末。

科举考试标准韵书,并出现了多种唐人增订本,但《切韵》及唐人增订本在以后很长时间里也失传了,今天所能看到的多是一些残卷,是清末以后陆续从敦煌石室、新疆吐鲁番与故宫等地发现的。北宋年间,出现了官修《大宋重修广韵》,由陈彭年(961—1017年)、丘雍等奉诏根据前代《切韵》《唐韵》等韵书修订而成,成为后世流传通行的一部重要韵书。

清康熙年间,官方组织编写了几部重要韵书:《佩文诗韵》,清代科举官方韵书,士子科考作试帖诗必遵,与宋代《礼部韵略》地位类似;《佩文韵府》,张玉书、陈廷敬、李光地等奉敕编撰的大型词藻、典故辞典,专供文人作诗时选取词藻和典故以便押韵对句的工具书;《佩文广韵汇编》,李元祺根据《大宋重修广韵》重新编订而成。由于这些韵书都编纂于康熙御书房"佩文斋",主要是以书斋内藏书为文献基础编纂而成,故均被冠以"佩文"二字。

《尔雅》成书于秦汉时期,是现存最古的一部按义类编排的综合性辞书,训诂学开山之作和辞书之祖,同治七年金陵书局重刊。"尔雅"即以雅正之言解释古语词、方言词,使之近于规范。《尔雅》全书收词语4300多个,分为2091个条目,本20篇,现存19篇,后16篇根据事物类别分篇解释各种事物名称,类似后世百科名词词典。由于《尔雅》训诂了先秦古籍中的许多古词古义,成为儒生们通晓经义的重要工具书,因此《尔雅》不仅是辞书之祖,还被列为"十三经"之一。《尔雅》首创的按义类编排的体例和多种释词方法,对后代词书、类书发展产生了很大影响,后人模仿《尔雅》编纂了一系列以"雅"为书名的词书,如《小尔雅》《广雅》《埤雅》《骈雅》《通雅》《别雅》等,而研究雅书又成为一门学问,被称为"雅学"。

自汉唐迄清,为《尔雅》作注的学者很多。晋代郭璞(276—324年)《尔雅注》是现存最早、最完整的注本,郭璞耗十八年注训《尔雅》,以当时通行方言名称训释古词语并注音、作图。后世学者研究《尔雅》著述繁多,南宋《十三经注疏·尔雅注疏》采郭璞注、北宋邢昺(932—1010年)《尔雅疏》,清儒研究《尔雅》最著者是邵晋涵

（1743—1796年）《尔雅正义》、郝懿行（1757—1825年）《尔雅义疏》，同治四年七、八月间张文虎曾校勘过此二种，"以郝兰皋户部《尔雅义疏》校邵氏《正义》，互有得失。……校《尔雅疏》竟"①，但最后未刊，不知何故。

同治年间地方书局多有重刊《十三经》，但《尔雅》版本不同，如《十三经单注·尔雅》金陵书局刻本与崇文书局刻本，采郭璞注、唐陆德明（550—630年）音义；《十三经古注·尔雅》浙江书局刻本，采郭璞注、明金蟠校订；《十三经注疏·尔雅》广东书局刻本，是覆刊乾隆四年殿本，采郭璞注、唐陆德明音义、宋邢昺疏。

安徽洪恩波的《圣门名字篹诂》是晚清训诂学重要著述，光绪二十三年金陵书局首刊。名字篹诂，即通过古人"名字"来训诂字义，这是由于古人的"名"与"字"义多相应，有些字义不明的古字，可利用名、字互证来考察，许慎《说文解字》即多引名、字互证以诠发字义。清儒研究此学者，首推高邮王引之（1766—1834年），本许慎之意撰《春秋名字解诂》，其后有王萱龄、俞樾、胡元玉、陶方琦、洪恩波等同类之作，当代著名史家顾廷龙（1904—1998年）《周秦名字解故跋》记："名字解诂之学一创，周、秦古义研索有途，继此业者，萱龄之后有俞樾《春秋名字解诂补义》、胡元玉《驳春秋名字解诂》、陶方琦《春秋名字解诂补谊》、洪恩波《圣门名字篹诂》，今人于省吾《春秋名字解诂商谊》、郭沫若《彝铭名字解诂》等著，各有所得。"② 王引之本有光绪十六年湖南船山书局刻本，俞樾、胡元玉两本有光绪十四年南菁书院刻本，收入王先谦《皇清经解续编》，洪恩波本则于光绪二十三年由金陵书局刊刻。

总体来看，金陵书局刊刻的汉学书籍并不多，但考据、文字、音韵、训诂各有数种，体现出以理学为主、以汉学为辅、兼容汉宋的刊书特征。需要强调的是，虽然金陵书局刊刻的汉学书籍不多，但书局编校搜讨残书、鉴定版本、辨明真伪、比勘异同、校正音释、

---

① 张文虎：《张文虎日记》，第56—61页。
② 顾廷龙：《周秦名字解故跋》，《顾廷龙文集（上编）》，北京图书馆出版社、上海科学技术文献出版社2002年联合出版，第41—42页。

详审文字、补正脱落、纠正衍误、详究编次，这些学术活动本身就是清代汉学的题中应有之义。

三 地志与当代史著述

正史之外，金陵局本史部书籍的重心在地志与当代史，纯史学考据著述极少。这反映出在时代变局与学术内部更新中，考据史学在晚清逐渐低落，以资治、明道为主题的经世史学崛起。

（一）地志

金陵局本地志，以全国性地理总志为主，这有别于浙江、江苏、淮南等书局以刊刻区域性地志为主。

金陵书局刊刻的第一部地志，是清初著名学者顾炎武所撰《肇域志》。顾炎武（1613—1682年），字宁人，号亭林，江苏昆山人，明末诸生。顾炎武学识渊博，于经史百家、方志舆地、典章制度、音韵训诂、金石小学、河漕兵农之学均有造诣，著有《日知录》《肇域志》《天下郡国利病书》《音学五书》《亭林诗文集》等。顾炎武提倡实学，晚年治经重考证，提出"以经学济理学之穷"，开清代朴学先导。当代著名史家钱穆（1895—1990年）评亭林学术，称其重实学而不尚空谈："盖亭林论学本悬二的，一曰明道，一曰救世。……亭林固亦染受宋明理学精神，而不尚心性空谈，能于政事诸端切实发挥其利弊，可谓内圣外王、体用兼备之学也。"①

由于对朴学的启发，顾炎武在有清一代一直备受推崇，但推崇的重心在嘉道以后逐渐转向了他的经世思想，其经世形象也是在晚清才复活的。晚清学者发起了以顾炎武为主题的一系列活动，包括刊刻著述、编撰年谱、立祠会祭等。金陵局本《肇域志》就是在这样的学术背景下付梓的，正如汪士铎言："是时顾祠落成，先生《年谱》亦印就，如见是书，必为校刊。"②

《肇域志》是一部全国性地理总志，始纂于崇祯十二年，成书于

---

① 钱穆：《中国近三百年学术史（上）》，商务印书馆1937年版，第145—146页。
② 汪士铎：《肇域志序》，《肇域志》，第557页。

康熙元年，耗二十余年方成初稿，是《天下郡国利病书》姊妹作。《肇域志》引证宏博、兼收并蓄，征引史料超过了《寰宇通志》和《明一统志》，顾炎武《肇域志·自序》称："此书自崇祯己卯起，先取《一统志》，后取各省、府、州、县志，后取《二十一史》，参互书之，几阅志书一千余部。"① 书中所引志书不少已佚失，赖此书得以窥其一斑，又订正了《明统志》及方志旧籍中的错误，于南直隶、云贵部分收辑考订尤为详尽，体现了顾氏鉴往训今、经世致用的史学思想，具有极高的学术价值。

清代学者于《肇域志》尤为推崇，极富赞誉。如歙县程瑶田（1725—1814 年）称："是书之言疆域建制，殆与《方舆纪要》相表里，至于体国经野、理财治安之道，至织至悉，详其沿革，陈其利害，亦经世之宝书也。"② 桐城胡虔（1753—1804 年）称："是书则专纪舆地，与《利病书》殊义，然所详者，郡县沿革、山川阨塞、兵事成败，以及赋税、户口之多寡，官职、驿铺之省置，而名胜人物不与焉，是当与《利病书》相辅而行，非《元和志》以下之仅为地志者可拟也。"③ 吴县潘祖荫（1830—1890 年）称："至于经纶卓越之称，该二儒皆以经济交推，特以身丁末运，心在胜朝，自不能奋昌期，各抒伟略。……而《肇域志》《宅京记》诸书，具有深意，尤非徒舆地之学，盖与宗羲《明夷待访录》同为经济家必资之书矣。夫空言经济，能欺一时，而不能垂之后世，至流传二百余年，而读者犹思取法，则其非空言经济可知矣。"④

然而，《肇域志》完稿以来从未梓行，仅有少数抄本流传于世。道咸年间，《肇域志》抄本又辗转为安徽学政余姚朱兰（1800—1873 年）所藏，朱兰藏本出自海宁著名藏书家蒋光焴（1825—1892 年），这便是金陵局本《肇域志》的底本。编校《肇域志》难度极

---

① 顾炎武：《肇域志自序》，《肇域志》，第 531 页。
② 程瑶田：《肇域志序》，《肇域志》，第 535—537 页。
③ 胡虔：《肇域志序》，《肇域志》，第 540—541 页。
④ 潘祖荫：《遵议先儒黄宗羲顾炎武从祀疏》，盛康辑：《皇朝经世文续编·礼政四学校上》卷六四，《近代中国史料丛刊》第八十五辑，第 265—273 页。

大，因顾炎武初稿所引资料原本未定体例，编排零乱，次序颠倒，纰漏较多，还夹杂不少顾氏眉批、夹注、旁注，加之原稿本十五个部分，分两京十三布政司，至乾隆末年又已佚失北直隶、江西、四川、广西四部分，残缺不完整，道光二十六年梁章巨（1775—1849年）阅此抄本后曾慨叹："惜此稿当时驾部不及编校而行，此后恐无人能问津者，但属其家珍守而已。"①

金陵书局在校勘之初，先钞成清本，汪士铎《肇域志序》记："此先生未成稿本，必条理使各秩如，方可授梓，亦不必补所缺四省也。原钞本字如蚁足，行至数十字，目眊不能谛视，然惜其为舆地类苑，且无统志广载人物之繁，所引书今多未之见，兹幸钞成清本，故欲理之，使各归其郡县，免前后错出杂沓之弊，然后以聚珍板印行，以惠后之修志者。"②汪士铎又撰《校编〈肇域志〉条例》，拟由汪士铎、刘恭冕、成蓉镜、刘寿曾、戴望合校，集五位当世著名学者共校一书，这在晚清地方书局中恐不多，可见当时曾国藩、汪士铎对此书之重视。编校始自同治六年秋，至同治八年秋始毕功，然后以活字板刻成五十卷，这便是同治八年金陵局本《肇域志五十卷》。③

遗憾的是，金陵局本《肇域志》问世之后，流传不广。宣统二年，苏州存古学堂主讲邹福保（1852—1915年）刊顾炎武《日知录之馀》，其序云："按先生著述，若《天下郡国利病书》《音学五书》《杂著十种》及诗文集等，至今风行宇内，家有其书。并闻《利病书》之原稿，曾经先生于简眉册尾手自细注者，尚存昆山祠堂中，可得披览。此外未刊之《肇域志》稿，或云藏洪琴西观察家，然未及睹。"④民国十九年刊范希曾《书目答问补正》亦记："顾炎武《肇域志》一百卷，未刊，稿藏天津某氏。"⑤

---

① 梁章钜：《肇域志序》，《肇域志》，第534页。
② 汪士铎：《肇域志序》，《肇域志》，第558页。
③ 张文虎：《张文虎日记》，第113、115、128、130页。
④ 邹福保：《日知录之馀序》，顾炎武：《日知录之馀》卷首，宣统二年元和邹福保刻本。
⑤ 张之洞著，范希曾补正：《书目答问补正·史部》卷二，第117页。

第四章　金陵书局的刻书及其学术影响

光绪六年至八年，金陵书局刊刻了《舆地广记》《元和郡县志》《元丰九域志》《太平寰宇记》，此四种为中国古代地理名志，具有极高的学术价值，在晚清地志编纂史上具有重要影响。

《元和郡县图志》，晚唐太常博士李吉甫（758—814 年）撰。此书比较系统地记述了中国古代政区地理沿革，全书以十道四十七镇为纲，以各府、州、县为目，记载沿革上溯三代，下讫唐代元和年间，体例完备，征引广泛，为魏晋以降保留下来的地理总志中最古的一部，也是编写最好的一部，《四库全书总目提要》称："舆地图经隋唐《志》所著录者，率散佚无存。其传于今者，惟此书为最古，其体例亦为最善，后来虽递相损益，无能出其范围。今录以冠地理总志之首，著诸家祖述之所自焉。"①

南宋淳熙三年（1176 年），襄阳镇守张几仲首刊《元和郡县图志》，当时舆图及目录已佚失，仅存志文部分，故又称《元和郡县志》。流传至清初，宋刻本及抄本已佚失，仅存明抄本及清初各种抄本，卷数也不尽相同。清代，《元和郡县志》几个影响较大的刻本有乾隆四十二年《武英殿聚珍版全书》本、嘉庆元年孙星衍《岱南阁丛书》本、光绪五年王灏《畿辅丛书》本、光绪六年金陵书局刻本、光绪七年缪荃孙《云自在龛丛书》本及光绪二十五年广雅书局刻本。

光绪六年金陵局本《元和郡县志》三十四卷，是据《岱南阁丛书》本重刻，并参核殿本与清抄本，书前附李吉甫原序、孙星衍序、四库提要、目录、周梦棠补目录及跋，书后附宋程大昌、洪迈、张子颜跋、清孙继涵跋、周梦棠阙卷逸文一卷。光绪八年，又刊严观《元和郡县补志》六卷。金陵局本《元和郡县志》兼具抄本与殿本之长，较之《岱南阁丛书》本与《畿辅丛书》本更为精良。中华书局1983 年点校本《元和郡县图志》即以金陵局本为底本，编者称："这个本子吸收了殿本的某些长处，但不一味盲从，有些地方还胜过殿本，虽说是后来者居上，也是刊刻的人知

---

① 纪昀等：《四库全书总目提要·史部二四地理类一总志》卷六八，第 371 页。

识丰富、精心校勘所致。"①

《太平寰宇记》，北宋初期太常博士乐史（930—1007年）撰。此书承《元和郡县图志》体裁，记宋初十三道范围的全国政区建置，政区取制于太平兴国后期，可补《元丰九域志》《舆地广记》所不载，是考察北宋初期政区建置变迁的主要史料。全书篇帙浩繁，内容详赡，所记府州县沿革多上溯周秦汉，迄五代、宋初，尤其对东晋南北朝、五代十国政区建置，较其他志书详尽，可补史籍之缺，《四库提要》称："后来方志必列人物、艺文者，其体皆始于史。盖地理之书，记载至是书而始详，体例亦自是而大变，然史书虽卷帙浩博，而考据特为精核，要不得以末流冗杂迨咎滥觞之源矣。"②

《太平寰宇记》初刻本极少，流传不广，至明代海内宋板已绝迹，明末清初刊本不一，均残缺不全。光绪八年，金陵书局刻《太平寰宇记》两百卷三十六册，问世之后即成为通行善本，清末杨守敬称誉此本"校订颇审"③，推崇备至。中华书局1999年点校本《太平寰宇记》也是以金陵局本为底本，编者评价金陵局本"是清代以来流传较好的版本，优胜于万廷兰本"④。

《元丰九域志》，北宋神宗熙宁、元丰年间吏部尚书王存（1023—1101年）、吏部侍郎曾肇（1047—1107年）与光禄寺丞李德刍等奉敕纂修，是一部以疆域政区为主的综合性地理总志。书中除记载当时疆域政区外，又备载各地户数、元丰三年土贡数额及城、镇、堡、寨、山岳、河泽分布，所列土贡数额远较以往任何史书、地理总志为详，而所载镇名更为宋时其他地理总志所无。全书举纲撮要，极为简明，卷帙仅为《太平寰宇记》二十分之一，但内容丰实，独具一格，《四库提要》记："（王应麟称）其于距京距府旁郡交错四至八郯之数，缕析最说，深得古人辨方经野之意，叙次亦简

---

① 贺次君：《元和郡县图志前言》，李吉甫著，贺次君点校：《元和郡县图志》卷首，中华书局1983年版。
② 纪昀等：《四库全书总目提要·史部二四地理类一总志》卷六八，第371页。
③ 杨守敬：《寰宇记跋》，黎庶昌编：《影宋本太平寰宇记补阙》卷末，光绪十年遵义黎氏刊本。
④ 王文楚：《宋版〈太平寰宇记〉前言》，乐史著，王文楚点校：《宋本太平寰宇记》卷首，中华书局1999年版。

洁有法。赵与时《宾退录》尤称其'土贡'一门备载贡物之额数，足资考核，为诸志之所不及，自序所称文直事核，淘无愧其言矣，其书最为当世所重。"①

《元丰九域志》成书于北宋神宗元丰三年，北宋哲宗绍圣四年，礼部尚书黄裳（1044—1130年）提议续修，修成《新定九域志》，因而《九域志》有新志、旧志之分，后世二志各有流传。现存《元丰九域志》有毛氏汲古阁宋板精抄本、钱曾藏影宋刻抄本、曹寅藏影抄写本、卢文弨抄本、绵纸黑格旧抄本、武英殿聚珍本、闽聚珍本、冯集梧校刻本、金陵书局刻本；现存《新定九域志》有徐乾学藏宋椠本、秦柄雁里草堂黑格抄本、张位青芝山堂影宋抄本、周梦棠旧抄本、彭元瑞藏旧抄本、袁芳瑛藏旧抄本、钱时霁藏清写本；二志流传版本众多，各成体系，又相互影响，共同构成了《九域志》版本流传谱系。②光绪八年金陵局本《元丰九域志》自问世即为善本，后世评价很高，中华书局1984年点校本《元丰九域志》采金陵局本为底本，编者评价："《元丰九域志》经过冯集梧、吴兰庭的二次校勘，纠正了不少错误，并写成考证分别系于各卷之末，光绪八年由金陵书局重刊，这是该书现行较为完善的本子。"③

《舆地广记》，北宋政和年间（1111—1117年）欧阳忞编，是一部比较有特色的地理总志。该志记远古至宋郡县建制沿革变化，内容完整，体例明了，为后代编一统志之先河。该书共三十八卷，前四卷概述上古至宋历代政区之纲要，后三十四卷依元丰时四京、二十三路之制详述宋代政区，路下重在叙府、州、军、县建置沿革，略古详今，对一般地志都有的四至、道里、户口、风俗、土产等皆略而不谈。《舆地广记》资料丰富，要言不烦，体例清晰，《四库提要》评："其书前四卷先叙历代疆域，提其纲要，五卷以后，乃列宋郡县名，体例特为清晰。其前代州邑宋不能有，如燕云十六州之类

---

① 纪昀等：《四库全书总目提要·史部二四地理类一总志》卷六八，第371页。
② 参见郑利锋《〈九域志〉版本流传考》，《史学史研究》2014年第1期。
③ 王文楚：《元丰九域志前言》，王存等撰，魏嵩山、王文楚点校：《元丰九域志》卷首，中华书局1984年版。

者，亦附各道之末，名之曰化外州，亦足资考证。虽其时土字狭隘，不足括舆地之全，而端委详明，较易寻览，亦舆记中之佳本也。"①

《舆地广记》初刻本大约在北宋末、南宋初，可能册数较少，流传也不广，南宋时期出现了嘉泰四年、嘉定十三年、淳祐十年重刻本。清初流传较广的是各种宋重刻本，但多非完帙，在此基础上，又有四库全书本、武英殿聚珍本；至于宋初刻本，唯著名藏家嘉兴朱彝尊（1629—1709年）"曝书亭"有藏，此本后辗转归另一著名藏家苏州黄丕烈（1763—1825年），黄氏据此本校勘、重刻，并附《校勘札记二卷》，这便是后来广为流传的"士礼居丛书"本。"士礼居丛书"本保留了宋初刻本原貌，受到学者高度重视，在此基础上又出现了顾广圻（1766—1835年）校本及其他各种重刻本。② 光绪六年金陵局本《舆地广记》三十八卷附《校勘札记二卷》，即是据"士礼居丛书"本重刻；另有光绪二十五年广雅书局《舆地广记》三十八卷附《校勘札记二卷》，收入广雅书局《武英殿聚珍版全书·史部》丛书。

（二）当代史

地志之外，金陵书局也重视当代史史著，主要有《两江忠义采访录》《湘军记》与《中兴将帅别传》《中兴将帅别传续编》三种。

《两江忠义采访录》，两江采访忠义局方宗诚（1818—1888年）、汪士铎（1802—1889年）、陈艾（1820—1906年）、汪宗沂（1837—1906年）等纂修，同治十一年刊成。《续纂江宁府志·两江采访忠义局》记："咸丰十一年总督曾文正公驻军祁门，即军中立局，以绅士掌之，甄录三省死事之人，汇案上制府，分别奏请旌恤。同治元年移局安庆，三年移局金陵，十一年总督何公璟刊刻《两江忠义录》。《忠义录》以府为纲，分县编次，其目凡六：曰全家殉难，曰请恤官绅，曰请恤团丁，曰请旌官绅，曰请旌士民，曰请旌妇女，有事实可书者，则立传，现刊至三十案止，奏请旌恤之案已

---

① 纪昀等：《四库全书总目提要·史部二四地理类一总志》卷六八，第372页。
② 参见王小红《舆地广记前言》，欧阳忞著，李勇先、王小红校注：《舆地广记》卷首，四川大学出版社2003年版。

至八十起。"①

此处存有疑点的是立局时间。《江宁府志》记"咸丰十一年"立局祁门军中，笔者查曾国藩奏折，立局时间当在"咸丰十年七月初"。咸丰十年七月初三日，曾国藩《行营设立忠义局采访忠义第一案片》记：

> 江苏、安徽各省，历年剿贼阵亡殉难官绅，因省垣失守，案卷被焚，未经随时查办者，计必不少。此次苏、常之陷，变起仓猝，其遇害官绅士女，尤不忍令其湮没。臣奉命署理江督后，即于行营设立忠义局，委员采访，详核事实，兼考世系，出示遍行晓谕，或由司道具详，或由府厅州县汇报，或由该家属经禀，臣随时具奏，请建总祠、总坊。其死事尤烈者，另建专祠、专坊，以慰忠魂而维风化。

咸丰十年十二月二十八日，曾国藩《忠义局第二案折》记：

> 前于七月初三日附片奏明第一案。钦奉谕旨"着照所议办理"等因。钦此。仰荷天恩下逮，激劝弥昭。兹据委员陈艾等禀称，自七月初设局以来，随时采访，查核事实，汇为一册。②

忠义局之设，旨在采访在战争中为清王朝殉难官绅、团丁、士民与妇女事迹，由各省督抚奏报请恤、请旌或立传，以扶持礼教，维持风化。其他各省也多有设局与编纂之事，如同治六年刊浙江采访忠义总局张景祁等纂《浙江忠义录》十卷、同治十二年刊沈葆桢等修、何应祺等纂《江西忠义录》六十卷、光绪二十年刊岑毓英等修、陈灿等纂《云南通志忠义录》三十二卷等。

王定安《湘军记》，光绪十五年金陵书局刊行。王定安

---

① 《光绪续纂江宁府志·实政》卷六，第9页。
② 曾国藩：《行营设立忠义局采访忠义第一案片》《忠义局第二案折》，《曾国藩全集·奏稿》第2册，第550、668页。

（1833—1898年），字鼎丞，湖北宜昌人，同治元年举人。王定安工古文，长于史志，多年幕佐曾国藩与曾国荃，为曾国藩编《求阙斋弟子记》《曾文正公大事记》《曾子家语》《湘军记》等，为曾国荃编《吕氏宗圣志》《曾忠襄公批牍·年谱》《光绪两淮盐法志》等，深得曾氏赞赏，历官江苏昆山知县、冀宁道台、安徽颍凤六泗兵备道等职。

《湘军记》二十卷始作于光绪十三年，书成于光绪十五年，是一部以曾国藩镇压太平天国为史实撰写的纪事本末体史著，包括粤湘战守篇、湖南防御篇、规复湖北篇、援守江西上篇、援守江西下篇、规复安徽篇、绥辑淮甸篇、围攻金陵上篇、围攻金陵下篇、谋苏篇、谋浙篇、援广闽篇、援川篇、平黔篇、平滇篇、平捻篇、平回上篇、平回下篇、勘定西域篇、水陆营制篇等，书前有曾国荃序。梁启超《中国近三百年学术史》评晚清史著，云："最著者有魏默深源之《圣武记》、王壬秋之《湘军志》等。……壬秋文人，缺乏史德，往往以爱憎颠倒事实。……要之壬秋此书文采可观，其内容则反不如王定安《湘军记》之翔实也。"①

朱孔彰《中兴将帅别传》《中兴将帅别传续编》，金陵书局光绪二十三年、光绪三十二年刊行。朱孔彰（1842—1919年），字仲我，江苏长洲人，光绪八年举人，著名文字学家朱骏声（1788—1858年）子，传家学，精研《说文》，著《说文重文笺》《说文粹》《十三经汉注》等。同治年间入曾国藩幕，曾国藩卒后，先后游孙衣言、洪汝奎、涂宗瀛、梅启照、莫祥芝、刘秉璋、许振炜幕，光绪十八年王定安、刘坤一聘修《两淮盐法志》，兼主淮南书院，光绪二十一年冯煦聘修《凤阳府志》，兼主蒙城书院，光绪二十九年魏光焘聘襄江楚编译局，宣统元年掌教安徽存古学堂。②

朱孔彰游督抚幕日久，熟谙湘军将帅及其镇压太平天国运动、捻军和左宗棠进军新疆等军史掌故，著《中兴将帅别传》三十卷，

---

① 梁启超：《中国近三百年学术史》，《饮冰室合集·专集七十五》第10册，第276页。
② 朱师辙：《先考仲我府君行状》，朱孔彰：《半隐庐丛稿六卷》卷末，《清代诗文集汇编》第750册，第166页。

为咸同年间曾国藩、胡林翼、江忠源、左宗棠、乌兰泰、骆秉章及华尔、戈登等近二百人立传并附评论,又著《中兴将帅别传续编》六卷,记李鸿章等十四人事迹。《别传》《别传续编》参考咸同年间有关记载一百三十余种,是研究湘淮军及太平天国运动的重要史料。

晚清地方书局大多重视刊刻当代史论著,如同治十二年浙江书局刊秦缃业纂《平浙纪略》十六卷、同治十三年济南书局刊《山东军兴纪略》二十二卷、王之春纂《国朝柔远记》二十卷有光绪十七年广雅书局、光绪二十二年湖北书局两种刻本,等等。局本当代史论著的大量刊刻,体现出晚清史学对经世层面的凸显,这些史著阶级立场鲜明,内容大多记载中兴将领镇压太平军、捻军等史实,对统治者歌功颂德。

四 科技与军事著述

金陵书局还刊刻了少数科技与军事著述,主要有李善兰《重学》《几何原本》《则古昔斋算学》,《御制数理精蕴》,沈秉成《蚕桑辑要》及刘连捷《临阵心法》。

(一)科技

《几何原本》是古希腊数学家欧几里德的数学经典之作,该书从元朝开始传入我国,但无汉译本;明末,徐光启与意大利传教士利玛窦译出前六卷,这是第一个正式的中译本,可惜不全;《几何原本》后九卷的完善,要归功于李善兰与墨海书馆英国传教士伟烈亚力,李善兰序文云:"善兰年十五时读旧译六卷,通其义。窃思后九卷必更深微,欲见不可得,辄恨徐、利二公不尽译全书也。又妄冀好事者或航海译归,庶几异日得见之。不意昔所冀者,今自为之,其欣喜当何如耶。"[①]伟烈亚力序文亦云:"旧版校勘未精,语讹字误,毫厘千里,所失匪轻。……(李善兰)君固精于算学,于几何之术心领神会,能言其故,于是相于翻译。"[②]《几何原本》后九卷

---

① 李善兰:《几何原本续译原序》,《几何原本》,第148—149页。
② 伟烈亚力:《几何原本续译原序》,《几何原本》,第153—154页。

经数学家顾观光和张文虎校对，咸丰七年正式刊行；同治四年，曾国藩出资刊刻李善兰《几何原本》后九卷，将徐光启与利玛窦所译前六卷也一并付梓，这样我国才第一次出现了汉译全本《几何原本》。

李善兰译《几何原本》的同时，还与英国人艾约瑟翻译英国物理学家胡威力《重学二十卷》附《圆锥曲线说》，"朝译《几何》，暮译《重学》"。《重学》是晚清第一部较系统地引进西方经典力学的译著，其中许多术语名词都是首次用中文表达。《重学》钱熙辅初刊本，印行无几，毁于兵祸。同治五年，李鸿章资助李善兰重刊《重学》，并增补了三卷流体力学的内容，"今湘乡相国为重刊《几何》，而制军肃毅伯亦重刊《重学》，又同时得复行于世"①。随即上海美华书馆重刊《重学》，此后《重学》又被收入《中西算学大成》《富强斋丛书》《西学富强丛书》，上海积山书局也重印了《重学》。《重学》上海美华书馆本、金陵刻本与《中西算学大成》本之间存在较大差别，金陵刻本对后来的版本影响很大，成为后世翻印的模本。

《则古昔斋算学十三种》二十四卷，是李善兰撰写的数学、历算著作集，收录了他二十余年钻研学术的精华。李善兰所钻研的数学书，主要是明清以来的传统数学，其中对于尖锥求积术、三角函数对数的幂级数展开式、高阶等差级数求和等书的探讨，皆达到中国传统数学的很高水平，是清代继梅文鼎之后中国传统数学领域的又一杰出代表。同治六年在曾国荃资助下，《则古昔斋算学》由金陵书局首次刊刻，"岁甲子来金陵，晤曾沅浦中丞，许代付手民。阅二年，邮致三百金，於是取箧中诸书尽刻之，凡十三种"②。后来又有光绪八年江宁藩署重刊本、光绪二十二年上海积山书局石印本。

《御制数理精蕴》二编四十五卷，表八卷，系康熙晚年接受泰州进士陈厚耀"请定步算诸书以惠天下"之议而编，是一部介绍包括

---

① 李善兰：《重学自序》，《重学》卷首。
② 李善兰：《则古昔斋算学自序》，《则古昔斋算学》，第469页。

第四章 金陵书局的刻书及其学术影响

西方数学知识的数学百科全书。康熙五十一年，下诏开"蒙养斋"，赐梅文鼎之孙梅瑴成举人头衔，充蒙养斋汇编官，会同允祉、允禄等开始编撰，至康熙六十一年告成，历十年之久。此书初刻本为康熙内府铜活字本，后有光绪八年江宁藩署刻本、归安姚觐元广东藩司刻本、光绪十四年上海慎记书局石印本及光绪十九年江南机器制造总局铅印本。

沈秉成辑《蚕桑辑要》，光绪九年金陵书局刊行。蚕桑农书是传统蚕桑技术重要的传承载体，也是地方劝课官员大规模引进与推广蚕桑技术的重要工具。沈秉成（1823—1895年），字仲复，浙江归安人，曾国藩心腹幕僚。咸丰六年进士，授编修，迁侍讲，充武英殿总纂，文渊阁校理等，升苏淞太道，河南、四川按察使，广西、安徽巡抚，擢两江总督，光绪十六年创办南京水师学堂、经古书院等教育机构。沈秉成工诗文书画，精鉴赏，有藏书楼"鲽砚庐"，收藏金石鼎彝、碑帖古籍，名重一时。《蚕桑辑要》辑桑、蚕、缫丝、橡树、野蚕、野茧等内容，还附有图说及沈炳震（沈秉成父）辑《乐府二十首》（以蚕桑为题材），卷首有丹徒吴学阶序言，提及诸多参与劝课官绅。[①]《蚕桑辑要》除光绪九年金陵书局刻本外，还有同治十年常镇通海道署刻本、光绪元年江西书局刻本。

金陵书局所刊印的科技著述，在清代学术史上影响重大，尤其是李善兰译《几何原本》《重学》，无论在清代数学史上，还是在晚清西学东渐运动中，都是令人瞩目的事件，李善兰及其同时代的华蘅芳、夏鸾翔等人对近代西学的传播，构成了继明末徐光启之后对近代西学的第二次引进，为近代科学在中国的传播和发展做出了开创性贡献。金陵书局虽然受到晚清西学东渐的影响，刊刻了少量与近代西学有关的书籍，但它本质上是一个以刊刻中学书籍为主的出版机构，并不是传播西学的文化媒介，晚清编译西学的官刻出版机构主要是同文馆、上海机器制造局翻译馆及稍后的江楚编译官书局等。

---

① 沈秉成：《蚕桑辑要》卷首，光绪九年金陵书局刻本。

（二）军事

光绪十六年刊刘连捷撰《临阵心法》，是一部传统军事著述。刘连捷（1834—1887年），字南云，湖南湘乡人，湘军著名将领，起自戎伍，先后依附于刘腾鸿、胡林翼、曾国荃部镇压太平天国农民起义，转战湖北、江西、安徽数省，累擢知府、道员，以按察使记名，加布政使衔，光绪十三年卒，赠内阁学士，谥勇介。《临阵心法》是总结湘军与太平军对战实践而撰写的兵书，刘连捷《自序》云："连捷束发受书，即好诵兵家言，尤嗜《孙吴司马法》诸编。窃维自古用兵则祖仁义，行阵多尚机谋，戎为国之大事，运筹帷幄庙谟之发踪也，至于陷阵冲锋乃裨将之专责。余起自戎行，阅历战事最久，请舍兵而言阵，可乎？……（连捷）每于诸军交锋对垒时，间尝以兵家机谋施之，发而幸中，旋提一旅之师，由鄂北以达江右，血战数百里，迭复城隘。"①

总体来看，医、数、农、桑及兵、刑等传统科技与军事著述，在金陵书局刻书总数中所占甚少，远不如浙江、崇文、江苏三书局，尤其是浙江、崇文二局所刻医书，江苏书局所刻兵、刑书籍，数量尤多。

五　非主流学派著述

值得注意的是，金陵书局还刊刻了一些非主流学派著述，给予了其传播空间。这其中最令人瞩目的，是薛季宣《浪语集》、姚鼐《惜抱轩今体诗选》、黎庶昌《续古文辞类纂》、佛教文献《金刚经联语》及唐顺之《唐荆川先生文集》四类。

（一）南宋永嘉学派

薛季宣《浪语集》三十五卷，南宋永嘉学派代表著述，同治十年金陵书局刊刻。

南宋永嘉学派兴起于南宋，发源于温州，是一个以"事功"为主体特征的儒家学派。永嘉学派于北宋仁宗（1022—1063年）、英

---

① 刘连捷：《临阵心法自序》，《临阵心法》卷首，光绪十六年金陵刻本。

宗（1063—1067 年）年间由王开祖、林石、丁昌期等人开创，宋神宗年间（1067—1085 年）"元丰九先生"承继，至南宋乾道（1165—1173 年）、淳熙（1174—1189 年）年间郑伯熊、薛季宣、陈傅良等形成学派，叶适集学派之大成。永嘉学派为政主张革除弊政，通商惠工，减轻捐税，增强国力，坚决抗金；为学强调通经致用，提倡功利之学，反对虚谈性命、空谈义理，重视制度研究与史学研究。永嘉学派是两宋时期的重要儒学派别，与理学、心学鼎足而立，影响很大。①

南宋以降自元、明而逮清前中期，永嘉学派经历了五百余年的低落乃至中断，至晚清始渐复兴，代表人物正是《浪语集》的编者瑞安孙衣言及其胞弟孙锵鸣。孙衣言（1815—1894 年），字绍闻，号琴西，道光三十年进士，历官安徽按察使、湖北布政使、江宁布政使、太仆寺卿等职。光绪五年辞官归里，筑"诒善祠塾"与"玉海楼"藏书楼，整理乡邦文献，造就人才；孙锵鸣（1817—1901 年），字韶甫，号蕖田，道光二十一年进士，历官广西学政、翰林院学士等。同治三年黜官，此后掌教苏州正谊书院、金陵钟山书院、惜阴书院、上海龙门书院、求志书院，光绪十五年归里不复出，历任温州中山、瑞安玉尺、平阳龙湖、永嘉东山等书院讲席。

咸同年间，清廷面临内忧外患的社会危机，当时学术界占主导地位的汉学与宋学均拯世无力，陷入学术困境，这是孙衣言、孙锵鸣复兴永嘉学派的政治文化背景。孙衣言《浪语集后叙》云："乾嘉以来，巨儒辈出，而性理经术，各守其家法，不相假借，汉宋之间，益断断如也。某曩在京师，与方闻之士论当时门户之弊，常以为欲综汉宋之长而通其区畛者，莫如以永嘉之学。尝欲集乡先哲遗文，广为传播，以昌厥绪而未逮也。既而东南大乱，承学之士，日即于芜陋，而达官贵人有以武功起家者，遂奋其私臆之论，以为胜朝流寇之祸，萌蘖于姚江；道咸以来，粤匪之乱，由于乾嘉之经学。乡曲之士，眩惑其说，莫知所适从。今相国合肥李公有忧之，以为

---

① 参见周梦江《简论南宋时期的永嘉学派》，《杭州师院学报》（社会科学版）1983 年第 3 期。

此邪诐之说而荒蔑之原也，思欲刊布先儒遗书以救其敝。某顷官江东，笺牍之暇，即以先生遗集为请。相国览而善之，遂捐俸属桂芗亭观察刊之金陵书局而以其版归某，使浙中学士大夫得读先生之遗集，而世之有志于永嘉之学者亦有所津逮，则相国是举也，实古今学术升降之枢辖，岂徒吾乡先哲之幸哉！"①

为复兴永嘉学派，孙衣言、孙锵鸣致力于整理乡邦文献，据《孙衣言孙诒让父子年谱》记，同光年间孙氏编刻《瓯海轶闻》《温州经籍志》《永嘉丛书十三种》等乡邦文献四十余种。孙衣言、孙锵鸣又教书育人，宣扬永嘉学术。光绪五年孙衣言致仕归里，"杜门不复出，益宣究平日所笃守之永嘉学术，聚乡里英才而讲授之，如此数十余年"②。孙锵鸣于金陵、上海、温州和书院讲学，门下弟子著录数千人，最著者有黄体芳、黄绍箕、黄绍第、宋恕、陈黻辰、杨晨、洪锦标、王棻、杨镜澄等，宋恕尝言："是时，外舅孙止庵先生与外伯舅逊学先生方以陈君举氏、叶正则氏之学勉励后进，恕从受业，稍识门径。"③黄体芳也称："体芳自弱冠从吾师游，每侍坐，辄闻吾师称南宋乡先生之学，以教学者有所论著，必三致意焉。……比年吾乡儒风士习胜于往时，人知向学，盖皆吾师倡导之力。"④

孙氏提倡复兴南宋永嘉学派，并没有对当时的学术思想界造成很大冲击，在晚清学术思想史图景中，永嘉学派一直处于边缘地位。但在光绪年间，永嘉学派逐渐发展成为温州地区的主流思潮与强势话语，并从思想文化层面转向社会实践领域。永嘉学派在温州本土的复兴强化了区域文化认同，塑造了一批具有经世意识的温州士人，并直接推动了清末温州地区的社会变革运动。这昭示了传统学术对近代社会变迁及现代化发展的影响，当然，这种影响是双重的，有

---

① 孙诒让：《孙诒让遗文辑存》卷七序跋（上）《艮斋〈浪语集〉后叙代家大人作》，第334—335页。
② 孙延钊撰：《孙衣言孙诒让父子年谱》，第175—176页。
③ 宋恕：《六字课斋卑议（印本）自叙》，宋恕撰，胡珠生编：《宋恕集》，中华书局1993年版，第158页。
④ 黄体芳：《孙逊学先生七十有九寿序》，黄体芳著，俞天舒编：《黄体芳集》，上海社会科学院出版社2004年版，第176—177页。

积极和消极两面。

（二）桐城派

同治五年金陵书局刊姚鼐编《惜抱轩今体诗选》、光绪十六年刊黎庶昌编《续古文辞类纂》，是桐城派的两种代表性著作，对于桐城派在晚清的发展具有重要意义。

桐城派是清代文坛最大的散文流派，主盟清代文坛两百余年，其影响延及近代。桐城派奉程朱理学为正统，在清代学术史上一直是理学的友军，其"载道"论和"义法"说，适应了清朝统治者提倡程朱理学的需要，故得以常盛不衰。桐城派创始于清初戴名世（1653—1713 年）、方苞（1668—1749 年）和刘大櫆（1698—1780 年），至姚鼐得以光大。姚鼐（1731—1815 年），桐城派集大成者，治学提倡义理、考证、文章三者不可偏废，"余尝论学问之事有三端焉，曰义理也，考证也，文章也，是三者苟善用之则皆足以相济，苟不善用之则或全于相害。……以能兼长者为贵"①。姚鼐晚年先后在江宁钟山、扬州紫阳、梅花、安庆敬敷等著名书院讲学四十余年，南北诸省皆有姚门传人，形成了声势浩大的桐城古文运动。

咸同年间，经太平天国农民战争，桐城派遭受重创，"桐城沦为异域"，"才绪牵于人事，或遭乱不得竟其学，少者或中道夭殂"，"不闻桐城诸老之謦欬也久矣"②。至曾国藩正式打出"桐城派"旗号，始迎来复兴之光，黎庶昌《续古文辞类纂·序》记："至湘乡曾文正公出，扩姚氏而大之，并功德言为一途，挈揽众长，轹归掩方，跨越百氏，将遂席两汉而还之三代，使司马迁、班固、韩愈、欧阳修之文绝而复续，岂非所谓豪杰之士，大雅不群者哉！盖自欧阳氏以来，一人而已。"③

黎庶昌（1837—1896 年），初从学于遵义郑珍（1806—1864 年），后入曾国藩幕，与张裕钊、吴汝纶、薛福成并称"曾门四弟子"。黎庶昌与吴汝纶、马其昶等一批清末桐城家上承姚鼐、曾国

---

① 姚鼐：《惜抱轩文集》卷四《述庵文钞序》，《续修四库全书》第 1453 册，第 31 页。
② 曾国藩：《欧阳生文集序》，《曾国藩全集·诗文》第 14 册，第 205 页。
③ 黎庶昌：《续古文辞类纂序》，《续古文辞类纂》卷首，光绪十六年金陵书局刻本。

藩，下启严复、林纾等人，是桐城派后期代表人物。黎编《续古文辞类纂》成书于光绪十五年，此编承曾国藩《经史百家杂钞》精神，将姚鼐《古文辞类纂》予以扩增，增补了经、子、史与清人文选，以匡补姚书之不足，刘声木《苌楚斋续笔·黎庶昌续古文辞类纂》评："遵义黎莼斋观察庶昌编辑《续古文辞类纂》廿八卷，金陵书局刊本。中分三编，上编选经子，中编选四史、《新五代史》《通鉴》，下编选国朝人古文。只有下编可谓之续，上中二编，则当云补，一概言续，未免自相混淆，于例不顺。其编辑本意，实以曾文正公《经史百家杂钞》为蓝本而损益之，不知何以以《续古文辞类纂》命名，颇违姚郎中当日编辑本意。若云《续补古文辞类纂》，虽只增一字，而名实相副矣。"①

（三）佛学

光绪十二年，金陵书局刊刻佛教文献《金刚经联语》，与晚清佛学复兴有关。

佛教于公历纪元年前后传入我国，经历东汉至南北朝时期的初步发展，在隋唐五代时期达到鼎盛，宋代以后趋于停滞和衰落。至晚清，受西方传教士及太平天国运动的影响，佛教受到了沉重打击，许多寺院遭到破坏，但也逐渐开始复兴。这是因为佛教传入中国历经两千年，已完全融入中国文化与世俗生活之中，佛教在晚清社会仍有广泛的社会基础；另一方面，晚清战乱频仍，民众生活苦难，佛教教义的来生转世、拯世救人、平等慈悲等观念，对于普通民众有心灵慰藉与解脱痛苦的功效。因此，不仅底层民众信佛、礼佛，崇佛在士人中也蔚然成风，龚自珍、魏源、康有为、梁启超、谭嗣同、章炳麟等皆崇尚佛教，梁启超说："晚清所谓新学家者，殆无一不与佛学有关系。"②

晚清专门刊刻佛教典籍的机构，主要有金陵刻经处与长沙刻经处。金陵刻经处，同治五年杨仁山创办。杨仁山（1837—1911年），

---

① 刘声木：《苌楚斋续笔》卷三《黎庶昌续古文辞类纂》，第405页。
② 梁启超：《清代学术概论》，《饮冰室合集·专集三十四》第8册，第73页。

名文会，安徽池州人，近代著名居士佛学家，清末佛教复兴的关键人物。自同治五年创立至宣统三年杨仁山逝世，金陵刻经处刻印佛教经典两千余卷。光绪三十四年，杨仁山复于金陵刻经处内创办"只洹精舍"，这是中国近代第一所新式教育的佛教学堂。金陵刻经处的刻书活动一直持续至现当代。长沙刻经处，光绪二年曹耀湘创办，曹耀湘（生卒年不详），字镜初，湖南长沙人，长沙刻经处的刻书活动一直持续至民国间。

地方书局与私刻、坊刻机构也有刊刻佛教典籍，前者如同治九年崇文书局刻《御制大云轮请雨经》《太上祈雨龙王真经》、光绪十二年金陵书局刻《金刚经联语》等，后者如同治年间德清俞氏刻《金刚经订义》《金刚般若波罗蜜经》、光绪年间钱塘丁氏嘉惠堂刻《西溪百咏》《龙井见闻录》等。不过总体来看，地方书局刊刻的佛教书籍数量较少。

（四）阳明学

光绪三十年，金陵书局重刊唐顺之《唐荆川先生文集》，与晚清阳明学复兴有关。

明代中叶，阳明学兴起，明中后期盛极一时，几乎压倒程朱理学。清初立理学为正统，朱子学在清初出现了复兴，而阳明学自明末影响日趋减弱，清初学者对阳明后学空谈心性的流弊进行矫正，故而阳明学在清初也出现了革新。朱子学和阳明学，共同构成了明中叶至清初学术史的主流。然而，自明末以来具有反理学思想倾向的经史之学开启了清代汉学考据之风，汉学出现后，逐渐形成了与理学分庭抗礼的形势，汉、宋之争逐渐成为清代学术史的发展主线，阳明学被视为异端。

嘉道以降，阳明学重新引起学术思想界的关注。龚自珍、魏源、王韬、朱次琦等都崇尚阳明学，戊戌时期康有为、梁启超、谭嗣同等都是阳明学的信奉者，革命派宋教仁、汪卫、刘师培、章炳麟等也大多推崇阳明学。《唐荆川先生文集》就是在这样的文化氛围下行刊的，赖其付梓也得以窥见晚清阳明学复兴之一斑。唐顺之（1507—1560年），字应德，号荆川，江苏武进人，嘉靖八年进士，官翰林院编修、兵部主事。唐顺之的文学思想最初追随前七子的复古文学主张，推崇秦汉古文，中期转而推崇唐宋古文，是唐宋派理论主张的践行者，晚年则在王慎中及心学人物的影响下，接受阳明心学的理念，明确提出"本色论"的文学主张，强调直抒胸臆，心地超然，高度重视创作主体的心性气质。唐顺之"本色论"的提出，直接导源于其"天机说"的哲学思想，是唐氏接受阳明心学的直接反映。

第五章　金陵书局学者著述与学术交游

学术史不只是书籍出版的静态历史，还是特定学术空间中学者撰著、交游与论学的动态历史，它们不仅展现学者的心性情怀与师友切磋、砥砺，也是学术思想史的延伸和补充，构成了学术史的一幅幅生动画面。

现有研究对书院、幕府、雅集结社的学术活动关注较多，对地方书局的学术活动则重视不够，很少涉及。地方书局不仅仅只是图书出版机构，往往也是开放性的学术交流空间与文化传播中心。金陵书局汇集了同光年间一群有影响的学者，他们除了日常的校书、诗文唱和之外，撰著、论学活动也十分活跃，对于汉宋学、今古文及诸子学亦多有学术争论与辩说。本章以金陵书局学者为主题，先考辨书局人员与人数，继之勾勒书局学者的学术风貌，在此基础上从宋汉学、今古文经学及诸子学的角度，探析书局学者的撰著与论学活动及其学术史影响。

第一节　书局人员考辨

关于金陵书局的人员与人数，既往研究主要依据《张文虎日记》，以及相关人员的墓志、年谱、诗钞等史料。① 虽已取得一定成果，但仍不够完备，对人员的统计存在误、漏之处，入、离局时间多处失考，所校书籍更是语焉不详。笔者通过查证书局人员的日记、书信、诗文集等大量文献史料，对金陵书局的人员与人数，入、离局时间与所校书籍重新予以考证，冀能进一步完善现有研究。

需要说明的是，金陵书局人员有"专职"和"兼职"之分，而且"兼职"情况还很普遍，包括欧阳兆熊、周学濬、洪汝奎、汪士铎等最主要人员，都有"兼职"身份。鉴于此一事实，本书将凡任职金陵书局者，无论"专职"或"兼职"，均计入书局人员。

一　现有研究辨正

金陵书局的人员与人数，现有研究总计提及三十五人，其中孙衣言、钱仪吉、钱泰吉、倪文蔚、梅延祖、沈节甫、莫友芝、朱孔彰八人，虽与金陵书局有过交集，但并未任职书局，其余欧阳兆熊、刘毓崧、周世澄、张文虎、曹耀湘、李善兰、汪士铎、周学濬、唐仁寿、刘恭冕、戴望、刘寿曾、成蓉镜、方朄仙、钱振常、涂宗瀛、韩弼元、洪汝奎、冯煦、强汝询、钱华荣、马微棘、杨书霖、张盛藻、陈允颐、成肇麐、范志熙二十七人，确系无误。以下一一辨正。

---

① 相关研究的主要推进：[美]谢正光《同治年间的金陵书局——论曾国藩幕府中的儒学之士》（《大陆杂志史学丛书》第3辑第4册，第340—349页）考证从咸丰十一年至同治十一年，校书人员有孙衣言、李善兰、周学浚、张文虎、刘毓崧、刘恭冕、莫友芝、洪汝奎、钱泰吉、汪士铎、戴望、唐仁寿、成蓉镜、刘寿曾十四人，并列几部主要书籍的校勘人员；（台湾）陈邦祥《金陵书局刻书考》（硕士学位论文，台湾东吴大学，2003年）考证书局人员共计二十一人，其中办事人员有周学濬、韩弼元、涂宗瀛、洪汝奎四人，编纂人员有欧阳兆熊、李善兰、张文虎、刘毓崧、莫友芝、汪士铎、钱泰吉、钱仪吉、唐仁寿、刘寿曾、戴望、倪文蔚、刘恭冕、成蓉镜、朱孔彰、梅延祖、沈节甫十七人；李志茗《金陵书局考辨——以晚清同光时期为中心》（《史林》2011年第6期，第86—96页）考证从同治三年九月至同治十一年十二月，先后入局者有李善兰、张文虎、刘毓崧、周学浚、汪士铎、刘恭冕、唐仁寿、戴望、周世澄、刘寿曾、成蓉镜、方朄仙、钱振常、涂宗瀛、韩弼元、洪汝奎、强汝询、钱怡甫、马微棘、曹耀湘、杨书霖、张盛藻、陈允颐二十三人，并列各人入、离局时间。谢、陈、李三文的研究时段集中于同治年间，至于光绪年间书局的人员与人数，仅柳诒徵《国学书局本末》（《江苏省立国学图书馆第三年刊》，第1—8页）提到范志熙任提调，汪士铎、冯煦、成肇麐等任校勘。

第五章　金陵书局学者著述与学术交游

（一）关于孙衣言等八人的辨正

1. 孙衣言（1821—1907 年）

孙衣言，字琴西，浙江瑞安人，道光三十年进士。孙延钊《孙衣言孙诒让父子年谱》记：孙衣言于同治初年入曾国藩幕，同治四年十月受浙江巡抚马新贻聘，主讲杭州紫阳书院，同治六年四月任浙江书局总办；自同治七年冬至光绪五年冬，因公职调动辗转宁、皖、鄂三地。同治七年十月以道员补用发往两江，受马新贻委派办理善后局事务，十年三月署江南盐法道，十一年十月擢安徽按察使，十三年十月兼署安徽布政使，光绪元年八月升授湖北布政使，三年二月调任江宁布政使，光绪五年冬以太仆寺卿辞仕返乡。

据《年谱》所记可知，孙衣言从未在金陵书局担任职务，不能被列为金陵书局人员。但客居金陵八年期间，孙衣言与书局诸人交游密切，亦常参加飞霞阁雅集，如《年谱》同治七年十一月记："衣言官事之馀，偕诒让从诸先生游，相与议论为文章，或宴饮歌诗为笑乐，诒让因得识诸先生。"此外，同治十年二月，孙衣言、孙诒让父子校勘的薛季宣《浪语集》由金陵书局刊刻，这是孙氏与金陵书局的另一重要交集。①

2. 钱仪吉（1783—1850 年）、钱泰吉（1791—1863 年）

据蔡冠洛《清代七百名人传·钱仪吉》记："道光三十年卒，年六十八"②，可知钱仪吉不可能是金陵书局人员。

关于钱泰吉，钱应溥《警石府君年谱》记："官海昌训导二十七年，引退后掌教安澜书院又七年"，咸丰十年、十一年，太平军克杭州、嘉兴、海盐等地，避战乱赴安庆依其次子钱应溥，同治元年，"奉湘乡相国师之命襄理戎幕，九月至安庆，十一月迎养府君赁居城西"，同治二年，"手校三史，惟范书未得殿本，对校乃从李眉生太守鸿裔假所藏本，日校数叶，夏日盛暑不辍"，十一月病卒于安庆。③ 可

---

① 孙延钊撰：《孙衣言孙诒让父子年谱》，第 62、72、84、85、98、101、104、123、126、144、174 页。
② 蔡冠洛：《清代七百名人传》第四编，《清代传记丛刊》第 196 册，第 250 页。
③ 钱应溥：《警石府君年谱一卷》，《北京图书馆藏珍本年谱丛刊》第 145 册，第 229—237 页。

知曾国藩庀局安庆，已是钱泰吉生后之事，钱泰吉也不可能是金陵书局人员。

不过，居安庆期间，钱泰吉曾为曾国藩校勘《史记》《汉书》《后汉书》三史，钱氏校本后为张文虎所参照，张文虎《校刊史记集解索隐正义札记》记："先是，嘉兴钱警石学博泰吉尝汇校各本，历三十余年，点画小珠必详记之。乌程周绳云侍郎学浚借其本过录，择善而从。"① 这是钱泰吉与金陵书局交集之处。

3. 梅毓（？—1882年）

梅毓，字延祖，江苏江都人，同治九年举人，梅植之（1794—1843年）子。

梅毓是否任职金陵书局，迄今仅见支伟成《清代朴学大师列传·刘恭冕传》一则史料有记："同治中，仪征刘毓崧父子、甘泉梅延祖诸人，应曾文正公聘，校书江南官书局。"② 此则史料为孤证，可信度不高，存疑待考。可以确定的是，光绪初年梅毓曾客居金陵，孙诒让《与梅延祖论穀梁义书》记："光绪初，余侍先太仆君在江宁，梅君介同岁生仪征刘君恭甫以《穀梁义》下问，乃刺此七事质之。"③

4. 倪文蔚（1832—1890年）、沈节门（生卒年不详）

倪文蔚（1832—1890年）与沈节门（生卒年不详）二人，未见任何史料记载此二人曾任职金陵书局。陈邦祥列此二人为书局人员，不知何据。

5. 莫友芝（1811—1871年）

莫友芝，字子偲，号郘亭，贵州独山人，道光十一年举人。

史料方面，张裕钊《唐端甫墓志铭》、尹炎武《朱李二先生传》、章洪钧《泾舟老人洪琴西先生年谱》、况周颐《蕙风簃二笔》、

---

① 张文虎：《校刊史记集解索隐正义札记》卷首，同治十一年金陵书局刻本。
② 支伟成：《清代朴学大师列传·皖派经学家列传第六》，《清代传记丛刊》第12册，第266页。
③ 孙诒让：《籀庼述林》卷十《与梅延祖论穀梁义书》，《续修四库全书》第1164册，第285页。

第五章　金陵书局学者著述与学术交游

徐珂《清稗类钞·莫子偲好古椠》五则史料，均言莫友芝任职金陵书局。①

但笔者认为，此事仍存疑虑，理由如下：

第一，《莫友芝日记》从未提及自己任职金陵书局。

《日记》咸丰十一年至同治十年记，莫友芝曾任职于三家书局：咸丰十一年春夏，在鄂城胡林翼书局校书，同治七年二月至同治八年十二月，任职江苏书局总校，同治九年五月，任职淮南书局总校，直至同治十年九月病逝于访书途中。②

莫友芝佐幕曾国藩的时间，是咸丰十一年秋冬至同治六年冬。③同治二年十二月，被保举为知县，《曾国藩日记》记："是日接部文，将郑珍、莫友芝、邓瑶、赵烈文、成果道、向师棣等十余人发往江苏，以知县用。"④同治三年九月，曾国藩总督署迁往金陵，莫友芝随即受涂宗瀛、黎庶昌委派帮办善后局，《莫友芝日记》记：

---

① 张裕钊《唐端甫墓志铭》（《碑传集补》卷五一，《清代传记丛刊》第123册，第220页）记："自同治三年大军克金陵，曾文正公及今合肥相国李公相继总督两江，始开书局于冶城山，校梓群籍，延人士司其事。文正公尤好士，又益以懿文硕学，为众流所归，于是江宁汪士铎、仪征刘毓崧、独山莫友芝、南汇张文虎、海宁李善兰及端甫、德清戴望、宝应刘恭冕、成蓉镜四面而至，文正公幕府辟召皆一时英俊，并以学术风采相尚。"尹炎武《朱李二先生传》（《碑传集补》卷五三，《清代传记丛刊》第123册，第372—373页）记："先生十五而孤，猛志励学，十九以文干曾文正公于祁门军次，文正奇之，留营读书，不界以事。时太和马阁学恩溥方督学院中，一见倾心，求为其子师。文正开府金陵，延入幕治官文书，先生谢之，文正笑曰：'君志在儒林文苑耶？'即改襄校江南官书局，日与莫子偲、戴子高、张啸山、李壬叔、刘恭冕诸老宿居，学大进。"章洪钧《泾舟老人洪琴西先生年谱》（卷二，第417页）同治三年记："四月初三日，曾文正公设书局於皖城，刊刻经史，延请宿儒江宁汪梅村士铎、独山莫子偲友芝、仪征刘伯山毓崧、南汇张啸山文虎等分任校勘，皆先生素交也。"况周颐《蕙风簃二笔》（《船山全书》第16册《杂录之部》，第708页）记："咸丰十一年八月，曾文正公克复安庆，部署粗定，命莫子偲大令采访遗书，商之九弟沅浦方伯，刻《王船山遗书》。既复江宁，开书局于冶城山，延博雅之儒，校雠经史，正暇则肩舆经过，谈论移时而去。住冶城者，有南汇张文虎、海宁李善兰、唐仁寿、德清戴望、仪征刘寿曾、宝应刘恭冕，此江南官书局之俶落也。"徐珂《清稗类钞·莫子偲好古椠》（《清稗类钞·鉴赏类二》第9册，第4281页）记："咸丰辛酉八月，文正既克复安庆，部署粗定，乃从子偲之言，命其采访遗书，商之其弟忠襄，刻《王船山遗书》。既复江宁，开书局于冶城山，延博雅之儒，校雠经史，政暇则肩舆经过，谈论移时而去，子偲亦与焉。住冶城者，有南汇张文虎、海宁李善兰、唐仁寿、德清戴望、仪征刘寿曾、宝应刘恭冕，此江南官书局之俶落也。"

② 莫友芝：《莫友芝日记》，第17、239、272、276页。
③ 莫友芝：《莫友芝日记》，第49、219页。
④ 曾国藩：《曾国藩全集·日记（同治二年十二月十五日）》第17册，第494页。

"是日朗轩、莼斋委帮办善后局。"①

莫友芝帮办善后局，主要职事就是访书，"续完采访两阁全书公干，兼查核各儒学、各书院官书兵后有无存留"，同治四年三月至闰五月、九月至十二月、同治五年五月至十月、同治六年八月至十二月，莫友芝数至扬州、淮安、常州、镇江等地访书。②

第二，《张文虎日记》也未提及莫友芝任职金陵书局。

《张文虎日记》明确记载书局人员有两次，均未提及有莫友芝。《日记》同治六年四月十日记："缦老来，言节相派定书局六人：汪梅岑、唐端甫、刘伯山、叔俛、壬叔及予，仍以缦老为提调。"十二月朔日记："节相命刘伯山子刘恭甫入书局，来拜。于是书局凡七人：汪梅岑、唐端甫、刘叔俛、戴子高、周孟舆、恭甫、壬叔及予也。"③

莫友芝虽未在书局任职，但与书局交集甚多，主要表现有三：一是莫友芝《唐写本说文解字木部笺异》，同治三年夏秋间刊毕于安庆，是安庆曾氏书局所刻第一种书籍；二是遍访群书，有资书局校勘之用，如《莫友芝日记》同治五年九月记："其藏书中胡刻《通鉴》及王本《史记》《栋亭五种》，皆善本，许以《通鉴》呈李宫保，以《史记》假余致书局为对样，《五种》亦当他日借观。"十月记："养泉言有《通鉴》残胡本数十册，当可补书局新购样本。"④三是间或与诸人商议刻书选定、校勘诸事，如莫友芝《修补毕氏续资治通鉴刊板跋》记："同治丙寅春，李肃毅伯开书局金陵，刊《六经注》成，且及《史》《汉》，问继者何亟，友芝以《通鉴》对，续《宋》《元》则取镇洋毕氏。即承命，求胡果泉仿元本备覆刊，间毕书板在嘉兴冯氏者。"⑤又如《莫友芝日记》同治五年五月记："张啸山学博以校刊《史记》与周缦云侍御争所据本，属为书

---

① 莫友芝：《莫友芝日记（同治三年九月二十日）》，第118页。
② 莫友芝：《莫友芝日记》，第149、161—171、185—199、219—230、239、272、276页。
③ 张文虎：《张文虎日记》，第87、116页。
④ 莫友芝：《莫友芝日记》，第198、200页。
⑤ 莫友芝：《郘亭遗文》卷三《修补毕氏续资治通鉴刊板跋》，《清代诗文集汇编》第641册，第142页。

申疏之。大率明之王、柯、凌三本皆可据，唯当主其一，为之附校乃善耳。"①

6. 朱孔彰（1842—1919 年）

字仲我，江苏长洲人。光绪八年举人，朱骏声子。

朱孔彰是否任职金陵书局，迄今仅见朱师辙《先考仲我府君行状》有记："文正移节金陵，欲延府君入幕主文牍，府君有难色，文正曰：'吾知君意，君儒林文苑，才此不足辱君。'即委襄校江南官书局，局中如莫子偲、戴子高、张啸山、李壬叔、刘恭甫诸先生，皆一时名宿，府君年最少与其列，时人荣之。"② 此则史料为孤证，存疑待考。

另据《行状》记：曾国藩卒后，朱孔彰先后佐幕孙衣言、洪汝奎、涂宗瀛、梅启照、莫祥芝、刘秉璋、许振炜，光绪十八年刘坤一、王定安聘修《两淮盐法志》，兼主淮南书院，光绪二十一年冯煦聘修《凤阳府志》，兼主蒙城书院，光绪二十九年魏光焘聘襄江楚编译局，宣统元年掌教安徽存古学堂。③

朱孔彰与金陵书局也有渊源。光绪二十三年金陵书局刻本《圣门名字纂诂》，卷首有朱孔彰序，此外，朱孔彰补遗《徐骑省集》、撰《中兴将帅别传》《别传续编》，均由金陵书局刊印。

（二）关于欧阳兆熊等二十七人的补正

1. 欧阳兆熊（1808—1876 年）

字晓岑，自号匏道人，湖南湘潭人，道光十七年举人。

欧阳兆熊于同治三年四月入局，同治四年八月铁作坊旧局撤局，离局赴扬州盐务；欧阳兆熊董理安庆曾氏书局，参与编校《船山遗书》。

2. 刘毓崧（1818—1867 年）

字伯山，江苏仪征人，道光二十年贡生。

（1）入、离局时间：咸丰年间，刘毓崧馆两淮盐运使郭沛霖

---

① 莫友芝：《莫友芝日记》，第 185 页。
② 朱师辙：《先考仲我府君行状》，朱孔彰：《半隐庐丛稿六卷》卷末，第 166 页。
③ 朱师辙：《先考仲我府君行状》，朱孔彰：《半隐庐丛稿六卷》卷末，第 166 页。

（1809—1859年）家，程畹《刘先生家传》记："道光庚子，以禀膳生举优行贡太学府，主两淮运司郭公沛霖延课其子，知先生深，至以家寄托。最后湘乡相国曾文正公尤礼异之，今江督威毅伯曾公曾延先生入书局，亦敬礼勿衰。"① 郭沛霖与曾国藩为同科进士、儿女亲家，咸丰九年，郭沛霖死于太平军战乱后，刘毓崧转而依附曾国藩，同治二年冬于安庆入曾幕，《曾国藩日记》记："午正请刘伯山毓嵩、魏涟西万杰等中饭。"② 同治三年四月，曾国藩设立安庆曾氏书局，刘毓崧入局校书。同治六年八月病卒局中，《张文虎日记》记："刘伯山患疽去世。"③

（2）职务与参与编校书籍：刘毓崧为书局编校，主要参与编校《王船山遗书》《汉书》两种。刘毓崧《通义堂文集》收录有《王氏船山丛书校勘记自序》《刻王氏船山丛书凡例》，有"毓崧为之检核稿本"之语，复收《校刻汉书凡例》一篇，有"汉书百卷，毓崧拟分任纪十二卷、表八卷，共二十卷"之语。此外，刘毓崧编有《王船山先生年谱》二卷，这是王夫之的第一个年谱，《通义堂文集》收录有《王船山先生年谱序》。④

3. 周世澄（生卒年不详）

字孟舆（梦虞），江苏阳湖人。

（1）入、离局时间：李志茗称，周世澄在安庆时已进入书局，安庆离局后，同治六年十二月在金陵再入书局。此说大致不错，但不准确。

周世澄安庆入局的时间，是在同治三年四、五月间。周世澄为周腾虎子、赵烈文外甥，同治元年七月周腾虎病卒后，赵烈文接周世澄至安庆，入局校书，《能静居日记》同治三年记："接孟

---

① 程畹撰：《刘先生家传》，《续碑传集》卷七十四，《清代传记丛刊》第119册，第304—305页。
② 曾国藩：《曾国藩全集·日记（同治二年十一月十一日）》第17册，第484页。
③ 张文虎：《张文虎日记（同治六年八月九日）》，第100页。
④ 刘毓崧：《通义堂文集》卷八《王氏船山丛书校勘记自序》，第463—465页；刘毓崧：《通义堂文集》卷八《刻王氏船山丛书凡例》，第465—467页；刘毓崧：《通义堂文集》卷五《校刻汉书凡例》，第355页；刘毓崧：《通义堂文集》卷六《王船山先生年谱序》，第385页。

甥二月十一、廿一、廿二日信，已同衣谷挪入行，充《船山遗书》编校。"① 同年五月初八，曾国藩致函赵烈文，云："令亲汤衣谷、周孟舆在局校书，近状平善。"②

周世澄第一次离局并非在安庆，而是同治四年六月辞局于金陵。同治四年夏，金陵铁作坊旧局撤局，原《船山遗书》编校人员纷纷另赴他途，周世澄也在此时离局，《张文虎日记》六月二十六、二十七日记："周孟舆将往湖南，来辞行。……与壬叔至殷商巷，送周孟舆赴湖南，及赵惠甫常熟之行。"③

周世澄二次入局的时间，严格说不是同治六年十二月，而是同治六年十一月。同治六年春，周世澄由湘返宁，《张文虎日记》同治六年三月七日记："周孟舆来拜，初从常熟至也。"但在四月十日曾国藩派定的书局六人中，并无周世澄。直至十一月廿七日，周世澄方加入书局，"周孟舆到局"。《张文虎日记》载：十二月初一，"节相命刘伯山子刘恭甫入书局，来拜。于是书局凡七人：汪梅岑、唐端甫、刘叔俛、戴子高、周孟舆、恭甫、壬叔及予也"④。

这一次周世澄在局时间很短，次年春复辞金陵书局，入江苏书局，大约两年之后，周世澄辞江苏书局，很可能是加入了湖北崇文书局。《莫友芝日记》记：莫友芝于同治七年二月初至苏州，任职江苏书局总校，当时周孟舆也在江苏书局，"两大令相访，亦局中提调，偕广庵阅中丞甄别卷子方毕。周梦虞至。方伯、廉访先后相过"。同治八年十二月，莫友芝辞职江苏书局总校，同治九年三月至湖北，"初六日凌晨始至鄂"，十八日，访友人杨宗濂、费延厘，"费君亦在书局者。闻周孟舆已至此，俞荫甫又之闽，于是江苏书局风流云散矣"⑤。

（2）职务与参与编校书籍：周世澄为书局编校，主要参与编校

---

① 赵烈文：《能静居日记（二）》，第751页。
② 曾国藩：《致赵烈文一通》，《船山全书》第16册《书信》，第559页。
③ 张文虎：《张文虎日记》，第54页。
④ 张文虎：《张文虎日记》，第84、87、115、116页。
⑤ 莫友芝：《莫友芝日记》，第239、272、275页。

《船山遗书》。

4. 张文虎（1808—1885年）

字啸山，江苏南汇人，诸生。

（1）入局时间：张文虎的入局时间，李志茗认为是同治二年，此说不确。

张文虎至安庆入曾国藩幕，是在同治二年五月，《曾国藩日记》记："又李壬叔带来二人，一张斯桂，浙江萧山人，工于制造洋器之法；一张文虎，江苏南汇人，精于算法，兼通经学、小学，为阮文达公所器赏。"① 张文虎入幕之初，尚未有书局之设与校书之役，乃任职内军械所，闵萃祥《州判衔候选训导张先生行状》记："安庆克复，长江轮舶通行，遂具书介季壬叔先生来招，属以内军械所事。而今制军威毅伯曾公，方刊其乡先辈王船山先生书，庀局皖垣，即延先生及仪征刘伯山先生分任校雠。"②

同治三年四月，安庆曾氏书局设立，最初入局者仅欧阳兆熊、刘毓崧、周世澄、汤裕（后详）四人而已。同治三年九月迁局金陵，张文虎全程参与书局搬迁与铁作坊旧局组建。③ 张文虎参与校勘《船山遗书》，是在同治四年夏。同治六年八月，张文虎致信曾国荃有"文虎于乙丑夏襄校船山先生遗书"④ 之语。另据《张文虎日记》记，他校勘《船山遗书》的时间是同治四年三月至六月，所校卷帙有《礼记章句》《读〈通鉴〉论》《读四书大全》《历代诗评》《古诗评》《唐诗评》《明诗评》《诗经稗疏》《宋论》《噩梦》《春秋世论》。⑤

（2）离局时间：同治十二年冬，张文虎辞局归里，闵萃祥《行状》记："癸酉冬，先生归志益切，以老固请，始得旋里。"光绪初年，张氏参与修撰地方县志，九年，应江苏学政黄体芳聘，主南菁

---

① 曾国藩：《曾国藩全集·日记（同治二年五月廿一日）》第17册，第431页。
② 闵萃祥：《州判衔候选训导张先生行状》，张文虎：《舒艺室杂存》，第682—685页。
③ 张文虎：《张文虎日记》，第1—18页。
④ 张文虎：《上曾沅浦宫保》，《覆瓿集续刻·舒艺室尺牍偶存》，第593页。
⑤ 张文虎：《张文虎日记》，第29—54页。

书院院长约半年之久，此后不复出，十一年卒于家。①

《清儒学案小传·啸山学案》称："主江南书局最久""主校席者十三年"②。现有研究中，谢正光、陈邦祥均沿此说。此说亦有误。张文虎任职书局近十年，是任职时间较久者，但不是最久者。笔者考证，刘寿曾任职时间十四年、冯煦任职时间十三年、成蓉镜与洪汝奎任职时间十二年、唐仁寿任职时间近十一年，都比张氏任职时间更久。（后详）

（3）职务与参与编校书籍：张文虎为书局编校，闵萃祥《行状》记："所刻如《四书》《十一经》《史记》《前后汉书》《三国志》《文选》《王氏读书杂志》《渔洋山人古诗选》，皆先生手校，而于《史记集解索隐正义》一书考索尤深。"③ 现有研究中柳诒徵、谢正光、陈邦祥均沿此说，大致无异。这些说法皆不完整。

通过查证史料，可知居金陵书局期间，张文虎总计校书三十一种。张文虎参与编校的第一种书籍，是莫友芝《唐写本说文解字木部笺异》，同治三年夏秋间刊毕于安庆，卷首镌"杨岘勘过、张文虎覆校"④。另据《张文虎日记》统计，自同治三年九月至同治十一年冬，张文虎总计校书三十种，其中八种未刊，另二十二种刊于金陵书局。⑤

大抵而言，同治三年至五年秋冬，所校之书以经部书籍居多，五年秋冬至十一年，主要精力在校勘史部典籍。张文虎个人校书进程，也反映出金陵书局校刻书籍从经至史的变化。

---

① 闵萃祥：《州判衔候选训导张先生行状》，张文虎：《舒艺室杂存》，第682—685页。
② 徐世昌：《清儒学案小传》卷一八，《清代传记丛刊》第7册，第301、304页。
③ 闵萃祥：《州判衔候选训导张先生行状》，张文虎：《舒艺室杂存》，第682—685页。
④ 莫友芝：《唐写本说文解字木部笺异》卷首，同治三年金陵书局刻本。
⑤ 八种未刊书籍为：戴德《大戴礼记》、邵晋涵《尔雅正义》、郝懿行《尔雅义疏》、钱坫《说文解字斠诠》、万树《词律》、左丘明《国语》、欧阳修《新唐书》、管仲《管子》；二十二种已刊书籍，按四部分类，则丛书一种，为《船山遗书》；经部八种，为《毛诗传笺》《诗经集传》《礼记集说》《周易本义》《春秋左传杜注补辑》《春秋公羊经传解诂》《周礼郑注》《尔雅》；史部八种，为《史记集解索隐正义》《校勘史记集解索隐正义札记》《毛本史记》《汉书》《后汉书》《肇域志》《三国志》《晋书》；子部两种，为《读书杂志》《几何原本》；集部三种，为《渔洋山人古诗选》《惜抱轩今体诗选》《礼部遗集》。

所校书中，张文虎用功最深的是《史记集解索隐正义》及《札记》，《史记集解索隐正义》初校、复校、校样耗三载有余，《札记》写、重订、校样又耗三载，总计六年有余；次则《汉书》，耗两年时间校勘；次则《读书杂志》与毛本《史记》，校勘时长一年左右。

需要补充说明的是，由于《张文虎日记》同治四年九月至五年九月这部分文字缺失，且日记截止时间为十一年十二月，而张文虎十二年冬方离职，这两个时间段所校书籍不可知晓，故张文虎在局期间实际所校书籍，应当多于三十一种。

5. 曹耀湘（生卒年不详）

字镜初，湖南长沙人。

（1）入、离局时间：李志茗称，曹耀湘在安庆时已入书局，安庆离局后，同治十年七月在金陵再入书局。此说大致不错，但不准确。

曹耀湘的入局时间，大约在同治三年九月迁局金陵前后。第一次离局时间，并不是在安庆，大约在同治四年六、七月间，即铁作坊旧局撤局前后。

曹耀湘第二次入局，是在同治十年七月，《张文虎日记》同治十年七月廿二日记："新派入局曹镜初来拜。"①

曹耀湘第二次辞局时间，大约是同治十二年。同治十一年二月，曾国藩病卒，次年，湖南官绅于长沙设立传忠书局，编刻《曾文正公全集》，邀曹耀湘主持局务。传忠书局本《曾文正公全集》十六种，同治十三年至光绪五年刊成，其中《曾文正公诗集》《曾文正公杂著》刊于同治十三年，卷首均刻有："长沙曹耀湘镜初校字。"②至光绪二年，《曾文正公全集》大半已刻竟，曹耀湘复于长沙创立刻经处，刊刻佛教典籍。此后，曹耀湘主要精力专注于刻经处事务，传忠书局刻书日少，长沙刻经处的刻书活动一直持续至民国年间，而传忠书局则于光绪十七年与思贤讲舍合并为思贤书局。

---

① 张文虎：《张文虎日记》，第257页。
② 曾国藩撰，李瀚章辑：《曾文正公诗集》卷首，同治十三年传忠书局刻本；曾国藩撰，李瀚章编：《曾文正公杂著》卷首，同治十三年传忠书局刻本。

（2）职务与参与编校书籍：曹耀湘是书局编校，主要参与编校《船山遗书》。

6. 李善兰（1811—1882年）

字壬叔，号秋纫，浙江海宁人，诸生。

（1）入、离局时间：李善兰入局时间，陈邦祥称同治元年四月安庆入曾幕，三年四月入书局；李志茗称同治二年入局。两说皆不妥。

同治元年四月，李善兰于安庆入曾幕，《曾国藩日记》同治元年四月廿日记："拜周缦云、李壬叔、邓弥之，已正归。"① 入幕之后，与徐寿、华蘅芳等任职安庆内军械所，当时尚未有刻书与厂局之事。此后，欧阳兆熊与刘毓崧等人校勘《船山遗书》，李善兰也并未参与其事，《船山遗书·校勘姓氏》并未收录李善兰。

李善兰真正开始参与书局事务，是在同治三年九月移局金陵以后。当时曾国藩应李善兰之请允复刊刻《几何原本》，李善兰开始校勘此书，曾国藩《几何原本序》记："会余移驻金陵，因属壬叔取后九卷重校付刊。"② 另据《张文虎日记》记，同治三年九月以后，曾国藩、曾国荃常与李善兰、张文虎、欧阳兆熊等商议刻书。③

同治七年七月李善兰离局，经郭嵩焘荐，入京师同文馆充算学总教习，兼领总理衙门章京，光绪十年卒于官。

（2）职务与参与编校书籍：李善兰是书局编校，主要参与编校《几何原本》《重学》《则古昔斋算学》三种。

7. 汪士铎（1802—1889年）

字振庵，号梅村，江苏江宁人，道光二十年举人。

（1）入、离局时间：汪士铎的入、离局时间，陈邦祥称同治元年入曾幕，三年五月入局校书，此后一直供职书局；李志茗称同治四年入局，同治七年九月辞归。两说皆不准确。

据《汪悔翁自书纪事》记：咸丰四年至八年，在安徽以授书谋

---

① 曾国藩：《曾国藩全集·日记》第17册，第283页。
② 曾国藩：《几何原本序》，《几何原本》，第147页。
③ 张文虎：《张文虎日记》，第1—18页。

生，咸丰九年至十一年，在鄂充湖北巡抚胡林翼幕僚，助其编《读史兵略》《水经注图》《大清中外一统舆地全图》。十一年八月，胡林翼卒于武昌，而《大清中外一统舆地全图》未竟，继任湖北巡抚严树森（？—1876年）令续编，并助湖北按察使阎敬铭（1816—1892年）编《胡文忠公抚鄂记》及胡林翼遗集。同治三年冬十月，由湖北返金陵。①

汪士铎返金陵后，即入曾国藩幕，任职于两江采访忠义局，参与编纂《两江忠义录》，邓之诚（1887—1960年）的《乙丙日记序》记："文忠之薨，文正招之入幕以编文忠遗书，辞。甲子以后，始归金陵，然逊谢始终居忠义局而已。"②

汪士铎入曾幕后，并未加入铁作坊旧局，亦未参与编校《船山遗书》。至同治四年四、五月间，李鸿章命周学濬组建堂子巷新局，汪士铎方加入书局，与张文虎、李善兰、方楷等人参与新局筹备。③

汪士铎第一次离局的时间，据《张文虎日记》同治七年九月十六日记："过汪梅岑门，招入小坐，知已辞书局矣。"④ 汪士铎与洪子彬信函亦言："此间书局，弟已辞去，其书约初夏方可告竣，然当为觅数种也。"⑤ 辞局之后，主持修纂方志，光绪初年《太平寰宇记》《舆地广记》等舆地古籍之刊刻。而汪士铎本人，则参与了同治十三年《同治上江两县志》与光绪六年《续纂江宁府志》两志书的修纂。

汪士铎再次入局的时间，大约在光绪十年、十一年间。光绪十年，曾国荃迁官两江总督，书局人员冯煦上书曾国荃，云："执事下车之始，首延汪孝廉士铎入局，耆儒硕学，来者矜式，甚盛事也。"⑥ 不过，汪士铎时年已逾八十，曾国荃将这位元老级的书局旧

---

① 汪士铎：《汪梅翁自书纪事》，第369—371页。
② 邓之诚：《乙丙日记序》，汪士铎：《汪梅翁乙丙日记》，《近代中国史料丛刊》第126册，第4—9页。
③ 张文虎：《张文虎日记》，第42—57页。
④ 张文虎：《张文虎日记》，第155页。
⑤ 汪士铎：《汪梅村先生文集》卷十《与洪鲁轩书》，第690页。
⑥ 冯煦：《蒿盦类稿》卷一三《上曾威毅书》，第179页。

人聘入书局，有传达书局重视学者、追求学术的含义，也有追慕同治年间书局学者云集的情怀。光绪十五年七月，汪士铎卒于金陵，年八十有八。

（2）职务与参与编校书籍：汪士铎任职于两江采访忠义局，参与编纂《两江忠义录》；兼职书局编校，谢正光称其所校书籍有《周礼郑注》《仪礼郑注句读》《礼记集说》，但不知何所据。

笔者考证，汪士铎参校书籍至少有以下两种：一是《诗经集传》，《张文虎日记》同治四年七月十八日记："复校梅村分校之《诗经集传》，多失检处，盖梅村一目眇而老眼不能无花。"① 二是《肇域志》（见第四章第一节第二点"局本补遗"）。

8. 周学濬（生卒年不详）

字彦深，号深甫，又号缦云，浙江乌程人，道光二十四年进士，以第二人及第，官至翰林院侍读学士，② 授编修，官至山东道监察御史。③

同治元年四月，周学濬于安庆入曾国藩幕，次年，被曾国藩聘为塾师，据《曾国藩日记》同治元年四月廿日记："拜周缦云、李壬叔、邓弥之，已正归"，同治二年十月十八日记："周缦云来上学，次儿纪鸿、外甥王兴韵、女婿罗兆升三人从之肄业，已刻行礼。"④

同治四年夏五、六月，李鸿章以江苏巡抚署理江督、接管书局，命周学濬为书局提调，兼金陵尊经书院掌教（周学濬以金陵尊经书院掌教提调书局，见第二章第一节），同治八年一月辞局返乡。⑤ 归里后专心著述，参与重修《同治长兴县志》《同治湖州府志》。

9. 唐仁寿（1829—1876）

字端甫，浙江海宁人，诸生。

---

① 张文虎：《张文虎日记》，第 58 页。
② 陶湘编：《昭代名人尺牍续集小传（二）》卷一五，《清代传记丛刊》第 33 册，第 277 页。
③ 朱汝珍辑：《词林辑略》，第 366 页。
④ 曾国藩：《曾国藩全集·日记》第 17 册，第 283、477 页。
⑤ 张文虎：《张文虎日记》，第 168 页。

（1）入、离局时间：谢正光称唐仁寿同治四年入曾国藩幕，李志茗称唐仁寿同治四年入金陵书局，大致不错。

唐仁寿于同治四年至金陵，后入金陵书局校书，光绪二年六月病卒局中，据张裕钊《唐端甫墓志铭》记："今年夏，友人唐端甫以疾卒于金陵书局。……端甫来金陵，以同治四年，越八年，而文正薨，其明年，戴君死，又四年，而端甫卒，实光绪二年六月十四日。"①

唐仁寿入金陵书局的具体时间，无法详考，大约在同治四年至同治五年春期间。张文虎《校刊史记集解索隐正义札记·跋》记："同治五年春，请于署江督肃毅伯今相国合肥李公，以属学博高弟海宁唐端甫文学仁寿，覆校付刊。及明年春，相侯湘乡曾文正公自淮北回金陵，命文虎同校。"② 可知同治五年春李鸿章命唐仁寿校勘《史记》，这是关于唐仁寿参与局事的最早记载。又《张文虎日记》同治六年四月十日记："缦老来，言节相派定书局六人：汪梅岑、唐端甫、刘伯山、叔俛、壬叔及予，仍以缦老为提调，以《史记》属予与端甫，以前、后《汉书》属二刘。"③

唐仁寿任职书局近十一年，是任职时间最长者之一。

（2）所校书籍：唐仁寿是书局编校人员，谢正光称其所校书籍主要有《史记》《晋书》《南齐书》《续汉书志》。《史记》见上文，《晋书》见同治八年张文虎致曾国藩信函，云："仁寿分校《晋书》，其《史记》始终归文虎一人经理"④，后两种书籍则不知何据。

10. 刘恭冕（1824—1883 年）

字叔俛、叔府，江苏宝应人，光绪五年举人。

（1）入、离局时间：初为安徽学政朱兰幕僚，为之校李贻德《春秋左氏传贾服注辑述》，书毕，由朱兰荐入书局，据《张文虎日记》同治五年十一月二十九、三十日记："宝应刘叔俛恭冕来

---

① 张裕钊：《唐端甫墓志铭》，《碑传集补》卷五一，第 219—220 页。
② 张文虎：《校刊史记集解索隐正义札记》卷首。
③ 张文虎：《张文虎日记》，第 87 页。
④ 张文虎：《复湘乡相侯》，《覆瓿集续刻·舒艺室尺牍偶存》，第 593—594 页。

拜。……朱久香学使荐刘叔俛入书局。"①

刘恭冕离开金陵书局的时间，笔者考证大约在同治十二年。据《张文虎日记》同治十一年十月、十一月记：

> 从刘叔俛借得《李氏遗书》。……吴莘农、沈戟门招同杨石卿、刘叔俛、唐端甫、赵季梅、戴子高午饮。②

又据冯煦《南征口号》诗注：

> 丙子，同叔俛先生游琴台。③

光绪丙子为光绪二年，琴台即汉阳伯牙台。由上述两则史料可知，刘恭冕辞局时间当在同治十一年十一月以后、光绪二年以前。另据最新出版的田家英《小莽苍苍斋藏清代学者书札》，收录有刘恭冕致刘寿曾信札六通，其一云：

> 子高所校《毛诗》已印出否？④

戴子高所校《毛诗》，即同治十一年金陵书局刻本《毛诗故训传郑笺》，其牌记题"同治十有一年五月刊成"。这表明，刘恭冕辞局之时，《毛诗》已经开始雕版刻印，但尚未印成。《毛诗传笺》三十卷，同治十一年五月开始雕版刻印，印成装订成书大约在同治十二年夏秋。⑤ 由此推算刘恭冕离开金陵书局的时间，很有可能就是在同治十二年。

---

① 张文虎：《张文虎日记》，第72页。
② 张文虎：《张文虎日记》，第290—291页。
③ 冯煦：《蒿盦类稿》卷八《南征口号》，第120页。
④ 刘恭冕：《刘恭冕致刘寿曾》，《小莽苍苍斋藏清代学者书札》（下册），第801页。
⑤ 金陵局本牌记所题时间，一般是书籍校勘成稿后开始雕版刻印的时间，而非印成装订成书的时间，视书籍卷帙数量多少，这两个时间点少则相去数月，多则二、三年，前者如《十三经单注十三种》，后者如《船山遗书》，牌记题"同治四年湘乡曾氏刊于金陵节署"，实际于同治六年春方印成装订成书。

刘恭冕离开金陵书局后，赴湖北经心书院山长任，并参与光绪年间《湖北通志》修纂，据刘岳云《族兄叔俛事略》记："湖北经心书院落成，李制军小荃礼兄主讲，娉课经训，湖北人士争与于学。今之读书有人望者，多弟子籍。《沔阳州志》《黄州府志》《汉阳府志》《黄冈县志》，咸出兄手……朱先生迨然督学湖南，创立校经堂，乞兄移讲席，兄以居鄂久，不忍去，湘中士大夫多以未受业为憾。"①

（2）职务与参与编校书籍：刘恭冕是书局编校人员，谢正光称其所校书籍主要有《诗经集传》《四书》，但《诗经集传》牌记题"同治五年四月金陵书局印行"，而刘恭冕同治五年十一月才加入金陵书局，如何能校勘此书？至于《四书集注》，牌记题"同治十一年冬金陵书局印行"，当时刘恭冕仍在局校书，且《论语》为宝应刘氏家学，此书倒是有可能为刘恭冕所校，但也没有更直接的史料证据。

笔者考证，刘恭冕在局参校书籍主要有以下两种：其一，同治五年金陵局本李贻德《春秋左氏传贾服注辑述》，其二，同治八年刻本顾炎武《肇域志》（见第四章第一节第二点"局本补遗"）。

11. 戴望（1837—1873年）

字子高，浙江德清人，诸生。

（1）入、离局时间：戴望入局时间为同治六年八月，据《张文虎日记》同治六年八月十九日记："戴子高进局，与刘叔俛同居。"② 同治十二年三月病死局中，据《泾舟老人洪琴西先生年谱》同治十二年三月记："是月，德清戴子高布衣望客死于金陵局，先生为经纪其丧。"③

入金陵书局前，戴望在苏州制造局，同治五年秋冬制造局迁至金陵，戴望随局至金陵，据《莫友芝日记》同治五年十一月十四日

---

① 刘岳云：《族兄叔俛事略》，《碑传集三编（三）》卷三三，《清代传记丛刊》第126册，第92—94页。
② 张文虎：《张文虎日记》，第101页。
③ 章洪钧编：《泾舟老人洪琴西先生年谱》卷二，第432页。

记：“壬叔新自浙还，偕戴子高相访。子高，德清诸生，专功小学，著《管子补注》若干卷，尚寓南门外舟中，旧在苏州制造局中，局移来此。”①另据《张文虎日记》同治五年十一月廿二、廿三日记："与壬叔至南门外扫帚巷制炮局访戴子高。……又英吉里人麻格里，尝随戈登剿寇苏垣，今已保举道衔，在局办事，略通算术，能华语。……戴子高与其同事婺源人戴蕴之来。"②

（2）职务与参与编校书籍：戴望是书局编校人员，在局所校书籍，张星鉴《戴望传》记："《谷梁》《毛诗》《后汉书》，出于戴望之手。"③《毛诗》确系戴望所校，据刘恭冕致刘寿曾信札云："子高所校《毛诗》已印出否？"④但《谷梁》《后汉书》，尚未见其他史料证据。

笔者考证，戴望参校书籍还有两种：一是同治八年金陵局本《肇域志》（见第四章第一节第二点"局本补遗"）；二是同治十一年金陵局本《北史》，据冯煦《北史志疑序》记："《北史志疑》者，癸酉之岁，仆在江宁书局，覆校仿汲古阁本《北史》之所志也。……是刻之校，始为德清戴子高文学望，时子高疾已革，不复视书，故瑕疵百出，读者不谅乃集矢于子高。仆识百不逮子高而承子高后，窃不自揆，欲弥子高之憾于万一，然所疑又如此后之集矢，且为子高续，则此志又乌可已邪！子高清才耆学，多所通晓，而年不四十，郁郁以死，传经乏小同之胤，作诔罕黔娄之妻，生之不辰，良可慨叹，仆于是刻不敢为子高辩而书其过于此，读者倘亦哀子高之遇而谅之，则幸甚矣。"⑤

12. 刘寿曾（1838—1882年）

字恭甫，江苏仪征人，副榜贡生。

（1）入、离局时间：同治六年十二月，刘寿曾加入金陵书局，

---

① 莫友芝：《莫友芝日记》，第201—202页。
② 张文虎：《张文虎日记》，第71页。
③ 张星鉴：《戴子高传》，《仰萧楼文集》，第340页。
④ 刘恭冕：《刘恭冕致刘寿曾》，《小莽苍苍斋藏清代学者书札（下册）》，第801页。
⑤ 冯煦：《蒿盦类稿》卷一五《北史志疑序》，第197页。

据《张文虎日记》同治六年十二月朔记："节相命刘伯山子恭甫入书局，来拜。"①

刘寿曾辞局时间，李志茗称"光绪七年秋，回乡卒"，不准确。

"光绪七年秋，回乡卒"确有出处，笔者查孙诒让《刘恭甫墓表》，云："光绪辛巳秋，由江宁返扬州，遘微疾竟卒，年止四十有五。"② 但是，据成肇麐《漱泉词·浪淘沙》记：

  辛巳冬，同恭甫、梦华饮飞霞阁上。③

光绪辛巳是光绪七年，当时成肇麐仍在书局校书，而孙诒让早已随父回瑞安，成肇麐所记当更为可信。另据陈作霖《癸未人日与冯梦华煦甘剑候元焕方子涵培容秦伯虞际唐朱豫生绍亭顾子鹏云小集薛庐分韵得挑字并怀子期善伯》自注：

  癸酉，刘恭甫倡是会于莫愁湖榭，所谓七种共挑人日菜也，今恭甫已归道山矣。④

同治癸酉是同治十二年，光绪癸未是光绪九年，也就是说，光绪七年冬刘寿曾与冯煦、成肇麐三人同饮飞霞阁后数日，刘寿曾即返乡，光绪八年卒。另，文中所记诸人江宁陈作霖（1837—1920年，光绪元年举人）、江宁甘元焕（1843—1897年，同治六年优贡）、上元秦际唐（1840—1908年，同治六年举人）、溧水朱绍颐（1833—1882年，光绪二年举人）、溧水朱绍亭（1836—1915年，光绪二年举人）、上元顾云（1845—1906年，诸生），与刘寿曾、冯煦、成肇麐皆肄业于金陵尊经、惜阴、钟山书院。

---

 ① 张文虎：《张文虎日记》，第116页。
 ② 孙诒让：《籀庼述林》卷九《刘恭甫墓表》，第270—271页。
 ③ 成肇麐：《浪淘沙》，《漱泉词》，朱惠国主编：《清词文献丛刊（第二辑）》第7册，社会科学文献出版社2019年版，第263页。
 ④ 陈作霖：《可园诗存》卷一七《癸未人日与冯梦华煦甘剑候元焕方子涵培容秦伯虞际唐朱豫生绍亭顾子鹏云小集薛庐分韵得挑字并怀子期善伯》，《续修四库全书》第1569册，第573页。

第五章　金陵书局学者著述与学术交游

自同治六年十二月至光绪七年冬，刘寿曾任职书局近十四年，时间最长。

（2）职务与参与编校书籍：刘寿曾是书局编校人员，在局所校书籍，谢正光称主要有《春秋左氏传》《南北史》，但《春秋左传杜注补辑》牌记题"同治五年七月金陵书局开雕"，而刘寿曾同治六年十二月才加入金陵书局，如何能校勘此书？至于《南北史》，刘寿曾撰有《南史校义集评》，《清史稿·刘寿曾传》记："他著《昏礼别论对驳义》《南史校义集评》《传雅堂集》《芝云杂记》，各若干卷。"① 则局本《南史》为刘寿曾所校。

笔者考证，刘寿曾参校之书还有以下三种：一是同治八年金陵局本《文选》，据《张文虎日记》同治八年一月二十日记："刘恭甫来，商刻《文选》事。"② 二是同治八年金陵局本《肇域志》（见第四章第一节第二点"局本补遗"）。三是同治十一年金陵局本丁晏《曹集铨评》，最新出版的田家英《小莽苍苍斋藏清代学者书札》，收录有丁晏子丁寿祺致刘寿曾信札，云：

> 家君《曹集铨评》承大才考订，体例精详，足征家学。③

另据同治八年九月二十六日曾国藩复刘寿曾信函，云：

> 《曹集铨评》一书，既以程、张二本互校，核补数篇，复参考诸书，补入佚文十余条、脱文四百余字，具见才宏心细，条理精详。今又觅《艺文类聚》《北堂书钞》《初学记》诸书核校，并随时与俭卿封翁往返商榷，又与叔俛、芙卿诸君子晰疑辨难，折衷至当。俾此书体例完善，搜讨精博，不特俭翁耄年

---

① 赵尔巽主编：《清史稿·列传二百六十九儒林三》卷四八二，《二十五史》第43册，第13276页。
② 张文虎：《张文虎日记》，第169页。
③ 丁寿祺：《丁寿祺致刘寿曾》，《小莽苍苍斋藏清代学者书札（下册）》，第778页。

借以自娱，亦艺林中一快事也。①

13. 成蓉镜（1816—1883 年）

字芙卿，江苏宝应人，县学生。

（1）入、离局时间：成蓉镜入局时间为同治七年二月，据《张文虎日记》同治七年二月廿三日记："刘叔俛偕其同乡成芙卿蓉镜来拜。"② 又据冯煦《刘佛青墓志铭并序》记："予宝应之交，最先者曰成恭恪漱泉。同治癸亥，复因漱泉得交君，君年十有五耳。……戊辰，漱泉侍心巢师之建康，予游吴，君客桃源，三人者始一散。"③ 同治戊辰为同治七年，建康即金陵。

陈邦祥称，成蓉镜于同治十一年离开曾幕，陈说非。成蓉镜辞局时间，大约在光绪六年，据冯煦《清故宝应县学生成先生墓志铭》记："庚辰，主讲长沙校经堂，为博文、约礼两斋，世尤则之。……卒光绪九年十二月初九日，年六十有八。"④ 光绪庚辰为光绪六年，长沙校经堂即"湘水校经堂"，道光年间湖南巡抚吴荣光创办于长沙岳麓山，咸丰年间书院毁于太平军战乱，光绪初年湖南学政朱逌然重建，聘成蓉镜主持，据民国陈锐《抱碧斋诗话》记："宝应成芙卿先生孺，初名蓉镜，晚字心巢，东南大儒。光绪初元，湖南设校经堂，先生来主讲席，布袍大袖，善气迎人，年已望七矣。先生淹贯汉宋，教人一以诚笃求实践，日课必及《近思录》《朱子全书》，同堂诸生未数数然也。余时年少气盛，先生尝手书见规。及还江南，赋诗留别，次年即归道山。"⑤

成蓉镜自同治七年春至光绪六年，任职书局近十二年，是任职时间最长者之一。

（2）职务与参与编校书籍：成蓉镜是书局编校人员，在局所校

---

① 曾国藩：《复刘寿曾》，《曾国藩全集·书信》第 31 册，第 53 页。
② 张文虎：《张文虎日记》，第 124 页。
③ 参见王风丽《冯煦年谱长编》，博士学位论文，华东师范大学，2014 年。
④ 冯煦：《蒿盦类稿》卷二六《清故宝应县学生成先生墓志铭》，第 350 页。
⑤ 陈锐：《抱碧斋诗话》，邓辅纶、陈锐撰，曾亚兰校：《白香亭诗集·抱碧斋集》，岳麓书社 2012 年版，第 149—150 页。

书籍，谢正光称主要有《书集传》《易程传》《易本义》，但《周易本义附音训》牌记题"同治四年金陵书局开雕"、《易经程传》牌记题"同治五年二月金陵书局开雕"、《尚书蔡传》牌记题"同治五年五月金陵书局开雕"，而成蓉镜同治七年春方加入书局，如何能校此三书？

笔者考证，成蓉镜参校书籍有以下两种：一是同治八年刻本《肇域志》（见第四章第一节第二点"局本补遗"）；二是同治十一年金陵局本《宋书》，据冯煦《南宋长历序》记：

> 岁在庚午，宝应成丈心巢有《南宋书》之校，书中甲子错午滋甚，各本淆如，莫可一是。涑水《通鉴》亦未尽合。丈病之，属煦为步一长历，首纪朔实，并及中气，始夏五月迄六月而竟。①

同治庚午为同治九年。此外，成蓉镜还著有《宋州郡志校勘记》，成氏据《汉书·地理志》《三国志》《晋书·地理志》《南齐书·州郡志》等书，校订宋志成书一卷，有光绪十四年广雅书局刻本。

14. 方阆仙（生卒年不详）

方□□，字阆仙，又字朗轩，安徽桐城人。

方阆仙于同治七年四月入局，任杂务委员，主要职责为访书等，据《张文虎日记》同治七年四月二日记："新派管理书局杂务委员方阆仙来拜，桐城人，灵皋先生四世孙也，候补县丞，年约三旬上下。"同年八月二日复记："方阆仙来，言奉委将往扬州查《全唐文》残板，因属印一分。"②另，《小莽苍苍斋藏清代学者书札》收录有刘寿曾致□□信函，云："同局方朗轩兄扇，面托寿代求椽笔。"③辞局时间不详。

---

① 冯煦：《蒿盦类稿》卷一五《南宋长历序》，第197页。
② 张文虎：《张文虎日记》，第132、149页。
③ 刘寿曾：《刘寿曾致□□》，《小莽苍苍斋藏清代学者书札（下册）》，第906页。

15. 钱振常（1825—1898年）

字篪仙，浙江归安人，同治十年进士。

钱振常于同治七年十一月入局。钱振常的哥哥钱振伦（1816—1879年），与曾国藩是同年进士，钱振伦托曾国藩为其弟谋职，据同治七年十一月十一日曾国藩复钱振伦信函，云："令弟之事，鄙意久定，因托者颇多，故月初始行定局。书局月俸虽仅二十四金，而职事较简，与令弟不愿远出不耐过劳之指相符。"① 又据《张文虎日记》同治七年十一月二日记："钱篪仙以节相派入书局。"②

钱振常的离局时间，是在同治九年十二月，辞局返乡参加会试，据《张文虎日记》同治九年十二月初四、初六日记："谒曾侯，为篪仙、刘叔俛、戴子高事及商拟校记、纪表稿。……篪仙来辞行。"次年，钱振常中二甲第九十九名进士，据《张文虎日记》同治十年五月二十日记："王子庄、孙仲容来，知钱篪仙中进士，以主事用。"③ 钱振常中进士后官吏部主事，然十年京曹未得升迁，光绪八年辞官南归，晚年为绍兴、扬州书院山长。

钱振常是书局编校人员，主要参与校勘《三国志》，据《张文虎日记》同治九年正月二十四日记："为篪仙复校定《三国志》样本。"④

16. 涂宗瀛（1812—1894年）

字朗轩，安徽六合人，道光二十四年举人。同治元年于安庆入曾国藩幕，檄主军糈，累保授直隶州知州、江宁知府，同治九年擢苏松太道，十年升湖南按察使，后改布政使。光绪二年任广西巡抚，后改河南巡抚，七年调任湖南巡抚，八年擢湖广总督，九年辞官，二十年卒于里第。

同治八年一月，周学濬辞局返乡，涂宗瀛以江宁知府兼提调书局，任职仅半载，六月即赴苏松守备道辞局，据《张文虎日记》同

---

① 曾国藩：《复钱振伦》，《曾国藩全集·书信》第30册，第488页。
② 张文虎：《张文虎日记》，第161页。
③ 张文虎：《张文虎日记》，第241、253页。
④ 张文虎：《张文虎日记》，第211页。

治八年一月十八日记:"涂太尊招饮,书局旧例也,以缦老去,故首府代行之",六月底记:"贺涂太守升苏松守备道之喜。……洪琴西来拜,时以涂阆仙将卸江宁事,节相命提调书局也。"①

17. 韩弼元(1822—1905年)

字叔起,江苏丹徒人,道光二十三年举人,咸丰三年进士,散馆授刑部主事。

韩弼元于同治八年一月入局,任职总办,据《张文虎日记》同治八年一月卅日记:"书局总办韩叔起刑部来拜。"②

韩弼元的离局时间,笔者考证,当为同治十二年,受两淮盐运使方浚颐聘主扬州梅花书院。据《张文虎日记》同治十一年十一、十二月仍记有"访韩叔起""晤韩叔起"③,则韩弼元辞局在同治十一年十二月以后。但据方浚颐诗文记,同治十二年、光绪元年间,方浚颐、韩弼元等常集会于扬州小盘谷。方浚颐《叔起招集同人□饮于小盘谷用东坡中隐堂韵同作》第三首小注云:

是日为东坡生日,本拟公祀于谷林堂,以君招饮,不果往。④

同卷《次眉生夜泊瓜州寄怀韵》第五首,插注:

叔起招饮小盘谷。⑤

该卷收方浚颐同治癸酉七月至十二月所作诗,同治癸酉为同治十二年。又据方浚颐《答孙莱山书》云:

---

① 张文虎:《张文虎日记》,第169、185、186页。
② 张文虎:《张文虎日记》,第170页。
③ 张文虎:《张文虎日记》,第289、291页。
④ 方浚颐:《二知轩诗续钞》卷一六《叔起招集同人□饮于小盘谷用东坡中隐堂韵同作》,第291页。
⑤ 方浚颐:《二知轩诗续钞》卷一六《次眉生夜泊瓜州寄怀韵》,第291—292页。

唯叔起则病胃久未瘥，小盘谷桂觞之后，见面甚稀。①

此信中还提到王凯泰"前月"病逝。王凯泰（1823—1875年），字补帆，江苏宝应人，同治九年至光绪元年任福建巡抚，光绪元年十月二十日病逝于任，则该信写于光绪元年十一月。

以上三则史料说明，韩弼元离宁赴扬的时间在同治十二年。光绪九年十二月冯煦过扬州，还曾拜谒韩弼元，冯煦《扬州谒朮圯丈率呈五首》其一云："杖履经年别，重逢意倍亲，苦心忧薄俗，屑涕感陈人。绝域兵仍莽，穷阴气自春，一冬迟雨雪，容我逐征尘。"②

18. 洪汝奎（1824—1886年）

字琴西，安徽泾县人，道光二十四年举人。

咸丰年间入曾国藩幕，保举至江南道员，总理湘军粮台，同治五年总理军需局。同治八年六月，涂宗瀛赴苏松守备道辞局，曾国藩推荐洪汝奎接任书局提调，据《泾舟老人洪琴西先生年谱》同治八年记："六月，马端敏公设书局提调，以先生任其事。"光绪六年十月辞局，"两淮盐运使员缺，着洪汝奎调补"③。

洪汝奎任职书局近十二年，是任职时间最长者之一。

19. 冯煦（1843—1927年）

冯煦，字梦华，号蒿盦，原籍江苏金坛，曾祖辈始迁宝应。光绪八年举人，光绪十二年进士，授翰林院编修。

（1）入、离局时间：柳诒徵称，光绪年间冯煦曾在江南书局校书，李志茗统计同治年间书局人员，未列冯煦。笔者考证，冯煦任职书局近十三年，是时间最长者之一，其入、离局详情如下：

同治八年，冯煦经韩弼元引荐，加入金陵书局校书，据冯煦《韩叔起师七十寿序》记："戊辰，师归自北，煦始谒师里中，既同在江南书局。"④ 冯煦《薛慰农先生六十寿序》："薛君慰农，予癸卯

---

① 方浚颐：《二知轩文存》卷一八《答孙莱山书》，《续修四库全书》第1556册，第567页。
② 冯煦：《蒿盦类稿》卷七《扬州谒朮圯丈率呈五首》，第102页。
③ 章洪钧编：《泾舟老人洪琴西先生年谱》卷二，第426页；卷三，第455页。
④ 冯煦：《蒿盦类稿》卷一七《韩叔起师七十寿序》，第231页。

同岁生，初未相识，己巳予来江宁，慰农亦主尊经书院，始与之习。"① 另据冯煦《蒿盦随笔》记："同治己巳至金陵，肄业钟山、惜阴两书院。"②

同治十三年十一月辞局，应四川夔州知府蒯德模（1816—1877年）之请，主夔州文峰书院两载。据《蒿盦词·高阳台（人去天寒）》序云："甲戌中冬，予有夔州之役，漱泉送予江上，赋此别之。" 又据成肇麐《漱泉词·渡江云》云："梦华入蜀，送之江干，他乡远别，益难为怀，归途马上赋此。"③

光绪三年春，自夔州返金陵，仍入金陵书局校书，与成肇麐同寓冶山飞霞阁，过从甚密，据《清故灵寿县知县赠太仆寺卿衔谥恭恪成君墓志铭》："光绪丁丑、戊寅间，校书冶山之巅，阁三楹，予居东头，漱泉居西头，去地数十尺，绝远尘埃。"④

光绪十一年辞局，赴徐州云龙书院讲席，据冯煦《养真室集序》云："乙酉，予游徐，主云龙讲席。"⑤ 次年，离徐北上赴京会试，中一甲三名进士，授翰林院编修，自此开始了长达二十多年的为官生涯。先是京师十年的馆职生活，历充会典馆、国史馆纂修，以董理文献为务，光绪二十一年，外放安徽凤阳知府、凤颍六泗道、山西河东道、四川按察使、安徽布政使，三十三年补授安徽巡抚，一年后罢职。宣统二年，复起为查振大臣，主持江、皖各地灾赈。辛亥革命后，寓居上海，以遗老终世。

（2）职务与参与编校书籍：冯煦是书局编校人员，在局所校书籍主要有以下几种：一是同治九年参校《南宋书》，著《南宋书·长历》。据冯煦《南宋长历序》曰：

> 岁在庚午，宝应成丈心巢有《南宋书》之校，书中甲子错

---

① 冯煦：《蒿盦类稿》卷一七《薛慰农先生六十寿序》，第235页。
② 冯煦：《蒿盦随笔》卷五，第612—613页。
③ 成肇麐：《渡江云》，《漱泉词》，第250页。
④ 冯煦：《蒿盦类稿》卷二六《清故灵寿县知县赠太仆寺卿衔谥恭恪成君墓志铭》，第361页。
⑤ 冯煦：《养真室集序》，王嘉诜：《养真室集》卷首，彭城王氏刻本，1924年。

午滋甚，各本淆如，莫可一是。涑水《通鉴》亦未尽合。丈病之，属煦为步一长历，首纪朔实，并及中气。始夏五月迄六月而竟。丈书其端云："此书之作，李申耆氏所谓不尸其名而资益于世者。"煦愧斯言，而六十日心力不欲尽没，乃录而藏之。各本日名有误者，并正于一岁之后焉。①

二是同治十二年校《北史》。冯煦《北史志疑序》曰：

《北史志疑》者，癸酉之岁，仆在江宁书局，覆校仿汲古阁本《北史》之所志也。……是刻之校，始为德清戴子高文学望，时子高疾已革，不复视书，故瑕疵百出，读者不谅乃集矢于子高。仆识百不逮子高而承子高后，窃不自揆，欲弭子高之憾于万一，然所疑又如此后之集矢，且为子高续，则此志又乌可已邪！子高清才耆学，多所通晓，而年不四十，郁郁以死，传经乏小同之胤，作诔罕黔娄之妻，生之不辰，良可慨叹，仆于是刻不敢为子高辩而书其过于此，读者倘亦哀子高之遇而谅之，则幸甚矣。②

三是光绪十年、十一年，校谭献《白香词笺》《西夏纪事本末》。（见第四章第一节第二点"局本补遗"）

20. 强汝询（1824—1894年）

字莪叔，号赓廷，江苏溧阳人，咸丰九年举人。

同治初年，入山西按察使陈湜幕，同治七年，陈湜以防范捻军不力撤职，强汝询授赣榆教谕，不赴。钱振锽《强先生传》记："桂寇之乱避地江左、兴化，杜门督子弟诵读。同治五年甲子，江苏巡抚李鸿章克复苏州，或荐先生才，总牙厘事，先生辞。既入山西按察使陈湜幕，捻匪北鼠，先生为晋防议甚详，时不能用。未几，

---

① 冯煦：《蒿盦类稿》卷一五《南宋长历序》，第197页。
② 冯煦：《蒿盦类稿》卷一五《北史志疑序》，第197页。

贼入山西，岁兄既选江西榆州教谕，不赴。自是先生一意著书，无用世意。"①

时韩弼元总办金陵书局，强、韩两家为世交、儿女姻亲，强汝询遂入金陵书局，时间为同治九年二月，据《张文虎日记》同治九年二月十四日记："强赓廷孝廉汝询到局，溧阳人。"②

强汝询离局时间，大约在同治十一年冬。冯煦《蒿盦随笔》记有强汝询、韩弼元因戴望面议朱子之非而发生争执一事，文末记：

> 子高无以应，废然而反。后一岁，以瘵卒于局中。③

戴望卒于同治十二年三月，则强、韩、戴三人争执发生于同治十一年，即当时强汝询仍在局中。又据李宗羲《致强赓廷广文书》云：

> 顷之晤叔起同年，知今岁为敏斋廉访敦趣假馆苏台，想见伟抱盘才世争罗致，固不容一官闲冷仅使司铎一方也。弟景慕风规，思之若渴，往抚晋时即请端敏公代为劝驾，因道远未得辱临，常以为歉。今者妄玷高位，时用兢兢，非得二三良朋随事箴规，鲜有不颠蹶者，白门一苇可杭，务乞移榻金陵匡我不逮，幸甚幸甚。④

又据冯煦《凌镜之师六十寿序》记：

> 雨亭尚书之督两江也，与师俱南会，强丈赓廷亦客尚书所。甲戌肇秋，饮师莫愁湖上，煦亦与焉。⑤

---

① 钱振锽：《强先生传》，《碑传集三编（三）》卷三三，《清代传记丛刊》第126册，第95—98页。
② 张文虎：《张文虎日记》，第213页。
③ 冯煦：《蒿盦随笔》卷五，《近代中国史料丛刊》第64册，第628—629页。
④ 李宗羲：《开县李尚书政书》卷七《致强赓廷广文书》，第467页。
⑤ 冯煦：《蒿盦类稿》卷一七《凌镜之师六十寿序》，第238页。

李宗羲信中所说"今岁为敏斋廉访敦趣假馆苏台",是指强汝询为江苏布政使应宝时(1821—1890年,字敏斋)延聘假馆苏州,"今者妄玷高位""务乞移榻金陵匡我不逮",是指同治十二年正月李宗羲任两江总督后,欲招强汝询入幕,冯煦序文所说"甲戌肇秋"是同治十三年七月。据上两则史料可知:同治十二年,强汝询本已离开金陵书局,不久又返回金陵,入李宗羲幕。

同治十三年十二月,李宗羲因病免江督,此后强汝询加入江苏书局,时间大约在光绪初年。据强汝询《求益斋文集·再书周易要义后》记:

> 余求公九经要义数十年未得,光绪庚辰始闻钱塘丁氏有周易、仪礼要义,求假得之,既又得《尚书要义》于中江李氏,得《礼记要义》于归安姚氏,皆写本,《毛诗要义》则遵义莫氏新刻本,向求之数十年不得一,今一年之中而得其五,遂议由书局次第开雕,以永其传。尚缺四经,则俟求得续刊。①

又据强汝询《求益斋文集·尚书要义跋》记:

> 李眉生廉访展转求得之,余亟假钞副本,太仓沈君嘉澍校定付刊。向欲见其缺者而不得,今乃得见其全书以志幸。②

上两则史料所言《仪礼要义》《尚书要义》《周易要义》《毛诗要义》《礼记要义》五种,光绪十年至十二年江苏书局刊成,国图有藏本,所言太仓沈嘉澍(1834—1895年),为江苏书局编校人员,少受业于同郡叶裕仁(1809—1879年),从叶裕仁襄校江苏书局,著有《尚书要义校勘记》等。

强汝询任职副总办,冯煦《蒿盦随笔》记:"时总校为韩叔起

---

① 强汝询:《求益斋文集》卷六《再书周易要义后》,《续修四库全书》第1553册,第327—328页。

② 强汝询:《求益斋文集》卷六《尚书要义跋》,第328页。

丈，而强赓廷丈副之。"① 强汝询在局所校书籍不详。

21. 钱华荣（生卒年不详）

字怡甫，浙江湖州人。

同治九年闰十月入局，离局时间在同治十一年十一月以后，具体时间不详，据《张文虎日记》同治九年闰十月十八日记："钱怡甫来拜，以新入书局也。"同治十一年九月、十一月仍记有"钱怡甫来议事""钱怡甫来"②。

钱华荣任职书局编校，所校书籍不详。

22. 马微麐（生卒年不详）

字钟山，安徽休宁人。

同治十年七月入局，据《张文虎日记》同治十年七月廿二记："新派入局马钟山微棘，安庆人来拜。"③ 离局时间约在同治十二年，赴太平县教谕任，据马征《马钟山事实清册》记："咸丰初，由文生从戎，历皖、扬、湘、鄂诸军，蒙曾文正、李传相荐保同知衔，以知县选直隶，归候补班前先补用。同治十二年奉旨，以前保选授太平县教谕，终养服阕，坐补原缺。"④

马微麐任职书局编校，所校书籍不详。

23. 杨书霖（生卒年不详）

字商农，湖南长沙人，举人。

同治十年八月入局，据《张文虎日记》同治十年八月四日记："新派入局杨商农书霖，湖南举人来拜。"⑤ 杨书霖任职书局编校，所校书籍不详。

杨书霖的离局时间，大约也是在同治十二年，加入传忠书局，参与编校《曾文正公全集》。同治十三年刊成的《曾文正公诗集》，牌记题"同治十三年孟夏月传忠书局校刊"，卷首有杨书霖按

---

① 冯煦：《蒿盦随笔》卷五，第 628 页。
② 张文虎：《张文虎日记》，第 238、285、289 页。
③ 张文虎：《张文虎日记》，第 257 页。
④ 马征：《马钟山事实清册》，《怀宁马钟山遗书》第 10 册，民国皖江马林铅印本，第 1 页。
⑤ 张文虎：《张文虎日记》，第 258 页。

语，云：

> 书霖谨按，公所为古今体诗，唯官京师时较多，而稿半散逸，兹所搜葺，亦□□□定其先后岁月。查此五首系道光乙未岁，公以公车留京时所作，姑託始于此。以后虽按年编次，但于其大致略可寻考而已，各题下不复旁注年月，以昭兢慎。①

杨书霖后来还主持了光绪十六年《左文襄公全集》的编校工作，岳麓书社 1986—1996 年出版的《左宗棠全集》，即是以杨书霖版为底本。

24. 张盛藻（生卒年不详）

字春陔，湖北枝江人，道光三十年进士。

同治三年，任山东道监察御史，同治六年正月上奏，反对科甲正途人员学习天文算学，揭开了"同文馆之争"的序幕。同治十一年五月，加入金陵书局，任职帮办，据《张文虎日记》同治十一年五月十日记："新派帮办张春陔侍御盛藻来拜孝感人。"② 张盛藻离局时间，大约在同治十三年末，光绪元年官四川道监察御史，光绪二年至光绪七年任温州知府。③

25. 陈允颐（1849—1899 年）

字养园，江苏武进人，同治十二年举人。

同治十一年九月入局，据《张文虎日记》同治十一年九月二十日记："陈养园来拜名允颐，新派入局，常郡人。"④ 离局时间大约在同治末年至光绪初年，光绪二年随郭嵩焘、黎庶昌出使欧洲，归任日本横滨理事，官候选同知，晚年参与办理杭州开埠事宜，官浙江杭嘉湖道。

---

① 曾国藩撰，李瀚章辑：《曾文正公诗集》卷首，同治十三年传忠书局刻本。
② 张文虎：《张文虎日记》，第 277 页。
③ 周德富：《张盛藻诗文集序》，张盛藻著，周德富编：《张盛藻诗文集》卷首，华中师范大学出版社 2013 年版。
④ 张文虎：《张文虎日记》，第 285 页。

陈允颐任职书局编校，所校书籍不详。

26. 成肇麐（1846—1901年）

字漱泉，江苏宝应人，成蓉镜子，同治十二年举人。

同治七年，成肇麐随父往金陵，冯煦《刘佛青墓志铭并序》记："戊辰，漱泉侍心巢师之建康，予游吴，君客桃源，三人者始一散。"① 至金陵后，成蓉镜入金陵书局校书，成肇麐并没有一同入局，据《张文虎日记》同治八年二月十三日记："赵季梅、吴莘农招饮，同席韩叔起、刘叔俛、唐端甫皆书局中人，惟成芙卿遣其子来。"② 可知，当时成肇麐尚未入局。

成肇麐在光绪三年五月以前入局，光绪十二年辞局官直隶知县，据成肇麐《漱泉词·洞仙歌》记：

> 丁丑五月，偕梦华寓冶城山之飞霞阁。上层台耸，出钟阜，石头诸胜环带左右，时于月夜凭高舒啸，不自觉其在尘世也。③

又据冯煦《清故灵寿县知县赠太仆寺卿衔谥恭恪成君墓志铭》一文记："光绪丁丑、戊寅间，校书冶山之巅，阁三楹，予居东头，漱泉居西头，去地数十尺，绝远尘埃。……癸未，与漱泉北征，出则连袂，入则接席，一江宁也。其年冬，漱泉宅心巢先生忧，予吊之宝应。……乙酉，予之徐州，漱泉留江宁。明年，予通籍官翰林，漱泉亦以知县之直隶。……以联军西躏灵寿，义不辱，投署旁井死之，光绪二十七年三月初一日夜将半也，年五十有五。"④ 光绪丁丑为光绪三年，光绪戊寅为光绪四年，光绪乙酉为光绪十一年，则成肇麐在光绪三年五月以前既已入局，十二年辞局官直隶知县，二十六年卒，清廷为建祠，赠太仆寺卿衔，谥"恭恪"。

---

① 参见王凤丽《冯煦年谱长编》，博士学位论文，华东师范大学，2014年。
② 张文虎：《张文虎日记》，第171页。
③ 成肇麐：《洞仙歌》，《漱泉词》，第257页。
④ 冯煦：《蒿盦类稿》卷二六《清故灵寿县知县赠太仆寺卿衔谥恭恪成君墓志铭》，第361—362页。

成肇麐任职书局编校，参校书籍有《白香词笺》《西夏纪事本末》（见第四章第一节第二点）。

27. 范志熙（1815—1889 年）

字月槎，号仕隐，湖北武昌人，咸丰十一年举人，官国子监助教，改扬州府淮北监制司同知。

光绪六年十月，洪汝奎辞局，范志熙继任书局提调，据《泾舟老人洪琴西先生年谱》光绪六年记："是月十五日奉上谕：'两淮盐运使员缺，着洪汝奎调补，钦此。'先生知朝命不可辞，乃于二十日上谒忠诚公，请派员接办各差，并请盘库。二十一日，梁檀圃方伯奉派监盘，眼同点验，并委程尚斋观察接管军需局务，旋改委孙仲山观察办理，程雨亭太守接管书局提调事务，太守旋着扬州府范月槎观察接办书局。"① 离局时间不详。

《国立中央大学国学图书馆小史·图书》记："范氏月槎在同光间以诗名，仕宦偃蹇不得志，尝作仕隐图以见意，所藏书以集部为多，其后以负公帑，举书以偿。"宣统二年七月，范氏藏书移运至"江南图书馆"，"计收到书籍四千五百五十七种。其藏书之印，有'林犀香馆范氏藏书'及'月槎之印'、'石湖诗孙'等"②。

二 书局人员补遗

1. 《船山遗书》编校十一人

"金陵本"船山遗书《校刊姓氏》记十六人，③ 书局设立之初即入局者，仅欧阳兆熊、刘毓崧、周世澄、汤裕 4 人而已，其余 12 人入局的具体时间，大约都是在同治三年九月迁局金陵前后。同治四年五、六月间铁作坊旧局将撤，张文虎、刘毓崧随即加入了堂子巷新局，其余 14 人全部离局，其中周世澄、曹耀湘有第二次入局经

---

① 章洪钧编：《泾舟老人洪琴西先生年谱》卷三，第 455 页。
② 《南京图书馆建立藏书组织的经过（一九〇八—一九一九年）》，转引自李希泌、张淑华编《中国古代藏书与近代图书馆史料——春秋至五四前后》，中华书局 1996 年版，第 307 页。
③ "金陵本"船山遗书《校刊姓氏》记十六人，为刘毓崧、吴熙载、张文虎、赵烈文、周世澄、方骏谟、刘瀚清、汤裕、汪宗沂、杨岘、杨沂孙、汤亦中、孙福保、曹耀湘、王荣兰、欧阳兆熊。（《校刊姓氏》，《船山遗书》第 1 册卷首）

第五章　金陵书局学者著述与学术交游

历，其余 12 人则再也没有加入过金陵书局。

船山遗书《校勘姓氏》十六人，上文已略述欧阳兆熊、张文虎、刘毓崧、周世澄、曹耀湘五人，现将其余十一人补齐：

汤裕（1837—1884 年），字衣谷，浙江仁和人，同治三年四、五月间入局。赵烈文《能静居日记》同治三年月记："接孟甥二月十一、廿一、廿二日信，已同衣谷挪入行，充《船山遗书》编校。"① 光绪十年十一月十三日记："同治元年，余挈之至皖，榻余家中，为设程课。居一年，闻望顾起。荐之老友欧阳晓岑，助校《王船山全集》，稍获廪糈。"② 同治三年五月初八，曾国藩在致赵烈文的信札中写道："令亲汤衣谷、周孟舆在局校书，近状平善。"③《张文虎日记》同治四年八月初一日条记："晓岑赴扬州盐务。旧局中刻工俱迁出，新局刻工迁入。汤衣谷亦迁去矣。"④

吴熙载（1799—1870 年），号让之，江苏仪征人。从包世臣学书，为晚清著名书画、篆刻家，著有《通鉴地理今释稿》。

赵烈文（1832—1894 年），字惠甫，号能静居士，江苏阳湖人（见第一章第一节）。

方骏谟（1816—1879 年），字元征，江苏阳湖人，诸生。工文，善词，精地理，尝绘《长江图》，修《徐州府志》《宿迁县志》。⑤ 官安徽直隶州知州，经曾国藩举荐，同治四年八月迁官徐州粮台。

刘瀚清（1824—1882 年），字开生，武进人，逢禄孙，道光二十六年举人。《清代毗陵名人小传·刘瀚清》载：官河南候补道，随使西洋充参赞，能周知四国之情，郭嵩焘、曾纪泽皆推服之。洪杨军势盛时，曾国藩特保举毗陵四人，瀚清及赵烈文、方骏谟、周腾虎，皆发营差遣。⑥ 同治四年五、六月，刘瀚清赴曾国

---

① 赵烈文：《能静居日记（二）》，第 751 页。
② 赵烈文：《能静居日记（四）》，第 620 页。
③ 曾国藩：《致赵烈文一通》，《船山全书》第 16 册《书信》，第 559 页。
④ 张文虎：《张文虎日记》，第 60 页。
⑤ 张惟骧撰，蒋维乔等补：《清代毗陵名人小传》卷八，《清代传记丛刊》第 197 册，第 214 页。
⑥ 张惟骧等：《清代毗陵名人小传》卷七，第 206—207 页。

藩军营随征。

汪宗沂（1837—1906年），字仲伊，号韬庐处士，安徽歙县人。同治初年入曾幕，任忠义采访局编纂，刘师培《汪仲伊先生传》记："东南乱定，以所作谒湘乡曾文正公，时文正督两江，延任忠义局编纂，因师临川李大理联琇。"① 又据《张文虎日记》同治四年二、三月记："至石埭会馆忠义局答拜汪仲伊""至忠义局送仲伊"②。汪宗沂离开忠义局的时间，大约在同治十三年至光绪初年期间，据《孙衣言孙诒让父子年谱》同治十一年十二月记："右江先生《律吕新义》四卷，附录一卷。同治壬申腊月，假汪君宗沂所藏写本，移录于江宁盐道署。"同治十二年十二月记："以所校抄本朱右曾《周书集训校释》一册，赠汪仲伊。"③ 可知同治十二年冬汪宗沂仍留宁。此后，光绪二年中举人，六年中进士，出常熟翁同龢门，官山西知县，告病在籍。七年，至武昌入湖广总督李瀚章幕，任职湖北志局，参与编纂《湖北通志》。后应庐州太守黄云之请，赴皖参与编纂《庐州府志》。十年、十一年间，至天津入直隶总督李鸿章幕。后返乡，先后主讲徽州紫阳、芜湖中江、安庆敬敷三书院，黄宾虹、许承尧等近代名士均出其门。二十一年，安徽学政举其学行，赐赏五品卿衔。④

杨岘（1819—1896年），字见山，浙江归安人，咸丰五年举人。工书，"以汉隶名一时"，好古诗文辞，著有《迟鸿轩诗钞》《药禅室随笔》。⑤ 杨岘会试不中，于安庆入曾国藩幕，参佐军务，同治三年九月随曾国藩督署府迁至金陵，参校《船山遗书》，据《张文虎日记》同治三年十月记："杨见山迁至局"，"与见山至上元境访书肆"。次年夏闰五月离宁入湘，"杨见山以李宫保荐，将赴湖南李小泉抚署幕"⑥。后官松江知府，因得罪上僚被劾罢官，晚年寓居苏

---

① 刘师培：《汪仲伊先生传》，《碑传集补》卷四一，第548—554页。
② 张文虎：《张文虎日记》，第25、29页。
③ 孙延钊撰：《孙衣言孙诒让父子年谱》，第107、117页。
④ 刘师培：《汪仲伊先生传》，《碑传集补》卷四一，第553页。
⑤ 陶湘编：《昭代名人尺牍续集小传（二）》卷二十，《清代传记丛刊》第33册，第596页。
⑥ 张文虎：《张文虎日记》，第8、9、43页。

州，读书著述，以卖字为生。

杨沂孙（1812—1881年），字子舆，江苏常熟人，道光二十三年举人，官至凤阳知府。通小学，工书法，"少学于李兆洛，治周秦诸子，耽书法，尤致力于篆籀。著《文字解说问伪》，欲补苴段玉裁、王筠所未备。又考上古史籀、李斯，折衷于许慎，作《在昔篇》。篆隶宗石如而多自得。"①

汤亦中（1810—1871年），字子惠，号支离子。湖南长沙人。博学工诗，尤善书法篆绘。

孙福保（生卒年不详），生平不详。

王荣兰（生卒年不详），字子佩，生平不详。

2. 张绚（生卒年不详）

字元素，生平不详，在局时间为同治四年正月至六月。

张绚与孙衣言、张文虎等为安徽旧识，据《孙衣言孙诒让父子年谱》同治二年记："东坡八百二十八岁生日，衣言与南汇张啸山茂才、阳湖方元征少尹、归安杨见山孝廉及王孝凤员外、叶云岩游戎圻、陈小舫庆瀛、刘开生瀚清两太守、李壬叔、李小石文杏、吴颖仙文通三文学，张元素布衣绚，林若衣郡丞，聚焦周缦云先生之蛰庵，庆贺醵酒。"② 可知张绚当时尚未有功名。同治三年十一月、十二月间，张绚、张文虎等常集会，有和诗《雪月江山夜问》《东坡生日戏作》等③。

据《张文虎日记》记，同治三年冬十一月、十二月，张绚居南京张仙舫运使幕，"时元素在下关张仙舫观察幕"。因主宾关系失和辞幕，四年正月自南京下关至金陵，"元素与其居停张仙舫龃龉，欲求席地，因为言于晓岑，留局校书"，十九日，"元素到局"。同治四年上半年，《张文虎日记》记有："与衣谷、元素往书业堂书肆""鲁生邀同衣谷、元素庆升楼小饮""送元素至缦老处拜老师"诸

---

① 赵尔巽主编：《清史稿·列传二百九十艺术二》卷五百零三，《二十五史》第46册，第13894页。

② 孙延钊撰：《孙衣言孙诒让父子年谱》，第48—49页。

③ 张文虎：《张文虎日记》，第12、16页。

事。"六月初三日"条记:"张元素赴浙江",七月廿六日接张绚自杭州书信一封。① 此后《张文虎日记》再未提到张绚,推测同治四年六月张绚即已离局。

张绚入局时间仅半载,是否曾校勘何种书籍,不详。

3. 方楷(1839—1891年)

字子可,江苏阳湖人,方骏谟子。通地舆之学,尤擅历算,《清代毗陵名人小传·方楷》载:弱冠从父客大梁,厉志进学,同治初,侍父于皖,"在皖,以舆地之学赞军政,在徐,以钩稽之法治兵糈。……以天算、地舆专家名世"②。《曾国藩日记》同治二年十月十五日记:"方元征率其子来一谈,病鸡胸龟背,而学问渊雅,熟于《汉书·地理志》。"③

方楷参与局事时间为同治四年七月至同治五年十月。同治三年十月,方楷随父至金陵,在李鸿章接手金陵书局之初,即参与其事,据《张文虎日记》同治四年七月记:"缦老代李宫保招明日同聚。方子可来。与壬叔访汪梅村,约明日偕行。……汪梅村来,遂同壬叔至方子可处。晤元征,小坐。与梅村、壬叔、子可诣缦老。……方元征、子可父子、赵敬甫来。缦云来,遂同壬叔至觇门街散步,见书肆有通志堂刊本《仪礼图说》六卷,宋杨复所著也。……同至堂子巷新书局,时江北所购新板片初到,察看仅厚四分,树亦嫩。……元征、子可、叶湘雯来。与壬叔、子可同谒李宫保,论刻书事。"八月,方骏谟迁官徐州,方楷则留在书局,直到次年十月,"送眷赴徐州"④。此后,"子可与其父元征并在前徐海道高云浦幕中"⑤。

张绚入局时间仅一年,所校书籍不详。

---

① 张文虎:《张文虎日记》,第19、21—49、59页。
② 张惟骧等:《清代毗陵名人小传》卷九,第233页。
③ 曾国藩:《曾国藩全集·日记》第17册,第476页。
④ 张文虎:《张文虎日记》,第57—67页。
⑤ 曾国藩:《致涂宗瀛冯焌光郑藻如》,《曾国藩全集·书集》第31册,第202页。

4. 强汝谔（1862—1908 年）

强汝谔，字星源（星渊），江苏溧阳人，强汝询弟。贡生，官震泽训导，善书法及墨梅，著有《周易集义》《崇正集》。①

同治九年七月入局，据《张文虎日记》同治九年七月十七日记："韩叔起偕其子省斋及强赓庭之弟星渊来"，八月十七日，"为强赓庭饯行，招强星渊、韩叔起、赵季梅、吴莘农、尹子铭、韩省斋午饮"②。另据魏家骅《副都御史安徽巡抚兼理提督冯公行状》记："同治甲子以后，曾文正公网罗东南硕学方闻之士，开书局于金陵。公一时师友若丹徒韩叔起弼元，宝应成心巢孺暨其子恭恪公肇麐，溧阳强赓廷汝询、星源汝谔昆季，均先后在局。"③

强汝谔离局时间及所校书籍，不详。

5. 钱骏祥（1848—1931 年）

字新甫，浙江嘉兴人，光绪十一年举人，光绪十五年进士，为钱陈群五世孙、钱泰吉孙、钱应溥子。同治年间，肄业钟山、惜阴两书院，据章钰《翰林院侍读嘉兴钱公墓志铭》记："未十岁，即毕诸经，后侍恭勤公江宁，得闻诸老绪论，器识日高。……少年即以诗古文词为李廷尉联琇、薛太守时雨诸老所赏。肄业钟山、惜阴两书院，主钟山讲者为李小湖师，主尊经讲者为薛桑根师，惜阴则两师分主之。"④

据《泾舟老人洪琴西先生年谱》同治八年记："先后在局任校勘者为丹徒韩叔起（弼元），南汇张啸山（文虎），海宁唐端甫（仁寿），宝应刘叔俛（恭冕），德清戴子高（望），仪征刘伯山（毓崧）、恭甫（寿曾），归安钱笳仙（振常），宝应成芙卿（蓉镜）、漱泉（肇麟），金坛冯梦华（煦，后官安徽巡抚），嘉兴钱新甫（骏祥，后官编修、山西学政）。"⑤

---

① 朱畯等修，冯煦等纂：《光绪溧阳县续志》卷一一，光绪二十五年活字本。
② 张文虎：《张文虎日记》，第 227、230—231 页。
③ 魏家骅：《副都御史安徽巡抚兼理提督冯公行状》，《碑传集补》卷一五，第 64—71 页。
④ 章钰：《翰林院侍读嘉兴钱公墓志铭》，《碑传集三编（一）》卷十，《清代传记丛刊》第 124 册，第 617—620 页。
⑤ 章洪钧编：《泾舟老人洪琴西先生年谱》卷二，第 426—427 页。

又据《张文虎日记》同治九年十二月、同治十年正月记："孙琴老、薛慰老招同人集飞霞阁祝东坡生日，季梅、端甫、子密、小浦、王子庄、戴子高、杨口口、钱怡甫、莘甫、刘恭甫、孙颂容及予，共十四人"，"与季梅、端甫、恭甫招孙勤老、薛慰农、庄中白、沈戟门、钱子密、庄守斋、叶晋卿、戴子高、吴莘农、陈小浦、钱怡甫、莘甫集飞霞阁祝白文公生日"。三月初三日记："钱莘甫朝考辞行。"①

钱骏祥离局时间及所校书籍，不详。

6. 程仪洛（生卒年不详）

程仪洛，字雨亭，两淮盐运使。光绪六年十月，书局提调洪汝奎调两淮盐运使，程仪洛接管提调一职，但并未实际入局工作，同月即辞职。据章洪钧《泾舟老人洪琴西先生年谱》光绪六年记："是月十五日奉上谕：'两淮盐运使员缺，着洪汝奎调补，钦此。'先生知朝命不可辞，乃于二十日上谒忠诚公，请派员接办各差，并请盘库。二十一日，梁檀圃方伯奉派监盘，眼同点验，并委程尚斋观察接管军需局务，旋改委孙仲山观察办理，程雨亭太守接管书局提调事务，太守旋着扬州府范月槎观察接办书局。"②

此外，需对陈立（1809—1869年）、梅绍裘与俞樾三人进行补充说明。有史料提到此三人入金陵书局，笔者考证，此三人并非金陵书局人员。

何绍基《东洲草堂诗钞·金陵杂述诗》提到过"陈立"，云："伪慕王府今为书局，现刻《王船山遗书》，杨见山、汤衣谷、李壬叔、张啸山、陈卓人皆在局中。"③笔者考证，陈立任职于劝农局，并不是金陵书局人员。据《莫友芝日记》同治四年正月十七日记："卓人，句容人，选云南曲靖知府，道梗不能往而还，现委办江宁一郡劝耕给牛种事，长于三礼。"④另据《张文虎日记》同

---

① 张文虎：《张文虎日记》，第243、245、249页。
② 章洪钧编：《泾舟老人洪琴西先生年谱》卷三，第455页。
③ 何绍基：《东洲草堂诗钞》卷二六《金陵杂述四十绝句》，第84页。
④ 莫友芝：《莫友芝日记》，第129页。

治三年十二月初九日记:"回看陈卓人,知节相特置劝农局,俾总其事。"同治六年十二月二十日记:"陈卓人将赴湖北督幕,辞行。"①

曾国藩信函中还提到过"梅绍裘"。同治四年十月,李鸿章堂子巷新局始成立未久,曾国藩即推荐梅绍裘,十月初五日复李鸿章函云:"子偲兄于初一日到此,言尊处开局刊书。梅世兄信来,欲为其弟谋食,可否于书局中添一收掌小席?祈卓裁。汪梅村为金陵读书种子,梅氏亦累叶清通,均希格外关垂。"② 十月十九日又复汪士铎函云:"梅言翁之次子绍裘,昨经函商李宫保,请于书局添一收掌小席。如其入局,求阁下教诲扶掖,俾得成立为荷。"③ 信函所言"金陵梅氏",为宣城梅氏分支,金陵梅氏始祖为梅文鼎长孙梅珏成(1681—1763年),冯煦《食旧轩图跋》记:"宣城梅氏,自圣俞以诗鸣赵宋,方闻缀学之士无代蔑有。至我朝定九先生而益大。先生孙文穆公迁江宁,别为江宁梅氏,家学所渐,久而未沫。"④ 金陵梅氏到第五世,出现了古文大家梅曾亮。梅曾亮(1786—1856年),字伯言,道光年间曾国藩在京城向梅曾亮请教桐城派文法,故尊称"梅言翁",称其子为"梅世兄",梅绍裘即梅曾亮次子。梅绍裘是否真正入局,尚无其他史料支持,此为存疑待考。

《泾舟老人洪琴西先生年谱》中提到过"俞樾",年谱同治十二年记:"张靖达公檄令延聘俞荫甫太史樾校订书局书籍。按:荫甫太史先生同年友也有书,略:'今年自闽中奉母北归,仍寓吴下,杜门谫署,无状可陈。惟以樗栎之材,幸隶图书之府。秋间或一棹来,游读新书,兼谒良友也。'"⑤ 张靖达公,即张树声,同治十一年十月至同治十二年正月以江苏巡抚署理江督。俞樾究竟是否曾入金陵书局,尚缺乏其他史料,此处存疑待考。

---

① 张文虎:《张文虎日记》,第14、118页。
② 曾国藩:《复李鸿章》,《曾国藩全集·书信》第28册,第744页。
③ 曾国藩:《复汪士铎》,《曾国藩全集·书信》第28册,第760页。
④ 冯煦:《蒿盦类稿》卷一六《食旧轩图跋》,第229页。
⑤ 章洪钧编:《泾舟老人洪琴西先生年谱》卷二,第431—432页。

三 金陵书局人员汇总表

综上所述，自同治三年四月至宣统三年，在金陵书局任职者共有四十三人，其中安庆曾氏书局时期（包括安庆任家坡时期与金陵铁作坊旧局时期）的编校人员有刘毓崧、吴熙载、张文虎、赵烈文、周世澄、方骏谟、刘瀚清、汤裕、汪宗沂、杨岘、杨沂孙、汤亦中、孙福保、曹耀湘、王荣兰、欧阳兆熊；同治年间金陵书局时期（包括堂子巷新局时期及移局飞霞阁以后）主要有张文虎、刘毓崧、周世澄、曹耀湘、张绚、方楷、李善兰、汪士铎、周学濬、唐仁寿、刘恭冕、戴望、刘寿曾、成蓉镜、方阆仙、钱振常、涂宗瀛、韩弼元、洪汝奎、冯煦、强汝询、强汝谔、钱华荣、钱骏祥、马微棘、杨书霖、张盛藻、陈允颐等人；到了光绪年间的江南书局时期，主要有洪汝奎、唐仁寿、刘寿曾、冯煦、成蓉镜、成肇麐、程仪洛、范志希、汪士铎等人。

金陵书局人员详见下表5-1。说明：本表所列"功名"，主要指在局期间已取得之功名；本表所列"所校书籍"，指金陵书局已刊书籍。

表5-1 金陵书局人员汇总表（同治三年四月至宣统三年）

序号	姓名	籍贯	功名	职务	入离局时间、原因	参与编校书籍
1	欧阳兆熊	湖南湘潭	举人	编校	同治三年四月入局，同治四年八月赴扬州盐务	《船山遗书》
2	刘毓崧	江苏仪征	诸生	编校	同治三年四月入局，同治六年八月病卒于局中	《船山遗书》《汉书》
3	周世澄	江苏阳湖		编校	同治三年四、五月间入局，同治四年六月离局赴湖南常熟；同治六年十一月第二次入局，同治七年春辞局，加入江苏书局	《船山遗书》

第五章 金陵书局学者著述与学术交游

续表

序号	姓名	籍贯	功名	职务	入离局时间、原因	参与编校书籍
4	汤裕	浙江仁和		编校	同治三年四、五月间入局，同治四年六、七月间离局	《船山遗书》
5	张文虎	江苏南汇	诸生	编校	同治三年九月前后入局，同治十二年冬辞归	《唐写本说文解字木部》《船山遗书》《毛诗传笺》《诗经集传》《礼记集说》《周易本义》《春秋左传杜注补辑》《春秋公羊经传解诂》《周礼郑注》《尔雅》《史记集解索隐正义》《校勘史记集解索隐正义札记》《毛本史记》《汉书》《后汉书》《肇域志》《三国志》《晋书》《读书杂志》《几何原本》《渔洋山人古诗选》《惜抱轩今体诗选》《礼部遗集》
6	曹耀湘	湖南长沙		编校	同治三年九月前后入局，同治四年六、七月间离局；同治十年七月第二次入局，离局时间大约是同治十二年，加入湖南传忠书局参与编校《曾文正公全集》	《船山遗书》
7	吴熙载	江苏仪征	诸生	编校	同治三年九月前后入局，同治四年六、七月间离局	《船山遗书》
8	赵烈文	江苏阳湖	诸生	编校	同治三年九月前后入局，同治四年六、七月间离局	《船山遗书》
9	方骏谟	江苏阳湖	诸生	编校	同治三年四月入局，同治四年八月离局，迁官徐州	《船山遗书》
10	刘瀚清	江苏武进	举人	编校	同治三年四月入局，同治四年四月离局，赴曾国藩军营随征	《船山遗书》

续表

序号	姓名	籍贯	功名	职务	入离局时间、原因	参与编校书籍
11	汪宗沂	安徽歙县	诸生	编校	同治三年九月前后入局,同治四年六、七月间离局	《船山遗书》
12	杨岘	浙江归安	举人	编校	同治三年四月入局,同治四年闰五月离局,赴湖南巡抚李瀚章抚署幕	《船山遗书》
13	杨沂孙	江苏常熟	举人	编校	同治三年九月前后入局,同治四年六、七月间离局	《船山遗书》
14	汤亦中	湖南长沙		编校	同治三年九月前后入局,同治四年六、七月间离局	《船山遗书》
15	孙福保			编校	同治三年九月前后入局,同治四年六、七月间离局	《船山遗书》
16	王荣兰	湖南湘潭	诸生	编校	同治三年九月前后入局,同治四年六、七月间离局	《船山遗书》
17	张绚				同治四年正月入局,同治四年六月离局,赴浙江	
18	方楷	江苏阳湖			同治四年七月入局,同治五年十月离局,赴徐州	
19	李善兰	浙江海宁	诸生	编校	同治四年九月入局,同治七年七月辞局,入京师同文馆充算学总教习	《重学》《几何》《则古昔斋算学》
20	汪士铎	江苏江宁	举人	编校	同治四年四、五月间入局,同治七年九月辞局;光绪十年、十一年间第二次入局,光绪十五年七月卒于金陵	《诗经集传》《肇域志》

第五章　金陵书局学者著述与学术交游

续表

序号	姓名	籍贯	功名	职务	入离局时间、原因	参与编校书籍
21	周学濬	浙江乌程	进士	提调	同治四年五月入局，同治八年一月辞局返乡	
22	唐仁寿	浙江海宁	诸生	编校	入局时间约在同治四年至同治五年春期间，光绪二年六月病死局中	《史记》《晋书》
23	刘恭冕	江苏宝应	诸生	编校	同治五年十一月入局，离局时间大约在同治十二年，赴湖北经心书院山长任	《春秋左氏传贾服注辑述》《肇域志》
24	戴望	浙江德清	诸生	编校	同治六年八月入局，同治十二年三月病死局中	《毛诗》《肇域志》《北史》
25	刘寿曾	江苏仪征	副榜贡生	编校	同治六年十二月入局，光绪七年秋离局，返乡卒	《南史》《文选》《肇域志》《曹集铨评》
26	成蓉镜	江苏宝应	县学生	编校	同治七年二月入局，光绪六年离局，赴长沙校经堂讲席	《肇域志》《南宋书》
27	方阆仙	安徽桐城		杂务委员	同治七年四月入局，离局时间不详	
28	钱振常	浙江归安	举人	编校	同治七年十一月入局，同治九年十二月离局，返乡赴会试	《三国志》
29	涂宗瀛	安徽六合	举人	提调	同治八年一月以江宁知府提调书局，同治八年六月辞局，迁官苏松守备道	
30	韩弼元	江苏丹徒	进士	总办	同治八年一月入局，同治十二年离局，赴扬州主讲梅花书院	

259

续表

序号	姓名	籍贯	功名	职务	入离局时间、原因	参与编校书籍
31	洪汝奎	安徽泾县	举人	提调	同治八年六月,光绪六年十月辞局,迁官两淮盐运使	
32	冯煦	江苏金坛	乡试副榜	编校	同治八年入局,同治十三年十一月离局,赴四川主夔州文峰书院;光绪三年春自夔州返金陵,仍入书局编校,光绪十一年离局,赴徐州云龙书院讲席	《南宋书》《北史》《白香词笺》《西夏纪事本末》
33	强汝询	江苏溧阳	举人	编校	同治九年二月入局,离局时间大约在光绪初年,加入江苏书局	
34	强汝谔	江苏溧阳	贡生	编校	同治九年七月入局,离局时间不详	
35	钱华荣	浙江湖州		编校	同治九年闰十月,离局时间在同治十一年十一月以后	
36	钱骏祥	浙江嘉兴	诸生	编校	约同治九年、十年入局,离局时间不详	
37	马微棘	安徽休宁		编校	同治十年七月入局,离局时间约在同治十二年,赴太平县教谕任	
38	杨书霖	湖南长沙	举人	编校	同治十年八月入局,离局时间大约在同治十二年,加入湖南传忠书局参与编校《曾文正公全集》	
39	张盛藻	湖北枝江	进士	帮办	同治十一年五月入局,离局时间大约在同治十三年末,赴官四川道监察御史	

续表

序号	姓名	籍贯	功名	职务	入离局时间、原因	参与编校书籍
40	陈允颐	江苏武进	举人	编校	同治十一年九月入局，离局时间大约在同治末年至光绪初年，光绪二年随郭嵩焘、黎庶昌出使欧洲	
41	成肇麐	江苏宝应	举人	编校	光绪三年五月以前入局，光绪十二年离局，官直隶知县	《白香词笺》《西夏纪事本末》
42	程仪洛	浙江绍兴	进士	提调	光绪六年十月接管提调，实际未到任	
43	范志熙	湖北武昌	举人	提调	光绪六年十月入局，离局时间不详	

第二节　书局学者的学术风貌

总体来看，金陵书局是一个设置精简、规模较小、人员大体相对稳定的局所机构；主持局务者主要是由进士与举人担任，编校人员大半为诸生，举人较少，局员职事较简而薪水微薄，兼职情况较为普遍；学者学术取向多元，各有造诣，彼此之间关系密切，交游频繁。

一　机构规模

金陵书局设置精简、规模较小。主持局务者一般常设提调、总办各一人，后增设副总办、帮办和杂务各一人，但不常设。编校人员年均人数在五至十二人之间。编校《船山遗书》时期人员较多；李鸿章接管书局期间，仅五、六人而已；同治六年曾国藩回督两江后，因续刊《四史》及参与五局合刊《二十四史》，开始陆续延聘更多学者入局校书，同治六年至九年间，一般在八、九人左右，同治十年至十一年人数最多，有十二、十三人；同治十二年以后，随着一批资深局员或离或卒，人员骤减，光绪年间大约维持在四、五人左右。

书局人员虽有进有出，但大体相对稳定，并非流动频繁。任职十年以上者，有张文虎、洪汝奎、唐仁寿、刘寿曾、成蓉镜、冯煦、成肇麐七人，任职七、八年者，有刘恭冕、戴望等，任职四、五年者，有刘毓崧、周学濬、李善兰、韩弼元、强汝询等。当然，也有一批短暂停留者，如张绚、方楷、张盛藻、杨书霖等，任职一、两年即离局。

书局人员总计43人，有功名可考者33人，其中进士4人，举人13人，诸生16人，可见书局人员以底层士人居多，功名低，出身卑微。这种人员构成，与清廷中央官刻编纂人员品衔高、功名高的强大阵容形成了鲜明对比。如清初"三礼馆"担任纂修者总计46人，超过一半出自翰林院侍读学士、学士、检讨、编修、庶吉士，剩余小半则出自六部主事、御史、司务、司业及地方上的知府、知州等官员。① 又如清中期"四库馆"担任勘阅编辑者，几乎全部出自翰林院，即便仅仅只是负责缮写《四库》各册、各匣封面书签的"缮签官"，也全部是由举人和进士担任。②

局员职事较简而薪水微薄，属于比较清闲的机构，编校人员年薪约三百两，低于厘捐局、军械所等局所人员的薪俸，后者的年薪大约在四百三十金至六百金左右，若与曾国藩幕府中薪俸最高的刑名、钱谷幕僚相比，书局人员的薪俸可谓少得可怜，后者的年薪在一千两至两千两之间（参见第二章第二节）。也正因此，人员兼职情况较为普遍。主持局务者周学濬、洪汝奎、涂宗瀛等，都有公职与品衔，编校人员谋食更为艰辛，常常身兼多职，辗转奔波，如汪士铎任职忠义局，兼职书局，又参与纂修《同治上江两县志》《光绪江宁府志》，刘寿曾也加入志局事务，冯煦校雠书局，又谋得一书院讲席，等等。

---

① 参见林存阳《三礼馆：清代学术与政治互动的链环》附录一"三礼馆儒臣一览简表"，社会科学文献出版社2008年版，第252—256页。

② 参见张升《四库全书馆研究》附录一"四库馆馆臣表"，北京师范大学出版社2012年版，第354—389页。

二　学术成就

金陵书局汇集了一群同光年间有影响力的学者，他们学术取向多元，各有造诣。主持局务者多主宋学，编校人员以治汉学者居多，还有一些精于数学、历算、地舆之学，或以词学名家，工书画者。

书局人员中有治汉学者。如仪征刘毓崧、刘寿曾父子，皆湛深经学，为扬州学派后期代表人物，治学秉承了扬州学派实事求是、融会贯通的精神，专治《左传》学，著有《春秋左氏传旧注疏正》《春秋左氏传大义》《经传通义》等；宝应刘恭冕，祖刘履恂、父刘宝楠，皆博通经史，刘恭冕"守家学，通经训"①，幼习《毛诗》，后专治《论语》学，倡导"广经说"，著有《论语正义》《何休论语注训述》《广经室文钞》等；戴望，从陈奂游，习《毛诗》，复从宋翔凤游，传常州今文经学，为常州公羊学派后劲，著有《论语注》《管子校注》《墨子校记》等；成蓉镜，博通经史，旁及金石、舆地，"多考舆地，成《禹贡班义述》，以班书证禹域，家法厘然，考定之精，为唐以后释《禹贡》者所未有"②，著有《周易释爻例》《尚书历谱》《禹贡班义述》《春秋日至谱》《史汉骈枝》等。

尊崇理学者有欧阳兆熊、涂宗瀛、韩弼元、洪汝奎、强汝询等。涂宗瀛，曾拜理学名家吴廷栋为师，讲习朱子理学，同时交往的还有唐鉴、曾国藩、倭仁、何桂珍、窦兰泉等，追随曾国藩、李鸿章讲求理学经世，躬行实践；强汝询博通经史，尊崇程朱理学，"于学无所不通，而一以程朱为归"③，继宋儒真德秀《大学衍义》后，撰《大学衍义续》；韩弼元尊崇理学，与刘熙载、强汝询等交游，讨论理学，"一守程朱之说，大义为先，物名为后"④。

有文献学家、藏书家，他们长于校勘，精小学、目录学，善版

---

① 赵尔巽主编：《清史稿·列传二百六十九儒林三》卷四八二，《二十五史》第43册，第13291页。
② 费行简撰：《近代名人小传·儒林》，第342—343页。
③ 钱振锽：《强先生传》，《碑传集三编（三）》卷三三，《清代传记丛刊》第126册，第95—98页。
④ 冯煦：《蒿盦类稿》卷一七《韩叔起师七十寿序》，第231页。

本鉴赏、辨伪。如张文虎，先后馆钱氏三十年，所校书数百种，考据家称为善本，尝三诣杭州文澜阁，纵观四库书，手自校录；① 唐仁寿，"家富藏书累数万卷，多秘籍珍本。益肆钻研，尤究心六书音韵之学，雠校经史文字疏讹舛漏，毫发差失皆辨之"②；洪汝奎，晚清著名出版家，自刻有《洪氏唐石经馆丛书》《洪氏公善堂丛书》《洪氏晦木斋丛书》三种大丛书，《续纂江宁府志·实政》列洪汝奎自刊书籍18种；范志熙，家富藏书，编《范氏归馆书目》著录藏书四千余种，宣统二年全部书籍出售给江南图书馆。

有精于数学、历算、地舆者。李善兰，京师同文馆算学总教习，近代著名数学家，著有《则古昔斋算学十三种》，译《几何原本》《重学》《曲线说》《代微积拾级》《谈天》《植物学》等；汪士铎，家富藏书，工诗文，通三礼，后专治地理学，著有《汉志志疑》《南北史补志》《水经注释文》《水经注图》等；方骏谟，精地理，尝绘《长江图》；方楷，"于书无所不窥，以天算、地舆专家名世。所治《水经注图》手稿，纠正汪梅村之失，精核不刊"③。光绪年间任广东实学馆、广东水陆师学堂数学教习，为两广总督张之洞编纂《广东海道图说》，著有《三统历衍式》《新校晋书地理志》《代数通艺录》《三角数理》《光绪粤海图说》《代数阐蕴》《大地全球图例》《长江图稿》等。④

以词学名家者，有冯煦、成肇麐等。冯煦少有才名，工诗、词、骈文，尤以词名，编有《蒙香室丛书》，收录有成肇麐辑《唐五代词选》、戈载辑《宋七家词选》、冯煦辑《宋六十一家词选》三部词学书籍，是晚清词学史上一部重要的丛书；成肇麐，博通六艺，精研古文，擅长词和书，辑撰《唐五代词选》《漱泉词》《强恕堂文存》等。

---

① 闵萃祥：《州判衔候选训导张先生行状》，张文虎：《舒艺室杂存》，第682—685页。
② 龚嘉俊等修，吴庆坻等纂：《杭州府志·人物八文苑三》卷一四六，台北成文出版社辑：《中国方志丛书（华中地方第199号）》，台北成文出版社1974年版，第2789页。
③ 张惟骧等：《清代毗陵名人小传》卷九，第233页。
④ 方宾穆等辑：《方氏遗书目录》，苏晓君主编：《中华历史人物别传集》第62册，北京线装书局2003年版，第595页。

也有工书画、精于金石、文字者，如吴熙载，从包世臣学书，为晚清著名书画、篆刻家；杨岘，工书，"以汉隶名一时"①；杨沂孙，师从著名学者李兆洛，工钟鼎、石鼓，尤致力于篆籀，著《文字解说问伪》，欲补段玉裁、王筠所未备。又考上古史籀、李斯，折中于许慎，作《在昔篇》。篆隶宗石如而多自得；汤亦中，博学工诗，尤善书法篆绘，有石刻金刚经等帖行世。

三 学者交游

书局人员以浙江、江苏两省士人最多，还有少数来自湖南、安徽及湖北地区，彼此之间有着因地缘、血缘、学缘而结成的亲密关系，这也体现了中国传统士人群体的特质。如：李善兰与戴望是同门师兄弟，他们都师事陈奂，张文虎与李善兰是旧交，唐仁寿与李善兰同籍海宁，他们都来自浙江；来自江苏阳湖的士人中，赵烈文与方骏谟是表兄弟，方楷是方骏谟子，周世澄是赵烈文外甥，仁和汤裕也是赵烈文的亲戚；来自江苏宝应、仪征、丹徒、溧阳地区的士人中，韩弼元与强汝询两家为世交，又是儿女亲家，强汝谔是强汝询弟弟，成蓉镜也是韩弼元旧交，成肇麐是成蓉镜儿子，冯煦是成蓉镜弟子，刘毓崧是刘寿曾父亲，他们又与刘恭冕两家是世交。

正因如此，书局人员交游密切，感情也很深厚。如刘寿曾、唐仁寿、冯煦、成肇麐四人在校书之余，也肆业于钟山、惜阴书院，冯煦《蒿盦随笔》记："同治己巳至金陵，肆业钟山、惜阴两书院。主钟山讲者为李小湖师，主尊经讲者为薛桑根师，惜阴则两师分主之。时书院翘材生有三党：宁党，秦际唐伯虞为之魁；浙党，唐仁寿端甫为之魁；扬党，刘寿曾恭甫为之魁。党各数十生，意气张甚，不附之者辄遭摈落。独予与成恭恪、刘佛青、何研孙数人者柴立其间，不为之下，三党亦莫能下予。"② 同治十四年，冯煦南下赴夔州文峰书院，于途中作字感怀与唐仁寿的友情，云："予在江宁时，端

---

① 陶湘编：《昭代名人尺牍续集小传（二）》，第 596 页。
② 冯煦：《蒿盦随笔》卷五，第 612—613 页。

甫实左右之，今则如瞽之无相、婴儿之无阿保，莫可告诉。乃知端甫之可感，而为今人所难也，予愿天下之求友者，皆求端甫，又愿天下之友，皆如端甫，使予所至而有左右之者，岂不幸哉。"① 冯煦与成肇麐交谊尤密，光绪二十六年成肇麐卒后，冯煦在墓志铭中追忆："光绪丁丑、戊寅间，校书冶山之巅，阁三楹，予居东头，潄泉居西头，去地数十尺，绝远尘埃。夏五六月，风谡谡自北窗至，解衣盘礴，旁若无人；霜月之夕，篝灯共读，一字失得，往复再四而后安。或臧否并世人物，一庄一谐，豪发不少假，江左善持论者，辄曰'冯成'云。癸未，与潄泉北征，出则连袂，入则接席，一江宁也。"②

书局人员的交游并不限于书局内部，当时曾国藩幕僚中的陈立（1809—1869 年）、莫友芝（1811—1871）等，江宁府学教授赵彦修（1812—1882 年），金陵惜阴、钟山、尊经书院的山长张裕钊（1823—1894 年）、薛时雨（1818—1885 年）、李联琇（1820—1878 年）及学生朱绍颐（1832—1882 年）、陈作霖（1837—1920 年）、秦际唐（1838—1908 年）、甘元焕（1841—1897）等，客居金陵的孙衣言、孙诒让（1848—1908 年）、梅毓（？—1882 年）、庄棫（1830—1878 年）等，都是这个交游圈的积极参与者。因此，金陵书局不仅是晚清江南地区的一个重要出版机构，也是一个开放性的学术交流空间与文化传播中心。

在这个以金陵书局为中心的学术交游圈中，士人们的交游方式主要有两种：一则雅集，一则论学。

最著名的雅集，是"飞霞阁"集会，主题是每年十二月祀苏东坡生日、正月祀白居易生日。同治年间，瑞安青年士子孙诒让随父江宁布政使孙衣言客居金陵，他曾这样描述当年的"飞霞阁"集会盛况，云："时江宁设有官书局，于治城山之东北隅修葺"飞霞阁"为勘书之庐，与其事者皆四方硕彦之士，若张啸山、戴子高、仪征

---

① 冯煦：《蒿盦随笔》卷四，第 176 页。
② 冯煦：《蒿盦类稿》卷二六《清故灵寿县知县赠太仆寺卿衔谥恭恪成君墓志铭》，第 361 页。

刘北山毓崧及其子恭甫寿曾、宝应刘叔俛恭冕、海宁唐端夫仁寿辈,朱墨之馀,咸耽文咏。而周缦云、莫子偲及武昌张濂亭裕钊亦来客金陵。江宁宿儒汪梅岑士铎方自鄂归,授徒讲学。衣言官事之馀,偕诒让从诸先生游,相与议论为文章,或宴饮歌诗为笑乐,诒让因得识诸先生。"①

另一个著名雅集,是"冶山顾祠"集会。顾炎武祠始建成于光绪三年,据章洪钧《泾舟老人洪琴西先生年谱》光绪三年三月记:"与汪梅村助教、赵季梅教授彦修议建顾亭林先生炎武祠于冶山,是月落成,于二月八日延期致祭。先是祁文端公寯藻、张石丹穆、何子贞绍基诸先生于京师慈仁寺侧建顾亭林先生祠,为诸名流宴集之所。亭林先生当国初时屡至金陵,皆寓冶山朝天宫,兹因飞霞阁后有楼屋六间,乃建是祠,援京师例招集同人作生日之祀,至今未废。"② 冯煦《蒿盦类稿》也记有:"江南书局在冶山之巅,有顾处士祠,岁一祭之",光绪初年,每逢顾炎武生日,江宁府学教授赵彦修与金陵书局冯煦、刘寿曾、成肇麐等祭会于顾祠。③

从士人们的信函、序跋等文字中,可以发现围绕着《春秋》《诗经》《论语》《周礼》及金石文字等重要论题,在他们之间曾展开过持续的学术争论。

同治初年,刘恭冕尚在安徽学政朱兰幕校书,尝写信给刘毓崧请教《诗经》方面的疑惑:"伯山足下,昨得覆札,知近侯佳胜为庆。弟比以天热,校书所好轩修篁翳日,颇娱清览,每得一疑谊,深苦识人不多,无从质难,今略具数事为足下陈之。"④ 刘毓崧复信云:"叔俛二兄大人阁下,接奉赐函,承示欲撰《毛诗释例》,此乃有功古人之作,至于经典中发明数事,足征读书有识,钦佩实深。猥蒙雅意,拳拳殷勤下问,敢即其所知者姑妄言之以就正焉",并就

---

① 孙延钊撰:《孙衣言孙诒让父子年谱》,第84—85、93、96页。
② 章洪钧编:《泾舟老人洪琴西先生年谱》卷三,第445页。
③ 冯煦:《蒿盦类稿》卷七《徐州之行果矣江宁诸君子排日过从诗以别之用少陵将赴成都草堂途中有作韵》,第107页;冯煦:《蒿盦类稿》卷二二《祭顾处士祠并观周忠毅遗稿记》,第310页。
④ 刘恭冕:《与刘伯山书》,《广经室文钞》,光绪十五年广雅书局刻本,第33—34页。

数条提出己意。① 同治十年六月，刘恭冕为刘毓崧《昏礼重别论》作序。② 光绪初年，当刘恭冕离开金陵书局赴湖北经心书院之后，还曾致信刘寿曾，问及戴望《毛诗》及陈立《公羊义疏》诸事。③

刘毓崧与成蓉镜交好，常商榷学术。成蓉镜撰成《禹贡班义述》，请刘毓崧作序，刘毓崧对此书高度赞赏，云："成君芙卿所撰《禹贡班义述》全据《汉书》，实专门名家之学。顷以稿本见示，属为序文。……芙卿之辑此书，于今文、古文之同异莫不缕析条分，即郑注与班义偶殊者，必一一为之辩证，而班义与经文不合者，亦不曲护其非，洵可谓引史证经，实事求是者矣。昔人谓颜注为班氏功臣，识者以为过情之誉，惟移赠此书，斯为名副其实耳。况班义显而经义益明，观此书者，当益信深于经学者未有不精于史学也夫。"④ 同时，又就数条提出商榷、质疑，"承示大著《禹贡班义述》，断限谨严，体例完密，校读一过，钦佩殊深。惟是管见所及，似尚有当补者，爰条列以覆焉。"⑤ 成蓉镜有弟子张薛园，惜早卒，著有《毛诗郑读考》，请刘恭冕、刘毓崧两人作序。刘毓崧序云："宝应张君薛园绩学群经，作《毛诗郑读考》，创稿甫就，遽归道山。其同门友孔君力堂为录清本谋付剞劂，其师成君芙卿以示毓崧，属为作序。毓崧与薛园同郡而未曾识面，前此闻刘君叔俛称道其人，心甚仪之。……此书援证精确，则叔俛之序及芙卿、力堂之文所言已备，无庸复赘一词矣。"⑥

孙诒让《与梅延祖论〈穀梁〉义书》《与刘叔俛论论语文书》《与海昌唐端夫文学仁寿论说文书》三文，⑦ 分别记录了他与梅毓、刘恭冕、唐仁寿江宁论学的情形；同治十一年，孙诒让撰成《商周

---

① 刘毓崧：《通义堂文集》卷二《与刘叔俛书》，第301—302页。
② 刘恭冕：《昏礼重别论序》，《广经室文钞》，第41—42页。
③ 刘恭冕：《刘恭冕致刘寿曾》，《小莽苍苍斋藏清代学者书札》（下册），第801—806页。
④ 刘毓崧：《通义堂文集》卷二《成芙卿禹贡班义述序》，第291页。
⑤ 刘毓崧：《通义堂文集》卷二《与成芙卿书》，第291页。
⑥ 刘毓崧：《通义堂文集》卷二《张薛园毛诗郑读考序》，第291页。
⑦ 孙诒让：《籀顾述林》卷十《与梅延祖论〈穀梁〉义书》《与刘叔俛论论语文书》《与海昌唐端夫文学仁寿论说文书》，第285—286、286—288、288—290页。

金识拾遗》,十月,刘恭冕为其作序;① 光绪八年刘寿曾卒后,孙诒让作《墓表》,追忆与江宁诸君子商讨学术情形,云:"同治中,诒让侍亲江宁,始得识恭甫。于时,大江南北方闻之士总萃于是,宝应刘君叔俛方继成其父楚桢先生《论语正义》,甘泉梅君延祖治《穀梁》亦为《义疏》,而恭甫治《左氏》为尤精。诒让佝瞀不学,幸获从诸君子之后,亦复希光企景。拟重疏《周官》以拾贾氏之遗缺,间有疑滞,辄相与商榷,必得当乃已。曾不数年,踪迹四散。诒让既南归,叔俛主讲鄂中,其书甫刻成而卒,梅君书仅成长编数卷亦卒。二君之亡,恭甫辄驰书相告,怆师友之凋谢,怵大业之难成,若有不能释然者。其卒之前两月,犹贻书询"笠毂"疑义,诒让为据考工轮毂度数,考定其说以复之。恭甫得之则大喜,报书谓编《左疏》已至襄公,而以早成《周礼疏》为勉方叹。"②

光绪二十五年,孙诒让撰成《大戴礼记斠补》,其叙文中提及刘恭冕赠示《大戴礼记》刘录旧斠传钞本,此旧斠本乃刘恭冕父亲刘宝楠(1791—1855 年)手录归安丁杰(1738—1807 年)、严元照(1773—1817 年)、仁和赵钺(1778—1849 年)诸家旧斠,有刘氏父子自校各条记于眉端,孙诒让叙文记:"犹忆同治癸酉侍先太仆君在江宁,时余方草创《周礼疏》,而楚桢丈、子叔俛孝廉恭冕适在书局刊补《论语正义》,亦甫成。时相过从商榷经义,偶出《大戴》斠本示余,手录归之。叔俛喜曰:'此本世无副迻,唯尝写寄绩溪胡子继教授培系,今子又录之,大江以南遂有三本,可不至湮坠矣。'又云:'胡君为《大戴义疏》方缀辑长编甚富,傥竟其业,诸家精论必苞综无遗,它日当与《周礼疏》并行,但恐其书猝不易成耳。'……今者甄录诸家旧斠,亦以答刘君相示之意。"③ 由此可见他们在江宁切磋学术情形之一斑。

---

① 刘恭冕:《商周金识拾遗序》,《广经室文钞》,第43—44 页。
② 孙诒让:《籀庼述林》卷九《刘恭甫墓表》,第270—271 页。
③ 孙诒让:《籀庼述林》卷四《大戴礼记斠补叙》,第203—204 页。

四 去向归宿

书局编校人员与主持局务者出身本不同，辞离局后，众人去向、归宿也大相径庭。

编校人员大半为诸生，他们大多有才名而无时运，终生为生计奔波辗转，在太平天国战乱后能谋得一安稳求生之处已是不易，正如张文虎喟叹："衰年远客，为贫所使，往返千里，音问都难。使故乡有五十千文馆，决计归峪，亦不恋此非官非幕之一席矣。"① 他们中刘毓崧、唐仁寿、戴望三人病卒于局中，甚是凄惨，其余人员在离局后仍以校书、修志或讲学为生，如张文虎返里后参与修纂《光绪奉贤县志》《光绪南汇县志》，讲学于南菁书院；刘恭冕讲学于湖北经心书院，参与光绪《沔阳州志》《黄州府志》《汉阳府志》《黄冈县志》多部方志修纂；成蓉镜后任长沙校经堂山长；曹耀湘、杨书霖加入传忠书局，周世澄加入江苏书局。

编校人员中举人较少，他们或无官可做，或职事太低而未赴任。如：汪士铎未任过正式官职，一生以坐馆、游幕、校书、修志为生；钱振常也是无官可做，中进士后离局，官吏部主事，然十年京曹未得升迁，光绪八年辞官南归，晚年为绍兴、扬州书院山长；成肇麐光绪六年以举人依大挑授知县，不赴，光绪十二年官直隶知县，自此离局；冯煦在光绪八年中举后，也是无官可做，时江南书局日益低落，冯煦处境艰难，不得已在校书之余另谋得一书院讲席，光绪十一年赴徐州云龙书院讲席。次年中进士，授翰林院编修，最后累官至安徽巡抚。

提调、总办、帮办这些职务，主要是进士与举人担任，周学濬、张盛藻、程仪洛为进士，欧阳兆熊、涂宗瀛、洪汝奎、韩弼元、强汝询、范志熙为举人。他们有的在湘军局所委差，是曾国藩得力下属，后因迁官而离局，仕途顺畅。如：欧阳兆熊任职于曾国藩湘军钱粮军需处，司后路军需，后以曾国藩保举四品衔花翎，办理扬州

---

① 张文虎：《张文虎日记》，第 111 页。

盐务；涂宗瀛在湘军中榷主军糈，累保授直隶州知州、江宁知府，同治九年擢苏松太道辞局，此后一路顺畅，累官至湖广总督；洪汝奎总理湘军军需局，光绪六年迁官两淮盐运使辞局。

　　有的本是清廷体制内官员，品衔本就不低，但仕途升迁受阻，办理书局本为屈就，离局之后纵然未得升迁，至少也能保得平顺，颐养晚年。如周学濬，翰林院侍读学士，官山东道监察御史，任职书局四年后辞局归里，后参与重修《同治长兴县志》《同治湖州府志》。周学濬入曾国藩幕凡七年，在曾幕中论功名与资历均为翘楚，和他同一时期入幕的钱应溥、孙衣言等，或被委以军要，或被保升官职，相比而言，周学濬并不得志，所参与谋划者皆为文教事务，仕途亦无发展。薛福成论曾国藩幕僚，将周学濬归入"清才"类。①所谓清才者，才高气清而有志无时也；张盛藻，官山东道监察御史，短暂任职书局后，官复四川道监察御史，旋外放温州知府；韩弼元，官刑部主事，任职书局四年后辞局，后掌教扬州梅花书院；强汝询，授赣榆教谕，不赴，任职书局三年，后为两江总督李宗羲聘为幕僚，光绪初年加入江苏书局。

　　总体来看，金陵书局主持局务者官僚气息较浓重，学者气息较淡薄，在这一点上就不如浙江、江苏、淮南、广雅等书局。如：著名学者莫友芝，相继任江苏书局、淮南书局总校；广东书局主事者为著名学者陈澧，兼为菊坡精舍山长；浙江书局总办薛时雨兼为杭州崇文书院山长，总办孙衣言兼为杭州紫阳书院山长，总办俞樾兼为苏州紫阳书院、杭州诂经精舍掌教；广雅书局总校陶福祥（1834—1896年）为广州禺山书院院长，总校廖廷相（1842—1897年）、梁鼎芬（1859—1919年）为广雅书院山长。以学者办理书局，自有其天然优势，这一点也是光绪年间金陵书局发展不如浙江、江苏等局的原因之一。

　　地方书局是晚清社会独特的政治文化现象，它的兴起有复杂的社会历史原因。它在战后能获得充分发展，很重要的一点，也在于

---

①　薛福成：《叙曾文正公幕府宾僚（一八八四年）》，《薛福成选集》，第213—214页。

可安置大量流离士子与候补官，是底层士人谋生的重要途径之一，这体现了地方书局的社会功能。在局校书非幕非官，既非进身之阶，也无利禄可图，但对于一心向学的士人，倒也不失为一个撰著、论学的清雅职事。中国传统士人向来推崇一种为学术而学术的理想学术人格，王先谦尝言："今之士习日非矣，然所谓奔走津要、荡无廉耻者，岂考据之学导之耶？彼身居津要，能通考据之学者谁邪？又孰肯持一卷汉学书以奔走达官贵人之门也？果有之，仆与足下当心识其人，今茫乎未有闻也。谓考据家以名相高，似矣；谓其以利相诱，则何利之有？谓今天下皆游手浮宕之民，彼为考据学者终日钻研，目眵发秃，以求没世可称之名，岂游手浮宕所能为功？此不待辨也。"① 这段话虽是专论汉学家，但也适用于晚清地方书局编校人员，姑置此为书局学者群像作总结。

第三节　书局学者的撰著与论学活动及其学术史影响

金陵书局汇集了同光年间一群有影响的学者，他们除了日常的校书、诗文唱和之外，撰著、论学活动也十分活跃，对于汉宋学、今古文及诸子学亦多有学术争论与辩说。这些学术活动不仅展现学者之心性情怀、师友之切磋砥砺，更是学术思想史的延伸和补充，构成了学术史的一幅幅生动画面。

一　宋学与汉学

金陵书局主持局务者多主宋学，编校人员多主汉学，这几乎是清代宋汉学朝野关系的投射，而书局学者对待宋学与汉学的不同态度，也是晚清汉宋学关系的缩影。

道咸年间，作为清代学术主流学派的乾嘉汉学逐渐由盛转衰，

---

① 王先谦：《虚受堂书札》卷一四《复阎季蓉书》，《近代中国史料丛刊初编》第681册，第953页。

理学复兴声势日益浩大。从陕西、安徽、河南、湖南等理学氛围浓厚之地，涌现出一批理学名家，公开提倡捍卫程朱、振兴理学，掀开了晚清理学复兴的序幕。湖南的理学传统源远流长，宋明时期，这里一直是理学中心区域之一，随着道咸年间的理学复兴，湖南出现了一个庞大的理学群体，最著者有唐鉴、陶澍、贺长龄、魏源等，稍后随着曾国藩湘军集团的崛起，湘系首领罗泽南、刘蓉、李元度、郭嵩焘、刘长佑、丁善庆、王鑫、李续宾、蒋益澧等，曾国藩幕僚方宗诚、欧阳兆熊、涂宗瀛、洪汝奎、倪文蔚、何慎修、甘绍盘等，皆追随曾国藩讲求理学，湖南成为晚清理学最活跃的一个区域。

书局主持局务者欧阳兆熊、涂宗瀛、洪汝奎三人，皆任职于曾系湘军局所，是曾国藩属下的能官干吏。欧阳兆熊（1808—1876年），字晓岑，湖南湘潭人，道光十七年举人。欧阳兆熊参与"守遗经书屋本"《船山遗书》的编校，又是"金陵本"的主事者。欧阳兆熊深受湖湘理学熏陶，提倡笃实践履，反对空谈辩论，认为"理学亦何可厚非，惟真伪不可不辨"，唯有"表里如一""坐言起行"，方是真理学、真君子。① 他将王夫之《读通鉴论》与胡寅《读史管见》比较，认为船山论史务求实用，高于宋儒空言聚讼："船山遗老续刻有《读通鉴论》，融贯列代事迹，发为传论，深资治理，不似胡致堂之专以坐谈取快，而为文浩博无涘、自成一子，不知其为庄骚、为史汉也。"②

涂宗瀛（1812—1894年），字朗轩，安徽六合人，道光二十四年举人。道光二十五年会试落榜留京，拜理学名家吴廷栋为师，讲习朱子理学，在京师交游者有唐鉴、曾国藩、倭仁、何桂珍、窦兰泉等，皆尊崇理学。咸同年间，涂宗瀛为曾国藩、李鸿章幕僚，追随曾、李讲求理学经世，求实务实，躬行实践，主张扶人心、正民气、肃吏治、除积弊，任贤选能，因时变革。涂宗瀛一生以宣讲理学著称，"六安涂氏求我斋"刊刻了大量理学名著，《续纂江宁府志

---

① 欧阳兆熊：《水窗春呓》卷上《罗忠节轶事》，第14页。
② 欧阳兆熊：《六月与曾涤生讲学》，《寥天一斋诗文稿》，第72页。

·实政》收录有十一种，即《二程全书》《吴侍郎拙修集》《河南刘氏理学宗传辨正》《朱子文集》《倭文端公遗书》《居业录》《鲁斋集》《濂溪集》《张子全书》《朱子语类》《读书录》。① 前七种国家图书馆有藏本，分别为：同治十年刻程颢、程颐撰、朱熹辑《河南程氏全书六种》（包括《河南程氏遗书》二十五卷附录一卷、《河南程氏外书》十二卷、《河南程氏文集》十二卷《遗文》一卷附录一卷、程颐撰《周易程氏传》四卷、《河南程氏经说》八卷、《河南程氏粹言》二卷）、吴廷栋《拙修集》十卷、同治十一年刻刘廷诏《理学宗传辨正》十六卷、同治十二年刻朱熹《晦庵先生朱文公文集》一百卷续集十一卷别集十卷、光绪元年刻倭仁《倭文端公遗书》八卷、光绪六年刻胡居仁《胡敬斋先生居业录》十二卷、许衡《许文正公遗书》十二卷；其余《濂溪集》《张子全书》《朱子语类》《读书录》四种，未查得涂氏刻本；此外，国图还藏有光绪六年刻胡居仁《文敬胡先生集》三卷、光绪十年刻何桂珍《何文贞公遗书二种》、光绪十七年刻刘源渌《冷语》二卷涂氏刻本三种。

洪汝奎（1824—1886年），字琴西，安徽泾县人，道光二十四年举人。洪汝奎和涂宗瀛的经历比较相似，早年从刘传莹、吴廷栋、何桂珍游，道光年间至京师，从倭仁、何绍基游，咸丰年间入曾国藩幕，追随曾国藩讲求理学经世，躬行实践，冯煦《清故两淮盐运使洪公墓志铭》记："公自从刘侍读传莹游，即沟汉宋之说而通之本贯，皖南习于吴、何诸先生，砥行砺节，规规紫阳……初，公年廿余游辇下，倭文端、何文贞方以正学倡后进，公颉颃其间，窥见要指。晚戍古北口，与其地之士夫范今则古，朴僿以通。盖终其身无夷险剧易，未尝一日废学，其实而见诸行事者，皆读书学道之蕴，郁之久而一摅，宜其度越俗吏以万，而为一世法程也。"② 洪汝奎也是晚清著名出版家，刻有《洪氏唐石经馆丛书》《洪氏公善堂丛书》《洪氏晦木斋丛书》三部大型丛书，收录四十九种、一千零二十五

---

① 《光绪续纂江宁府志·实政》卷六，第8页。
② 冯煦：《蒿盦续稿》卷三《清故两淮盐运使洪公墓志铭》，第462页。

卷，所刻理学名著如同治十三年刻朱熹《国朝诸老先生论孟精义》二十四卷、陆陇其《松阳讲义》十二卷、光绪六年刻周敦颐《周濂溪先生全集》十三卷、张伯行《周濂溪先生年谱》一卷、朱熹《家礼》五卷附录一卷等，这些洪氏刻本国家图书馆均有收藏。

如果将欧阳兆熊、涂宗瀛、洪汝奎比作曾系理学群体中的"干吏派"，那么强汝询、韩弻元二人则可称为"学院派"，他们主要是从事书院讲席、书局校书等文教工作，较少涉及军政事务类。

强汝询（1824—1894年），字莪叔，号赓廷，江苏溧阳人，咸丰九年举人。潜心经史及诸子百家，精研《春秋》，博通经史，尊崇程朱理学，"于学无所不通，而一以程朱为归"①。继真德秀《大学衍义》后，撰《大学衍义续》，刘声木《苌楚斋续笔·大学衍义》记："南宋真德秀《大学衍义》四十二卷，明邱浚《大学衍义补》一百六十卷，编辑可谓博赡，不谓国朝强汝询复编《大学衍义续》七十卷，光绪十二年刊本，更属绝无而仅有矣。"② 光绪初年，强汝询任职江苏书局，提倡宋学，主持刊刻南宋著名理学家魏了翁（1178—1237年）《五经要义》，其《求益斋文集·再书周易要义后》记："昔人有言，诸经注疏颇引谶纬，欧阳公尝疏请刊除以正学术，未果。魏氏《要义》始尽芟之斯言。殆得纂辑之旨，或嫌其不载经文，不知宋时正义皆单行，初不与经注合，《要义》间录经注尚是魏公所增，观其体制，盖自摭录以备遗亡，非有意传世后，亦未暇修订，故并无序例。当时大儒于诸经注疏用功如此，彼诬宋儒为空疏者，岂足辨哉？"③

韩弻元（1822—1905年），字叔起，江苏丹徒人，道光二十三年举人，咸丰三年进士，散馆授刑部主事，同治八年总办金陵书局，后主讲扬州梅花书院。韩弻元与强汝询、刘熙载诸人交好，皆尊崇理学。刘熙载（1813—1881年），字伯简，号融斋，江苏兴化人，

---

① 钱振锽：《强先生传》，《碑传集三编（三）》卷三三，《清代传记丛刊》第126册，第95—98页。
② 刘声木：《苌楚斋续笔》卷二《大学衍义》，第351页。
③ 强汝询：《求益斋文集》卷六《再书周易要义后》，第327—328页。

道光二十四年进士，历官翰林院编修、广东学政、左春坊左中允，同治六年以后讲学于上海龙门书院。冯煦《韩叔起师七十寿序》记："乾嘉以来，学者喜奇而厌庸，汉炽宋敚，浸淫而未有已。粤寇既夷，曾文正设局江宁之冶山，校刊群籍，己巳师来领局事。东南才俊鳞集而羽萃，祖汉祧宋，高自标异，几几人许、郑而户服、贾。有知右义理者乘间抵隙，雷同相非，务出于汉学之一途而后止，甚且讥诃程朱，唯恐不力。独师一守程朱之说，大义为先，物名为后。每众论蠢起，截然出一语裁之，祖汉祧宋之风至是少杀。一孔真儒或与师相訾謷，而卫道甚力，虽百喙不为敚。"①

韩弼元、强汝询等皆尊崇理学，他们与汉学家学术见解不同，发生论争在所难免，"并方闻缀学，为世魁杓，然所主既绝殊，交攻互讥，犹凿枘之不入"②。

汉学家中，性格最固执偏激者为戴望。戴望治学涉猎博杂，从陈奂游习《毛诗》，复从宋翔凤游习常州今文经学，又青睐于颜氏学、私淑南宋永嘉学派，独于理学批判最激烈，友人谭献《亡友传》记："君好诋宋学，日与要人龃龉"③，张星鉴《戴子高传》记其"门户之见持之甚力，论学有不合家法者，必反复辩难而后已，人故忌之"④。任职书局期间，戴望著成《管子校正》二十四卷，这是清儒校训诸子的代表著述之一，潘祖荫为此书作序，亦称："子高，陈硕甫先生高足弟子，实事求是，深恶空腹高心之学，此书精当，必传无疑。"⑤然强汝询阅后大为不悦，甚为鄙夷："子高资甚敏，记诵颇富，然溺于俗学，好反朱子，所著《论语解》尤诡戾。余与叔起苦口箴之，终不听。此编虽冗粹，然哀集众说，无怪异语，殆犹愈于彼矣。"⑥

不久，韩弼元、强汝询与戴望发生了正面冲突。事情起因于戴

---

① 冯煦：《蒿盦类稿》卷一七《韩叔起师七十寿序》，第231页。
② 冯煦：《蒿盦续稿》卷三《清故两淮盐运使洪公墓志铭》，第462页。
③ 谭献：《复堂文续》卷四《亡友传》，《清代诗文集汇编》第721册，第261页。
④ 张星鉴：《戴子高传》，《仰萧楼文集》，第340页。
⑤ 潘祖荫：《管子书序》，戴望：《管子校正》，《续修四库全书》第0970册，第349页。
⑥ 强汝询：《求益斋文集》卷六《管子校正跋》，第329页。

望当面非议朱子，据冯煦《蒿盦随笔》记："德清戴子高为陈硕甫弟子，又与俞曲园有连，闻其绪论，淹通经术，兼善古文辞，著有《论语注》，主公羊家言，深不满于朱子。客金陵书局，局在府学东偏。一日登大成殿，指朱子之主而詈之。时总校为韩叔起丈，而强赓廷丈副之，皆宗紫阳者也。韩丈怒甚，欲面斥子高之非。强丈曰：'君无怒，容吾折之。'会子高至强丈许，强丈询之曰：'君今高文硕学，冠绝时流，然童时曾从蒙师读乎？'曰：'然。'曰：'曾读《四书集注》乎？'曰：'云何不读？'曰：'今蒙师若存，其学下君远甚，君仍执弟子礼乎？'曰：'仍以师礼事之。'曰：'然则既曾读《四书集注》，朱子独不蒙师若乎？'子高无以应，废然而反。后一岁，以瘵卒于局中。"① 今日来看，这场冲突本不在一个层面，戴望所执念者乃学术思想层面，而强汝询的反驳却是基于基础教育层面。戴望在学术上天生具有一种叛逆性，学术倾向极端，在当时的大环境和书局的小环境下，戴望所执念的学术理想，几乎无人共鸣。同治十二年二月二十六日，戴望卒于书局飞霞阁，乌程施补华《戴君墓表》记："时兵事大定，文治聿修，自公卿以至将帅，咸慕儒术，皆将称道程朱，比踪孔孟。而君所讲习，又与世违异，伏处郁郁……盖君自至江宁，数病，病稍间，即改所著书，复作乃止。如是六七年，至于不可为以卒。"②

当时像戴望这样的激烈反理学者并不多见，书局学者大多学术态度较为平和，主张淡化或摒弃门户之争，调和汉宋。

张文虎精于版本、目录、文字之学，一生从事校勘，本身就是汉学的践行者。他的治学路径也是典型的汉学，初好诗古文辞，后读惠栋、江声、戴震、钱大昕诸家书，"慨然叹为学自有原本，驰骛枝叶无益也。则取九经汉唐宋人注疏，若说经诸书，由形声以通其字，由训诂以会其义，由度数名物以辨其制作，由言语事迹以窥古圣贤精义所存，旁及诸子史，是非得失，源流异同，以参古今风会

---

① 冯煦：《蒿盦随笔》卷五，第628—629页。
② 施补华：《戴君墓表》，戴望：《谪麟堂遗集》卷首，《续修四库全书》第1561册，第145—146页。

之变，益无志于科举。"①

对于当时的学派分歧，张文虎私下表达过种种厌倦与反感，认为无论汉宋相攻或调和汉宋，皆未能窥圣贤精意，徒增学术纠纷而已："汉儒言经多可依据，故学者欲窥圣贤精意，必由于此，惜《易》则京、郑、荀、虞，皆无足取。王辅嗣一变而为谈立程伊川，再变而言性道。近日为《易》学者，或汉或宋，或不汉不宋，或调停于汉宋之间，无非捕风捉影。千年长夜，非圣人复起，易道绝矣。"又云："自宋儒昌言性理，参以禅宗，至明姚江之徒改头换面，各立异说，猖狂浮游，不可殚悉。国初诸儒矫以征实之学，至乾嘉而极盛，如白日当空，魑魅屏息，而末流之弊转为琐碎，遂使反唇者复扬死灰，却又借其皮毛以为贯通汉宋，又其甚则谓三教同源，灵谈鬼笑，妖怪百出，有心者不无世道之忧。"②

张文虎代表了当时江浙一带最基层的学者。他们一生以校书、坐馆谋生，于经史并无高深议论，虽身处那个学术纷扰的时代，但自身并不是学术圈的中心人物，也不能掌控任何资源与话语权，对于当时的学派纷争与学术分歧，甚至有一种置身事外的旁观者心态。

刘恭冕（1824—1883年），来自江苏宝应。宝应理学氛围浓厚，清初有朱泽沄、王懋竑等理学名家，"宝应自朱止泉、王子中两先生以正学倡其乡，学者渐之"③。即便是在汉学大盛的乾嘉年间，这里仍保留了尊崇理学的传统与氛围。刘宝楠、刘恭冕父子是扬州学派的代表学者，父子合著《论语正义》，其基本方法仍是考证、训诂，但宝应刘氏治汉学而不訾短宋儒，训释《论语》也注重对经义的解释与发挥，在一定程度上也汲取朱子之学，体现了立足汉学、吸取宋学的色彩，《清史稿》认为该书"乃搜辑汉儒旧说，益以宋人之长义，及近世诸家"④。

同样来自宝应的学者还有成蓉镜，淹贯经史，旁及金石、象纬、

---

① 闵萃祥：《州判衔候选训导张先生行状》，张文虎：《舒艺室杂存》，第682—685页。
② 张文虎：《张文虎日记》，第118、129页。
③ 冯煦：《蒿盦类稿》卷二六《清故宝应县学生成先生墓志铭》，第350页。
④ 赵尔巽主编：《清史稿·列传二百六十九儒林三》卷四八二，《二十五史》第43册，第13291页。

舆地、声韵、训诂，又擅诗词、书法。成蓉镜少读书于扬州安定书院，乾嘉学派大家赵翼、卢文弨曾在此讲学、著述，安定书院也是当时汉学的重镇与中心之一。但成蓉镜保留了宝应学者的传统，治学重义理而不诋考证，于汉、宋两家实事求是，不为门户之见，尝言："学有三宗。义理，孔子所谓识大也；考证，孔子所谓识小也；词章，则发明斯二者者也。皆道之所在也，然亦不可无本末轻重之差。"① 成蓉镜与姚鼐、曾国藩等对义理、考据、辞章的观点，是晚清调和汉宋的典型论说。冯煦论成蓉镜云："乾隆中叶，崇尚考据，一二巨公标志于上，号为汉学，而斥义理为宋学。为汉学者斤斤焉，一名一物是究，而立身行己之大，或与经训相缪戾。尤好讥呵宋儒以自矜；异为宋学者又不事躬行，而唯门户之辨，空疏无用，重为世诟病，少有识矣；兼综汉宋两家而持其平，然亦无本末轻重之差。三者所执虽殊，学术之不明一也。先生为学，不端一家，凡历算、方舆、典礼、音声、训诂之属，旁及古文辞，靡不洞微穴幽，有所纂述，而折衷于程朱，操履敦笃，耻为空言，一屏主双出入之习。与门弟子论学，亦以主敬、穷理为宗，又随其材器而牖之，不囿于一格。"②

光绪六年，成蓉镜掌教长沙校经堂，设立"博文"和"约礼"两斋，要求生徒需遍读经世之书，以征诸实用，清末武陵名士陈锐《抱碧斋诗》记："先生淹贯汉宋，教人一以诚笃求实践，日课必及《近思录》《朱子全书》，同堂诸生未数数然也。"③ 晚清湖南曾国藩尊崇高邮王氏、周寿昌（1814—1884）补注《四史》，其后周寿昌门人王先谦辑《皇清经解续编》《南菁书院丛书》，专以提倡汉学为事，成蓉镜讲学校经堂，湖南之士渐知皖、浙之学。

成蓉镜的学术倾向影响了弟子冯煦。冯煦年十四而孤，十五从成蓉镜游，治经及天算，十八从乔守敬习词赋，此则治词之肇始，而后《宋六十一家词选》亦渊源于此。在治学路径上，冯煦追随了

---

① 冯煦：《蒿盦类稿》卷二四《成先生行状》，第327页。
② 冯煦：《蒿盦类稿》卷二六《清故宝应县学生成先生墓志铭》，第350页。
③ 陈锐：《抱碧斋诗话》，《白香亭诗集·抱碧斋集》，第149页。

成蓉镜的观点，力主摒弃门户之争，以宋学包容汉学，尝言："今之学者多自名为汉学，其实宋学也，何则今所称汉学者，其略有四：曰说文，曰考据，曰金石，曰校勘。《说文》一书，汉儒不甚称之，亦无引以释经者，唐以前尚无专注，至宋二徐氏始为之注后乃大显，是《说文》之学宋学也；唐以前之说经者，但通其大义，未尝毛举细故，至宋儒一名一物考覆辨证，至纤至悉，是考据之学宋学也；金石之书，前未有闻，宋欧阳氏为之创，而赵氏淇氏继之后益曼衍，是金石之学亦宋学也；若校勘之例，则始于紫阳之韩文考异，是校勘之学亦宋学也。所学者宋学，而攻宋不遗余力，不亦忘其所自出而反相噬乎，而犹自托于绝不相效之汉儒，亦又强颜矣。"①

冯煦生活的年代，汉宋关系早已非剑拔弩张，主张汉宋调和成为大多数学者的共识。冯煦自身也并非是汉宋学发展脉络上的关键人物，他的思想观念体现了普通士子的普遍认知状态。

书局编校人员，还有来自安徽歙县的汪宗沂。汪宗沂（1837—1906年），字仲伊，号韬庐处士，徽派朴学后期的重要学者，治经兼采汉宋，通农、兵、乐律、医理之学，刘师培《汪仲伊先生传》述其学行，称："粤乱起，转徙浙江、江西，饥寒困顿，诵读不辍，益好经世之学，讨治兵、农、礼、乐诸大端，作《礼乐一贯录》。东南乱定，以所作谒湘乡曾文正公，时文正督两江，延任忠义局编纂，因师临川李大理联琇。授汉学于先大父，授宋学于桐城方先生宗诚，于九流百家之学莫不旁推交通以宣究得失，然所学仍在经。治经大旨在博征群籍以存已佚之经，集合众说之长以释未佚之经。……先生虽治经稽古，然志存济世，恒欲推经术施之用，以所学礼、乐、兵、农之实补济世变。……先生覃研《礼经》，洞悉乐吕，克秉乡先生江、戴之传，若推学于用，则上法颜、李，近与泾县包氏符。先世父称之曰：'综贯六艺，自成一子'，盖记实也。"② 著述颇丰，有《周易学统》《尚书今古文辑佚》《诗说》《诗经读本》《逸礼大义

---

① 冯煦：《蒿盦随笔》卷三，第 121—122 页。
② 刘师培：《汪仲伊先生传》，《碑传集补》卷四一，第 548—554 页。

论》《孟子释疑》《五声音韵论》《礼乐一贯录》等多种。

二 刘恭冕《论语正义》与戴望《论语注》

同治年间，刘恭冕（1824—1883年）与戴望（1837—1873年）同校书于金陵书局，戴望为刘恭冕父刘宝楠（1791—1855年）作《行状》，提及于此：

> 君没十四年，戴客金陵，与恭冕朝夕承事书局，始得观君遗书，慕其世德。恭冕次君行命为传，望不敢当史任，爰述事状一通，俾后传海内先贤者有所稽考。①

共事书局期间，二人各自注训一部《论语》。刘恭冕承父刘宝楠遗绪，于同治四年、五年间撰成《论语正义》二十四卷，光绪初年刊行，② 戴望《论语注》二十卷，同治十年付梓。

戴望和刘恭冕是晚清《论语》学研究的代表性学者，但他们学术渊源与师承不同。戴望是常州公羊学派后劲，取法刘逢禄（1776—1829年）、宋翔凤（1776—1860年）之意，"用《公羊》家法，演刘逢禄《论语述何》之微言"③，注训亦大半同于刘、宋之论；④ 宝应刘氏三代刘台拱、刘宝楠、刘恭冕为扬州学派代表人物，治学承乾嘉汉学余绪，崇尚朴学，注训《论语》侧重文字训诂与典章制度考证。戴、刘注训《论语》典型地体现了今、古文经学家的分歧，也体现了常州学派与扬州学派的不同风格。本节通过考察戴、刘二人的学术渊源、注训《论语》的关联与分歧，试图揭示晚清注训《论语》今、古文的两条不同路径，并从今、古文关系的角度进

---

① 戴望：《故三河县知县刘君事状》，《谪麟堂遗集·文卷二》，第163页。
② 据张清泉《清代论语学》（台北逢甲大学，1992年）考证：《论语正义》于同治四年秋写定，同治五年春《后叙》，至光绪初年方刊梓。
③ 清国史馆编：《清史列传·儒林传下》卷六九《戴望传》，《清代传记丛刊》第104册，第578—579页。
④ 参考郭晓东《戴氏注论语小疏》，华东师范大学出版社2014年版。作者在"疏释"部分，将戴注与刘、宋注做了大量比较，较为精详。

一步探讨《论语正义》的学术色彩与特征。

（一）《论语正义》对今文学家著述的引用

刘、戴注训《论语》，正值晚清学术变动的时期。这一时期，汉宋分歧已不是学术界争论的中心，调和汉宋成为大多数学者的共识。同治十二年，俞樾（1821—1907 年）为梁章钜（1775—1849 年）《论语旁证》撰序，云："《论语》自何晏《集解》行，而郑、王各注皆废；自朱子《集注》行，而何氏《集解》及邢、皇二疏又废。然元陈天祥有《辩疑》之作，明高拱又有《问辩录》之作，皆于紫阳之说不无异同。至我朝之毛西河而大肆攻击，遂使汉、宋之学判若冰炭。窃谓《论语》一书，圣人之微言大义，自汉至今学者循诵，各有所得。世谓汉儒专攻训诂、宋儒偏主义理，此犹影响之谈、门户之见。其实汉儒于义理亦有精胜之处，宋儒于训诂未必无可取也。……合汉宋而贯通之，使空疏者不至墨守，讲章高明者亦不敢拾西河唾余，轻相诟病，于学术、士风非小补也。"① 这大约能代表咸同年间学者之共识。

另一方面，今、古文之争趋于炽烈。《论语正义》全书引今文学家著述数十种，此一时期学风之变动于此可见一斑。《论语正义》引今文学家著述大致可分为三类：一是儒经类，主要有《鲁诗》《韩诗》、大小夏侯《尚书》、大小戴《礼记》、京房《易传》、《公羊春秋传》等；二是公羊先师著述，主要有董仲舒《春秋繁露》《举贤良对策》、何休《春秋公羊解诂》、徐彦《春秋公羊传注疏》等；三是清代公羊学家著述，主要有孔广森《大戴礼记补注》《经学卮言》《公羊通义》、庄述祖《论语别记》《白虎通义考》、刘逢禄《论语述何》、宋翔凤《论语发微》《论语郑氏注》《朴学斋札记》《过庭录》《师法表》、戴望《论语注》等。征引较多者，为《大戴礼记》《公羊春秋传》《春秋繁露》《春秋公羊解诂》《论语发微》五种，分别征引 88 处、45 处、44 处、37 处与 34 处，引戴望《论语注》也有 11 处之多。如果将间接征引部分也统计在内，则《论语正义》全书

---

① 俞樾：《论语旁证序》，梁章钜：《论语旁证》，《续修四库全书》第 0155 册，第 51 页。

几乎每章、每篇均有征引今文经学著述。①

刘恭冕《论语正义·后序》云:"不为专己之事,亦不欲分汉宋门户之见,凡以发挥圣道,证明典礼,期于实事求是而已。"② 刘氏立足于实事求是的学术理念,不因人废言,对今文家的观点持严谨、公允的学术态度。如《论语·为政第二》"温故而知新,可以为师矣",刘氏引刘逢禄《论语述何篇》释:"故,古也。《六经》皆述古昔、称先王者也。知新,谓通其大义,以斟酌后世之制作,汉初经师皆是也。"刘氏案:"刘说亦是","汉唐人解'知新'多如刘说"③。

又如《论语·宪问第十四》"子击磬于卫。有荷蒉而过孔氏之门者,曰:'有心哉!击磬乎!'既而曰:'鄙哉!硁硁乎!莫己知也,斯己而已矣。深则厉,浅则揭。'子曰:'果哉!末之难矣。'"对于"果""末""之"的训诂,刘氏引朱彬《经传考证》:"'果哉'六字为句,自成韵语。末,无也,蔑也。言其所见小也。《檀弓》'末之卜也',曾子曰'微与',词意皆相类。"复引戴氏《论语注》:"果,信也。之,往也。信如其言,无所复往,行道难矣。"刘氏案:"朱、戴说皆通。"④

在个别问题上,《论语正义》也受到《公羊》学说的影响,尤其在"三代质文损益说"这点上,已相当逼近《公羊》学说了。如《论语·为政第二》:"子张问:'十世可知也?'子曰:'殷因于夏礼,所损益,可知也。周因于殷礼,所损益,可知也。其或继周者,

---

① 此数据系笔者据《论语正义》(《续修四库全书》第0156册)整理而成,说明:1. 本书的所有统计仅涉及《论语正义》正文部分的二十四卷,卷末附《何晏论语序》与《郑玄论语序逸文》不列入统计之内。2. 为方便统计,仅统计"直引",不统计"转引"。如《论语正义·为政第二》注:"宋氏翔凤《发微》云:'《公羊·文十二年传》:"惟一介断断焉无他技。"何休注:"断断,犹专一也。他技,奇巧异端也。孔子曰:'攻乎异端,斯害已已。'"疏云:"郑注《大学》云:'断断,诚一之貌也,他技,异端之技也。'是与此合。"按:……。'"在统计中,仅计宋翔凤《论语发微》一种,"转引"之《公羊传》《春秋公羊解诂》与《春秋公羊传注疏》三种,均不计入。
② 刘宝楠著,刘恭冕补:《论语正义》后序,第288—289页。
③ 刘宝楠著,刘恭冕补:《论语正义》卷二,第22页。
④ 刘宝楠著,刘恭冕补:《论语正义》卷一七,第215—216页。

虽百世,可知也。'"《论语正义》注曰:

> 礼所以有损益者,如夏尚忠,而其敝则惷而愚,乔而野,朴而不文。殷承夏,而其敝则荡而不静,胜而无耻,周承殷,而其敝则利而巧,文而不惭,贼而蔽。则承周者,又当救之以质。故凡有所损益,皆是变易之道。三王为损益之极,极则思反。……《礼·大传》云:"圣人南面而治天下,必自人道始矣。立权度量,考文章,改正朔,易服色,殊微号,异器械,别衣服,此斯所得与民变革者也。""变革"即是损益。非祇一事,此注但言三统者,以服色等皆随三统而改,举三统,赐余可知。……云"势数相生"者,谓文质三统及五行相次,各有势数也。如太昊木德,神农火德,黄帝土德,少昊金德,颛顼水德,周而复始,其势运相变生也。①

存三正以明三统,三王之道,有所因循,有所损益,两汉公羊家多言之。从上引可见,在"三代质文损益说"这点上,《论语正义》的说法已相当逼近《公羊》学说了。

不过,差别仍然存在。晚清公羊学家阐发"三代质文损益说",旨在张大新王之一统,明新王受命之正当性,从而为新王受命改制张本,戴望《论语注·为政第二》曰:

> 孔子成《春秋》,绌夏存周,以《春秋》当新王。损周之义,益夏之忠;变周之文,从殷之质,兼三王之礼,以治百世。有王者起,取法《春秋》,拨乱致治,不于是见与?②

刘氏对"三代质文损益说"的阐发,强调的是"因循",强调"三圣相受而守一道",刘氏注曰:

---

① 刘宝楠著,刘恭冕补:《论语正义》卷二,第28—29页。
② 戴望:《论语注》卷二,《续修四库全书》第0157册,第78页。

《汉书·董仲舒传》对策说此文云:"夏因于虞,而独不言所损益者,其道如一而所尚同也。"又云:"是以禹继舜,舜继尧,三圣相受而守一道,亡救敝之政也。故不言其所损益也。"是也。……正义曰:"所因"谓礼之无所损益者,即《荀子》所谓"百王之无变"也。所因,所损益是三事,故董仲舒《对策》引此文说之云:"此言百王之用,以此三者矣"是也。《白虎通·三纲六纪》云:"三纲者何谓也?谓君臣、父子、夫妇也。……此三纲五常之义也。董仲舒《对策》解此文,以所因为道:"道之大原出于天,天不变,道亦不变。"董所云道,即三纲五常之道。《礼大传》谓:"亲亲、尊尊、长长,男女有别,此其不可得与民变革者也。"①

刘氏又反复论证,此"道"即"三纲五常之道""天不变,道亦不变",体现了政治思想比较保守的一面。

(二) 刘、戴注训《论语》的差异

戴望今文经学师承宋翔凤,间祧刘逢禄,是常州公羊学后劲者。作为今文经学家,戴望比龚自珍、魏源更注重"今文师法",戴氏《论语注》对《公羊》学核心理论的发挥,也达到了极致。笔者统计,《论语注》一书中"建五始"出现过1次,"大一统"出现过1次,"(通、垂、正)三统"出现过5次,"(张)三世"出现过2次,"拨乱(反正、致治)"出现过5次,"(纯、致)太平"出现过24次,"(以春秋当)新王"出现过6次,"素王"出现过3次。② 戴望严立《公羊》学的门户,旨在重新确立何休关于《公羊》学说的解释在学术上的权威。这虽然能提高清代今文经学的学术独立性,然而也同样加深了近代今文经学与古文经学的门户之见。

刘恭冕对今文学家著述大量引用,并不意味着他混淆古今文的

---

① 刘宝楠著,刘恭冕补:《论语正义》卷二,第28—29页。
② 此数据系笔者据《论语注》(《续修四库全书》第0157册)整理而成。

界限，他推崇的仍是扬州学派刘台拱、刘宝楠治经家学，注训《论语》极重文字训诂与典章制度的考证，较少做主观的发挥。刘恭冕《论语正义》与戴望《论语注》，典型地体现了古文经学家与今文经学家的风格不同，兹略举三例以观之。

《论语·为政第二》："子曰：'为政以德，譬如北辰，居其所而众星共之。'"此篇涉及《公羊》学核心理论"五始"之说。《春秋》开篇"元年春，王正月"，何休释"元"为"天地之始"，"春"为"岁"之始，"王"为"人道"之始，"正月"为"政教"之始，"公即位"为"一国之始"，确立了"五始"之说。戴望《论语注》对"五始"之说作了发挥，云：

> 北辰，北极旋机也。北辰居天之中，正四时而众星共之；王者居明堂之中，顺四时播五德而天下归之。《春秋》以正次王，王次春，明王者为政，当法天也。①

刘恭冕则用了大量篇幅训诂"北辰""众星""共"诸词之意。如关于"北辰"一词，刘氏先引郑玄注、《尔雅·释天》《楚辞·天问》《周髀算经》《吕氏春秋·有始览》，谓"北辰"与"北极""北极枢""天枢""天极"俱一体而异名；复引《周官·考工记·匠人》《吕氏春秋》《史记·天官书》《说苑·辨物篇》《繁露奉本篇》、何休《公羊传注》、《汉书·天文志》，皆以"北辰"为星名；最后引陈懋龄《经书算学天文考》"北辰是无星处"，刘氏赞同陈懋龄说，曰：

> 陈氏懋龄云："古人指星所在处为天所在处，其实北辰是无星处。"又云："凡天之无星处曰辰。天有十二辰，自子毕岁差之里言之，今时在箕一度。冬至子中，未尝板定星度，北辰如何认定极星？但以之为标准耳。"案：陈说甚是。然北辰是无星

---

① 戴望：《论语注》卷二，第71页。

处，《朱子语类》已言之。夏氏炘《学礼管释》据《考工》、《吕览》诸言极星之文，遂以"北辰"为"天枢"，"北极"为星名，且疑《尔雅》为汉人附益，过矣。"北极"为赤道极，在旋西行，其日月五星各居一极，日曰黄道极，与月五星同为右旋东行，而二十八宿亦东行。二十八宿，统名恒星。句陈等星，与恒星同度，恒星岁差五十一秒，故梁祖晅之以仪准候不动处，在纽星之末，犹一度有余，宋深括测天中不动处，远极星三度有余，元郭守敬测极星离不动处三度，则星度常差，不能执定一星以求北辰之所在矣。①

《论语·述而第七》："子曰：'盖有不知而作之者，我无是也。多闻，择其善者而从之；多见而识之，知之次也。'"此篇涉及《公羊》学核心理论"张三世"。孔子所说"多闻""多见"，为《公羊传》引申为"三世异辞"，继之董仲舒加以发挥，划分春秋十二世为三等，何休进一步将"三等"引申为"三世"，明确提出衰乱、升平、太平"三世"的概念，以申明《春秋》拨乱反正之义，"张三世"理论正式形成。清代公羊学家对此篇极为重视，大肆阐发，戴望《论语注》云：

> 春秋有张三世之法，于所传闻世，治起衰乱，录内略外；于所闻世，治升平，内诸夏外夷狄；于所见世，治太平，天下远近大小若一。②

戴望对"多闻""多见"的训释，直接绍述何休"张三世"说，在公羊家的发挥下，孔子被塑造成了一位政治改革家。反观《论语正义》，刘恭冕先引《公羊哀公十四年传》三世异辞说、《春秋繁露·楚庄王篇》十二世三等说，随即案曰：

---

① 刘宝楠著，刘恭冕补：《论语正义》卷二，第16页。
② 戴望：《论语注》，第123—124页。

> 此夫子修《春秋》，继之于所闻所见者也。又夫子言夏、殷之礼，皆能言之，但以文献不足，不敢征之，此可见圣人慎审之意。《汉书·朱云传赞》："世传朱云言过其实，盖有不知而作之者，我无是也。"谓世人传述云事多失实，则为不知而作。"作"，是作述解者，或为作事，误也。①

刘恭冕强调的重点，在于夫子修《春秋》对于文献的"慎审之意"，显然在古文经学家的笔下，孔子的形象主要是一位严谨的文献学家、史学家。

《论语·卫灵公第十五》："颜渊问为邦。子曰：'行夏之时，乘殷之辂，服周之冕，乐则《韶》、《舞》。放郑声，远佞人，郑声淫，佞人殆。'"此篇涉及《公羊》学核心理论"通三统"，公羊学家对此篇亦十分重视，阐发甚夥，戴望《论语注》云：

> 功成作乐。则，法也。吴公子札聘鲁，见舞《韶箾》曰："德至矣哉，大矣！如天无不帱，如地无不载也。"夏时得天之正，殷辂行地之宜，周冕人文之备，至于《韶》舞，告成功于天下者已。《韶》者，致太平之乐，《春秋》至所见世为治太平，故作《韶》乐以明之。②

戴望以"通三统"阐释行夏时、乘殷辂、服周冕，又将"《韶》舞"发挥为"致太平之乐"说，寄予了戴望的政治变革思想。反观《论语正义》，刘恭冕注训的重点，在于对夏时、殷辂、周冕、《韶》舞典章制度的考证，如对《韶》舞的考证，先引俞樾《群经平议》："俞氏樾《群经平议》：'舞当读为武。……夏时、殷辂、周冕，皆以时代先后为次。若韶、舞专指舜乐，则当首及之。惟韶、武非一代之乐，故列于后。且时言夏，辂言殷，冕言周，而韶舞不言虞，

---

① 刘宝楠著，刘恭冕补：《论语正义》卷八，第100页。
② 戴望：《论语注》卷一五，第204页。

则非止舜乐明矣。'"俞樾的意思是说,"韶"为舜乐,"舞"通"武",由于夏时、殷辂、周冕皆以时代先后为次,而"《韶》舞"未列于前而置于后,则"《韶》舞"并不只是指舜一代的乐曲。但"舞"究竟是何朝乐曲,俞樾仍未说清,对此刘恭冕引《孔子·世家》进一步补证,将"舞"解释为"周乐",曰:

俞说是也。《孔子·世家》言:"孔子弦歌诗,以求合韶、武、雅、颂之音。"韶、武并言,皆孔子所取也。武为周一代之乐,合文、武、周公所作乐名之。说详《八佾疏》。[1]

(三)刘恭冕"辩《左氏》不传《春秋》之诬"

晚清今古之争主要体现为《公羊》与《左传》之争,《左传》不传《春秋》,是晚清今文经学的重要命题。庄存与(1719—1788年)是常州公羊派的首创者,其《春秋正辞》首先发难:"获罪圣人者,传左邱氏者也"[2],认为《左氏》妄解经义、杜撰臆造,不通孔子微言大义。庄氏之后,刘逢禄在《左氏春秋考证》中进一步阐发,认为《左传》本为史书,"左氏以良史之材,博闻多识,本未尝求附于《春秋》之义,后人增设条例,推衍事迹,强以为传《春秋》,冀以夺《公羊》博士之师法"[3],《左传》不传《春秋》。庄、刘此论一出,晚清今古文之争再掀波澜,常州公羊派后学宋翔凤、魏源、龚自珍、戴望等且将儒家诸经训释公羊化,今古文之争迅速从《春秋》扩展至儒家诸经,而贬斥或维护《左传》则成为今古文分歧的原则性问题。

光绪初年,刘恭冕在与挚友仪征刘寿曾的信函中云:

冕于《春秋》欲昌明《左氏》,辩汉人《左氏》不传《春秋》之诬(拟为文十篇),现撰文四篇,俟后钞出求教(一辩

---

[1] 刘宝楠著,刘恭冕补:《论语正义》卷一八,第223—224页。
[2] 庄存与:《春秋正辞》卷十,《续修四库全书》第141册,第98页。
[3] 刘逢禄:《左氏春秋考证》卷二,《续修四库全书》第0125册。

卫蒯聩、辄父子争国事，一辩王壬秋《庄子》中有公羊说之误，一论何劭公用纬说公羊春秋之误，一论公羊家微言之辩）。①

刘氏"欲昌明左氏"，既是其鲜明古文经学立场之体现，亦反映出此一时期今、古文争之症结所在。

如《论语·八佾第三》："子贡欲去告朔之饩羊，子曰：'赐也！尔爱其羊，我爱其礼。'"此节涉及天子告朔、诸侯视朔之礼，是儒家礼制中的一个重要问题。《论语正义》注曰：

> 天子颁告诸侯，谓之告朔，又谓之告月。《春秋文公六年》："闰月不告月，犹朝于庙。"不告月，王朝之礼失也。犹朝于庙，鲁之未失礼也。《公羊传》："不告月者，不告朔也。曷为不告朔？天无是月也，闰月矣，何以谓之天无是月？非常月也。"《谷梁传》："不告月者何也？不告朔也。不告朔，则何为不言朔也？闰月者，附月之余日也。积分而成于月者也。天子不以告朔，而丧事不数也。"二传意以天子闰月本不告朔，《左氏》则以闰月不告朔为非礼，左氏义长。盖不告，则诸侯或不知有闰也。②

《公羊传》与《谷梁传》均认为闰月"本不告朔"，《左传》则以闰月不告朔为"王朝之礼失"，鲁犹朝于庙，故"鲁之未失礼"。"礼失"或"未失礼"，已包含价值判定，刘氏明确指出"左氏义长"，体现了自己的立场。

至于视朔之礼"废"或"旷"，《春秋》三传说法不一，郑玄引《公羊》说，认为自鲁文公十六年"始不视朔"，云："牲生曰饩。礼，人君每月告朔于庙有祭，谓之朝享也。诸侯用羊，天子用牛与焉，以其告朔礼略，故用特牛。鲁自文公始不视朔，视朔之礼，已

---

① 刘恭冕：《刘恭冕致刘寿曾》，《小莽苍苍斋藏清代学者书札（下册）》，第799—800页。
② 刘宝楠著，刘恭冕补：《论语正义》卷四，第42—43页。

后遂废。子贡见其礼废,故欲去其羊也。"对于郑玄注"始不视朔",清儒万斯大《学春秋随笔》提出质疑,认为"始不视朔"当为"四不视朔",云:"文公十六年:'夏五月,公四不视朔。'不视者,二月至五月耳。六月以后,复如初矣。《公羊》云:'自是公无疾不视朔也。'果尔,则经不应有'四'字。经有'四'字,必非遂不视朔也。"刘台拱《论语骈枝》也提出视朔之礼"旷"而未"废",云:"夫谓文公始不视朔者,据十六年'夏五月,公四不视朔'之文言之也。夫四不视朔,而谓之始不视朔可乎?四不视朔,旷也;始不视朔,废也。旷之与废,则必有分矣。旷四月不视朔,犹必详其月数而具书之,而况其废乎?亦古易常,《春秋》之所谨也。初税亩,作丘甲,用田赋,皆谨而书之。始不视朔,岂得不书?郑君此言出于《公羊》,彼欲迁就其大恶讳、小恶书之例,因虚造此言尔。如其说自十六年二月公有疾,至十八年公薨,并闰月数之,其为不视朔者二十有六,而《春秋》横以己意为之限断,书于前而讳于后,存其少而没其多,何以为信史乎?"

刘恭冕《论语正义》认同万斯大、刘台拱二说,案曰:

> 二说皆足正《公羊》及郑注之误。以《左襄二十九年》"不朝正于庙"观之,可知襄公时天子告朔,诸侯视朔,其礼尚未废。郑氏误依《公羊》,不知辨正,其误四也。又案:郑注"始"本作"四",见《公羊文十六年疏》所引。然云"视朔之礼已后遂废",则郑因谓文公始不视朔也。①

又如《论语·述而第七》"冉有曰:'夫子为卫君乎?'子贡曰:'诺,吾将问之。'入,曰:'伯夷、叔齐何人也?'曰:'古之贤人也。'曰:'怨乎?'曰:'求仁而得仁,又何怨?'出,曰:'夫子不为也。'"《论语·子路第十三》"子路曰:'卫君待子而为政,子将奚先?'子曰:'必也正名乎!'"此两节记卫蒯聩、辄父子争国事,

---

① 刘宝楠著,刘恭冕补:《论语正义》卷四,第42—43页。

涉及儒家亲亲、尊尊的伦理政治问题，历来讼争不休。

《春秋》三传对于这个问题的述评，大相异趣：《左传·定十四年》与《左传·哀二年》仅记史，无褒贬评论，不过有以"太子"称蒯聩；《公羊传》态度鲜明，贬蒯聩"无道"，褒蒯辄"义"，"然则曷为不立蒯而立辄？蒯聩为无道，灵公逐蒯聩而立辄。然则辄之义可以立乎？曰：可。其可奈何？不以父命辞王父命，以王父命辞父命，是父之行乎子也。不以家事辞王事，以王事辞家事，是上之行乎下也。"《谷梁传》大致与《公羊传》同。

刘氏依《左传》，不采《公羊传》与《谷梁传》，《论语正义》注：

> 全氏此论，实先得我心所欲言。愚谓《春秋》之义，世子继体以为君，为辄计者，内迫于南子，不能迎立蒯聩，则惟如叔齐及公子郢之所为，逊避弗居斯已耳。乃辄俨然自立，当时必援无嫡子立嫡孙之义，以王父命为辞，是辄不以世子予蒯聩。观于公子郢之言"有亡人子辄在"，忠贞如子郢，在辄未立时，已不敢以世子称蒯聩，则辄既立后，假以王父之命，其谁敢有称蒯聩为世子者？所以蒯聩入戚，卫命石曼姑同齐国夏帅师围戚，明是待蒯聩以寇仇，其不以世子称蒯聩审矣。《太史公自序》云："南子恶蒯聩，父子易名。"谓不以蒯聩为世子，而辄继立也。名之颠倒，未有甚于此者。夫子亟欲正之，而辄之不当立，不当与蒯聩争国，顾名思义，自可得之言外矣。①

《论语正义》先引全祖望《鲒埼亭集·正名论》，认为《左传》累称蒯聩为"太子"，则"蒯聩之归有名，而卫人之拒无名也"。"既为世子，则卫人所不可拒也"。复引《史记·太史公自序》，认为"辄之不当立，不当与蒯聩争国，顾名思义，自可得之言外矣"。

从学术渊源来看，戴望、刘恭冕二人的《论语》研究，实质是

---

① 刘宝楠著，刘恭冕补：《论语正义》卷八，第96—97页。

常州学派庄存与、刘逢禄与扬州学派刘台拱学术分歧的延续。戴望今文经学承常州公羊家法,企图"贯经术政事文章于一"而"通经致用",然而他短促的一生,却仍然未能超越"通经"的努力,留给后世的也只有《论语注》能代表他的经学思想,其今文经学研究尽管有其现实内容,却始终没有超出经典校勘注释的范围;刘恭冕注训《论语》虽受时代影响,引用了大量公羊家著述,但他笃守古文家法,对于儒家伦理政治中的一些关键问题的解说,亦多采《左传》说。在戴、刘二人时代,今古文之争的焦点仍在于《公羊》与《左传》,争论的实质在于对儒经解释权的争夺,虽然他们有借用经文训释隐喻表达自己的政治观点,但总的来看这一时期今古文之争的性质仍是学理之争,尚未直接与政治变革发生关系。今古文之争与政治直接发生关系,是在清末康有为、章炳麟的时代。

三 今、古文经学与戴望、孙诒让的诸子学路向

戴望和孙诒让是晚清浙江汉学繁荣的标志,也是晚清诸子学的代表性学者。他们学源密切,交谊深厚,学术见解同异互见。他们传承乾嘉考证之学,侧重校疏经、子之书,但其具体见解仍有分歧,基本体现了今文经学家与古文经学家的不同风格。本节通过考察戴、孙二人的学术渊源、校疏子书的异同,试图揭示今、古文经学对晚清诸子学的渗透,进一步探讨清代经、子之学的关系及诸子学的近代转化。

(一)孙诒让对戴校子书的引用

同治年间,戴望与孙诒让同客金陵,往来密切,孙诒让在《古籀余论后叙》中曾追忆这一段交谊:

> 同治间,余侍亲江东,时海内方翘望中兴,而东南通学犹承乾嘉大师绪论,以稽古为职志。余壮年气盛,尝乘扁舟溯江至京口,登金山访遂启諆大鼎,不得,迤至焦山海云堂,观无叀鼎,手拓数十纸以归。时德清戴子高茂才亦客秣陵,与余有同嗜,朝夕过从。余辄出所得汉阳叶氏旧藏金文拓本二百种同

读之，君亦出旧藏季媙鼎，相与摩挲椎拓，竟日不倦。时余书方脱稿，而戴君得羸病甚剧，然犹力疾手录余说于《积古斋款识》册端。又尝嘱余为《毛公鼎释文》，其殁前数日犹迻福不遗一字。盖余治此学，唯君知之最早，亦爱之独深。……而戴、潘、盛、江诸贤墓已宿草，永念畴昔，几同隔世。①

戴、孙之学术交游集中于二：一是金石学，戴、孙结为学侣，共治金文之学，如上引所述；一是子学，表现在孙诒让对戴校子书的引用。戴望的子学研究集中于《墨子校记》和《管子校正》，二书均成于同治年间，孙诒让则著有《墨子间诂》和《札迻·管子尹知章注》，②均于光绪十九年（1893年）成书。据笔者统计，孙氏二书引戴注共计58处，体现了两代学人间的学术传承与关联。

《墨子间诂》以大量引据文献典籍及前人校注成果为特色，孙诒让《自序》称："余昔事雠览，旁摭众家，择善而从。于毕本外，又获见明吴宽写本、顾千里校《道藏》本。用相勘核，别为写定。复以王观察念孙、尚书引之父子，洪州倅颐煊，及年丈俞编修樾，亡友戴茂才望所校，参综考读。"③《墨子间诂》所引清代《墨》经考释著作，以毕沅《墨子集注》为最，次则俞樾《墨子平议》、王念孙《墨子杂志》、苏时学《墨子刊误》及戴望《墨子校记》，此外还引了惠栋、惠士奇、江声、阎若璩、卢文弨、刘台拱、顾广圻、洪颐煊、张惠言、陈寿祺、黄绍箕等数十人的研究成果。

《墨子校记》是戴望校疏毕沅《墨子集注》的手稿，"原校写于毕刊本书眉"，未刊印。戴望卒后不久（同治十二年冬），孙诒让于友人处抄录戴氏手稿，认为"此本倘更增定，大可自成一书。当再研校，以竟其绪"④。嗣后所成《墨子间诂》，引戴注共计57处，对

---

① 孙诒让：《古籀余论后叙》，《古籀余论》，《续修四库全书》第243册，第1页。
② 《札迻》中有关诸子的篇章尚多，此外孙诒让还著有《商子校本》。本书侧重考察《墨子》和《管子》研究，对孙氏其他子学著作暂不涉及。
③ 孙诒让：《墨子间诂序》，孙诒让著，孙启治点校：《墨子间诂》卷首，中华书局2001年版。
④ 孙诒让：《孙诒让遗文辑存》卷八序跋（下）《书戴校〈墨子刊误〉录本后》，第396页。

戴注有的明确肯定，有的持有异议，有的未予评论，各类条目统计如下①：

篇目	引用	认同	异议	未评	篇目	引用	认同	异议	未评
卷三《尚同上》	1	1			卷七《天志下》	6		2	4
卷三《尚同中》	5		1	4	卷八《明鬼下》	4	1	2	1
卷三《尚同下》	2	1		1	卷九《非命中》	1		1	
卷四《兼爱下》	10		4	6	卷九《非命下》	1			1
卷五《非攻下》	10		4	6	卷九《非儒下》				
卷六《节用上》	5		3	2	卷十一《耕柱》	2		1	1
卷六《节用中》	1				卷十二《公孟》	1			
卷六《节葬下》	1		1		卷十五《旗帜》	1		1	
卷七《天志上》	2			2	卷十五《号令》	1			1
卷七《天志中》	2			2					

在《管子》研究方面，戴望《管子校正》以宋刻尹知章注《管子》为底本，取元刻本、朱东光本、刘绩本、宋本、中立本等版本相互校对，并大量引用《初学记》《艺文类聚》《太平御览》《北堂书钞》等类书，以及《鹖冠子》等古籍。此外，还引用了王念孙《管子杂志》、陈奂《管子补注》、宋翔凤《管子识误》、俞樾《诸子平议》、洪颐煊《管子义证》、丁士涵《管子校本》、张文虎《管子校》、[日]安井衡《管子纂诂》等前人的校订成果。

《札迻》是孙诒让三十余年研读七十八种古籍之笔记集录，《管子》即其中一种。《札迻·管子尹知章注》所引《管子》考释著作有尹知章注景宋本、王念孙、俞樾、洪颐煊、戴望和安井衡六种注本，此外还引用了《方言》《韩非子》《吕氏春秋》《荀子》《周礼》《淮南子》《说文解字》《史记》等文献典籍，以及庄述祖、孙星衍、丁士涵等人的著述。《札迻·管子尹知章注》引戴注仅1处，是关于

---

① 本表为笔者据《墨子间诂》整理而成，版本为中华书局2001年版。

《管子·宙合》"故退身不舍端，修业不息版"二句的校注，并对之提出异议。①

总的来看，《墨子间诂》和《札迻·管子尹知章注》引戴注共计58处，其中明确表示认同3处、提出异议21处、未加评论34处。所谓不作评论，也可视为认同，即孙氏肯定戴说者有37条，在58条总数中占多数。孙诒让对戴注的取舍，完全立足于实事求是的学术理念，持严谨、公允的学术态度。试举几例而观之，如《墨子·天志上》"故天子者，天下之穷贵也，天下之穷富也"三句，对于"穷"的训释，孙氏注曰：

> 戴云："穷，极也，此二字转相训。"②

这里仅有引用而未做评论，但对戴注肯定之意往往而在。又如《墨子·明鬼下》"是以吏治官府不敢不絜廉，见善不敢不赏，见暴不敢不罪。民之为淫暴寇乱盗贼，以兵刃毒药水火退无罪人乎道路，夺车马衣裘以自利者，由此止，是以莫放幽闲拟乎鬼神之明显明有一人畏上诛罚"数句，孙氏注曰：

> 戴云："'是以莫放幽闲'至'畏上诛罚'二十一字，疑即上下文之误而衍者，当删去。"案：戴说是也。上文云"民之为淫暴寇乱盗贼，以兵刃毒药水火退无罪人乎道路率径，夺人车马衣裘以自利者，并作由此始，是以天下乱"，与此文略同。"由此止"与"由此始"，"天下治"与"天下乱"，文正相对，中不当间以此二十一字明矣。③

这里不仅对戴注给予肯定，而且在戴注基础上增加了解释，以补戴注之未备。再如《墨子·天志下》"何以知其兼而食之也？自

---

① 孙诒让著，梁运华点校：《札迻》，中华书局1989年版，第107—108页。
② 孙诒让：《墨子间诂》，第192页。
③ 孙诒让：《墨子间诂》，第242页。

古及今，无有远灵孤夷之国"三句，对于"灵"字的校勘，孙诒让注曰：

> 戴云："'远灵'二字，义不可通，'灵'疑当作'雺'。'雺'，说文以为籀文'旁'字。旁与方通，今文尚书多借'雺'为'方'。远雺，言远方也。"诒让案："灵"疑"虚"之误，北魏孝文帝祭比干文"虚"作"圗"，南唐本业寺记作"霊"，东魏武定二年邑主造象颂"灵"作"霊"，二形并相似。桂篇"評灵"亦"塽虚"之误，与此正同。①

这里明确提出异议，并引多种文献以证。

俞樾为《墨子间诂》作序，称："凡诸家之说，是者从之，非者正之，阙略者补之。"② 通过上述几例，确可见孙诒让实事求是的学术态度。这种态度，同样见诸孙氏对其他学者校注之引用，比如：他评价苏时学《墨子刊误》"致力甚勤"③ "是正讹脱尚为精审，唯笃信古文书，又好以借字读正字，是其蔽也"④。他对待顾广圻校道藏本《墨子》的处理是："此本佳者，余已全采入《间诂》，唯文义显然讹衍者不录。"⑤ 他对张惠言《墨子经说解》评价较高，认为："其解善谈名理，虽校雠未审，不免望文生义之失，然固有精论，足补正余书之阙误者"⑥，"所定《经下》句读，与余前考定本略同，唯其说间有割裂失当之处，当补録入《间诂》也"⑦。他又认为杨葆彝《墨子经说校注》不及张惠言本："杨氏用心甚勤，惜未能精究校雠之学，或不免沿误为说，不及皋文张氏《说解》之简当也。内

---

① 孙诒让：《墨子间诂》，第208页。
② 俞樾：《墨子间诂序》，孙诒让：《墨子间诂》卷首。
③ 孙诒让：《孙诒让遗文辑存》卷二书札（上）《与梁卓如论墨子书》，第88页。
④ 孙诒让：《孙诒让遗文辑存》卷八序跋（下）《题苏时学〈墨子刊误〉》，第391页。
⑤ 孙诒让：《孙诒让遗文辑存》卷八序跋（下）《读顾广圻〈墨子〉校本题识》，第422页。
⑥ 孙诒让：《孙诒让遗文辑存》卷八序跋（下）《〈墨子间诂〉跋》，第431页。
⑦ 孙诒让：《孙诒让遗文辑存》卷八序跋（下）《斠读张惠言〈墨子经说解〉题识》，第425页。

有数条，足补拙著《间诂》者，当补録增入也。"①

（二）戴望、孙诒让的子书考证

戴望和孙诒让熏染于不同的学术环境，但均传承汉学，推重乾嘉学者的考证方法。与乾嘉诸子学一样，戴、孙二人的子学著述仍是札记体，仍以对子书的校勘、训诂为中心。在乾嘉诸老中，他们尤其服膺高邮王氏，对王念孙、卢文弨等学者的考证方法和研究成果继承较多。

事实上，戴、孙二人与王念孙均有深厚渊源。戴望是陈奂的弟子，而陈奂又是王念孙的弟子，所以王念孙是戴望的师祖。王念孙著有《读书杂志》，其中的《墨子杂志》与《管子杂志》，堪称乾嘉时期校勘子书的最高成就。《管子杂志》又多赖陈奂为其悉心抄录版本与校雠错讹，陈奂另撰有《管子补注》，未刊。戴望为陈奂作《行状》云："再入都，犹及见王先生，年已八十余矣，日校《管》、《荀》。书成，命先生审正。……望于咸丰七年秋从先生受《毛诗》，遂执弟子礼。尝诲望曰：'说经贵守师法，出入旁杂为道之贼。自魏晋下，陋儒类自谓集大成而不得经旨之仿佛，智不若臧。'"②戴望传承王、陈朴学，他的《墨子校记》和《管子校正》，便是受王、陈影响而作，《管子校正》对王氏、陈氏的观点引用尤多。

孙诒让十三岁开始接触校勘学，十六岁读江藩《国朝汉学师承记》及阮刻《皇清经解》，"始窥国朝通儒治经史小学家法"③，十七岁始事鉴藏善本并治金文之学。二十一岁随父客居金陵，时成蓉镜、张文虎、莫友芝、刘寿曾、刘恭冕、戴望、唐仁寿等俱在金陵书局，"诒让得习与诸老先生扬榷讨论以成其学"④，"为其后重疏《周官》，精研经子及古文字之学启其机杼"⑤。乾嘉学者中，王念孙最为孙诒让所推尊，其《札迻·自序》对王氏考证方法推崇备至：

---

① 孙诒让：《孙诒让遗文辑存》卷八序跋（下）《杨葆彝〈墨子经说校注〉题识》，第427页。
② 戴望：《清故孝廉方正陈先生行状》，《谪麟堂遗集·文卷一》，第156页。
③ 孙诒让：《札迻自序》，《札迻》卷首。
④ 章梫：《清国史馆儒林本传》，《孙诒让遗文辑存》附录，第492页。
⑤ 张宪文：《孙诒让年谱简编》，《孙诒让纪念论文集》，《温州师范学院学报》1988年增刊。

综论厥善，大氐以旧刊精校为依据，而究其微恉，通其大例，精研博考，不参成见。其譣正文字讹舛，或求之于本书，或旁证之它籍，及援引之类书，而以声类通转为之錧键，故能发疑正读，奄若合符。及其蔽也，则或穿穴形声，捃摭新异，冯肊改易，以是为非。乾嘉大师，唯王氏父子郅为精博，凡举一谊，皆搞凿不刊。其余诸家，得失间出，然其稽核异同，启发隐滞，成足饷遗来学，沾溉不穷。我朝朴学超轶唐宋，斯其一端与！诒让学识疏谫，于乾嘉诸先生无能为役，然深善王观察《读书杂志》及卢学士《群书拾补》，伏案研诵，恒用检核，间窃取其义法以治古书，亦略有所寤。……傥坿王、卢诸书之后，以裨补遗阙，或有所取尔。①

孙诒让自称多采高邮王氏"义法以治古书"，除《札迻》之外，其《商周金识拾遗》也是"依高邮王氏《汉隶拾遗》例"②，《墨子间诂》对王氏《读书杂志》的引用尤多。当然，他汲取的乾嘉汉学也不限于高邮王氏。后来他在《答日人馆森鸿书》中云：

群经诸子，文义奥衍，非精究声音训诂之学不能通其读；而以竹帛写刻之屡更，缪误夥颐，非博考精校，又不能穷古书之根柢。不通古音古训，而以晚近习闻之义训读古经、子，则必迷谬龃龉，遗失古人之旨；不求古书精本，博考精校，则必至郢书燕说，为后世恶本伪文所绐。至于史册，则旧闻别记，舛迕万端，尤非考证不能得其翔实矣。我朝乾嘉以来，此学大盛，如王石臞先生及其子文简公引之之于经、子，段若膺先生之于文字训诂，钱竹汀先生、梁曜北先生之于史，皆专门朴学，择精语详，其书咸卓有功于古籍，而某自志学以来所最服膺者也。③

---

① 孙诒让：《札迻自序》，《札迻》卷首。
② 孙诒让：《籀庼述林》卷四《古籀拾遗叙》，第205页。
③ 孙诒让：《孙诒让遗文辑存》卷三书札（下）《答日人馆森鸿书》，第158—159页。

是故，章炳麟评论孙氏学术"盖笼有金榜、钱大昕、段玉裁、王念孙四家"① 之长。

要言之，孙诒让和戴望的子学研究均推重王念孙、卢文弨等乾嘉学者的校注成果，著述形式上仍是札记体，在内容上仍是以对《墨子》和《管子》的校勘、训诂为中心，基本方法并无不同。兹略举二例说明，如《管子·宙合》"故退身不舍端，修业不息版"二句，对于"端"字的考证，戴望《管子校正》注：

> "端"当读为"专"，假借字也。《说文》曰："专，六寸簿也。"段氏注云："六寸簿，盖笏也。《曰部》曰：'㫄，佩也。'无笏字。《释名》曰：'笏，忽也。君有命则书其上，备忽忘也。'徐广《车服仪制》曰：'古者贵贱皆执笏，即今手版也。'杜注《左传》：'班玉，笏也。若今吏之持簿。'《蜀志》'秦宓见广汉太守以簿击颊'，裴松之注：'簿，手板也，六寸，未闻，疑上夺二尺字。'《玉藻》曰：'笏，度二尺有六寸，此法度也，故其字从寸。'"望谓：古端声叀声同部，故可假借"端"为"专"，下文"修业不息版"，"版"与"专"正同物，若读"端"如字，则不可通矣。②

孙诒让《札迻·管子尹知章注》注：

> 戴校云："'端'当读为'专'。说文云：'专，六寸簿也。'"案："舍"与"捨"通。"端"即"端衣"也。周礼司服先郑注云："衣有襦裳者为端。"乃冕弁朝服玄端之通称。"不舍端"，谓不舍朝服也。戴说未塙。③

戴望据音近认为"端"应作"专"，并引许慎《说文解字》、刘

---

① 章炳麟：《孙诒让传》，《孙诒让遗文辑存》附录，第490页。
② 戴望：《管子校正》，《续修四库全书》第0970册，第374页。
③ 孙诒让：《札迻》，第107—108页。

熙《释名》、徐广《车服仪制》、杜预《春秋经传集解》、常璩《华阳国志·蜀志》、戴圣《礼记·玉藻》等文献，释"专"为"笏"，即"朝笏"。孙诒让则引《周礼》郑注，释"端"为"端衣"，即"朝服"。

上例戴、孙校注虽释义有别，但并不会引起很大歧异，另有些则不然，如《墨子·耕柱》"子墨子曰：楚四竟之田，旷芜而不可胜辟，詳灵数千，不可胜，见宋、郑之闲邑，则还然窃之，此与彼异乎？"数句，对于"詳灵"二字的考证，孙诒让《墨子间诂》注曰：

> 毕云："说文云：'詳，召也。'"顾云："灵，令也。"戴云："灵，令之假字。"案：依毕、顾、戴说，则数千为詳令之人数，与上下文义并不贯，殆非也。此"詳灵"当为"呼虚"。凡经典詳召字多假"呼"为之，二字互通。《周礼》大小郑注，《汉书·高帝纪》应劭注并云"芈呼"，《文选·蜀都赋》李注引郑康成《易注》云"圻呼"。《说文·土部》云："墟，墆也。"呼即墟之假字。墟本训墆，引申为墟隙。呼虚，谓闲隙虚旷之地。此与上文并即公输篇"荆国有余于地而不足于民"之意。《非攻·中篇》云："今万乘之国，虚数于千，不胜而人，广衍数于万，不胜而辟"，与此文义正同。"虚"、"灵"俗书形近而误，详《天志下》篇。①

毕沅、顾广昕、戴望三人认为"詳灵"二字意谓"召令"，将"詳灵数千"解释为"召令数千人"。孙诒让则认为"詳灵"二字当作"呼虚"，将"詳灵数千"解释为"数千间隙虚旷之地"，与毕、顾、戴三人的理解差异较大。在这一例中，孙诒让的内证依据不同篇目和上下文意，外证则广采《周礼》大小郑注、《汉书·高帝纪》应劭注、《文选·蜀都赋》李善注、许慎《说文解字·土部》等材

---

① 孙诒让：《墨子间诂》，第437页。

料，说明"呼"和"評"的通假字例。

从逻辑学角度而言，朴学是"简单枚举归纳推理"，属于"不完全归纳推理"。枚举归纳推理的结论是或然的，其可靠程度和举例数量相关，故清儒注书讲求"例不足十，不足为证"，往往穷搜证据、皓首穷经。但这种推理模式本身不无缺陷，其结论也难得完全一致。上引二例中，学者们各有所据，难以判定谁的结论更加符合文本意，这在清代校勘、训诂古籍领域屡见不鲜。甚至可以说，这是清代汉学繁荣的重要因素，也是和而不同学术精神的体现。事实上，孙诒让的经、子考证之学也非完美无缺，其音韵学的运用有时不像乾嘉诸老那样得心应手。总之，戴望和孙诒让的考证学成就虽有殊别，但在方法上均无理论性突破，大体只是沿袭乾嘉汉学，这方面两人并无二致。

（三）今、古文经学与晚清子学的两种路向

孙、戴二人均传承考证学，侧重校疏经、子之书，但其学源及治学经历不尽相同。戴望早年曾请业于宋翔凤，从之治今文经学。常州今文经学注重阐发微言大义，好谈三世、三统说，其后学且将此路向由《公羊传》推衍于儒家诸经。常州今文经学对戴望影响较大，戴望为刘逢禄作《行状》记："望初溺《左氏》，自谒吴宋先生，诏以先生遗书，狃于习俗，未能信也。其后宋先生没，望避难穷山中，徐徐取读之。一旦发寤，于先生及宋先生书若有神诰，迥然于吾生之晚，不获侍先生也。"① 戴望尝本刘逢禄《论语述何》、宋翔凤《论语说义》，以《公羊》义释《论语》，而成《论语注》。宋翔凤又著有《过庭录·管子识误》，戴望《管子校正》采宋氏校注多条，谭献阅戴氏书后在日记中写道："子高校本详密，中采宋于庭、俞荫甫说多入微，可喜也。"②

孙诒让笃信古文经学，其《周礼》学也不像郑玄那样兼治今古文经。于《春秋》三传，诒让自称"幼嗜《左氏》，于《穀梁》肄

---

① 戴望：《故礼部仪制司主事刘先生行状》，《谪麟堂遗集·文卷二》，第 163 页。
② 谭献撰，范旭仑、牟晓朋标点：《复堂日记》，河北教育出版社 2001 年版，第 223—224 页。

业及之，才通句读而已"①，章炳麟亦云："近孙诒让专讲《周礼》，为纯古文家。惜此等著述，至清末方见萌芽，如群经皆如此疏释，斯可谓入正轨矣。"② 孙氏鲜明的古文经学倾向对其校疏子书产生了明显影响。

兹以《墨子·非攻下》的两处校注为例，对戴望和孙诒让的校注予以比较，以观其不同风格。原文如下：

> 今沓夫好攻伐之君，又饰其说以非子墨子曰："以攻伐之为不义，非利物与？昔者禹征有苗，汤伐桀，武王伐纣，此皆立为圣王，是何故也？"子墨子言曰："子未察吾言之类，未明其故者也。彼非所谓'攻'，谓'诛'也。昔者三苗大乱，天命殛之。……则此禹之所以征有苗也。沓至乎夏王桀，……少少有神来告曰：'夏德大乱，往攻之，予必使汝大堪之。予既受命于天，天命融隆火于夏之城间西北之隅。'汤奉桀众以克有，属诸侯于薄，荐章天命，通于四方，而天下诸侯莫敢不宾服。则此汤之所以诛桀也。沓至乎商王纣，天不序其德，祀用失时。……武王践功，梦见三神曰：'予既沉渍殷纣于酒德矣，往攻之，予必使汝大堪之。'武王乃攻狂夫，反商之周，天赐武王黄鸟之旗。王既已克殷，成帝之来，分主诸神，祀纣先王，通维四夷，而天下莫不宾。焉袭汤之绪，此即武王之所以诛纣也。若以此三圣王者观之，则非所谓'攻'也，所谓'诛'也。"
> 则夫好攻伐之君，又饰其说以非子墨子曰：……
> 则夫好攻伐之君又饰其说曰：……③

"今沓夫好攻伐之君，又饰其说以非子墨子曰"一句，对于旧本"还"字的校勘，孙诒让《墨子间诂》注曰：

---

① 孙诒让：《籀庼述林》卷十《与梅延祖论穀梁义书》，第285页。
② 章炳麟：《国学讲演录·经学略说》，华东师范大学出版社1995年版，第59页。
③ 孙诒让：《墨子间诂》，第144—154页。

> 旧本"沓"作"还"。洪云"明鬼下篇'逮至昔三代',文与此同。'还'当是'沓'之讹。沓、逮古字通用"。戴云:"'还',当是'儇'字之误。王逸注楚词云:'儇,佞也。'则儇夫犹佞人也。"案:洪说是也,今据正。下文云"则且夫好攻伐之君",可证。①

"武王乃攻狂夫,反商之周"一句,对于"攻狂夫"三字的校勘,孙注曰:

> "攻狂夫"疑当作为"往攻之",上文屡见。"往"、"狂","之"、"夫",形近而误,"攻"字又误移著"乃"下,遂不可通。戴云"'狂夫'疑'独夫'之误",非。②

在上两句的校勘中,孙诒让均采用内证法。第一句中,采用下文"则且夫好攻伐之君,又饰其说以非子墨子曰……则且夫好攻伐之君又饰其说曰……"的内证,以"今还夫"和"则且夫"对仗,故认为"还"应作"沓"之误,因"沓"和"逮"有通假例证。第二句中,采用上文"夏德大乱,往攻之,……予既沉渍殷纣于酒德矣,往攻之"的内证,认为"攻狂夫"应作"往攻之"。校注尽量遵守原文,十分客观,没有强加上任何主观评论。

戴望在训释中,虽然也使用了近音、近形、引据求义等考证法,但他的思考是有方向性的。他将"还夫"解释为"佞人"、将"狂夫"解释为"独夫",暗含对暴君的不满和对仁君的期望。这种思考倾向在他的训释中并不鲜见,又如《管子·形势》"独王之国,劳而多祸"一句,关于"王"字的校勘,戴注:

> 刘云:"当依解作'独任之国'。"王云:"'任'字,古通

---

① 孙诒让:《墨子间诂》,第144页。
② 孙诒让:《墨子间诂》,第151页。

作'壬',因讹为'王'耳。"望案:"'王'字义长,不必改字。独王者若桀纣为天子,不若一匹夫也。"①

刘绩和王念孙均认为"王"当作"任","独任之国"是没有喻指意义的中性词。戴望认为当作"独王之国",并附以己意,对"独王"一词略作发挥,表达了对暴君的不满和对仁君的期望。而暗指、喻指或以古说今这类文字,在古文经学家的训释中,是基本不会出现的。

由上述几例可见,戴望和孙诒让的考证子学同中有异:戴望讲求义理,好作发挥,常有附会之失;孙诒让极重文字训诂,校注古籍多平实看法,两人之分歧体现了今文经学家与古文经学家的风格不同。

当然,对于戴望诸子学的"义理"色彩,也不必过分夸大。他的学术重心仍在考证,并没有超越校勘、训诂的范畴。因其考证多引他人注疏,又好间附己意地发挥,导致时人对其评价不高,如谭献就认为:"子高采诸家校语,往往意决专辄,不敢从。""子高《校正》成编,戡集为劳。然全收王氏《读书杂志》,不加辨证,出己意者又不确凿。"②张文虎也说:"多采王石臞父子及陈硕甫、顾千里、丁永之、俞荫甫,间附己意,颇有发明,因亦于眉间附述鄙见,补所未及,然于此书不可通者尚十之六七也。"③但是,戴望的子学研究对于晚清学术思想界究竟有怎样的意义,关键还在于戴望将这些研究放到一个什么样的框架里来谈。

众所周知,戴望的学术涉猎领域较广,④路数又扞格不合,在清儒中恐不多见。这也让后世不少研究者颇感困惑,钱穆就曾对戴望

---

① 戴望:《管子校正》,第354页。
② 谭献撰,范旭仑、牟晓朋标点:《复堂日记》,第97、98页。
③ 张文虎:《张文虎日记》,第73页。
④ 关于戴望的学行评价,主要史料有戴望《颜氏学记序》、施补华《戴君墓表》、施补华《戴子高墓表》、姚谌《赠戴子高叙》、谭献《亡友传》以及《清史稿·戴望传》等。这些资料主要提到戴望研习颜氏学、从陈奂习古文经学、并从宋翔凤习常州今文经学,因已广为引用,兹不赘述。

的这种"兼信并好之"①的做法表示不解与质疑。笔者以为，在其涉猎驳杂的表象背后，有一条主线一以贯之，这就是对正统学术的批判，这条主线也是理解戴望学术的关键。戴望在同治年间陆续写成的《论语注》《颜氏学记》《墨子校记》《管子校正》，应作为一个整体来理解，这些都是他用来批判正统学术的武器。十九世纪五六十年代，学术界的主流是汉、宋之学，理学的复兴及汉、宋调和，并没有根本改变汉、宋之学居于主流的格局，也不可能扭转学术空疏的积弊。戴望青睐于颜氏学、常州今文经学，"私淑南宋永嘉学派"②，乃至以今文经学研究子书，均含有疏离主流学术、推动思想解放的意义。这正是梁启超所言"以复古为解放"③的精神，朱维铮也称他是"由清代经今文学运动向改良主义运动过渡的中介人物"④。但是，戴望之学杂而不专、勤而不深，并未建立起一套系统的学术体系，他只能在不同门类中挖个一鳞半爪，表达其思想见解。故其学术表现为有"破"无"立"，这是他的缺陷。

反观孙诒让，孙氏既传承乾嘉精神，又不排斥经世致用，而改良思想更为鲜明。与戴望在学术上批评正统不同，孙诒让的改良思想直接针对社会现实，而且体现在学术上会通中西，以西释中。其《墨子》《周礼》研究留有"西学中源"论的烙印，如当时许多学者一样，会通中西时或有牵强附会之处。不过，孙诒让的"会通中西"有一个发展过程，而这一点常为论者所忽略。在《墨子间诂》的著述期间，他确实希望能做出一些会通的尝试，但因其西学知识的限制及训释《墨子》原始文本的难度，他自感这一愿望并未实现，他

---

① 钱穆：《中国近三百年学术史》，商务印书馆1937年版，第616页。
② 关于戴望"私淑南宋永嘉学派"的说法，出自孙衣言（孙诒让父）。同治四年（1865年）十月六日，在戴望致孙衣言的信中（《戴望致孙衣言》，《小莽苍苍斋藏清代学者书札（下）》，第933页），提及他替孙衣言在苏州寻访南宋永嘉学派遗书一事，又云"望意以为南宋儒者，实推永嘉为最，上不涉于心性之空言，下不杂以永康之功利，非建安、金溪所得而盖之也"诸语。嗣后，孙衣言致俞樾信云："子高极推重永嘉学人，大可感。某欲略考永嘉学派，苦于俭陋，幸属子高为一搜讨，晚宋、元、明以来，有非永嘉人而私淑郑、陈、蔡、薛者，尤可贵也。"（孙延钊撰：《孙衣言孙诒让父子年谱》，第64页）
③ 梁启超：《清代学术概论》，《饮冰室合集·专集三十四》第8册，第6页。
④ 朱维铮：《走出中世纪》，上海人民出版社1987年版，第62页。

在1897年致梁启超的书信中坦言这一遗憾：

> 尝谓《墨经》楬举精理，引而不发，为周名家言之宗，窃疑其必有微言大义，如欧士论理家雅里大得勒之演绎法，培根之归纳法及佛氏之因明论者，惜今书伪缺，不能尽得其条理。而惠施、公孙龙窃其余绪，乃流于偭诡口给，遂别成流派，非墨子之本意也。拙著印成后，间用近译西书，复事审校，似有足相证明者。如……若此诸义，蓄之胸臆者非一，因于西书所见甚少，其算例精繁者复苦不能尽解，愧未洞窥窔窍，又虑近于皮傅，未敢著之于篇。以执事研综中西，当代魁士，又夙服膺墨学，即刺一二奉质，觊博一发耳。①

迨《墨子间诂》刻成十余年后，他还撰写过《续〈墨子明鬼下〉》《光不灭说》《与友人论动物学书》等文。② 从这些文章来看，他所受"西学中源"论影响就极为明显了。如在《续〈墨子明鬼下〉》中，他以近代西方物理学解释"气""精""神""游魂"等现象，在《与友人论动物学书》中，又以《尔雅》《毛诗》《周书》《山海经》《大戴礼记》所载，比附近代西方动物学。这些与19世纪中晚期流行的"西学源于诸子说"并无本质不同。③

综上所述，戴、孙二人的子学研究同异互见，在学术史和思想史上的意义也不尽相同：若论考证之功，戴不如孙；若论思想启示，则孙不如戴。

戴、孙二人的子书研究上承乾嘉学风，下启以西学研究子书之先，大体处于诸子学从传统向近代转变的过渡阶段。他们都与乾嘉汉学尤其是高邮王氏之学有着深厚的渊源，故其校疏子书仍然运用

---

① 孙诒让：《孙诒让遗文辑存》卷二书札（上）《与梁卓如论墨子书》，第88—89页。
② 这三篇文章均收入《孙诒让遗文辑存》，前两篇的写作时间大约在光绪三十一年前后，第三篇的写作时间不详，据内容判断，大约写自同一时间。
③ 关于19世纪"西学源于诸子说"这一问题，可参考罗检秋《近代诸子学与文化思潮》第二章，中国社会科学出版社1998年版。

清代考证方法。不过,就其经学基础而言,戴望带有今文家的色彩,而孙诒让笃守古文家法。他们经学根底的差异在子书考证中也有一定的体现。换言之,戴、孙二人的子学差异也体现了清代经、子关系的深刻关联。进而言之,正是经学基础的差异和考据子书的不同路向,其思想倾向也各具特色。像一些今文家一样,戴望在学术研究中往往涉及时流,批评学术正统。而孙诒让则在平实的考证中,通过会通中西来表达其改良主张。但总的来看,二人诸子学流露出的改良思想均比较委婉、零散,以西释中也谈不上深入系统。近代诸子学的新形态是到梁启超、胡适才开始出现的。

结　　语

书籍编纂与学术衍变互为表里、相得益彰。清廷和地方官员编刻书籍的最初意图是重建文化秩序，包括儒家教育和经史考试，但在施行过程中，因为讲求经世实学和学术格局的变迁，编纂图书的范围与内容有所扩展。地方书局刊印了大量书籍，对晚清学术的重建与更新发挥了重要作用，也对晚清学风与士人价值取向产生了影响，其要旨有二：

一　推动晚清学术多元化的发展

嘉道以降，汉学不再如日中天。随着理学复兴及对汉学积弊的反思，汉、宋调和逐渐成为学术主潮，今文经学迅速兴起，史学、诸子学、佛学及某些理学流派也在学术领域重现生机。传统学术格局发生了裂变，由经学一枝独秀发展到多元并存。①

地方书局所刻之书，有的侧重理学、汉学，有的注重子学、史学，并旁及南宋永嘉学派、桐城派、佛教、阳明学等非主流学派著述，呈现多元化的学术倾向。这种倾向也可说是地方书局刻书的整体特征，唯各书局侧重有所不同，如金陵书局和正谊堂书局刻书以理学书籍为主，南菁书局刻书突出汉学，浙江书局、江苏书局和崇文书局的子书、实学书籍尤其突出，而广雅书局的史学书籍最有特点。它们既是传统学术自身嬗变的表征，又进一步推动了晚清学术

---

① 关于"晚清学术多元化"的论述，参见罗检秋《嘉庆以来汉学传统的衍变与传承》第四章"汉学传统与学术多元化"，第362—406页。

多元化发展，也一定程度上繁荣了晚清官刻事业。

曾国藩是晚清理学复兴的代表人物，他的学术根柢在程朱理学，主张立足宋学、兼采汉学，提出"孔门四科"的治学途径，"有义理之学、有词章之学、有经济之学、有考据之学"，"此四者缺一不可"①。同治三年四月，曾国藩于安庆创立书局，重刻王夫之《船山遗书》，旨在宣扬船山学说，复兴理学。曾国藩指出，王夫之继宋五子之后承宋学正统，治学以宋采汉，融通汉宋："来示称王船山先生之学以汉儒为门户，以宋儒为堂奥，诚表征之定论。观其生平旨趣，专宗洛、闽，而其考《礼》疏《诗》，辨别名物，乃适与汉学诸大家若合符契。"② 曾国藩又认为清儒严程朱陆王之辩、孜孜不倦于考据学、小学与三礼学研究，船山学说早已发其端："先生殁后，巨儒迭兴，或攻良知捷获之说，或辨易图之凿，或详考名物、训诂音韵、正《诗集传》之疏，或修补三礼时享之仪，号为卓绝，先生皆已发之于前，与后贤若合符契。虽其著述太繁，醇驳互见，然固可谓博文约礼、命世独立之君子已。"③ 曾国藩立足宋学、调和汉宋的学术观，直接体现在他的船山阐释上，这是他设立书局、重刻《船山遗书》的思想渊源。《船山遗书》的刊刻依托于晚清理学复兴的历史背景，又推动了嘉道以降理学的进一步发展。

左宗棠的情况比较类似。左宗棠也是晚清理学复兴的代表人物，尊奉程朱理学，"学术一尊朱子"④。同治五年六月，左宗棠于福州创设正谊堂书局，重刻《正谊堂全书》，此书为清初理学家张伯行所编理学丛书，宋明理学名家著述大备于此。左宗棠重刊此书，意在表彰程朱理学，推动理学复兴，其《创设正谊堂书局告示》云："曩者仪封张清恪公孝先先生之抚闽也，与漳浦蔡文勤公闻之先生讲明正学，闽学大兴。清恪汇刻儒先遗书五十五种，扫异学之氛雾，入宋儒之堂奥……书成散之各府县书院，俾吾闽人士得以日对儒先

---

① 曾国藩：《曾国藩全集·日记》第16册，第236页。
② 曾国藩：《复潘敬庭》，《曾国藩全集·书信》第30册，第351页。
③ 曾国藩：《王船山遗书序》，《曾国藩全集·诗文》第14册，第210页。
④ 夏炘：《闻见一隅录》，《左宗棠逸事汇编》，第12页。

结　语

商量旧学，以求清恪、文勤遗绪。"① 同治九年，正谊堂书局改建为正谊书院，左宗棠为书院撰文，云："卅年前湘塾见正谊堂刻儒先书廿余种，心诚好之，以不得见全编为憾。持节来闽，访求清恪汇刻旧本，盖亦仅有存者。同治五年春，自粤班师回闽，开正谊堂书局，属同人搜致开雕，意将以此续闽学之绪也。"② 可见，复兴理学是左宗棠设立书局、编刻理学丛书的思想渊源。

与曾国藩、左宗棠设立书局、刊刻理学书籍不同，王先谦创设南菁书局意在表彰经术、传播汉学。王先谦的学术根基在汉学，治学重考据、校勘，立足古文，兼采今文，又承袭湖湘理学传统，注重对经义的阐发，"合汉宋涂辙而一之"③，体现出调和汉宋的学术包容性。光绪十一年，王先谦于江阴设立南菁书局，仿阮元《皇清经解》体例、辑阮氏所遗，编纂《皇清经解续编》，收清儒训释儒家经典著述 111 家、209 种，不仅收录大量古文家著述，还收录今文家解经著述 30 余种，体现出兼重今古的编纂风格，"有清一代汉学家经师经说每赖以传"④。《续编》专收汉学、不收宋学著述，王先谦自称意在尊崇汉学，而非刻意打压宋学："仆在江南续刊经解，有谓不当如阮文达不收李文贞、方望溪辈著述，以为排斥宋学者。仆晓之曰：子误矣！经学之分义理、考据，犹文之有骈、散体也。文以明道，何异乎骈散？然自两体既分，各有其独胜之处。若选文而必合为一，未可谓知文派也。为义理、考据学者，亦各有其独至之处。若刊经学书而必合为一，未可谓知学派也。"⑤《皇清经解续编》是清代经学著述继《通志堂经解》《皇清经解》之后的又一次大型编纂，反映出汉学在晚清的延续和衍变。

浙江书局与崇文书局刊刻子学丛书，与晚清诸子学复兴相关。

---

① 左宗棠：《创设正谊堂书局告示》，《左宗棠全集·札件》，第 569 页。
② 左宗棠：《福州正谊书院》，《左宗棠全集·家书诗文》，第 421 页。
③ 吴庆坻：《王葵园先生墓志铭》，汪兆镛：《碑传集三编（一）》卷九，《清代传记丛刊》第 124 册，第 534 页。
④ 支伟成：《清代朴学大师列传·提倡朴学诸显达列传第二十五》，《清代传记丛刊》第 12 册，第 704 页。
⑤ 王先谦：《虚受堂书札》卷一四《复阎季蓉书》，第 951—955 页。

金陵书局与晚清学术（1864—1911）

浙江书局总办俞樾，是晚清子学研究的重要学者，认为诸子学亦得圣人之道，"圣人之道，具在六经，而周秦诸子之书，亦各有所得"，诸子之书"往往可以考证经义，不必称引其文，而古言古义居然可见"①，诸子之说不可废，"合诸子之言以求道，即道之全体也。谓诸子未知道而别求所以为道，犹谓群盲不知象而别求所以为象"②。同治末年，俞樾与浙江巡抚杨昌浚商议续刻子书："前承示及唐、宋三史刻成，将刻诸子，此诚经史后不可不刻之书，具见嘉惠来学之盛意。……局中既欲汇刻诸子，不精固不足言善本，不博亦不足成巨编。窃谓宜博求周秦两汉之书，汰除其伪托者，尚可二十余种。"③光绪初年，浙江书局刻成《二十二子》，收录自汉至清历代学者考订、注释诸子书的代表性著作22种。同一时期，崇文书局辑刊《子书百家》，收录自先秦至明子学著作101种。《二十二子》和《子书百家》，是中国传统社会第一次系统刊印先秦子书，也是对历代学者考证子书成就的初步总结，推动了子学在近代的复兴。

光绪十二年，张之洞于广州设立广雅书局，刊刻四部群籍。张之洞是晚清提倡史学经世的代表人物，认为史部书籍"可以考鉴古今，裨益经济，维持人心风俗"④，"读史者贵能详考事迹、古人作用言论，推求盛衰之倚伏、政治之沿革、时势之轻重、风气之变迁，为其可以益人神智，遇事见诸设施耳"⑤。广雅书局刻书以史部类数量最多，民国九年徐绍棨汇编《广雅书局丛书》收153种，史部类即占92种，除《史记索隐》《中兴小记》《建炎以来系年要录》之外，其余89种均为清儒辑撰。吴翊寅代张之洞撰《史学丛书目录序》，云："局中诸君子以审定《史学书目》为请，之洞谓废兴治乱之迹，前史所载，异代同符，笔削劝惩，大旨与经相表里。至于朝

---

① 俞樾：《诸子平议序》，《春在堂全书·诸子平议》第2册，第1页。
② 俞樾：《论语小言》，《春在堂全书·第一楼丛书》第2册，第466页。
③ 俞樾：《致杨昌濬》，《俞樾函札辑证（下）》，第522页。
④ 张之洞：《开设书局刊布经籍折》，苑书义等主编：《张之洞全集·公牍》第1册，河北人民出版社1998年版，第614页。
⑤ 张之洞：《輶轩语一·语学第二》，《张之洞全集·公牍》第12册卷272，第9786页。

野得失、郡国利病、人材消长、风俗盛衰，昔贤皆撰有论述，垂为鉴戒……惟通知古今，尤藉图籍，尚冀来哲，踵成是编，俾有志经世者，参稽博考而折其衷。"① 可见，从传统史学中寻求经世致用的学术资源，是广雅书局编纂史学丛书的主因。《史学丛书》是对清儒史著的第一次总结性整理，反映出晚清史学地位的提高及学术潮流的变化。

二　推动晚清经世实学思潮的发展

嘉道以降，清朝国势日衰，内忧外患接踵而至。面对危局，一批开明士大夫倡言改革，讲求实学，提倡经世致用，探求匡救时艰的良策，经世实学得以迅速复兴。曾国藩、左宗棠、李鸿章、张之洞、刘坤一、丁日昌、曾国荃等"中兴"将帅既是经世派官僚的代表人物，经世实学的提倡者与践行者，同时也是地方书局的创办者与管理者，是编刻实学书籍的积极推动者，这些书籍又推动了同光年间经世实学思潮的进一步发展。

江苏巡抚丁日昌与江苏书局的创办极富代表性。晚清吏治恶化，澄清吏治成为经世派官僚的中心议题。丁日昌重视澄清吏治、整饬内政，同治六年，在《奏陈自强之道》中指出吏治是民心之本、强国之基，"欲御外侮，必先结人心，欲结人心，必先清吏治"②。同治七年春，丁日昌上《苏省设局刊书疏》，奏请设立江苏书局，强调"经济致治之书"对于澄清吏治的重要性，率先倡导刊刻吏治之书，云：

> 溯自军兴以来，州、县中歧途杂出，流品亦至不齐。虽其中固多可造之才，而平日于吏治诸书曾未体会，一旦身膺民社，茫然无所持循。凡百工技艺，皆学而后能，岂有亲民有司不学而能无谬失者？此循良所以日鲜，而民困所由日深……天下者，

---

① 吴翊寅：《史学丛书目录序》，《广雅书局史学丛书目录》卷首，光绪年间广雅书局刻本。
② 丁日昌：《奏陈自强之道》，转引自张勇主编《中国思想史参考资料集：晚清至民国卷（上编）》，清华大学出版社2005年版，第20页。

州县之所积，州县若皆得人，盗贼何从而起？故今日欲敦吏治，必先选牧令，欲选牧令，必先使耳濡目染于经济致治之书，然后胸中确有把握，临政不致无所适从。

奏折所陈之事得上谕批复，丁日昌遂督饬局员，"选择《牧令》凡有关于吏治之书着为一编"，将听讼、催科、缉捕、农桑、水利、学校、赈荒诸大政分门别类，由流溯源，"刊刻一竣，即当颁发各属官各一编，俾资程序"①。可以说，丁日昌有关整顿吏治的经世思想，是其编刻《牧令全书》、创办江苏书局的思想渊源。

山西巡抚曾国荃与浚文书局的创办，是另一个典型个案。曾国荃是湖湘理学经世派的代表人物，他多次批评清廷内政腐败，"各植其党，各树其私"②，提倡以实心行实政，"未有无实心而有实政者，未有无实心实政而能使民沾实惠实恩者"③。光绪五年三月，曾国荃上《设立书局疏》，奏请设立浚文书局，指出晋省吏治不修，文风不振，"正气摧残可概见矣"，强调刊刻吏治之书的重要性，云：

> 又查院司道府及通省州县教佐、各衙门书吏，能解字义者百不得一，至于能通文气、明白起承转合者，千吏之中无二三人焉。每遇公事急需、咨移、申详、札饬、告示，全仗本官与刑钱幕友一手经理。彼庶人之在官者，名虽列于卯册，实不能辨甲乙。夫以一县之大、公牍之繁，一官之精力能有几何？一幕之赞襄安能毕举？而署中书吏不能制办公牍草稿，将欲励精图治，安得不引为己忧？凡此皆由于地方诵读太少之故，是以一署之吏不足供一官之用。

---

① 丁日昌：《苏省设局刊书疏》，温廷敬编：《丁中丞政书·抚吴奏稿》卷一，《近代中国史料丛刊续编》第761册，第7—9页。
② 曾国荃：《与赵玉班（同治元年）》，《曾国荃全集·书札》第3册，第270页。
③ 曾国荃：《大宁县崔令禀遵札禀复教养宜亟催科乏则敬陈管见由》，《曾国荃全集·批牍》第6册，第89页。

结　语

同时，曾国荃又以晋省通志逾百年未及重修，恐文献湮没无征，奏请重修《雍正山西通志》，"庶几贤明之吏上下皆有稽考，相与力图补苴，经理弥二十年方可望渐复元气"。奏折所陈之事得上谕批复，曾国荃遂督饬局员，"将《四书》《六经》《小学》《近思录》《呻吟语》《牧令全书》《五种遗规》《荒政辑要》各书悉心雠校，招匠刊刻"，并"延聘本省博通淹雅、多识能文之儒，纂修全省通志"①。也可以说，重视吏治、方志实学，是曾国荃创办浚文书局的思想基础。

丁日昌、曾国荃之外，各省督抚大多都重视刊刻实学书籍，如同治六年十月（1867年11月），浙江巡抚马新贻奏："先恭刊《钦定七经》《御批通鉴》《御选古文渊鉴》等书，昭示圭臬，其余有关学问、经济、讲诵所必需者，随时访取善本，陆续发刊。"② 同治八年三月（1869年4月），两淮盐运使方浚颐奏："兹本司于扬城设立书局，刊刻经史、小学及有关世道各籍。"③ 光绪四年十二月（1879年1月），云南巡抚杜瑞联奏："谨将钦定经史、御选诗文以及有益身心、有关经济等书，先开数十种。"④ 光绪十五年十二月（1890年1月），广西巡抚马丕瑶奏"拟在省城开一书局，刊六经读本，续刊有关实学诸书"⑤，等等。

除了地方督抚奏请刊刻实学书籍之外，对于某些影响重大的书籍，清廷也会谕令各省书局刊刻。如晚明山西巡抚吕坤（1536—1618年），撰吏治名著《实政录》，辑录吕坤在地方任职期间所颁布告谕和约令，体现了求真务实的精神与爱民重民的民本思想，为后世奉为历官从政之圭臬。清初汪琬（1624—1691年）《论作县》称："《资治通鉴》及《循吏传》置在案头，不时翻阅，受益多矣。盖升

---

① 曾国荃：《设立书局疏（光绪五年三月初九日）》，《曾国荃全集·奏疏》第1册，第409—410页。
② 马新贻：《建复书院设局刊书以兴实学折》，《马端敏公奏议》卷五，第527—530页。
③ 方浚颐：《申报扬城设立书局文》，庞际云纂：《淮南盐法纪略》卷十，同治十二年淮南书局刻本。
④ 《光绪朝东华录》第1册，第675页。
⑤ 《光绪朝东华录》第3册，第2700页。

堂视事，退堂观书，二者循环，所谓仕、学相资也，明吕司寇坤《实政录》尤当日日读之，实实行之。"① 此书于同治七年为崇文书局首刊，同治九年御史吴凤藻奏请各地书局刊刻《实政录》，闰十月十三日（1870年12月5日）清廷上谕：

  御史吴凤藻奏，明儒吕坤所著《实政录》最为吏治针砭，现江南、湖北、浙江等省均开书局，请饬刊刻等语。着该省督抚于刊刻经史之余，接刻吕氏《实政录》，广为流布，俾收实效而饬官方。②

同治十一年，浙江、江苏二书局刊成《实政录》。又如嘉庆年间刑部安徽司员外郎杨景仁所撰荒政名著《筹济编》，光绪四年刑部主事杨恩海等奏请刊刻此书，十月五日（1878年10月30日）清廷上谕：

  谕前据都察院奏，主事杨恩海等呈进伊祖杨景仁所辑《筹济编》二函，当交南书房翰林阅看。据称是书于荒政事宜极为详备，实为有用之书。并据杨恩海等呈称，是书现在本籍开雕，将次竣事，着沈葆桢、吴元炳俟板片刊竣，酌量刷印若干分，咨行各省，用裨荒政。所进原书着留览。③

光绪五年，江苏、山东二书局刊成此书，光绪九年，崇文书局亦成。李鸿章为此书撰序，称："今读是编，嘉谟善政，灿然毕具，后之牧民者通其意而推行之，于戏其独备荒也哉？"④

总体来看，地方书局所刻实学书籍具有以下三方面特点：

第一，数量多，占比重。据民国二十二年朱士嘉编《官书局书

---

① 汪琬：《论作县》，徐栋辑：《牧令书·治原》卷一，道光二十八年安肃李炜刻本，第1页。
② 《穆宗实录（六）》卷二九四，《清实录》第50册，第1075页。
③ 《光绪朝东华录》第1册，第643页。
④ 李鸿章：《筹济编序》，杨景仁辑：《筹济编》卷首，光绪五年江苏书局刻本。

目汇编》，对七家最具代表性的地方书局所刻实学书籍作分类统计，列表如下：

书局	实学书籍分类统计						实学书籍总数	书局刊书总数	实学书籍占比
	地志舆图	医数农桑	兵刑	吏治	盐漕河荒	其他			
金陵书局	4	6	2				12	62	19%
浙江书局	17	18	3	5	2	6	51	267	19%
崇文书局	16	16	8	8	6		54	263	21%
江苏书局	11	8	19		4	2	52	210	25%
淮南书局	4	2	1		4		11	61	18%
浚文书局	1	1					2	17	12%
广雅书局	10	6	1			4	21	270	8%

据上表可知：除浚文、广雅书局之外，其余五家书局所刻实学书籍占比均在五分之一左右，尤其浙江、崇文、江苏三书局，所刻实学书籍均逾50种，数量不可小觑。从类别来看，地志、舆图类数量最多，这类书籍偏重本省，具有较强的地方色彩，如浙江书局刻有17种，其中《浙江通志》《仁和县志》等15种为浙江本省志书；其次是医、数、农、桑类，这类书籍又以医书居多，如崇文书局刻有16种，其中《医宗备要》《徐氏医书六种》等13种为医书；兵、刑类书籍，以清代刑律著述占绝大多数，如江苏书局刻有19种，其中《大清律例总类》《律例便览》等16种为清代刑律著述；吏治类与盐、漕、河、荒类书籍，主要反映清廷官方实政及经验总结，如浙江书局刻《图民录》《入幕须知》，崇文书局刻《荒政辑要》《筹济篇》，淮南书局刻《嘉庆两淮盐法志》《淮南盐法纪略》等，具有强烈的经世致用精神。

第二，性质是中国传统经世实学。上述七家书局刊刻实学书籍总计204种，其中仅11种与近代西学有关，即金陵书局刻《重学》《几何原本》，崇文书局刻《湖北武学》，江苏书局刻《中西钱币权度量衡合考》及浙江书局刻《藤氏医谈》《医官玄稿》《日本国志》《地理学举隅》《各国通商条约》《约章分类辑要》《约章成案汇览》，其余193种实学书籍，均是中国传统经世实学。这表明地方书局虽然受到晚清西学东渐的影响，刊刻了少量与近代西学有关的书籍，但仍以刊刻中学书籍为主，并不是传播西学的文化媒介。晚清编译西学的官刻出版机构，主要是同文馆、上海机器制造局翻译馆及稍后的江楚编译官书局等。

第三，具有较高的学术价值。地方书局所刻实学书籍，有些是海内稀世珍本，如著名地理总志宋乐史撰《太平寰宇记》，初刻本极少，至明代海内宋板已绝迹，明末清初刊本不一，均残缺不全。光绪八年，金陵书局刻《太平寰宇记》，问世之后即成为通行善本，清末杨守敬称誉此本"校订颇审"[1]，中华书局2007年点校本也是以此本为底本，认为金陵局本"是清代以来流传较好的版本，优胜于万廷兰本"[2]；有些是传诸久远的名著，如金陵书局刻《元丰九域志》《舆地广记》，淮南书局刻《仿宋孙吴司马法》，崇文书局刻《齐民要术》，广雅书局刻《水经注》等；有些是影响重大的清代著述，如金陵书局刻《数理精蕴》《则古昔斋算学》，浙江书局刻《康济录》，江苏书局刻《牧令书五种》，浚文书局刻《植物名实图考》，广雅书局刻《伤寒贯珠集》等；此外，还编有大型丛书，最具代表性的是光绪八年浙江书局刻本《九通》与光绪十八年广雅书局刻本《太平御览》，《九通》是记载中国古代典章制度的大型政书，《太平御览》是北宋敕修的一部综合性类书，二书均规模宏富，学术价值极高。

地方书局刊刻了大量实学书籍，推动了同光年间经世实学思潮的进一步发展。值得注意的是，经世致用不仅为一时风气，而且渗透到清末民初士人的意识深层，深刻影响了其价值观念与学术归旨。

---

[1] 杨守敬：《寰宇记跋》，黎庶昌编：《影宋本太平寰宇记补阙》卷末，光绪十年遵义黎氏刊本。
[2] 王文楚：《宋版〈太平寰宇记〉前言》，《宋本太平寰宇记》卷首，中华书局1999年版。

结　语

　　中国传统学术向近代学术转型，即指西学东渐、中西学交融所带来的学术新貌，在这个过程中，传统学术并不是完全被动"移植"或"照搬"西学，其自身已发生种种重大变化，顾颉刚先生在民国初年指出："在三十年内，新有的东西固然是对了外国来的文化比较吸引而后成的，但是在中国原有学问上——'朴学'、'史学'、'经济'、'今文派'——的趋势看来，也是向这方面走去，所以容易感受新来的文化。假使中国从前的学问不是如此，则欧化进来以后，精神上的迎距、事实上的表见，决不与今日相同是可决的。"①

　　进言之，嘉道以降学术格局多元化与经世致用观念的复兴，为此后汲取西学、中西学交融奠定了基础。关于前一方面，诚如罗检秋老师所言："学术格局的多元化是传统学术转型的基本前提之一，汲取西学方法和观念则是改造、转化传统学术的必经之路。"② 李帆老师也说："（嘉道以降）学术出现多元化局面，为此后的学术转型奠定了包容性的基础。如果说近代学术之所以为'近代'，是以其有不同于古代学术的面貌，那么对中国而言，所谓'近代'学术即指中西学术交融互释所带来的学术新貌，而其前提就是学术的多元化与包容性。至于道、咸之后西学的传播，则是直接促成学术转型的最关键因素。"③ 关于后一方面，梁启超先生早就指出："'鸦片战役'以后，志士扼腕切齿，引为大辱奇戚，思所以自湔拔；经世致用观念之复活，炎炎不可抑。又海禁既开，所谓'西学'者逐渐输入，始则工艺，次则政制……于是对外求索之欲日炽，对内厌弃之情日烈。欲破壁以自拔于此黑暗，不得不先对于旧政治而试奋斗，于是以其极幼稚之'西学'知识，与清初启蒙期所谓'经世之学'者相结合，别树一派，向于正统派公然举叛旗矣。此则清学分裂之主要原因也。"④

---

① 顾颉刚：《中国近年来学术思想的变迁观》，《中国哲学》第 11 辑，人民出版社 1984 年版，第 307—308 页。
② 罗检秋：《清末古文家的经世学风及经世之学》，《近代史研究》2001 年第 6 期。
③ 李帆：《古今中西交汇处的近代学术》，北京师范大学出版社 2010 年版，第 4 页。
④ 梁启超：《清代学术概论》，《饮冰室合集·专集之三十四》第 8 册，第 52 页。

探讨晚清学术的重建与更新，是研究民国学术与深化现代学术研究的有益途径。这是我们回顾与检讨地方书局与晚清学术关系的立意所在。当然，作为晚清最重要的官刻出版机构、晚清局所的重要组成部分，地方书局的历史影响不限于学术史方面，而是涉及印刷出版史、文献学、政治社会史等多方面。这些问题的进一步深入研究，有待来者的努力。

参考文献

一 文献史料

《大清穆宗毅皇帝实录》,《清实录（第 45—51 册）》,中华书局 1987 年版。

北京大学校史研究室编:《北京大学史料（第 1 卷）（1898—1911）》,北京大学出版社 1993 年版。

陈烈主编:《小莽苍苍斋藏清代学者书札》,人民文学出版社 2013 年版。

陈乃乾编:《阳湖赵惠甫先生年谱》,沈云龙主编:《近代中国史料丛刊续编》第 985 册,台湾文海出版社。

陈其元著,杨璐点校:《庸闲斋笔记》,中华书局 2015 年版。

陈弢辑:《同治中兴京外奏议约编》,沈云龙主编:《近代中国史料丛刊》第 128 册,台湾文海出版社。

陈允颐:《兰墅诗存》,清代诗文集汇编编纂委员会编:《清代诗文集汇编》第 3717 册,上海古籍出版社 2010 年版。

陈作霖:《可园文存·诗存·词存》,续修四库全书编纂委员会编:《续修四库全书》第 1569 册,上海古籍出版社。

成蓉镜:《宋书州郡志校勘记》,光绪十四年广雅书局刻本。

成肇麐:《漱泉词》,朱惠国主编:《清词文献丛刊（第二辑）》第 7 册,社会科学文献出版社 2019 年版。

戴望:《管子校正》,《续修四库全书》第 0970 册。

戴望:《论语注》,《续修四库全书》第 0157 册。

戴望:《谪麟堂遗集》,《续修四库全书》第 1561 册。

邓辅纶、陈锐撰，曾亚兰校：《白香亭诗集·抱碧斋集》，岳麓书社 2012 年版。

丁日昌著，温廷敬编：《丁中丞政书》，《近代中国史料丛刊续编》第 761 册。

端方：《端忠敏公奏稿》，《近代中国史料丛刊》第 94 册。

方浚颐：《二知轩诗续钞·文存》，《续修四库全书》第 1556 册。

方宗诚：《柏堂师友言行记》，《近代中国史料丛刊》第 216 册。

费行简撰：《近代名人小传》，周骏富主编：《清代传记丛刊》第 202 册，台北明文书局。

冯煦：《蒿盦类稿·续稿·奏稿》，《清代诗文集汇编》第 757 册，上海古籍出版社。

冯煦：《蒿盦随笔》，《近代中国史料丛刊》第 64 册。

冯煦、陈师礼：《皖政辑要》，黄山书社 2005 年版。

龚嘉俊等修，吴庆坻等纂：《杭州府志》，台北成文出版社辑：《中国方志丛书（华中地方第 199 号）》，台北成文出版社 1974 年版。

顾炎武：《日知录之馀》，宣统二年元和邹福保刻本。

顾炎武：《肇域志》，《续修四库全书》第 586 册。

广雅书局编：《广雅书局史学丛书目录》，光绪年间广雅书局刻本。

"国立中央大学"国学图书馆编：《国立中央大学国学图书馆小史》，"国立中央大学"国学图书馆 1928 年版。

韩弼元：《翠岩室诗钞·文稿·文稿续刻》，《清代诗文集汇编》第 3301 册。

何绍基：《东洲草堂诗钞》，《续修四库全书》第 1529 册。

何绍基撰，毛健辑录：《蝯叟题襟日记》，《中国典籍与文化论丛》第 16 期，江苏凤凰出版社 2014 年版。

黄富民：《礼部遗集》，《清代诗文集汇编》第 589 册。

黄体芳著，俞天舒编：《黄体芳集》，上海社会科学院出版社 2004 年版。

畿辅通志局编：《直隶运售各省官刻书籍总目》，光绪七年畿辅通志局刻本。

纪昀等编：《四库全书总目提要》，海南出版社1999年版。

江藩：《汉学师承记》，台北明文书局1985年版。

江藩：《宋学渊源记》，台北明文书局1985年版。

江南书局编：《江南书局书目》，光绪十六年江南书局刻本。

江苏官书坊编：《江苏官书坊重订核实价目》，光绪二十五年江苏官书坊刻本。

江苏省立国学图书馆编：《江苏省立国学图书馆图书总目》，江苏省立国学图书馆1933年版。

蒋启勋、赵佑宸修，汪士铎等纂：《续纂江宁府志》，光绪六年刻本。

康有为著，姜义华、张荣华校：《康有为全集》，中国人民大学出版社2007年版。

况周颐著，郭长保点校：《眉庐丛话》，山西古籍出版社1995年版。

乐史著，王文楚点校：《宋本太平寰宇记》，中华书局1999年版。

黎庶昌：《续古文辞类纂》，光绪十六年金陵书局刻本。

黎庶昌编：《影宋本太平寰宇记补阙》，光绪十年遵义黎氏刊本。

黎庶昌编：《曾文正公年谱》，《近代中国史料丛刊》第22册。

李慈铭著，由云龙辑：《越缦堂日记》，上海书店2000年版。

李瀚章等修，曾国荃等纂：《光绪湖南通志》，光绪十一年刻本。

李鸿章著，崔卓力主编：《李鸿章全集》，时代文艺出版社1998年版。

李吉甫撰，贺次君点校：《元和郡县图志》，中华书局1983年版。

李江：《乡塾正误》，光绪七年津河广仁堂刻本。

李善兰：《则古昔斋算学》，《续修四库全书》第1047册。

李善兰：《重学》，同治五年金陵书局刻本。

李贻德：《春秋左氏传贾服注辑述》，同治五年金陵书局刻本。

李宗羲撰，方宗诚辑，李本方校：《开县李尚书政书》，《近代中国史料丛刊》第462册。

郦道元著，汪士铎图，陈桥驿校释：《水经注图》，山东画报出版社2003年版。

梁启超：《饮冰室合集》，中华书局1989年版。

梁章钜撰：《论语旁证》，《续修四库全书》第0155册。

刘宝楠撰，刘恭冕补：《论语正义》，《续修四库全书》第0156册。

刘逢禄：《左氏春秋考证》，《续修四库全书》第0125册。

刘恭冕：《广经室文钞》，光绪十五年广雅书局刊本。

刘恭冕：《何休论语注训述》，江苏凤凰出版社2005年版。

刘衡：《蜀僚问答》，山涛、刘俊文主编：《官箴书集成》第6册，黄山书社1997年版。

刘锦藻编：《清朝续文献通考》，商务印书馆1936年版。

刘坤一著，中国科学院历史研究所第三所主编：《刘坤一遗集》，中华书局1959年版。

刘声木：《苌楚斋随笔·续笔·三笔》，《近代中国史料丛刊》第209册。

刘声木：《桐城文学渊源考》，台北明文书局1985年版。

刘师培：《刘申叔先生遗书》，江苏凤凰出版社1997年版。

刘寿曾著，林子雄点校：《刘寿曾集》，台北"中央研究院"中国文哲研究所筹备处2001年版。

刘台拱等著，张连生、秦跃宇点校：《宝应刘氏集》，江苏广陵书社2006年版。

刘毓崧：《通义堂文集》，《续修四库全书》第1546册。

刘毓崧编：《王船山先生年谱》，《中国年谱善本丛刊》第74册，北京图书馆1999年版。

罗正钧编：《左文襄公年谱》，《北京图书馆藏珍本年谱丛刊》第159册。

马林等辑：《怀宁马钟山遗书》，民国皖江马林铅印本。

马新贻著，王锡蕃校，谭钟麟刻：《马端敏公奏议》，《近代中国史料丛刊续编》第171册。

马新祐编：《马端敏公年谱》，《北京图书馆藏珍本年谱丛刊》第164册。

毛佩之编：《变法自强奏议汇编》，光绪二十七年上海书局石印本。

闵尔昌编：《碑传集补》，《清代传记丛刊》第121—123册。

缪荃孙：《荛圃藏书题识》，民国五年至民国八年江阴缪荃孙刻本。

缪荃孙编：《续碑传集》，《清代传记丛刊》第115—119册。

缪荃孙著，张廷银、朱玉麒主编：《缪荃孙日记》，江苏凤凰出版社2014年版。

莫祥芝、甘绍盘等修，汪士铎等纂：《同治上江两县志》，同治十三年刻本。

莫友芝：《郘亭遗文》，《清代诗文集汇编》第641册。

莫友芝：《唐写本说文解字木部笺异》，同治三年湘乡曾氏刻本。

莫友芝著，张剑整理：《莫友芝日记》，江苏凤凰出版社2014年版。

莫友芝撰，傅增湘订补：《藏园订补郘亭知见传本书目》，中华书局2009年版。

欧阳忞著，李勇先、王小红校注：《舆地广记》，四川大学出版社2003年版。

欧阳兆熊：《寮天一斋文稿》，《清代诗文集汇编》第629册。

欧阳兆熊、金安清著，谢兴尧点校：《水窗春呓》，中华书局1984年版。

庞际云纂：《淮南盐法纪略》，同治十二年淮南书局刻本。

钱伯城、郭群一整理、顾廷龙校阅：《艺风堂友朋书札（全二册）》，上海人民出版社2018年版。

钱仪吉编：《碑传集》，《清代传记丛刊》第106—114册。

钱应溥编：《警石府君年谱一卷》，《北京图书馆藏珍本年谱丛刊》第145册，北京图书馆出版社1999年版。

强汝询：《求益斋文集》，《续修四库全书》第1553册。

秦翰才辑录：《左宗棠逸事汇编》，岳麓书社1986年版。

清国史馆编：《清史列传》，《清代传记丛刊》第96—105册。

清圣祖御制：《御制数理精蕴》，光绪八年金陵书局刻本。

盛康辑：《皇朝经世文续编》，《近代中国史料丛刊》第831—850册。

施补华：《泽雅堂诗集》，《续修四库全书》第1560册。

宋恕著，胡珠生编：《宋恕集》，中华书局1993年版。

宋翔凤：《论语说义》，《续修四库全书》第0155册。

苏晓君主编：《中华历史人物别传集》，北京线装书局2003年版。

孙殿起编：《贩书偶记》，中华书局1959年版。

孙殿起编，雷梦水整理：《贩书偶记续编》，上海古籍出版社1980年版。

孙延钊撰：《孙衣言孙诒让父子年谱》，上海社会科学院出版社2003年版。

孙衣言：《逊学斋文钞·续钞》，《续修四库全书》第1544册。

孙诒让：《古籀余论》，《续修四库全书》第243册。

孙诒让：《籀庼述林》，《续修四库全书》第1164册。

孙诒让著，梁运华点校：《札迻》，中华书局1989年版。

孙诒让著，孙启治点校：《墨子间诂》，中华书局2001年版。

孙诒让著，张宪文编：《孙诒让遗文辑存》，中国人民政治协商会议浙江省温州市委员会文史资料委员会：《温州文史资料（第五辑）》，浙江人民出版社1990年版。

谭献：《复堂类集·复堂文续·复堂诗续》，《清代诗文集汇编》第721册。

谭献撰，范旭仑、牟晓朋标点：《复堂日记》，河北教育出版社2001年版。

唐顺之：《唐荆川先生文集》，光绪三十年江南书局刻本。

陶湘编：《昭代名人尺牍续集小传》，《清代传记丛刊》第33册。

汪士铎：《汪悔翁自书纪事》，《北京图书馆藏珍本年谱丛刊》第151册，北京图书馆出版社1999年版。

汪士铎：《汪梅村先生文集》，《续修四库全书》第1531册。

汪士铎著，邓之诚辑录：《汪悔翁乙丙日记》，《近代中国史料丛刊》第126册。

汪兆镛纂录：《碑传集三编》，《清代传记丛刊》第124—126册。

汪宗衍编：《陈东塾先生年谱》，《近代中国史料丛刊》第763册。

王呈祥编：《尊经阁书目》，《丛书集成初编》第31册，上海商务印书馆1935年版。

王存等撰，魏嵩山、王文楚点校：《元丰九域志》，中华书局 1984 年版。

王夫之：《船山遗书》，同治四年湘乡曾氏刻本。

王夫之：《船山遗书》，中国书店 2016 年版。

王夫之著，船山全书编辑委员会校编：《船山全书》，岳麓书社 2011 年版。

王嘉诜：《养真室集》，彭城王氏刻本，1924 年。

王闿运：《湘绮楼诗文集》，岳麓书社 1996 年版。

王士禛：《唐人万首绝句选》，同治九年金陵书局刻本。

王先谦：《虚受堂书札》，《近代中国史料丛刊初编》第 681 册。

王懿荣：《王文敏公遗集》，《续修四库全书》第 1565 册。

吴汝纶编：《李文忠公朋僚函稿》，台湾文海出版社 1967 年版。

吴云：《两罍轩尺牍》，《近代中国史料丛刊》第 264 册。

吴云撰：《得一录》，王有立主编：《中华文史丛书》第 84 册，台湾华文书局 1969 年版。

吴麟撰，薛时雨、梁肇煌编：《吴学士文诗集》，光绪八年金陵书局刻本。

夏先范编：《胡文忠公年谱》，《北京图书馆藏珍本年谱丛刊》第 158 册。

徐栋辑：《牧令书》，道光二十八年安肃李炜刻本。

徐珂辑：《清稗类钞》，中华书局 1984 年版。

徐世昌编：《大清畿辅先哲传》，《清代传记丛刊》第 201 册。

徐世昌纂，周骏富编：《清儒学案小传》，《清代传记丛刊》第 7 册。

徐征：《俞曲园先生年谱》，上海书店据江苏省立苏州图书馆 1940 年版。

薛福成著，蔡少卿整理：《薛福成日记》，吉林文史出版社 2004 年版。

薛福成著，丁凤麟、王欣之编：《薛福成选集》，上海人民出版社 1987 年版。

薛季宣：《浪语集》，同治十年金陵书局刻本。

学部总务司编：《学部奏咨辑要》，《近代中国史料丛刊三编》第 96 册，台湾文海出版社。

杨景仁辑：《筹济编》，光绪五年江苏书局刻本。

姚鼐：《惜抱轩文集》，《续修四库全书》第 1453 册。

叶楚伧、柳诒徵主编：《首都志》，南京正中书局 1935 年版。

叶德辉：《书林清话》，岳麓书社 1999 年版。

俞樾：《春在堂全书》，江苏凤凰出版社 2010 年版。

俞樾著，张燕婴整理：《俞樾函札辑证》，张剑等主编：《中国近现代稀见史料丛刊（第一辑）》，凤凰出版社 2014 年版。

曾国藩著，湖湘文库编辑出版委员会编：《曾国藩全集》，岳麓书社 2011 年版。

曾国藩撰，李瀚章编：《曾文正公杂著》，同治十三年传忠书局刻本。

曾国藩撰，李瀚章辑：《曾文正公诗集》，同治十三年传忠书局刻本。

曾国荃、张煦等修，王轩、杨笃等纂：《山西通志》，《续修四库全书》第 0641—0646 册。

曾国荃著，梁小进主编：《曾国荃全集》，岳麓书社 2006 年版。

张盛藻著，周德富编：《张盛藻诗文集》，华中师范大学出版社 2013 年版。

张惟骧撰，蒋维乔等补：《清代毗陵名人小传稿》，《清代传记丛刊》第 197 册。

张文虎：《覆瓿集》，光绪十九年刻本。

张文虎：《舒艺室杂著·舒艺室诗存·覆瓿集续刻》，《清代诗文集汇编》第 630 册。

张文虎：《校刊史记集解索隐正义札记》，同治十一年金陵书局刻本。

张文虎著，陈大康整理：《张文虎日记》，上海书店 2001 年版。

张星鉴：《仰萧楼文集》，《清代诗文集汇编》第 676 册。

张勇主编：《中国思想史参考资料集：晚清至民国卷》，清华大学出版社 2005 年版。

张裕钊：《濂亭文集·遗文·遗诗》，《续修四库全书》第 1544 册。

张之洞著，范希曾补正：《书目答问补正》，中华书局 2018 年版。

张之洞著，苑书义等主编：《张之洞全集》，河北人民出版社 1998 年版。

章炳麟：《国学讲演录》，华东师范大学出版社 1995 年版。

章洪钧编：《泾舟老人洪琴西先生年谱》，《北京图书馆藏珍本年谱丛刊》第 166 册。

赵尔巽主编：《清史稿》，《二十五史》第 26—48 册，中华书局 1976 年版。

赵烈文著，廖承良整理：《能静居日记》，岳麓书社 2013 年版。

赵慎畛撰，徐怀宝点校：《榆巢杂识》，中华书局 2001 年版。

浙江省立图书馆编：《浙江省立图书馆出版图书目录》，浙江省立图书馆 1934 年版。

支伟成：《清代朴学大师列传》，《清代传记丛刊》第 12 册。

直隶官书局编：《直隶官书局运售各省官刻书籍总目》，光绪二十八年直隶官书局铅印本。

中国第一历史档案馆：《宫中档案》。

中国第一历史档案馆：《军机处副录奏折》。

中国社会科学院近代史研究所资料室编：《曾国藩未刊往来函稿》，岳麓书社 1986 年版。

周骏富编：《清代畴人传》，台北明文书局 1985 年版。

朱畯等修，冯煦等纂：《光绪溧阳县续志》，光绪二十五年活字本。

朱孔彰：《半隐庐丛稿》，《清代诗文集汇编》第 750 册。

朱汝珍辑：《词林辑略》，《清代传记丛刊》第 16 册。

朱士嘉编：《官书局书目汇编》，北平中华图书馆协会 1933 年版。

朱寿朋：《东华续录》，《续修四库全书》第 385 册。

朱寿朋编，张静庐校点：《光绪朝东华录》，中华书局 1958 年版。

庄存与：《春秋正辞》，《续修四库全书》第 141 册。

左宗棠著，刘泱泱等点校：《左宗棠全集》，岳麓书社 2009 年版。

［西洋］欧几里得撰，［意］利玛窦译，（明）徐光启笔受，［英］伟烈亚力续译，李善兰笔受：《几何原本》，《续修四库全书》第 1300 册。

二 近人论著

《清人书目题跋丛刊》，中华书局1990—1995年版。

安东强：《清代学政规制与皇权体制》，社会科学文献出版社2017年版。

陈其泰：《清代公羊学》，东方出版社1997年版。

陈祖武：《〈皇清经解〉与古籍整理》，《传统文化与现代化》1993年第12期。

陈祖武：《清代学术源流》，北京师范大学出版社2012年版。

邓洪波：《中国书院史》，东方出版中心2004年版。

邓文锋：《晚清官书局述论稿》，中国书籍出版社2011年版。

杜信孚：《全清分省分县刻书考》，线装书局2009年版。

段志强：《顾炎武、黄宗羲、王夫之从祀孔庙始末新考》，《史学月刊》2011年第3期。

段志强：《孔庙与宪政：政治视野中的顾炎武、黄宗羲、王夫之从祀孔庙事件》，《近代史研究》2011年第4期。

冯天瑜、黄长义：《晚清经世实学》，上海社会科学院出版社2002年版。

龚书铎主编：《清代理学史》，广东教育出版社2007年版。

顾颉刚：《中国近年来学术思想的变迁观》，《中国哲学》第11辑，人民出版社1984年版。

顾廷龙：《顾廷龙文集》，北京图书馆出版社、上海科学技术文献出版社2002年联合出版。

关晓红：《从幕府到职官：清季外官制的转型与困扰》，生活·读书·新知三联书店2013年版。

郭晓东：《戴氏注论语小疏》，华东师范大学出版社2014年版。

侯外庐、邱汉生、张岂之主编：《宋明理学史》，人民出版社1987年版。

黄爱平：《朴学与清代社会》，河北人民出版社2003年版。

黄兴涛、黄爱平编：《西学与清代文化》，中华书局2008年版。

瞿同祖：《清代地方政府》，法律出版社2014年版。

李长莉：《先觉者的悲剧：洋务知识分子研究》，学林出版社1993年版。

李帆：《古今中西交汇处的近代学术》，北京师范大学出版社2010年版。

李帆：《章太炎、刘师培、梁启超清学史著述之研究》，商务印书馆2016年版。

李希泌、张淑华编：《中国古代藏书与近代图书馆史料——春秋至五四前后》，中华书局1996年版。

李志茗：《从倡节义到兴文教——曾国藩幕府刻书考论》，《社会科学》2010年第10期。

李志茗：《金陵书局考辨——以晚清同光时期为中心》，《史林》2011年第6期。

林存阳：《三礼馆——清代学术与政治互动的链环》，社会科学文献出版社2008年版。

刘大年：《评近代经学》，《明清论丛》第一辑，紫禁城出版社1999年版。

刘国钧：《中国书史简编》，北京书目文献出版社1981年版。

留庵：《中国雕版源流考》，上海商务印书馆1924年版。

柳诒徵：《国学书局本末》，《江苏省立国学图书馆第三年刊》，南京国学图书馆1930年版。

吕振羽：《中国政治思想史》，人民出版社2008年版。

罗检秋：《汉宋之间：宝应刘氏的学术传衍及其意蕴》，《清史研究》2006年第3期。

罗检秋：《嘉道年间京师士人的修禊雅集与经世意识的觉醒》，郑大华、邹小站编：《西方思想在近代中国》，社科文献出版社2005年版。

罗检秋：《嘉庆以来汉学传统的衍变与传承》，中国人民大学出版社2006年版。

罗检秋：《近代诸子学与文化思潮》，中国社会科学出版社1998

年版。

罗检秋：《乾嘉两朝的文治变化及其学术效应》，《清史研究》2015年第1期。

罗检秋：《清末古文家的经世学风及经世之学》，《近代史研究》2001年第6期。

罗检秋：《著书难为稻粱谋——〈论语正义〉的刊行及所见清代士人生活》，《清史研究》2016年第4期。

皮锡瑞著，周予同注释：《经学历史》，中华书局2011年版。

钱基博：《版本通义》，商务印书馆1930年版。

钱穆：《宋明理学概述（新校本）》，九州出版社2014年版。

钱穆：《中国近三百年学术史》，商务印书馆1937年版。

尚小明：《学人游幕与清代学术》，社会科学文献出版社1999年版。

史革新：《晚清理学研究》，商务印书馆2007年版。

宋原放、汪家熔主编：《中国出版史料·近代部分》，湖北教育出版社2004年版。

苏晓君：《从国图馆藏看金陵书局所刻书》，《中国典籍与文化》2010年第1期。

滕德永：《清代户部与内务府财政关系探析》，《史学月刊》2014年第9期。

汪家熔：《中国出版通史·清代卷》，中国书籍出版社2008年版。

王凤丽：《冯煦年谱长编》，博士学位论文，华东师范大学，2014年。

吴家驹：《局本〈二十四史〉述略》，《图书馆理论与实践》2007年第5期。

吴永贵：《民国出版史》，福建人民出版社2011年版。

萧公权：《中国政治思想史》，商务印书馆2010年版。

肖力：《清代武英殿刻书初探》，《图书与情报》1983年第4期。

熊月之：《西学东渐与晚清社会》，上海人民出版社1994年版。

徐蜀、宋安莉编：《中国近代古籍出版发行史料丛刊》，北京图书馆出版社2003年版。

杨寿清：《中国出版界简史》，上海永祥印书馆1946年版。

杨向奎：《清儒学案新编》，齐鲁书社1985—1994年版。
余英时：《论戴震与章学诚》，生活·读书·新知三联书店2000年版。
余英时：《中国思想传统的现代诠释》，江苏人民出版社1989年版。
俞冰主编：《名家书札墨迹》，北京线装书局2007年版。
张静庐辑注：《中国近代出版史料初编》《中国近代出版史料二编》，中华书局1957年版。
张升：《四库全书馆研究》，北京师范大学出版社2012年版。
张舜徽：《清代扬州学记》，上海人民出版社1962年版。
张学智：《王夫之对礼的本质的阐释》，《北京大学学报》（哲学社会科学版）2006年第6期。
张宗文：《晚清官书局的图书发行》，《编辑学刊》1999年第3期。
浙江图书馆志编纂委员会编：《浙江图书馆志》，中华书局2000年版。
郑利锋：《〈九域志〉版本流传考》，《史学史研究》2014年第1期。
中国古籍善本书目编辑委员会编：《中国古籍善本书目》，上海古籍出版社1985年版。
中国国家图书馆编：《北京图书馆古籍善本书目》，书目文献出版社1987年版。
周梦江：《简论南宋时期的永嘉学派》，《杭州师院学报》（社会科学版）1983年第3期。
周予同著，朱维铮编校：《周予同经学史论》，上海人民出版社2010年版。
朱东安：《曾国藩幕府研究》，四川人民出版社1994年版。
朱维铮：《求索真文明——晚清学术史论》，上海古籍出版社1996年版。
朱维铮：《走出中世纪》，上海人民出版社1987年版。
［美］Steven B. Miles，*The Sea of Learning：Mobility and Identity in Nineteenth-Century Guangzhou*，Harvard University Press，2006.
［美］艾尔曼（Benjamin A. Elman）：《从理学到朴学》，江苏人民出版社2012年版。

[美] 艾尔曼（Benjamin A. Elman）：《学海堂与今文经学在广州的兴起》，《湖南大学学报》（社会科学版）2006年第3期。

[美] 谢正光：《同治年间的金陵书局——论曾国藩幕府中的儒学之士》，载《明代清代史研究论集》，台湾大陆杂志社编辑委员会编：《大陆杂志史学丛书》第3辑第4册，台湾大陆杂志社1970年版。

[美] 周绍明（Joseph P. Mcdermott）：《书籍的社会史》，北京大学出版社2009年版。

（台湾）陈邦祥：《金陵书局刻书考》，硕士学位论文，台湾东吴大学，1991年。

（台湾）何烈：《清咸、同时期的财政》，台北"国立"编译馆中华丛书编审委员会，1981年。

（台湾）林庆彰、张寿安主编：《乾嘉学者的义理学》，台北"中央研究院"中国文哲研究所，2003年。

（台湾）潘光哲：《晚清士人的西学阅读史（1833—1898）》，台北"中央研究院"近代史研究所，2014年。

（台湾）吴瑞秀：《清末各省官书局之研究》，台北花木兰出版社2005年版。

（台湾）杨家骆编：《民国以来出版新书总目提要》，台北中国学典馆复馆筹备处，1972年。

后　　记

　　本书是由我的博士学位论文修订而成，在读博、撰写博士论文及本书修改、出版期间，我有幸得到了许多师长指教与学友帮助，在此谨表谢忱：

　　感谢我的导师中国社会科学院近代史所罗检秋研究员。博士论文的选题、框架、史料等方面，是在罗老师的指导下完成的，在写作中，罗老师也反复提出修改意见。罗老师治学严谨，谦虚低调，他经常说"文章改不完，学问做不完""做学问关键要用心"，他总是用这样朴实的语言告诫我，要始终对学术保持热爱与敬畏之心。在跟随罗老师读博期间，我的科研水平有了较大提高，能够在历史学核心期刊《安徽史学》《中国典籍与文化》《诸子学刊》等发表文章，博士论文也得到各位老师的肯定和鼓励，被评为中国社会科学院研究生院近代史系优秀博士毕业论文。

　　中国社会科学院近代史所王建朗、汪朝光、金以林、马勇、郑大华、李细珠、杜继东等研究员出席了14级博士生复试，虽然我复试表现不佳，却得到所领导和老师们的宽容和指教，让我有机会读博，提高科研能力。感谢所领导和老师们。

　　北京大学欧阳哲生教授，北京师范大学李帆教授，中国人民大学黄兴涛、马克锋教授，中国社会科学院近代史所马勇、李长莉、崔志海、左玉河、邹小站、赵晓阳等研究员或出席了我的博士论文开题、答辩，或评阅论文，感谢老师们的指教。

　　博士论文中的一份重要资料，是中国社会科学院近代史所郝幸艳老师帮我从台湾大学图书馆复印而得。近代史所负责管理研究生工作的杨婉容、贾亚娟两位老师对工作一丝不苟，感谢三位老师。曾与我一同就读于中国社会科学院研究生院的马晓茹、韩策、朱曦林、徐鑫、廖文辉、毕玉华、韩磊、赵蒙等校友，经常与我分享史料、数据库、学术动态、会议、著述等，感谢大家的帮助。

中国社会科学出版社郭鹏老师为本书的出版付出了辛劳，在此谨致谢忱。

兴义民族师范学院吕国富书记、缪坤和校长、罗红英副校长等领导，对我的工作给予了支持与保护。吕书记经常说："我们兴义师院一定要爱才、容才、惜才。"正是这样宽厚的政策，帮我挡住了很多干扰，让我可以安心、专心地教学与科研；本书出版也得到兴义民族师范学院博士基金课题（项目编号20XYBS04）的资助，感谢兴义民族师范学院各位领导。

兴义民族师范学院特聘教授王洪礼，贵阳学院教授周术槐，河北北方学院邢海萍，铜仁学院杜士杰，遵义医科大学宇恒伟，兴义师院龙青松、蒙礼云、张洁、秦燕老师，对我的工作、生活给予了许多帮助，感谢诸位老师。

感谢北京市昌平区二毛小学、兴义市湖南路小学为我女儿教育付出的心血。我在中国社会科学院研究生院读博的四年，也是我女儿从幼儿园到小学一年级的四年，我总是因没有太多耐心与时间陪伴她而自责、焦虑。在读博、做科研期间，我对女儿忽略太多，愧疚太多，但我是多么希望总有一天她能理解妈妈的努力与坚强，我也相信她以后会比妈妈优秀百倍，无论身处何种境地，一定能自强不息、坚韧不拔，以所学回报国家与社会，成为对国家、社会有贡献的人。我要把这本书献给我最爱的女儿。

在离开中国社会科学院研究生院的日子里，我对老师们和同学们都无比思念。老师们的认可与鼓励是我人生前进的动力与明灯。学海无涯，以后唯有牢记师长的教诲和学友情谊，保持上进之心，继续提高研究水平。

兰秋阳
2021年5月6日